Burkhalter / Eisenring
Schweizer Immobilienwirtschaft – Kommentierte Musterverträge für die Praxis

Peter Burkhalter
Martin Eisenring

Schweizer Immobilienwirtschaft – Kommentierte Musterverträge für die Praxis

Schulthess § 2013

Zitiervorschlag: Burkhalter/Eisenring, Schweizer Immobilienwirtschaft – Kommentierte Musterverträge für die Praxis, Zürich/Basel/Genf 2013, S. 18, Ziff. 2.7

Bibliografische Information der Deutschen Nationalbibliothek
Die Deutsche Nationalbibliothek verzeichnet diese Publikation in der Deutschen Nationalbibliografie; detaillierte bibliografische Daten sind im Internet über http://dnb.d-nb.de abrufbar.

Alle Rechte, auch die des Nachdrucks von Auszügen, vorbehalten. Jede Verwertung ist ohne Zustimmung des Verlages unzulässig. Dies gilt insbesondere für Vervielfältigungen, Übersetzungen, Mikroverfilmungen und die Einspeicherung und Verarbeitung in elektronische Systeme.

© Schulthess Juristische Medien AG, Zürich · Basel · Genf 2013
   ISBN 978-3-7255-5911-4

www.schulthess.com

Vorwort

Die Musterverträge der Schweizer Immobilienwirtschaft wurden von einer interdisziplinären Kommission des Verbandes der Schweizer Immobilienwirtschaft SVIT Schweiz erarbeitet. In Partnerschaft mit homegate.ch werden die Musterverträge aktuell auf der Plattform druckformulare.ch in digitaler Form zur Verfügung gestellt.

Ziel der vorliegenden Publikation ist es, den über 25 000 Immobilien-Professionals in der Schweiz die gesamten Musterverträge in Papierform und damit eine wertvolle Arbeitshilfe zur Verfügung anzubieten. Die Publikation richtet sich insbesondere auch an PraktikerInnen aus Advokatur und Justiz sowie an Vertreter der Immobilienwirtschaft (einschliesslich Pensionskassen, Banken und Versicherungen). Inhaltlich deckt die Publikation die wesentlichen Geschäftsbereiche der Immobilienwirtschaft ab.

Um dem Praktiker die Verwendung der Musterverträge zu erleichtern, wurden diese zusätzlich juristisch erläutert. Diese Kommentierungen bezwecken eine Darlegung der rechtlichen Problemstellungen und sollen dem Nutzer einzelfallbezogene, praxisorientierte Lösungshilfen anbieten.

Dem Engagement einer Vielzahl von Beteiligten ist es zu verdanken, dass diese Publikation nun vorliegt. Die Autoren danken dem SVIT Schweiz für sein Engagement für die Immobilienbranche und das Zurverfügungstellen von praxisorientierten Arbeitshilfen.

Inhaltsübersicht

Vorwort	V
Inhaltsverzeichnis	IX
Abkürzungsverzeichnis	XIX
Literaturverzeichnis	XXI
Einleitung	1
Kapitel 1 Mietvertrag für Wohnräume	5
Kapitel 2 Mietvertrag für Geschäftsräume	33
Kapitel 3 Mietvertrag Geschäftsräume – Rohbaumiete	65
Kapitel 4 Mietvertrag für Nebenräume	79
Kapitel 5 Mietvertrag für Garagen und Abstellplätze	107
Kapitel 6 Nachträge zu den Mietverträgen	133
Kapitel 7 Immobilien-Bewertungsauftrag	175
Kapitel 8 Erstvermietungsauftrag	193
Kapitel 9 Verkaufsauftrag und Vollmacht	215
Kapitel 10 Vertrag für die Bewirtschaftung von Liegenschaften	241
Kapitel 11 Vertrag für die Bewirtschaftung von Liegenschaften im Mit-/Stockwerkeigentum	267

Kapitel 12
Allgemeine Dokumente zur Liegenschaftsverwaltung 291

Kapitel 13
Allgemeine Geschäftsbedingungen 299

Inhaltsverzeichnis

Vorwort	V
Inhaltsübersicht	VII
Abkürzungsverzeichnis	XIX
Literaturverzeichnis	XXI

Einleitung		1
1.	Musterverträge	3
2.	Disclaimer	3
3.	Behandelte Rechtsgebiete	3
4.	Rechtliche Einordnung der Musterverträge	4

Kapitel 1
Mietvertrag für Wohnräume 5

Das Wichtigste in Kürze			6
Kommentierung zu Kapitel 1			11
1.	Bemerkungen zur Wohnraummiete		11
	1.1	Interessenlage der Parteien	11
	1.2	Begriff und Geltungsbereich der Wohnraummiete	11
	1.3	Gestaltungsspielraum	11
	1.4	Form	12
2.	Zu den einzelnen Vertragsklauseln		12
	2.1	Vermieter	12
	2.2	Vertreten durch	13
	2.3	Mieter	14
	2.4	Liegenschaft	15
	2.5	Mietobjekt	16
	2.6	Mietbeginn/Mietdauer	17
	2.7	Kündigung	18
	2.8	Mietzins	20
	2.9	Mietzinsbasis	23
	2.10	Depot/Kaution	25
	2.11	a) Allgemeine Bedingungen	26
		b) Ergänzungen zu den Allg. Bedingungen für Mietobjekte im Raum Basel bezüglich Reinigung	27
	2.12	Besondere Vereinbarungen	27
	2.13	Mahn- und Inkassogebühren	28
	2.14	Teilnichtigkeit	28
	2.15	Anwendbares Recht, Gerichtsstand	29
	2.16	Schriftlichkeitsvorbehalt	30

Inhaltsübersicht

Kapitel 2
Mietvertrag für Geschäftsräume 33
Das Wichtigste in Kürze 34
Kommentierung zu Kapitel 2 39
1. Bemerkungen zur Geschäftsraummiete 39
    1.1 Interessenlage der Parteien 39
    1.2 Begriff und Geltungsbereich der Geschäftsraummiete 39
    1.3 Gestaltungsspielraum 39
    1.4 Form 39
2. Zu den einzelnen Vertragsklauseln 40
    2.1 Vermieter 40
    2.2 Vertreten durch 41
    2.3 Mieter 41
    2.4 Liegenschaft 43
    2.5 Mietobjekt/Mietzins/Nebenkosten 44
        2.5.1 Mietobjekt 45
        2.5.2 Mietzins 45
        2.5.3 Nebenkosten 46
        2.5.4 Gemeinsame Bemerkungen zu Mietzins und Nebenkosten 47
    2.6 Verwendungszweck/Nebenräume 49
    2.7 Mietbeginn 49
    2.8 Mietdauer 50
    2.9 Kündigung 50
    2.10 Option 52
    2.11 Mietzinsbasis 53
    2.12 Kaution/Bankgarantie 56
    2.13 Allgemeine Bedingungen 57
    2.14 Mahn- und Inkassogebühren 58
    2.15 Teilnichtigkeit 58
    2.16 Schiedsklausel/ordentlicher Gerichtsstand 59
    2.17 Besondere Vereinbarungen 60
    2.18 Schriftlichkeitsvorbehalt 61

Kapitel 3
Mietvertrag Geschäftsräume – Rohbaumiete 65
Das Wichtigste in Kürze 66
Kommentierung zu Kapitel 3 71
1. Bemerkungen zum Mietvertrag Geschäftsräume – Rohbaumiete 71
2. Zu den einzelnen Vertragsklauseln 71
    2.5 Mietobjekt/Mietzins/Nebenkosten 71
        2.5.1 Mietobjekt 71

	2.5.2	Mietzins	73
	2.5.3	Nebenkosten	74
	2.5.4	Gemeinsame Bemerkungen zu Mietzins und Nebenkosten	75
	2.17	Besondere Vereinbarungen	76

Kapitel 4
Mietvertrag für Nebenräume ... 79

Das Wichtigste in Kürze ... 80
Kommentierung zu Kapitel 4 ... 84
1. Bemerkungen zur Nebenraummiete ... 84
   - 1.1 Interessenlage der Parteien ... 84
   - 1.2 Begriff und Geltungsbereich der Nebenraummiete ... 84
   - 1.3 Gestaltungsspielraum ... 84
   - 1.4 Form ... 84
2. Zu den einzelnen Vertragsklauseln ... 85
   - 2.1 Vermieter ... 85
   - 2.2 Vertreten durch ... 86
   - 2.3 Mieter ... 86
   - 2.4 Liegenschaft ... 88
   - 2.5 Mietobjekt ... 89
   - 2.6 Mietbeginn/Mietdauer ... 91
   - 2.7 Kündigung ... 92
   - 2.8 Mietzins ... 94
   - 2.9 Mietzinsbasis ... 96
   - 2.10 Depot/Kaution ... 99
   - 2.11 Allgemeine Bedingungen ... 100
   - 2.12 Besondere Vereinbarungen ... 100
   - 2.13 Mahn- und Inkassogebühren ... 101
   - 2.14 Teilnichtigkeit ... 101
   - 2.15 Anwendbares Recht, Gerichtsstand ... 102
   - 2.16 Schriftlichkeitsvorbehalt ... 103

Kapitel 5
Mietvertrag für Garagen und Abstellplätze ... 107

Das Wichtigste in Kürze ... 108
Kommentierung zu Kapitel 5 ... 112
1. Bemerkungen zum Mietvertrag für Garagen und Abstellplätze ... 112
   - 1.1 Interessenlage der Parteien ... 112
   - 1.2 Begriff und Geltungsbereich der Miete für Garagen und Abstellplätze ... 112
   - 1.3 Gestaltungsspielraum ... 112
   - 1.4 Form ... 113

Inhaltsübersicht

2.	Zu den einzelnen Vertragsklauseln	113
	2.1 Vermieter	113
	2.2 Vertreten durch	114
	2.3 Mieter	115
	2.4 Liegenschaft	116
	2.5 Mietobjekt	117
	2.6 Mietbeginn	119
	2.7 Kündigung	120
	2.8 Mietzins	122
	2.9 Mietzinsbasis	124
	2.10 Zubehör	127
	2.11 Allgemeine Bedingungen	127
	2.12 Mahn- und Inkassogebühren	127
	2.13 Besondere Vereinbarungen	128
	2.14 Teilnichtigkeit	128
	2.15 Anwendbares Recht, Gerichtsstand	129
	2.16 Schriftlichkeitsvorbehalt	130

Kapitel 6
Nachträge zu den Mietverträgen ... 133

Das Wichtigste in Kürze		134
Kommentierung zu Kapitel 6		143
1.	Bemerkungen zu den Nachträgen zu den Mietverträgen	143
	1.1 Begriff des Nachtrages	143
	1.2 Nachtrag zu den Mietverträgen	143
	1.3 Form des Nachtrages	144
2.	Bewilligung für das Aufstellen eines Geschirrspülers	144
	2.1 Bewilligungspflicht	144
	2.2 Installation des Geschirrspülers	145
	2.3 Benützung des Geschirrspülers	145
	2.4 Haftung	146
	2.5 Entschädigung	146
	2.6 Beendigung Mietdauer	147
	2.7 Abtretung Geschirrspüler an Nachfolger	147
	2.8 Widerruf der Bewilligung	148
3.	Bewilligung für das Aufstellen eines Kühlgerätes	149
	3.1 Bewilligungspflicht	149
	3.2 Installation des Kühlgeräts	149
	3.3 Verzicht auf Entschädigungsanspruch	150
	3.4 Stromanschluss	151
	3.5 Entschädigung	151
	3.6 Haftung	152
	3.7 Abtretung Kühlgerät an Nachfolger	152
	3.8 Widerruf der Bewilligung	153

4.	Bewilligung für das Aufstellen einer Waschmaschine		154
	4.1 Bewilligungspflicht		154
	4.2 Behördliche Bewilligung		154
	4.3 Installation der Waschmaschine		155
	4.4 Benützung der Waschmaschine		155
	4.5 Trocknen der Wäsche		156
	4.6 Entschädigung		157
	4.7 Haftung		157
	4.8 Beendigung Mietdauer		158
	4.9 Abtretung Waschmaschine an Nachfolger		158
	4.10 Widerruf der Bewilligung		159
5.	Bewilligung zum Halten eines Haustieres		160
	5.1 Bewilligungspflicht		160
	5.2 Tierhaltung		160
	5.3 Ausführverbot der Haustiere		161
	5.4 Beendigung Mietdauer		162
	5.5 Veränderungen an der Mietsache		162
	5.6 Katzenstreu		163
	5.7 Kündigung der Bewilligung		163
	5.8 Haftung		164
6.	Bewilligung zur Untervermietung einzelner Räume im Mietobjekt		165
	6.1 Bewilligungspflicht		165
	6.2 Teilweise Untervermietung		166
	6.3 Dauer der Untermiete		166
	6.4 Untermieter		167
	6.5 Weitere Pflichten des Mieters		167
	6.6 Haftung des Mieters		168
	6.7 Missbräuchlicher Mietzins		168
	6.8 Nebenkostenaufteilung		169
	6.9 Geltung des Mietrechts		169
	6.10 Beendigung der Untermiete		169
	6.11 Korrespondenz		170
7.	Vormerkung des Mietvertrages im Grundbuch		170
	7.1 Abrede der Vormerkung		170
	7.2 Wirkung der Vormerkung		171
	7.3 Kosten für die Vormerkung		171
	7.4 Dauer		172

Kapitel 7
Immobilien-Bewertungsauftrag ... 175

Das Wichtigste in Kürze			176
Kommentierung zu Kapitel 7			182
1.	Bemerkungen zum Immobilien-Bewertungsauftrag		182
	1.1 Begriff und Geltungsbereich		182

Inhaltsübersicht

	1.2	Interessenlage der Parteien	182
	1.3	Gestaltungsspielraum	182
	1.4	Form	182
2.	Zu den einzelnen Vertragsklauseln		183
	2.0	Vertragsparteien	183
	2.1	Ausgangslage	183
		2.1.1 Situation	184
		2.1.2 Grundlagen	184
	2.2	Leistungsumfang/Vorgehenskonzept	185
		2.2.1 Bewertungsbericht	185
		2.2.2 Leistungsumfang	186
	2.3	Honorar Immobilienbewertung	186
	2.4	Organisation, Mitarbeiter, Projektverantwortliche	187
	2.5	Vollmacht	188
	2.6	Vertraulichkeit	188
	2.7	Schriftform	189
	2.8	Teilnichtigkeit	189
	2.9	Anwendbares Recht	190
	2.10	Schiedsgerichtsbarkeit	190
	2.11	Besondere Vereinbarungen	191

Kapitel 8
Erstvermietungsauftrag ... 193

Das Wichtigste in Kürze			194
Kommentierung zu Kapitel 8			200
1.	Bemerkungen zum Erstvermietungsauftrag		200
	1.1	Begriff und Geltungsbereich	200
	1.2	Interessenlage der Parteien	200
	1.3	Gestaltungsspielraum	200
	1.4	Form	201
2.	Zu den einzelnen Vertragsklauseln		201
	2.0	Vertragsparteien	201
	2.0	Eckdaten des Vertrages	201
	2.1	Auftragsdauer/Kündigung	202
	2.2	Zielsetzung	203
	2.3	Festsetzung der Mietzinse	203
	2.4	Erstvermietungstätigkeiten	204
	2.5	Honorar	206
		2.5.1 Provision	206
		2.5.2 Reduzierte Provision	207
		2.5.3 Entschädigung	207
	2.6	Im Honorar nicht inbegriffene Leistungen/2.7 Budget	208
	2.8	Vermietungsunterlagen/Vollmacht	208

2.9	Schriftform	209
2.10	Teilnichtigkeit	210
2.11	Anwendbares Recht	211
2.12	Schiedsgerichtsbarkeit	211
2.13	Besondere Vereinbarungen	212

Kapitel 9
Verkaufsauftrag und Vollmacht 215

Das Wichtigste in Kürze 216
Kommentierung zu Kapitel 9 223

1. Bemerkungen zum Verkaufsauftrag und Vollmacht 223
   - 1.1 Begriff und Geltungsbereich 223
   - 1.2 Interessenlage der Parteien 223
   - 1.3 Gestaltungsspielraum 223
   - 1.4 Form 224
2. Zu den einzelnen Vertragsklauseln 224
   - 2.0 Vertragsparteien 224
   - 2.0 Eckdaten des Vertrages 224
   - 2.1 Verkaufsgegenstand 225
   - 2.2 Verkaufspreis 225
   - 2.3 Dienstleistungen des Beauftragten 227
   - 2.4 Informationspflichten des Auftraggebers 229
   - 2.5 Entschädigung 230
     - 2.5.1 Grundhonorar und Zusatzleistungen 230
     - 2.5.2 Provision 230
     - 2.5.3 Performance Regelung 232
   - 2.6 Kostenregelung/Budget 233
   - 2.7 Vollmacht 233
   - 2.8 Auftragsdauer/Kündigung 234
   - 2.9 Exklusivität 235
   - 2.10 Mehrwertsteuer 235
   - 2.11 Schriftform 236
   - 2.12 Teilnichtigkeit 236
   - 2.13 Anwendbares Recht 237
   - 2.14 Schiedsgerichtsbarkeit 238
   - 2.15 Besondere Vereinbarungen 239

Kapitel 10
Vertrag für die Bewirtschaftung von Liegenschaften 241

Das Wichtigste in Kürze 242
Kommentierung zu Kapitel 10 251

1. Bemerkungen zum Vertrag für die Bewirtschaftung von Liegenschaften 251

1.1	Begriff und Geltungsbereich		251
1.2	Interessenlage der Parteien		251
1.3	Gestaltungsspielraum		251
1.4	Form		252
2.	Zu den einzelnen Vertragsklauseln		252
	2.0	Vertragsparteien	252
	2.0	Eckdaten des Vertrages	252
	2.1	Leistungsbeschrieb Bewirtschaftung	254
		2.1.1 Leistungsbeschrieb generell	254
		2.1.2 Leistungsbeschrieb im Detail	256
	2.2	Honorare/Drittkosten	256
	2.3	Weitere Vertragsbestimmungen	258
		2.3.1 Vollmacht	258
		2.3.2 Kündigung	259
		2.3.3 Kompetenzsumme	260
		2.3.4 Abrechnungstermin	261
		2.3.5 Schriftform	262
		2.3.6 Teilnichtigkeit	262
		2.3.7 Anwendbares Recht	263
		2.3.8 Schiedsgerichtsbarkeit	264
		2.3.9 Besondere Vereinbarungen	265

Kapitel 11
Vertrag für die Bewirtschaftung von Liegenschaften im Mit-/Stockwerkeigentum 267

Das Wichtigste in Kürze			268
Kommentierung zu Kapitel 11			276
1.	Bemerkungen zum Vertrag für die Bewirtschaftung von Liegenschaften im Mit-/Stockwerkeigentum		276
	1.1	Begriff und Geltungsbereich	276
	1.2	Interessenlage der Parteien	276
	1.3	Gestaltungsspielraum	276
	1.4	Form	277
2.	Zu den einzelnen Vertragsklauseln		277
	2.0	Vertragsparteien	277
	2.0	Eckdaten des Vertrages	278
	2.1	Umfang des Verwaltungsvertrages/Leistungsbeschrieb	279
	2.2	Honorare/Drittkosten	281
	2.3	Weitere Vertragsbestimmungen	282
		2.3.1 Vollmacht	282
		2.3.2 Kündigung	283
		2.3.3 Kompetenzsumme	285

2.3.4	Abrechnungstermin	285
2.3.5	Schriftform	286
2.3.6	Teilnichtigkeit	287
2.3.7	Anwendbares Recht	288
2.3.8	Schiedsgerichtsbarkeit	288
2.3.9	Besondere Vereinbarungen	289

Kapitel 12
Allgemeine Dokumente zur Liegenschaftsverwaltung 291

Das Wichtigste in Kürze 292

Kapitel 13
Allgemeine Geschäftsbedingungen 299

Abkürzungsverzeichnis

In diesem Verzeichnis figurieren nur jene Abkürzungen, welche die Autoren selber in ihrem Text verwendet haben, nicht aber jene, die sich in den bundesgerichtlichen Entscheiden finden.

Abs.	Absatz
AGB	Allgemeine Geschäftsbedingungen
AJP	Aktuelle Juristische Praxis (Lachen) = PJA
Art.	Artikel
Aufl.	Auflage
Bde	Bände
BG	Bundesgesetz
BGE	Entscheide des Schweizerischen Bundesgerichts = ATF
bez.	bezüglich
bzw.	beziehungsweise
d.h.	das heisst
etc.	et cetera
EVD	Eidgenössisches Volkswirtschaftsdepartement
ESTI	Eidgenössisches Starkstrominspektorat
GBV	Verordnung vom 22. Februar 1910 betreffend das Grundbuch (SR/RS 211.432.1)
Hrsg.	Herausgeber
i.d.R.	in der Regel
inkl.	inklusive
i.V.m.	in Verbindung mit
i.S.v.	im Sinne von
lit.	litera
MWStG	BG vom 12. Juni 2009 über die Mehrwertsteuer, Mehrwertsteuergesetz (SR/RS 641.20)
N	Note(n)

NIV	Verordnung vom 7. November 2001 über elektrische Niederspannungsinstallationen, Niederspannungs-Installationsverordnung (SR/RS 734.27)
Nr.	Nummer
OR	BG vom 30. März 1911 betreffend die Ergänzung des Schweizerischen Zivilgesetzbuches, Fünfter Teil: Obligationenrecht (SR/RS 220)
RS	Recueil systématique du droit fédéral
SEK	Schweizerische Schätzungsexperten-Kammer
SJZ	Schweizerische Juristen-Zeitung (Zürich) = RSJ
sog.	sogenannt
SR	Systematische Sammlung des Bundesrechts = RS
SVIT Schweiz	Schweizerischer Verband der Immobilienwirtschaft SVIT («SVIT Schweiz»)
SVKG	Schweizerische Vereinigung kantonaler Grundstücksbewertungsexperten
u.a.	unter anderem (anderen)
UWG	Bundesgesetz vom 19. Dezember 1986 gegen den unlauteren Wettbewerb (SR/RS 241)
v.a.	vor allem
vgl.	vergleiche
VMWG	Verordnung vom 9. Mai 1990 über die Miete und Pacht von Wohn- und Geschäftsräumen (SR/RS 221.213.11)
Vorbem.	Vorbemerkung
z.B.	zum Beispiel
ZGB	Schweizerisches Zivilgesetzbuch vom 10. Dezember 1907 (SR/RS 210)
Ziff.	Ziffer
zit.	zitiert
ZPO	Schweizerische Zivilprozessordnung (Zivilprozessordnung, ZPO) vom 19. Dezember 2008 (SR/RS 272)
z.T.	zum Teil

Literaturverzeichnis

Böckli Peter, Schweizer Aktienrecht mit Fusionsgesetz, Börsengesellschaftsrecht, Konzernrecht, Corporate Governance, Recht der Revisionsstelle und der Abschlussprüfung in neuer Fassung, unter Berücksichtigung der angelaufenen Revision des Aktien- und Rechnungslegungsrechts, 4., vollständig neu bearbeitete Aufl., Zürich/Basel/Genf 2009.

BSK OR I-Bearbeiter/in, Basler Kommentar zum Schweizerischen Privatrecht, Obligationenrecht I (Art. 1–529 OR), Hrsg.: Honsell Heinrich/Vogt Nedim Peter/Wiegand Wolfgang, 5. Aufl., Basel 2011.

Burkhalter Peter/Grell Boris, Fälle aus der Immobilienrechtspraxis, Zürich 2009 (zit. Burkhalter/Grell, Fälle Band I, Fall-Nr.).

Burkhalter Peter/Grell Boris, Jus-News in: immobilia, Offizielles Verbandsorgan des SVIT Schweiz, http://www.svit.ch/svit-schweiz/publikationen/immobilia.html, (zit. Burkhalter/Grell, Jus-News, Monat/Jahr).

Burkhalter Peter/Grell Boris, Schiedsgerichtsbarkeit der Schweizer Immobilienwirtschaft, Zürich 2005.

CHK-Bearbeiter/in, Handkommentar zum Schweizer Privatrecht, Hrsg.: Amstutz Marc, Breitschmid Peter, Furrer Andreas, Girsberger Daniel, Huguenin Claire, Müller-Chen Markus, Roberto Vito, Rumo-Jungo Alexandra, Schnyder Anton K, Trüeb Hans Rudolf, 2. Aufl., Zürich/Basel/Genf 2012.

Fischer Willi, Der Liegenschaftsverwaltungsvertrag, in: AJP/PJA 2000, S. 397 ff.

Gauch Peter/Schluep Walter R./Schmid Jörg/Emmenegger Susan, Schweizerisches Obligationenrecht – ohne ausservertragliches Haftpflichtrecht, Allgemeiner Teil, 2 Bde, 9. Aufl., Zürich/Basel/Genf 2008.

Gauch Peter, Der Auftrag, der Dauervertrag und Art. 404 OR, Ein Kurzbeitrag zur Rechtsprechung des Bundesgerichts, in: SJZ 101 (2005), S. 520 ff.

Grell Boris, Weitere Fälle aus der Immobilienrechtspraxis, Zürich 2012 (zit. Grell, Fälle Band II, Fall-Nr.).

Honsell Heinrich, Schweizerisches Obligationenrecht, Besonderer Teil, 9., ergänzte und verbesserte Aufl., Bern 2010.

Lachat-Kapitelautor/in, Das Mietrecht für die Praxis, 8. Aufl., Zürich 2009.

Meier-Hayoz Arthur/Forstmoser Peter, Schweizerisches Gesellschaftsrecht mit Einbezug des künftigen Rechnungslegungsrechts und der Aktienrechtsreform, 11., vollständig neu bearbeitete Aufl., Bern 2012.

Montavon Pascal, Die Liegenschaftsverwaltungsverträge, Das praktische Lehrbuch und Nachschlagewerk, 2. unveränderte Aufl., Lausanne 1997.

Schwenzer Ingeborg, Schweizerisches Obligationenrecht, Allgemeiner Teil, 6., überarbeitete und ergänzte Aufl., Bern 2012.

Streiff Matthias, Handkommentar zum Maklervertrag mit Fokus auf den Immobilienmakler, Wetzikon und Zürich 2009.

SVIT-Kommentar, Das Schweizerische Mietrecht, Kommentar, Hrsg.: Schweizerischer Verband der Immobilienwirtschaft SVIT, 3. Aufl., Zürich/Basel/Genf 2008.

SVIT-Kommentar zum Maklerrecht-Autor, Maklerrecht in der Immobilienwirtschaft, Hrsg.: Schweizerischer Verband der Immobilienwirtschaft SVIT, Zürich/Basel/Genf 2005.

Tercier Pierre/Favre Pascal G., Les contrats speciaux, 4. Aufl., Genf/Zürich/Basel 2009.

Zihlmann Peter, Das Mietrecht, Leitfaden des schweizerischen Mietrechts für den Praktiker, 2. Aufl., Zürich 1995.

ZK-Bearbeiter/in, Zürcher Kommentar zum Schweizerischen Zivilgesetzbuch, Zürich ab 1909, unterschiedliche Auflagen, Nachweise beziehen sich auf die laufende Auflage.

Einleitung

1. Musterverträge

Die in diesem Buch behandelten Verträge sind sog. Musterverträge. Sie enthalten für eine Vielzahl von Vertragsverhältnissen vorformulierte Vertragsbedingungen. Mit anderen Worten soll der Vertragsinhalt zwischen den Parteien nicht im Einzelnen ausgehandelt werden.

Die Musterverträge sind in dieser Publikation mit einer wissenschaftlich abgestützten Kommentierung versehen. Jede Klausel wird kurz erläutert und in den Gesamtzusammenhang gesetzt. Da einige Klauseln in mehreren Verträgen vorkommen, ergeben sich bei der Kommentierung zum Teil Überschneidungen, was im Sinne der Leserfreundlichkeit in Kauf genommen wurde.

Die kommentierten Musterverträge sollen Ihnen einerseits eine nützliche Orientierungshilfe bieten und andererseits als taugliches Arbeitsinstrument im Vertragsalltag dienen.

2. Disclaimer

Beachten Sie bitte, dass die Musterverträge einschliesslich Kommentierung allgemeiner Natur und nicht auf konkrete Einzelfälle zugeschnitten sind. Bei heiklen Fragen oder Unsicherheiten kann dieses Buch deshalb weder eine verbindliche Rechtsauskunft bieten noch eine persönliche Beratung ersetzen. Vielmehr soll Ihnen die vorliegende Publikation als Anleitung dienen beim individuell abzuschliessenden Vertragsverhältnis. Weiter geht die Kommentierung auf gewisse kantonale Eigenheiten ein, ohne dabei den Anspruch auf Vollständigkeit zu erheben.

3. Behandelte Rechtsgebiete

Die behandelten Musterverträge berühren hauptsächliche folgende Rechtsgebiete:

- Mietrecht: Der Mietvertrag gehört zu den Gebrauchsüberlassungsverträgen. Er stellt ein Rechtsgeschäft dar, wodurch sich der Vermieter verpflichtet, dem Mieter eine Sache zum Gebrauch zu überlassen und der Mieter, dem Vermieter dafür einen Mietzins zu zahlen (Art. 253 OR).

- Auftragsrecht: Beim Auftrag verpflichtet sich der Beauftragte gegenüber dem Auftraggeber, nach dessen Willen und in dessen Interessen etwas zu tun (Art. 394 Abs. 1 OR). Ein Honorar ist geschuldet, wo dies verabredet ist.

- Maklerrecht: Mit Abschluss eines Maklervertrages verspricht der Auftraggeber dem Mäkler eine Vergütung, wenn dessen Tätigkeit zum Abschluss eines Vertrages führt (Art. 412 Abs. 1 OR).

4. Rechtliche Einordnung der Musterverträge

Dem Mietvertragsrecht unterstehen folgende Musterverträge:

- Mietvertrag für Wohnräume
- Mietvertrag für Geschäftsräume
- Mietvertrag Geschäftsräume – Rohbaumiete
- Mietvertrag für Nebenräume
- Mietvertrag für Garagen und Abstellplätze
- Nachträge zu den Mietverträgen
- Allgemeine Bedingungen zu den Mietverträgen

Als Aufträge werden folgende Musterverträge qualifiziert:

- Immobilien-Bewertungsauftrag
- Vertrag für die Bewirtschaftung von Liegenschaften
- Vertrag für die Bewirtschaftung von Liegenschaften im Mit-/Stockwerkeigentum

Folgende Musterverträge stellen Maklerverträge dar:

- Erstvermietungsauftrag
- Verkaufsauftrag und Vollmacht

Kapitel 1

Mietvertrag für Wohnräume

Das Wichtigste in Kürze

Die Schweiz hat im internationalen Vergleich eine aussergewöhnlich tiefe Wohneigentumsquote, wenn auch die Tendenz zu Wohneigentum steigend ist. Die Schweizer sind grundsätzlich ein Volk von Mietern. Dies verschafft dem Mietvertrag für Wohnräume eine besondere praktische Bedeutung, die sich auch im Gesetz niederschlägt. Bei Wohnungen sind zahlreiche (teilweise zwingende) Spezialvorschriften zu beachten, die durch den Mietvertrag nicht zum Nachteil des Mieters abgeändert werden dürfen *(Mieterschutz)*.

Vermieter und Mieter sind die Protagonisten des Mietvertrages für Wohnräume. Während der Mieter eine natürliche Person ist, kann aufseiten der Vermieterschaft auch eine juristische Person agieren. Oft ist die Vermieterschaft durch eine Liegenschaftsverwaltung vertreten. Auf beiden Seiten können überdies mehrere Personen am Mietverhältnis beteiligt sein. Besondere Beachtung gebührt hier der Konstellation, wo ein Ehe- oder Konkubinatspartner den Mietvertrag nicht mitunterzeichnet hat.

Mietobjekt ist ein Wohnraum, der sich in einer Liegenschaft befindet. Eine wichtige Rolle spielt dabei die Art des Wohnraumes. So unterscheidet das Mietrecht zwischen *normalen* Wohnungen, Ferienwohnungen, Luxuswohnungen und Familienwohnungen.

Während befristete Mietverträge mit Ablauf der vereinbarten Dauer enden, müssen unbefristete Mietverträge gekündigt werden. Diesbezüglich ist insbesondere der Vermieter angehalten, die Formvorschriften zu wahren.

Sorgfältig und präzise gilt es, den Mietzins und die Nebenkosten zu definieren, v.a. im Hinblick auf spätere Mietzinserhöhungen. Im Zusammenhang mit dem Mietzins wird auch die Kaution behandelt, welche dem Bedürfnis des Vermieters nach Sicherheit entspricht.

Zwar entsteht durch die Verwendung des vorliegenden Mustervertrages und durch die Einbindung der AGB ein *Standardvertrag*. Dieser kann jedoch bei Bedarf durch besondere Vereinbarungen individualisiert werden.

Abschliessend wird auf weitere Teile des Mietvertrages Bezug genommen, so auf allfällige Mahn- und Inkassogebühren, die salvatorische Klausel, das anwendbare Recht und den Gerichtsstand.

Das Wichtigste in Kürze

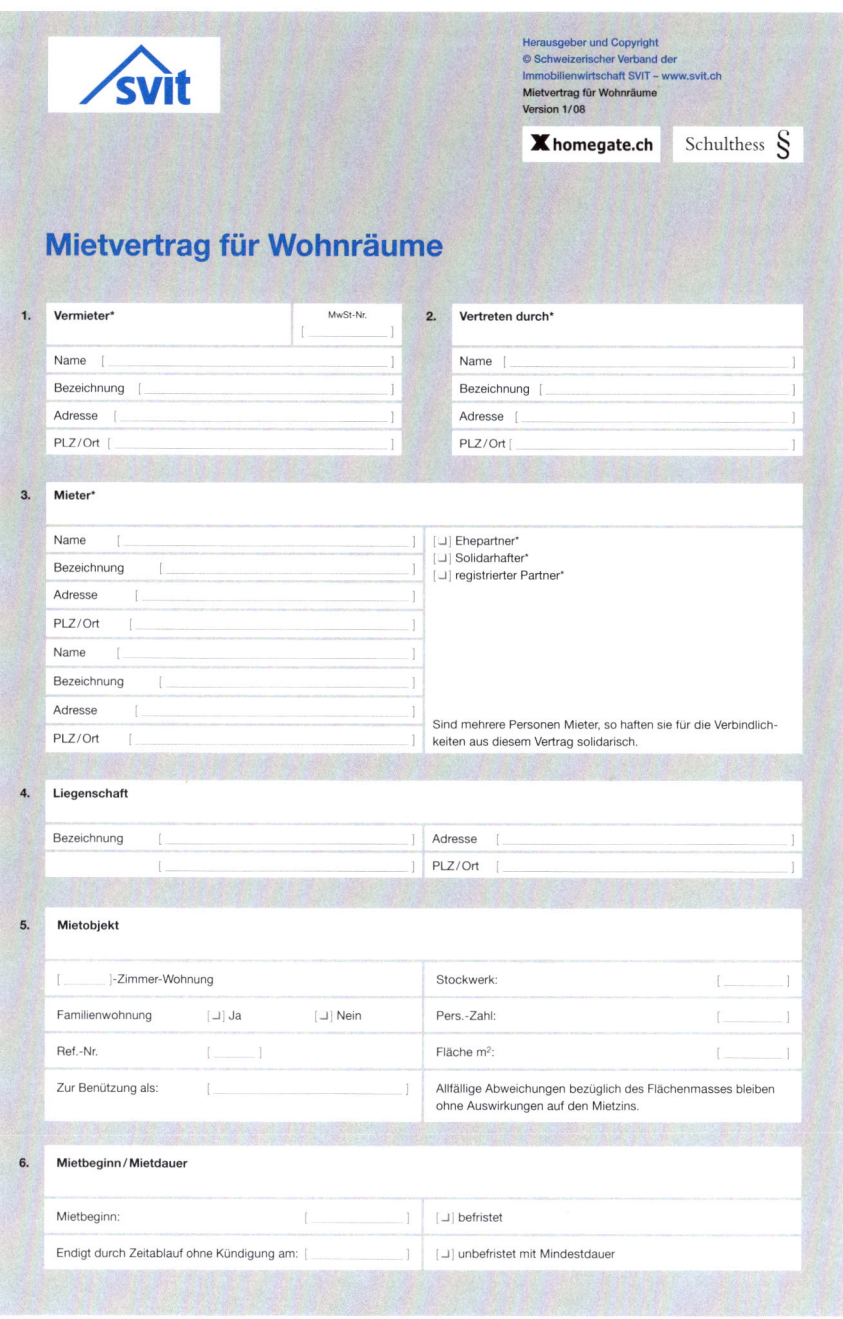

7

Kapitel 1: Mietvertrag für Wohnräume

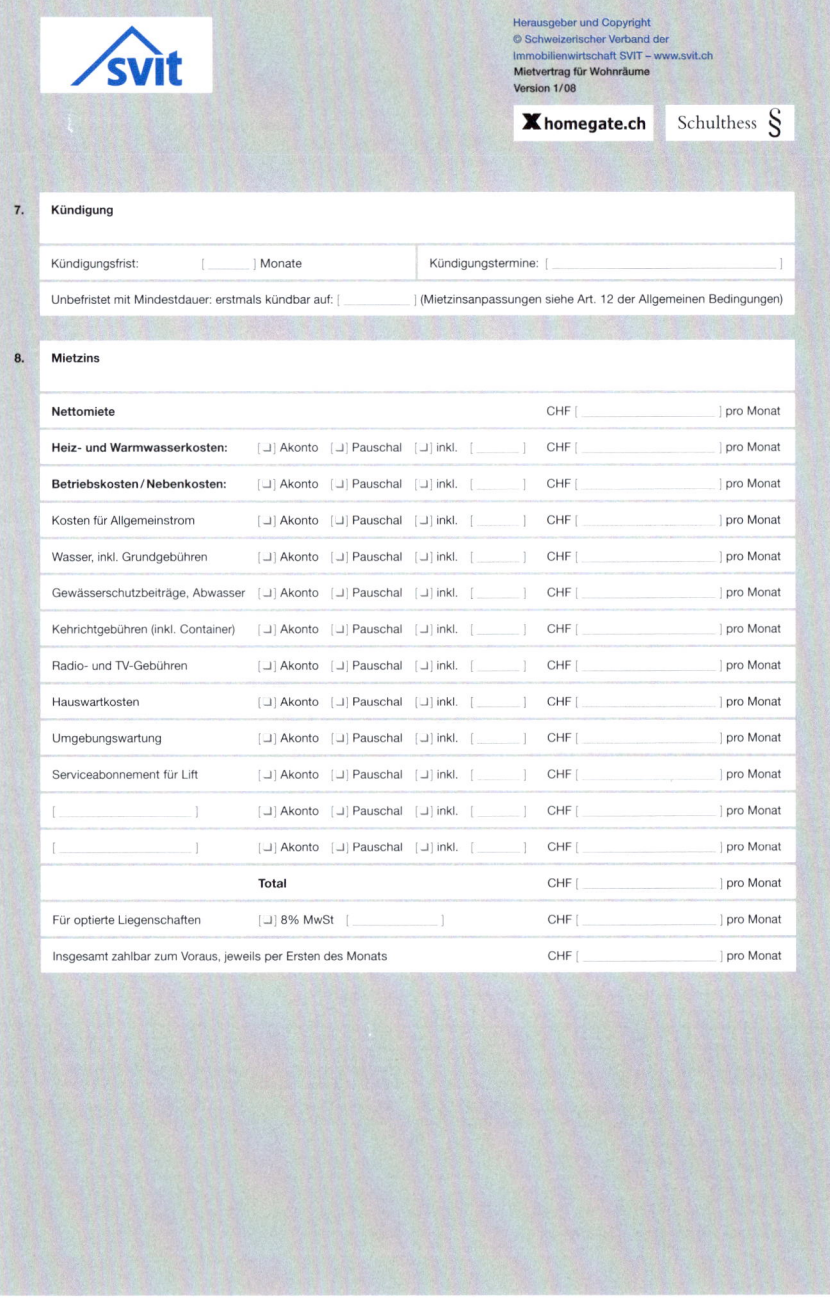

Das Wichtigste in Kürze

Herausgeber und Copyright
© Schweizerischer Verband der
Immobilienwirtschaft SVIT – www.svit.ch
Mietvertrag für Wohnräume
Version 1/08

X homegate.ch   Schulthess §

9. **Mietzinsbasis**

   [ ] Bei einer Vertragsdauer unter 5 Jahren:
   Hypothekarzinssatz: [   ]%

   Kostensteigerung berücksichtigt bis: [   ] (Datum)

   Nicht ausgeschöpfte Mietzinsreserve: [   ] (Betrag)

   *Begründung:
   [   ]
   [   ]
   *(Der Mietzinsvorbehalt muss in Prozenten oder Franken des Mietzinses ausgewiesen und klar begründet werden, d.h., die vorbehaltenen Anpassungsgründe müssen explizit genannt werden. Werden mehrere Gründe vorbehalten, ist der Vorbehalt für jeden Grund separat zu beziffern.)

   [ ] Bei einer Vertragsdauer von mindestens 5 Jahren ist der Mietzins zu [   ]% indexiert. Es gilt der Landesindex der Konsumentenpreise. Der Indexstand der Anfangsmiete beträgt:

   Landesindex: [   ] (Zahl)   Pkt. [   ] (Zahl)   Stand: [   ] (Datum)

   Der Nettomietzins kann auf einen beliebigen Zeitpunkt, mit einer Anzeigefrist von [   ] Monat(en), erstmals per [   ] (Datum) entsprechend den Veränderungen des schweizerischen Landesindexes der Konsumentenpreise angepasst werden. Der Anfangsnettomietzins kann jedoch nicht unterschritten werden.

10. **Depot / Kaution**

    CHF [   ] (Betrag) zahlbar bis: [   ] (Datum). Ist das Depot / die Kaution auf einen Zeitpunkt vor Vertragsbeginn fällig, so ist der Vermieter berechtigt, die Übergabe des Mietobjekts bis zum Zeitpunkt der Zahlung zu verweigern.

    [ ] Barkaution (Sicherstellung durch Bank auf Namen des Mieters)
    [ ] Bürgschaftsverpflichtung durch [   ]

11. **a) Allgemeine Bedingungen**

    Die Allgemeinen Bedingungen samt Hausordnung, die dem Mieter ausgehändigt und von beiden Parteien ausdrücklich anerkannt werden, bilden einen integrierenden Bestandteil des Mietvertrages.

    b) Ergänzungen zu den Allg. Bedingungen für Mietobjekte im Raum Basel bezüglich Reinigung

    [ ] Variante 1 Basel
    Der Mieter hat die Mieträume in besenreinem Zustand zurückzugeben. Der Vermieter übernimmt die gründliche Reinigung, wofür der Mieter eine Entschädigung von pauschal CHF 6.00 pro m² Mietfläche bezahlt (Balkone, Keller und Estrichräume zu ¼ anrechenbar). Für textile Bodenbeläge wird ein Zuschlag von CHF 3.00 pro m² berechnet. Wenn die Kosten für die Gesamtreinigung durch die vorstehenden Ansätze nicht gedeckt werden, kann der Zuschlag für die Reinigung der textilen Bodenbeläge nachträglich bis auf CHF 6.00 pro m² erhöht werden. Die Reinigungspauschale wird mit der Kündigung zur Zahlung fällig.

    [ ] Variante 2 Basel
    Der Mieter besorgt die Schlussreinigung selbst. Er verpflichtet sich damit, die Mieträume und deren Einrichtungen gründlich gereinigt zurückzugeben.

    [ ] Variante 3 Basel
    Es wird eine Reinigungspauschale von CHF [   ] (Betrag) mit Fälligkeit am [   ] (Datum) vereinbart.

12. **Besondere Vereinbarungen**
    [   ]
    [   ]
    [   ]

Kapitel 1: Mietvertrag für Wohnräume

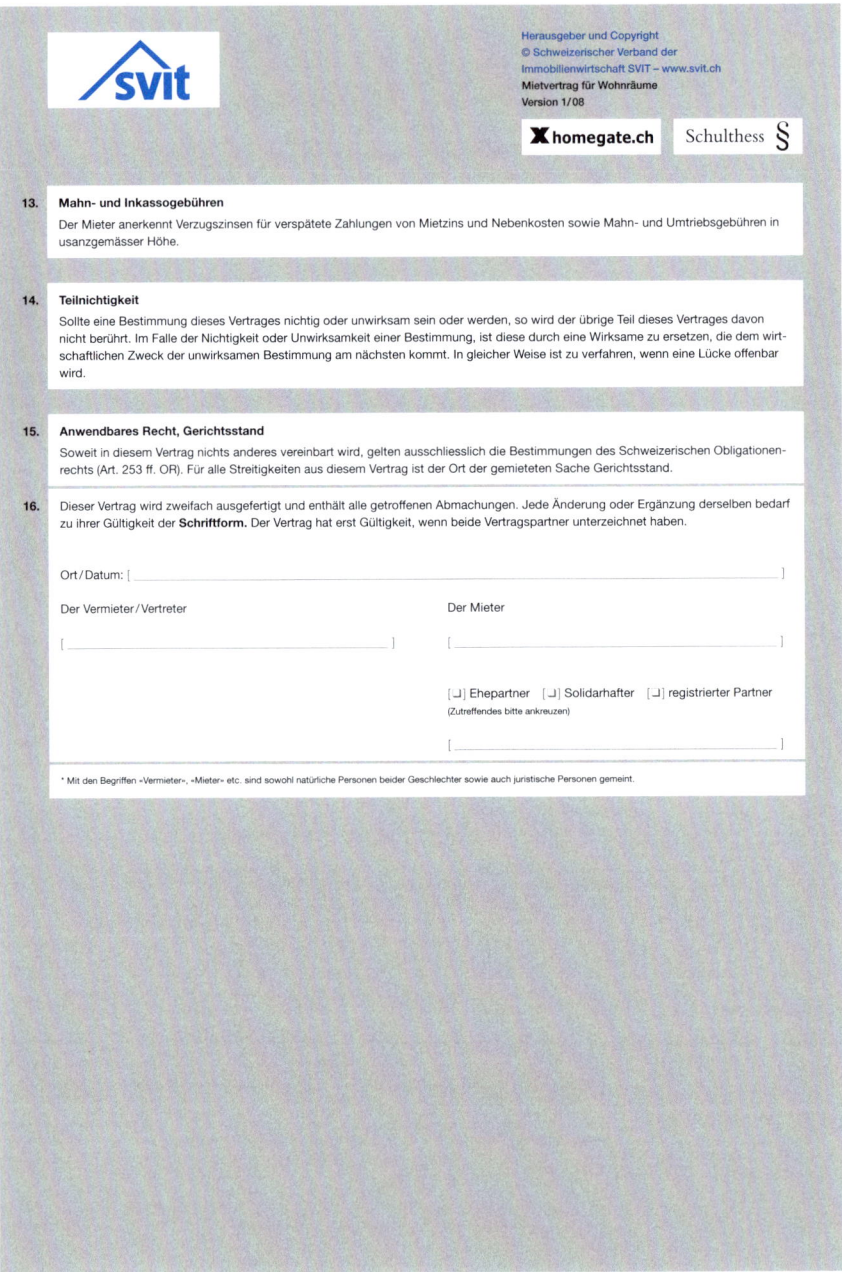

Dies ist ein Mietvertrag für Wohnräume wie er im Kanton Zürich verwendet wird.

Kommentierung zu Kapitel 1

1. Bemerkungen zur Wohnraummiete

1.1 Interessenlage der Parteien

Während der Vermieter bezweckt, sich eine Einnahmequelle zu verschaffen, geht es dem Mieter primär darum, für sich und allenfalls seine Familie über eine Wohnung zu verfügen.

1.2 Begriff und Geltungsbereich der Wohnraummiete

Das Gesetz definiert die Begriffe *Wohnung* bzw. *Wohnraum* nicht. Vielmehr wird auf den Gebrauchszweck der Sache abgestellt.[1] Eine Wohnraummiete liegt vor, wenn die Mietsache dem Wohnen dient, also in erster Linie für den dauernden privaten Aufenthalt von Personen vorgesehen ist.[2]

Der Begriff der Wohnraummiete wird für gewisse Arten von Mietobjekten gesetzlich eingeschränkt. So gelten die Schutzbestimmungen über die missbräuchlichen Mietzinse nicht für luxuriöse Wohnungen und Einfamilienhäuser mit sechs oder mehr Wohnungen (Art. 253b Abs. 2 OR). Des Weiteren werden Ferienwohnungen, die für höchstens drei Monate gemietet werden, vom Geltungsbereich sämtlicher Sonderbestimmungen über die Wohnraummiete ausgenommen (Art. 253a Abs. 2 OR).

Einen Sonderfall der Wohnraummiete stellt ferner die Miete der Familienwohnung dar.[3] Dem eherechtlichen Schutzgedanken entsprechend, wonach die Wohnung für die Familie lebensnotwendig ist, wird der Bestand der Familienwohnung vor der Gefährdung durch eine Kündigung besser geschützt (vgl. Art. 266m f. und Art. 273a OR).

1.3 Gestaltungsspielraum

Das Mietrecht gehört zum Privatrecht, das grundsätzlich auf dem Boden der Vertragsfreiheit steht. Aufgrund der existentiellen Bedeutung des Wohnens und des Bedürfnisses, die sozial schwächere Vertragspartei vor einem Missbrauch zu schützen, ist die Vertragsfreiheit bei der Wohnraummiete stark eingeschränkt.[4] Das geltende Mietrecht enthält deshalb zahlreiche (relativ) zwingende Bestimmungen; d.h. als soziales Mietrecht schliesst es Abweichungen zum Nachteil des Mieters aus.[5]

1.4 Form

Der Wohnraummietvertrag bedarf von Gesetzes wegen keiner Form (vgl. Art. 11 Abs. 1 OR). In der Praxis ist bei der Wohnraummiete indessen fast ausnahmslos die schriftliche Vereinbarung üblich.[6] Darüber hinaus besteht Formularpflicht bei Mietzinserhöhung und Kündigung seitens des Vermieters (Art. 269l Abs. 2 und 269d OR).[7] Ferner ermächtigt Art. 270 Abs. 2 OR die Kantone, im Fall von Wohnungsmangel für ihr Gebiet oder einen Teil davon die Verwendung des Formulars gemäss Art. 269d OR beim Abschluss eines neuen Mietvertrages über Wohnräume obligatorisch zu erklären.

2. Zu den einzelnen Vertragsklauseln

2.1 Vermieter

Vermieter kann jede natürliche oder juristische Person sein, wobei die allgemeinen Regeln zur Rechts- und Handlungsfähigkeit zur Anwendung kommen. Der Vermieter ist meistens, aber nicht notwendigerweise Eigentümer der Mietsache. Es genügt indessen auch, wenn der Vermieter kraft eines dinglichen Rechts (z.B. als Nutzniesser) oder aufgrund einer obligatorischen Rechtsbeziehung (z.B. als Untervermieter) berechtigt ist, über die Mietsache zu verfügen.[8]

Auf Vermieterseite können mehr als eine Person am Mietverhältnis beteiligt sein. Man spricht in diesem Fall von *gemeinsamer Miete*. Soweit nicht eine Solidarhaft gemäss Art. 143 OR vorliegt (z.B. durch Vereinbarung oder bei gesetzlichen Gesamthandverhältnissen), liegt eine sog. formale Solidarität vor, da die Vermieter eine unteilbare Leistung i.S.v. Art. 70 Abs. 2 OR zu erbringen haben. Sowohl bei Solidarhaft als auch bei formaler Solidarität kann der Mieter die Leistung (Gebrauchsüberlassung gegen Entgelt) von jedem einzelnen Vermieter verlangen.[9]

- Vermieter kann jede rechts- und handlungsfähige natürliche oder juristische Person sein. Sie muss kraft besonderer Rechtsbeziehung (i.d.R. Eigentum) über die Mietsache verfügen können.

- Ist Vermieter eine juristische Person, handelt sie durch ihre zeichnungsberechtigten Personen. Die Internetseite www.zefix.ch gibt darüber Auskunft, wer zeichnungsberechtigt ist.

- Sind mehrere Vermieter am Mietverhältnis beteiligt (gemeinsame Miete), kann der Mieter von jedem einzelnen Vermieter die Hauptleistung (Gebrauchsüberlassung gegen Entgelt) verlangen.

2.2 Vertreten durch

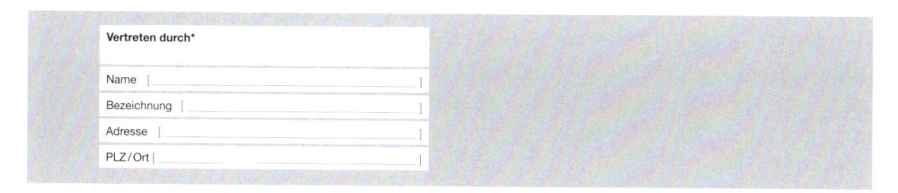

Vertreten durch*	
Name	
Bezeichnung	
Adresse	
PLZ/Ort	

In der Praxis kommt es häufig vor, dass der Eigentümer eine Liegenschaftsverwaltung mit der Bewirtschaftung der Mietsache beauftragt. Gestützt auf den entsprechend abgeschlossenen Liegenschaftsverwaltungsvertrag handelt die Liegenschaftsverwaltung regelmässig nicht im eigenen, sondern im Namen des Eigentümers.[10] Dadurch wirkt der Mietvertrag mit dem Mieter unmittelbar für und gegen den Eigentümer *(direkte Stellvertretung)*.[11]

Denkbar ist auch, dass die Liegenschaftsverwaltung zwar im Interesse des Eigentümers handelt, jedoch gegenüber aussen treuhänderisch im eigenen Namen tätig wird. Diesfalls treffen die Wirkungen des Mietvertrages nur die Liegenschaftsverwaltung. Gegenüber dem Mieter tritt die Liegenschaftsverwaltung als Vermieterin auf *(indirekte Stellvertretung)*.[12]

- Liegenschaftsverwaltung handelt i.d.R. im Namen des Eigentümers. Sie hat sich mit einer Vollmacht des Eigentümers zu legitimieren.

- Handelt eine Liegenschaftsverwaltung hingegen im eigenen Namen, tritt sie gegenüber dem Mieter als Vermieter auf und ist deshalb unter Ziff. 1 des Mustervertrages aufzuführen.

2.3 Mieter

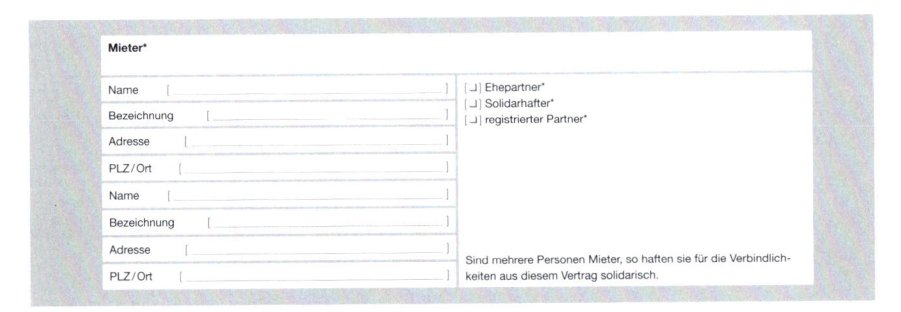

Mieter*	
Name [ ]	[ ] Ehepartner*
Bezeichnung [ ]	[ ] Solidarhafter*
Adresse [ ]	[ ] registrierter Partner*
PLZ/Ort [ ]	
Name [ ]	
Bezeichnung [ ]	
Adresse [ ]	Sind mehrere Personen Mieter, so haften sie für die Verbindlichkeiten aus diesem Vertrag solidarisch.
PLZ/Ort [ ]	

Beim Mietvertrag für Wohnräume ist der Mieter eine natürliche Person. Wie seitens der Vermieterschaft kommen auch hier die Regeln bez. Rechts- und Handlungsfähigkeit zur Anwendung. Dem Mieter steht als Vertragspartner des Vermieters einerseits das Gebrauchsrecht zu, anderseits ist er verpflichtet, als Gegenleistung den vereinbarten Mietzins sowie allfällige besonders vereinbarte Nebenkosten zu bezahlen. Der Mieter wird Besitzer der Mietsache.[13]

Auch auf Mieterseite kann eine Personenmehrheit Vertragspartner des Vermieters sein *(gemeinsame Miete)*. Das Gesetz schweigt sich darüber aus, ob im Fall, dass mehrere Mieter gemeinsam den Mietvertrag abschliessen, Solidarhaft gilt.[14] Aus diesem Grund hält vorliegender Mustervertrag die Solidarhaft mit einem Satz vertraglich klar fest.

Grundsätzlich wird nur als Mieter angesehen, wer den Mietvertrag abschliesst. Von dieser Regel gibt es zwei Ausnahmen: Einerseits stehen sowohl dem Ehepartner als auch dem gleichgeschlechtlichen Partner, der nicht selbst Vertragspartei ist, gewisse im Gesetz ausdrücklich geregelte Rechte zu. So haben diese z.B. das Recht, eine Kündigung anzufechten (Art. 273a Abs. 1 OR).[15] Anderseits können Dritte, welche die Mietsache mitbenutzen (z.B. der Konkubinatspartner od. Familienangehörige) aus Usanz gestützt auf den Vertrag zugunsten Dritter gewisse Rechte ableiten (Art. 112 Abs. 2 OR).[16]

- Mieter sind natürliche, rechts- und handlungsfähige Personen. Minderjährige und Bevormundete bedürfen der Zustimmung des gesetzlichen Vertreters und – im Falle der Vormundschaft bei Mietverträgen mit einer Mindestdauer von 3 Jahren – der Vormundschaftsbehörde.

- Mehrere Mieter haften gemäss vorliegendem Mustervertrag solidarisch.

- Mieter ist in der Regel nur, wer den Mietvertrag abschliesst. Ausnahmen: Ehepartner und gleichgeschlechtliche Partner haben, auch wenn sie den Mietvertrag nicht unterzeichnen, insbesondere gegenüber dem Vermieter gewisse Rechte. Das gleiche kann für Dritte gelten, welche die Mietsache aus Gewohnheit mitbenutzen.

2.4 Liegenschaft

Liegenschaft			
Bezeichnung	[_____]	Adresse	[_____]
	[_____]	PLZ/Ort	[_____]

Der sachenrechtliche Begriff *Liegenschaft* bezeichnet eine Bodenfläche mit genügend bestimmten Grenzen (Art. 2 lit. a GBV). Die Liegenschaft gilt als Grundstück und wird als solches im Grundbuch aufgenommen (Art. 655 Abs. 2 Ziff. 1 und Art. 943 ZGB). Das Eigentum an diesem Grundstück erfasst grundsätzlich auch sämtliche Baulichkeiten, welche mit dem Boden fest und dauerhaft verbunden sind, mithin die Immobiliengebäude (*Akzessionsprinzip,* vgl. hierzu Art. 667 ZGB). Ausnahme hierzu bildet das Baurecht, mit dem das vorhin erwähnte Akzessionsprinzip durchbrochen wird; Eigentümer der Baute ist in diesem Fall nicht der Grundeigentümer, sondern der Baurechtsdienstbarkeitsberechtigte (vgl. Art. 675 ZGB).

- Liegenschaft bezeichnet sachenrechtlich eine Bodenfläche und gilt als Grundstück.
- In der Regel erfasst Eigentum am Grundstück die mit diesem verbundenen Gebäude. Ausnahme bildet das Baurecht.
- Im Mietvertrag ist die genaue Adresse der Liegenschaft auf welcher sich das Mietobjekt befindet, aufzuführen, allenfalls zusätzlich mit Parzellennummer ergänzt. Hierzu gibt ein Auszug aus dem Grundbuch Auskunft.

2.5 Mietobjekt

Mietobjekt				
[____]-Zimmer-Wohnung			Stockwerk:	[____]
Familienwohnung	[⏎] Ja	[⏎] Nein	Pers.-Zahl:	[____]
Ref.-Nr.	[____]		Fläche m²:	[____]
Zur Benützung als:	[____]		Allfällige Abweichungen bezüglich des Flächenmasses bleiben ohne Auswirkungen auf den Mietzins.	

Gegenstand jedes Mietvertrages bildet das Mietobjekt. Der Mietvertrag für Wohnräume hat die Miete eines dem Wohnen dienenden Raumes zum Inhalt. Raum im Sinn des Mietrechts ist jede horizontal und vertikal abgeschlossene Einheit. Unter dem Begriff Wohnraum sind Räume zu verstehen, deren objektive Tauglichkeit ein Wohnen zulassen und deren vertragliche vereinbarte Nutzungsart im Wohnen besteht.[17] Wohnräume sollten über eine minimale Ausstattung, wie eine Schlaf- und Kochstelle, sanitäre Einrichtungen, Beheizung und Stromversorgung, verfügen. Eine Alleinbenutzung von Koch- und Wascheinrichtungen ist aber nicht zwingend notwendig, weshalb auch Einzelzimmer als Wohnräume zu qualifizieren sind.[18]

Für folgende Arten von Wohnräumen nimmt das Mietrecht Differenzierungen vor:

- Ferienwohnungen sind Wohnräume, bei denen ein besonderer Gebrauchszweck, nämlich vorübergehender Aufenthalt zu Ferienzwecken, vereinbart wird.[19] Ferienwohnungen, die für höchstens drei Monate gemietet werden, sind vom Geltungsbereich sämtlicher Sonderbestimmungen über die Wohnraummiete ausgenommen (Art. 253a Abs. 2 OR).

- Luxusobjekte unterliegen nicht den Schutzbestimmungen über die missbräuchlichen Mietzinse (Art. 253b Abs. 2 OR). Zur Qualifikation eines Luxusobjekts müssen zwei Kriterien kumulativ erfüllt sein: Einerseits muss das Mietobjekt sechs oder mehr Wohnräume aufweisen (ohne Küche; quantitatives Element). Andererseits muss das Mietobjekt luxuriös sein (qualitatives Element). Entscheidend für die Erfüllung dieses Kriterium ist der Gesamteindruck des Mietobjekts.[20]

- Familienwohnungen charakterisieren sich durch ihre besondere Art der Nutzung, weil darin die Ehepartner ihren gemeinsamen Haushalt haben bzw. die Familie ihren Lebensmittelpunkt hat.[21] Dem eherechtlichen Schutzgedanken entsprechend, wonach die Wohnung für die Familie lebensnotwendig ist, kann ein Ehegatte nur mit der ausdrücklichen Zustimmung des anderen die Familienwohnung kündigen (Art. 266m OR). Jeder Ehegatte kann sodann unabhängig vom anderen die Gültigkeit einer Kündigung anfechten oder die Erstreckung des Mietverhältnisses verlangen (Art. 273a OR). Zur Wahrung dieser Rechte sind Kündigungen des Vermieters sowie Kündigungsandrohungen im Fall des Zahlungsverzuges den Ehegatten separat zuzustellen (Art. 266n OR). Die mietrechtlichen Bestimmungen über die Familienwohnung gelten sinngemäss auch für die Wohnung eines gleichgeschlechtlichen Paares.[22]

Vor dem Hintergrund der verschieden Arten von Wohnräumen sind folgende Punkte von praktischer Relevanz:

- Mietobjekt ist ein Wohnraum. Anzugeben ist, in welchem Stockwerk sich die Wohnung befindet. Sinnvoll ist zudem die Angabe, wie viele Personen sich insgesamt in der Wohnung aufhalten werden.[23] Die Flächenangabe sollte möglichst genau sein und bei Zweifeln weggelassen werden, da sie als vertraglich zugesicherte Eigenschaft aufgefasst oder der Mietvertrag wegen Irrtums angefochten werden könnte.[24]

- Besonderer Beachtung gebührt der Anzahl Zimmer; bei mehr als 6 Zimmern (quantitatives Element) stellt die Wohnung insbesondere bei zusätzlicher luxuriöser Ausstattung (qualitatives Element) ein Luxusobjekt dar.

- Bei der Art der Benützung ist anzugeben, ob das Mietobjekt als Wohnung oder als Ferienwohnung genützt wird. In letzterem Fall kommt der Dauer des Mietvertrages eine spezielle Rolle zu: Sonderbestimmungen bez. Wohnraummiete sind nur bei Ferienwohnungen mit einer Mindestdauer von 3 Monate anwendbar.

- Wir empfehlen anzugeben, ob die Wohnung als Familienwohnung dient. Dies ist nur der Fall, wenn beide Ehegatten oder gleichgeschlechtliche Partner zusammenwohnen. Keine Familienwohnung liegt vor bei Konkubinatspaaren oder *unvollständigen Familien*, d.h. Alleinerziehenden mit Kindern.

2.6 Mietbeginn/Mietdauer

Mietbeginn/Mietdauer		
Mietbeginn:	[ ]	[ ] befristet
Endigt durch Zeitablauf ohne Kündigung am:	[ ]	[ ] unbefristet mit Mindestdauer

Das Mietverhältnis beginnt mit der Übergabe der Mietsache, dem sog. Mietantritt.[25] Dem Übergabezeitpunkt kommt deshalb eine zentrale Rolle zu.

Das Mietverhältnis kann befristet oder unbefristet abgeschlossen werden (Art. 255 Abs. 1 OR). Ein befristetes Mietverhältnis endet ohne Kündigung mit Ablauf der vereinbarten Dauer (Art. 255 Abs. 2 und Art. 266 Abs. 1 OR). Es kann auch als Miete auf bestimmte Zeit umschrieben werden.[26]

Alle übrigen Mietverhältnisse sind unbefristet und müssen per definitionem durch Kündigung beendigt werden (Art. 255 Abs. 3 OR).[27] Als unbefristet gelten auch die in der Praxis häufig anzutreffenden *unecht befristeten* Mietverhältnisse, die nach der vereinbarten Mindestdauer weiterlaufen, sofern sie nicht gekündigt werden.[28] Ferner bewirkt die Fortsetzung eines befristeten Vertragsverhältnisses nach Vertragsende, dass es fortan als unbefristetes Vertragsverhältnis gilt (Art. 266 Abs. 2 OR).

- Der Mietbeginn bestimmt den Zeitpunkt, an dem das Mietobjekt übergeben wird und damit der Vertrag zu laufen beginnt.
- Falls das Mietverhältnis befristet abgeschlossen wird, ist die zeitliche Beschränkung der Mietdauer zu vermerken.
- Soll das Mietverhältnis unbefristet sein, ist anzugeben, ob eine Mindestdauer gewünscht wird.

2.7 Kündigung

Kündigung		
Kündigungsfrist: [_____] Monate		Kündigungstermine: [_____]
Unbefristet mit Mindestdauer: erstmals kündbar auf: [_____]	(Mietzinsanpassungen siehe Art. 12 der Allgemeinen Bedingungen)	

Wie jedes unbefristete Dauerschuldverhältnis wird der unbefristete Mietvertrag i.d.R. durch eine Kündigung aufgelöst.[29] Er ist unter Einhaltung der gesetzlichen Fristen und Termine kündbar, sofern die Parteien keine längere Frist oder keinen anderen Termin vereinbaren (Art. 266a Abs. 1 OR). Im Falle der Wohnraummiete besteht eine gesetzliche Kündigungsfrist von 3 Monaten auf einen ortsüblichen Termin oder – bei Fehlen eines Ortsgebrauches – auf Ende einer dreimonatigen Mietdauer (Art. 266c OR). Parteien können die Frist verlängern, nicht aber verkürzen. Was den Kündigungstermin angeht, so ist dieser dispositiver Natur, d.h. der Termin richtet sich in erster Linie nach der vertraglichen Abmachung, in zweiter Linie nach der gesetzlichen Regelung.[30]

Bei Nichteinhaltung der Frist bzw. des Termins gilt die Kündigung für den nächstmöglichen Termin (Art. 266a Abs. 2 OR). Hat der Mieter beispielsweise die Kündigungsfrist zwar eingehalten, aber auf den 31. Dezember gekündigt, obwohl der Vertrag nur eine Kündigung auf Ende März oder September zulässt, so wird die Kündigung erst auf den kommenden 31. März wirksam.

Neben dieser ordentlichen Kündigung besteht die Möglichkeit, den unbefristeten wie auch den befristeten Mietvertrag aus wichtigen Gründen ausserordentlich zu kündigen. Hierzu ist die gesetzliche Kündigungsfrist zu wahren, nicht aber der ortsübliche bzw. vereinbarte Termin. Ein wichtiger Grund liegt dann vor, wenn die angerufenen Umstände bei Vertragsabschluss weder bekannt noch vorhersehbar waren und nicht auf ein Verschulden der kündigenden Partei zurückzuführen sind. Die Umstände müssen überdies derart gravierend sein, dass die Fortsetzung des Mietverhältnisses für die kündigende Partei *objektiv* unzumutbar ist.[31]

Für die Kündigung von Wohnräumen statuiert das Gesetz gewisse Formvorschriften. So bedarf die Kündigung des Mietvertrages der Schriftform (Art. 266l Abs. 1 OR). Der Vermieter muss überdies ein vom Kanton genehmigtes Formular verwenden (Art. 266l Abs. 2 OR). Eine weitere Besonderheit gilt für Familienwohnungen. Deren Kündigung durch einen Ehegatten wird erst mit ausdrücklicher Zustimmung des anderen wirksam (Art. 266m Abs. 1 OR), selbst wenn letzterer nicht Mieter ist. Erfolgt die Kündigung der Familienwohnung durch den Vermieter, ist das amtliche Kündigungsformular dem Mieter und seinem Ehepartner separat zuzustellen (Art. 266n OR). Werden die dargelegten Formvorschriften nicht eingehalten, ist die Kündigung nichtig, d.h. sie wird so behandelt, als ob sie gar nicht ausgesprochen worden wäre (Art. 266o OR).

Von der nichtigen Kündigung ist die anfechtbare Kündigung abzugrenzen (Art. 271 Abs. 1 OR). Eine Kündigung ist anfechtbar, wenn sie gegen Treu und Glauben verstösst, z.B. wenn die Kündigung ausgesprochen wird, weil der Vermieter eine einseitige Vertragsänderung durchsetzen will (vgl. hierzu die nicht abschliessende Liste in Art. 271a OR). Die Anfechtungsfrist beträgt 30 Tage nach Empfang der Kündigung; die Anfechtung ist bei der Schlichtungsbehörde einzureichen (Art. 273 Abs. 1 OR).

- Der unbefristete Mietvertrag wird durch Kündigung aufgelöst, unter Einhaltung der Kündigungsfrist und des Kündigungstermins (ordentliche Kündigung).

- Die Kündigungsfrist beträgt von Gesetzes wegen mindestens 3 Monate, der Kündigungstermin kann frei festgelegt werden.
- Handelt es sich um einen *unecht befristeten* Mietvertrag, ist die Mindestdauer festzulegen und muss ordentlich gekündigt werden.[32]
- Vorbehalten bleibt die ausserordentliche Kündigung aus wichtigen Gründen, unter Einhaltung der gesetzlichen Kündigungsfrist.
- Formvorschriften müssen eingehalten werden, damit die Kündigung rechtswirksam wird. Ansonsten ist die Kündigung nichtig. Beide Parteien müssen schriftlich kündigen, der Vermieter muss überdies ein amtlich genehmigtes Formular verwenden. Aus beweistechnischen Gründen verlangt der vorliegende Mustervertrag schliesslich die Kündigung per Einschreiben.[33]
- Kündigungen sind innert 30 Tagen nach Erhalt anfechtbar, wenn sie gegen Treu und Glauben verstossen.

2.8 Mietzins

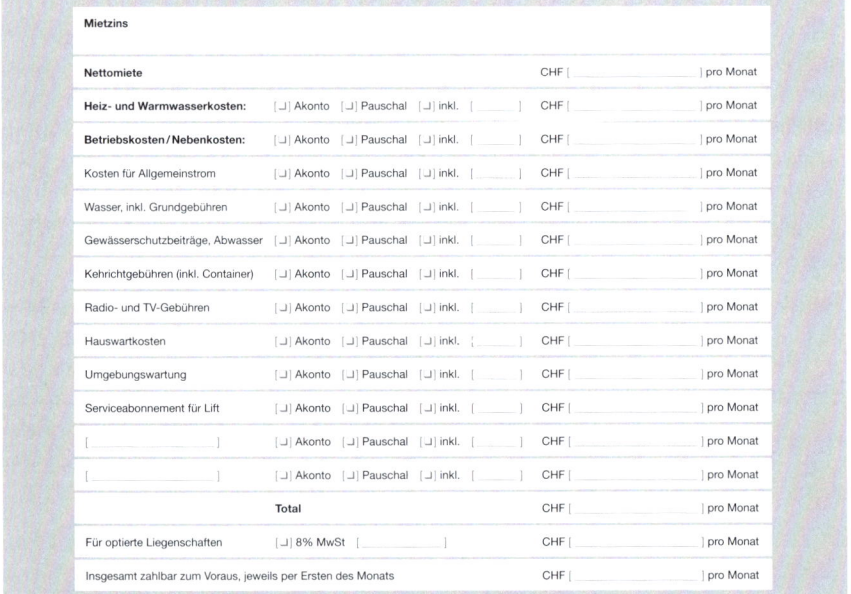

Mietzins			
Nettomiete		CHF [ ]	pro Monat
Heiz- und Warmwasserkosten:	[ ] Akonto [ ] Pauschal [ ] inkl. [ ]	CHF [ ]	pro Monat
Betriebskosten/Nebenkosten:	[ ] Akonto [ ] Pauschal [ ] inkl. [ ]	CHF [ ]	pro Monat
Kosten für Allgemeinstrom	[ ] Akonto [ ] Pauschal [ ] inkl. [ ]	CHF [ ]	pro Monat
Wasser, inkl. Grundgebühren	[ ] Akonto [ ] Pauschal [ ] inkl. [ ]	CHF [ ]	pro Monat
Gewässerschutzbeiträge, Abwasser	[ ] Akonto [ ] Pauschal [ ] inkl. [ ]	CHF [ ]	pro Monat
Kehrichtgebühren (inkl. Container)	[ ] Akonto [ ] Pauschal [ ] inkl. [ ]	CHF [ ]	pro Monat
Radio- und TV-Gebühren	[ ] Akonto [ ] Pauschal [ ] inkl. [ ]	CHF [ ]	pro Monat
Hauswartkosten	[ ] Akonto [ ] Pauschal [ ] inkl. [ ]	CHF [ ]	pro Monat
Umgebungswartung	[ ] Akonto [ ] Pauschal [ ] inkl. [ ]	CHF [ ]	pro Monat
Serviceabonnement für Lift	[ ] Akonto [ ] Pauschal [ ] inkl. [ ]	CHF [ ]	pro Monat
[ ]	[ ] Akonto [ ] Pauschal [ ] inkl. [ ]	CHF [ ]	pro Monat
[ ]	[ ] Akonto [ ] Pauschal [ ] inkl. [ ]	CHF [ ]	pro Monat
Total		CHF [ ]	pro Monat
Für optierte Liegenschaften	[ ] 8% MwSt [ ]	CHF [ ]	pro Monat
Insgesamt zahlbar zum Voraus, jeweils per Ersten des Monats		CHF [ ]	pro Monat

Der Mietzins ist das Entgelt, das der Mieter dem Vermieter für die Gebrauchsüberlassung der Mietsache schuldet (Art. 257 OR). Die gesetzliche

Begriffsumschreibung macht deutlich, dass mit dem Mietzins grundsätzlich sämtliche Leistungen des Vermieters für die Gebrauchsüberlassung und für die Erhaltung der Sache im gebrauchstauglichen Zustand, aber auch für die Erfüllung aller Nebenpflichten abgegolten werden.[34]

Damit geht das Mietrecht davon aus, dass die dem Vermieter anfallenden Nebenkosten durch den Mietzins abgedeckt sind. Nebenkosten sind ein Teil des Mietzinses. Deshalb bedarf es zur Ausscheidung von nebst dem Nettomietzins zu bezahlenden Nebenkosten einer besonderen Vereinbarung (Art. 257a Abs. 2 OR). Damit ist gemeint, dass die konkreten Nebenkostenpositionen im Mietvertrag aufgelistet und bezeichnet werden müssen sowie für den Mieter im Einzelnen betragsmässig nachvollziehbar sind.[35]

Gemäss Art. 257a Abs. 1 OR sind die Nebenkosten das Entgelt für die Leistungen des Vermieters oder eines Dritten, die mit dem Gebrauch der Sache zusammenhängen. Für die Miete von Wohnräumen wird die Umschreibung der zulässigen Nebenkosten noch etwas enger gefasst. Neben dem Zusammenhang mit dem Gebrauch der Sache wird zusätzlich statuiert, dass nur tatsächliche Aufwendungen belastet werden dürfen (Art. 257b Abs. 1 OR). Aus den Nebenkosten bei Wohn- und Geschäftsräumen darf der Vermieter mithin keinen Gewinn erzielen.[36] Eine Pauschalierung ist damit bei Wohnräumen nur insoweit zulässig, als sie den Mieter begünstigt oder ihm nicht mehr als die tatsächlichen Aufwendungen überwälzt.[37] Der Zusammenhang mit dem Gebrauch der Sache muss ferner unmittelbar sein, weshalb z.B. Objektsteuern, Gebäudeversicherungsprämien, Vorzugslasten und Verwaltungskosten nicht unter die gesetzliche Definition der Nebenkosten fallen.[38]

Für den vertraglich festgelegten Mietzins und für die Nebenkosten gilt der Grundsatz der Unabänderlichkeit, d.h. dass das Entgelt während der Mietdauer nicht einseitig durch eine Partei abgeändert werden kann.[39] Von diesem Grundsatz gibt es indes eine wichtige Ausnahme: Beim Mietvertrag für Wohnräume ist, sofern ein unbefristetes Mietverhältnis vorliegt, auf die Kündigungstermine hin und unter Einhaltung der Kündigungsfrist zuzüglich 10 Tage eine einseitige Anpassung des Mietzinses möglich (Art. 269d Abs. 1 OR). Dabei ist zu berücksichtigen, dass die Mitteilung dieser Anpassung in Abweichung von der Empfangstheorie erst dann als zugestellt gilt, wenn der Mieter den Brief bei der Post tatsächlich abholt, spätestens aber nach Ablauf der siebentägigen postalischen Abholfrist (sog. relative Empfangstheorie).[40] Zu beachten gilt weiter, dass die Mietzinserhöhung auf einem amtlichen Formular erfolgen und begründet werden muss (Art. 269d Abs. 2 OR).

Gemäss Art. 257c sind Mietzins und allenfalls Nebenkosten am Ende jeden Monats zu zahlen, sofern kein anderer Zeitpunkt vereinbart oder ortsüblich ist. Vorliegender Mustervertrag vereinbart die Zahlung zum Voraus, jeweils per Ersten des Monats. Dies entspricht im Übrigen der Ortsüblichkeit im Kanton Zürich.[41]

Die Miete aus Wohnräumen ist von der Mehrwertsteuer ausgenommen (Art. 21 Abs. 2 Ziff. 21 MWStG). Diese Ausnahmeregelung ist mit der Konsequenz verbunden, dass einerseits auf den Liegenschaftserträgen keine Mehrwertsteuer erhoben werden darf, anderseits keine Berechtigung zum Vorsteuerabzug besteht.[42]

- Mietzins ist das Entgelt, das der Mieter dem Vermieter für die Gebrauchsüberlassung der Mietsache schuldet.
- Nebenkosten sind das Entgelt für die Leistungen des Vermieters oder eines Dritten, die mit dem Gebrauch der Sache unmittelbar zusammenhängen und tatsächlich anfallen. Nebenkostenfähig sind im Allgemeinen Kosten, welche die Versorgung, die Entsorgung, die Reinigung und den übrigen gewöhnlichen Unterhalt der Mietsache betreffen.
- Nebenkosten sind grundsätzlich Teil des Mietzinses. Sie sind nur zu bezahlen, wenn hierfür eine besondere Vereinbarung besteht, die einzelnen Nebenkostenpositionen mithin konkret aufgeführt und für den Mieter ohne Weiteres verständlich nachvollzogen werden.
- Es ergeben sich folgende Möglichkeiten zur Weiterverrechnung: pauschal (es dürfen Mieter nur tatsächliche Aufwendungen überwälzt werden), akonto (nach Erfahrungswert) oder inkl. (Nebenkosten bereits im Mietzins enthalten).
- Mietzins und Nebenkosten sind grundsätzlich unveränderbar. Ausnahme bildet die Mietzinserhöhung auf den Kündigungstermin hin, wobei die gesetzlichen Formvorschriften zu beachten sind.
- Mietzins und Nebenkosten sind in der Regel zum Voraus, jeweils per Ersten des Monats zu bezahlen.
- Miete von Wohnräumen ist von der Mehrwertsteuer ausgenommen.

2.9 Mietzinsbasis

```
Mietzinsbasis

[ ]  Bei einer Vertragsdauer unter 5 Jahren:
     Hypothekarzinssatz: [_____]%

     Kostensteigerung berücksichtigt bis:          [_____] (Datum)

     Nicht ausgeschöpfte Mietzinsreserve:          [_____] (Betrag)

     *Begründung:
     [_____]
     [_____]
     *(Der Mietzinsvorbehalt muss in Prozenten oder Franken des Mietzinses ausgewiesen und klar begründet werden, d.h., die vorbehaltenen Anpassungsgründe müssen
     explizit genannt werden. Werden mehrere Gründe vorbehalten, ist der Vorbehalt für jeden Grund separat zu beziffern.)

[ ]  Bei einer Vertragsdauer von mindestens 5 Jahren ist der Mietzins zu [_____]% indexiert. Es gilt der Landesindex der
     Konsumentenpreise. Der Indexstand der Anfangsmiete beträgt:

     Landesindex: [_____] (Zahl)     Pkt. [_____] (Zahl)     Stand: [_____] (Datum)

     Der Nettomietzins kann auf einen beliebigen Zeitpunkt, mit einer Anzeigefrist von [_____] Monat(en), erstmals per
     [_____] (Datum) entsprechend den Veränderungen des schweizerischen Landesindexes der Konsumentenpreise
     angepasst werden. Der Anfangsnettomietzins kann jedoch nicht unterschritten werden.
```

Mietzinsanpassungen erfolgen grundsätzlich nach der relativen Methode. Danach wird der vom Vermieter geltend gemachte Mietzins aufgrund Veränderungen, die seit der letzten Mietzinsfestsetzung eingetreten sind, auf die neuen Verhältnisse angepasst. In Betracht fallen insbesondere Teuerung gemäss Landesindex der Konsumentenpreise, Hypothekarzinsveränderungen, Kostensteigerungen der Betriebs- und Unterhaltskosten. Sodann können im Mietvertrag oder bei der letzten Mietzinserhöhung angebrachte Vorbehalte bezüglich nicht ausgeschöpfter Mietzinsreserven im Rahmen einer Mietzinserhöhung geltend gemacht werden.[43]

Wenn der Mietvertrag für eine Mindestdauer von 5 Jahren eingegangen wird, kann der Mietzins indexiert werden, wobei als Index einzig der Landesindex der Konsumentenpreise des Bundesamtes für Statistik zugelassen ist (Art. 269b OR und Art. 17 VMWG).[44] Die Vertragsparteien können jederzeit die Anpassung an den veränderten Index verlangen.[45] Vorbehalten bleiben vertragliche Vereinbarungen. Konkret sieht der vorliegende Mustervertrag vor, dass der Anfangsnettomietzins nicht unterschritten werden kann.[46] Zu bemerken gilt, dass für den Vermieter die Formularpflicht nach Art. 269d OR greift. Weiter ist die Indexierung auch dann möglich, wenn die mindestens fünf Jahre dauernde Vertragsbeziehung gemäss Mietvertrag nur für den Vermieter gilt. Mit anderen Worten können für den Mieter auch kürzere Kündigungsfristen und -termine vereinbart werden, ohne dass dies Auswirkungen auf die Gültigkeit der Indexklausel hätte.[47]

Liegt die Mindestvertragsdauer unter 5 Jahren, kann der Mietzins nicht indexiert werden. Es besteht aber die Möglichkeit, die Berechnungsgrundlagen, welche dem aktuellen Mietzins zugrunde liegen, anzugeben.[48] Diese

Berechnungsgrundlagen stellen die Kalkulationsbasis für zukünftige Mietzinsveränderungen dar. Der wichtigste Mietzins-Veränderungsfaktor ist der Hypothekarzins (Art. 269a lit. b OR).[49] Seit der Revision der VMWG per 1. Januar 2008 gilt für Mietzinsanpassungen aufgrund von Änderungen des Hypothekarzinssatzes schweizweit ein einheitlicher Referenzzinssatz (Art. 12a VMWG). Dieser tritt an die Stelle des in den Kantonen bisher massgebenden Zinssatzes für variable Hypotheken und wird vom Eidgenössischen Volkswirtschaftsdepartement (EVD) bekannt gegeben. Bei Veränderung dieses Referenzzinssatzes kann der Mietzins nach den in Art. 13 VMWG detailliert festgelegten Prozentsätzen angepasst werden.

Des Weiteren berechtigen Steigerungen der Kosten, die durch den Nettomietzins abgegolten werden (Gebühren, Objektsteuern, Baurechtszinse, Versicherungsprämien, Unterhaltskosten), den Vermieter dazu, Erhöhungen des Mietzinses vorzunehmen.[50] Massgeblich ist dabei die Frage, ob sich seit der letzten Mietzinsfestlegung die Kosten effektiv gesteigert haben.[51] In der Praxis wird eine Erhöhung des Mietzinses von 0.5 – 1% pro Jahr ohne konkreten Nachweis zugelassen.[52]

Ferner kann der Vermieter einen sogenannten Mietzinsvorbehalt machen. Damit weist der Vermieter darauf hin, dass der vereinbarte Mietzins bereits bei Abschluss des Mietvertrages zu tief angesetzt war und er sich das Recht vorbehält, diesen Erhöhungsgrund im laufenden Mietverhältnis geltend zu machen.[53] An den Mietzinsvorbehalt werden strenge Anforderungen gestellt. So muss der Mietzinsvorbehalt klar zum Ausdruck gebracht werden, und zwar in einer Weise, dass der Mieter erkennt, dass sich der Vermieter später auf diese vorbehaltenen Erhöhungsgründe berufen wird. Der Vorbehalt muss weiter in präziser Weise begründet sein, insbesondere muss der Vermieter bei einer beabsichtigten Erhöhung die vorbehaltenen Anpassungsgründe nennen.[54] Schliesslich wird die ziffernmässige Bestimmung vorausgesetzt, d.h. der Mietzinsvorbehalt muss in CHF oder Prozenten des aktuellen Mietzinses ausgewiesen werden (Art. 18 VMWG). Sind mehrere Gründe vorbehalten, ist der Vorbehalt für jeden Grund separat zu beziffern. Der einmal erklärte Vorbehalt ist bei jeder in der Folge mit amtlichen Formular mitgeteilten Mietzinsanpassung zu erneuern. Zur *Ausschöpfung* des Mietzinsvorbehaltes ist eine Erklärung nötig, die einer Mietzinsgestaltungserklärung i.S.v. Art. 269d Abs. 1 OR genügt.[55]

- Mietzinsanpassungen erfolgen i.d.R. nach der relativen Methode, d.h. der Mietzins wird aufgrund von Veränderungen, die seit der letzten Mietzinsfestsetzung eingetreten sind, angepasst. In Betracht fällt u.a. die

Teuerung gemäss Landesindex der Konsumentenpreise. Ferner kann ein Mietzinsvorbehalt ausgeschöpft werden.

- Indexierung ist nur möglich, wenn der Mietvertrag für eine Mindestdauer von 5 Jahren eingegangen wird.
- Dauert der Mietvertrag nicht mindestens 5 Jahre, empfiehlt sich, im Mietvertrag im Hinblick auf eine Mietzinserhöhung die Angabe folgender Berechnungsgrundlagen: aktueller Referenzzinssatz und Datum, bis wann Kostensteigerungen berücksichtigt wurden.
- Ein allfälliger Mietzinsvorbehalt muss klar zum Ausdruck kommen, präzise begründet und zudem betragsmässig genau beziffert werden können.

2.10 Depot/Kaution

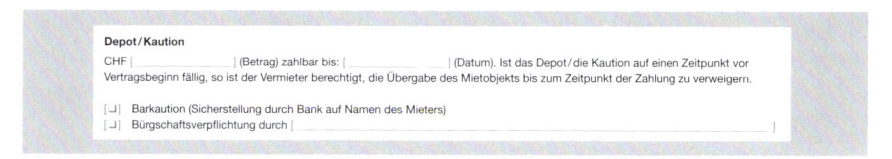

```
Depot/Kaution
CHF [            ] (Betrag) zahlbar bis: [            ] (Datum). Ist das Depot/die Kaution auf einen Zeitpunkt vor
Vertragsbeginn fällig, so ist der Vermieter berechtigt, die Übergabe des Mietobjekts bis zum Zeitpunkt der Zahlung zu verweigern.
[ ] Barkaution (Sicherstellung durch Bank auf Namen des Mieters)
[ ] Bürgschaftsverpflichtung durch [                                                      ]
```

Die in der Praxis häufig anzutreffenden Begriffe *Depot* oder *Kaution* bezeichnen die Sicherheitsleistung des Mieters.[56] Sie entspricht dem Bedürfnis des Vermieters nach Sicherheit, da er mit der Vermietung ein gewisses Risiko eingeht, das er möglichst klein halten will. Zudem verfügt der Vermieter von Wohnungen im Gegensatz zu Geschäftsräumen über kein Retentionsrecht.[57] Die Sicherheitsleistung ist nur soweit geschuldet, wie sie vertraglich vereinbart wurde und dient in der Regel zur Deckung sämtlicher Vermieter-Forderungen aus dem Mietverhältnis.[58]

Bleibt die Sicherheitsleistung gänzlich aus oder wird sie nur teilweise erbracht, so ist danach zu unterscheiden, ob das Mietobjekt bereits übergeben wurde oder nicht. Vor Übergabe des Mietobjekts kann der Vermieter nach den allgemeinen Verzugsregeln gemäss Art. 107 OR vorgehen (Rücktritt etc.) oder die Übergabe gestützt auf Art. 82 OR (Zug-um-Zug) verweigern.[59] Nach Übergabe des Mietobjekts ist der Vermieter bei unbefristeten Mietverhältnissen nur zur ordentlichen Kündigung und bei befristeten Mietverhältnissen zur Kündigung aus wichtigem Grund berechtigt.[60]

Vereinbaren die Parteien eine Sicherheitsleistung in Geld oder Wertpapieren, so ist der Vermieter gesetzlich verpflichtet, die Sicherheit bei einer Bank, auf einem Sparkonto oder auf einem Depot, das auf den Namen des

Mieters lautet, zu hinterlegen (Art. 257e Abs. 1 OR).[61] Die Höhe der Sicherheit darf bei der Wohnraummiete höchstens drei Monatszinsen entsprechen (Art. 257e Abs. 2 OR). Die Auflösung der Sicherheit kann nur aufgrund einer Parteivereinbarung, eines rechtskräftigen Zahlungsbefehles oder Urteils oder dann erfolgen, wenn der Vermieter ein Jahr nach Vertragsende noch keinen Anspruch rechtlich geltend gemacht hat (Art. 257e Abs. 3 OR).[62]

Zulässig ist, dass die Sicherheit in anderer Form, z.B. als Bürgschaftsverpflichtung erbracht wird.[63] In diesem Fall ist die Sonderbestimmung von Art. 257e OR jedoch nicht anwendbar. Vorbehalten bleiben allfällige kantonale Regelungen (Art. 257e Abs. 4 OR).

- Die Sicherheitsleistung – auch unter den Begriffen *Depot* oder *Kaution* bekannt – dient zur Deckung der Vermieter-Forderungen aus dem Mietverhältnis.

- Die Sicherheitsleistung in Geld oder Wertpapieren muss vereinbart und auf einer Bank oder ähnlich hinterlegt werden. Die Höhe der Sicherheitsleistung darf bei Wohnraummieten maximal drei Monatszinsen entsprechen. Wichtig anzugeben ist im Mietvertrag auch, auf welches Datum hin die Sicherheitsleistung erbracht werden soll.

- Denkbar ist eine andere Form der Sicherheitsleistung, z.B. die Bürgschaftsverpflichtung. Hierzu bedarf es der genauen Bezeichnung des Bürgen. Zudem müssen gesetzliche Formvorschriften eingehalten werden (vgl. hierzu Art. 493 OR).

2.11 a) Allgemeine Bedingungen

> **a) Allgemeine Bedingungen**
> Die Allgemeinen Bedingungen samt Hausordnung, die dem Mieter ausgehändigt und von beiden Parteien ausdrücklich anerkannt werden, bilden einen integrierenden Bestandteil des Mietvertrages.

Allgemeine Geschäftsbedingungen (AGB) sind für eine Vielzahl von Vertragsverhältnissen vorformulierte Vertragsbedingungen, die eine Vertragspartei der anderen bei Abschluss des Vertrages stellt.[64] Mit vorliegender Musterklausel werden die AGB samt Hausordnung in den Wohnraummietvertrag übernommen.

b) Ergänzungen zu den Allg. Bedingungen für Mietobjekte im Raum Basel bezüglich Reinigung

> **b) Ergänzungen zu den Allg. Bedingungen für Mietobjekte im Raum Basel bezüglich Reinigung**
>
> [ ] Variante 1 Basel
> Der Mieter hat die Mieträume in besenreinem Zustand zurückzugeben. Der Vermieter übernimmt die gründliche Reinigung, wofür der Mieter eine Entschädigung von pauschal CHF 6.00 pro m² Mietfläche bezahlt (Balkone, Keller und Estrichräume zu ¼ anrechenbar). Für textile Bodenbeläge wird ein Zuschlag von CHF 3.00 pro m² berechnet. Wenn die Kosten für die Gesamtreinigung durch die vorstehenden Ansätze nicht gedeckt werden, kann der Zuschlag für die Reinigung der textilen Bodenbeläge nachträglich bis auf CHF 6.00 pro m² erhöht werden. Die Reinigungspauschale wird mit der Kündigung zur Zahlung fällig.
>
> [ ] Variante 2 Basel
> Der Mieter besorgt die Schlussreinigung selbst. Er verpflichtet sich damit, die Mieträume und deren Einrichtungen gründlich gereinigt zurückzugeben.
>
> [ ] Variante 3 Basel
> Es wird eine Reinigungspauschale von CHF [_____] (Betrag) mit Fälligkeit am [_____] (Datum) vereinbart.

Der Mieter hat dem Vermieter die Mietsache in dem Zustand zurückzugeben, der sich aus dem vertragsgemässen Gebrauch derselben ergibt (Art. 267 OR).[65] Vorliegender Mustervertrag sieht grundsätzlich vor, dass der Mieter die Mietsache in gereinigtem Zustand zurückzugeben hat.[66] Insbesondere in der Nordwestschweiz ist es jedoch üblich, dass der Vermieter die Reinigung gegen entsprechende Abgeltung in Form einer sog. Reinigungspauschale übernimmt.[67] Vorliegende Musterklausel geht auf diesen Ortsgebrauch ein, indem sie die AGB *präzisiert*.

- Rückgabe der Mietsache gemäss vertragsgemässen Gebrauch derselben; i.d.R. wird gereinigter Zustand verlangt.
- In der Nordwestschweiz ist es üblich, dass Vermieter die Reinigung gegen eine Abgeltung (Reinigungspauschale) übernimmt; wenn das Mietobjekt in Basel liegt, ist die entsprechend gewünschte Variante anzukreuzen.

2.12 Besondere Vereinbarungen

> **Besondere Vereinbarungen**

Diese Ziffer bietet Platz für besondere Abmachungen, z.B.:

- Bestimmung, wie ein befristeter Mietvertrag erneuert werden kann (*Option*);
- Bestimmung, wie ein befristeter Mietvertrag seitens des Mieters einseitig vor Vertragsablauf gekündigt werden kann;

- Bestimmungen über die Benützung des gemeinsamen Gartens;
- Vereinbarung, dass sich der Mietzins periodisch um einen bestimmten Betrag erhöht (gestaffelter Mietzins nach Art. 269b OR);
- etc.

2.13 Mahn- und Inkassogebühren

> **Mahn- und Inkassogebühren**
> Der Mieter anerkennt Verzugszinsen für verspätete Zahlungen von Mietzins und Nebenkosten sowie Mahn- und Umtriebsgebühren in usanzgemässer Höhe.

Vorliegender Mustervertrag sieht die Zahlung des Mietzinses sowie der Nebenkosten zum Voraus vor, jeweils per Ersten des Monats.[68] Damit besteht ein vertraglich vereinbarter Verfalltag, mit dessen Ablauf der Mieter ohne vorgängige Mahnung in Verzug gerät (Art. 102 Abs. 2 OR).[69] Verzugszinsen betragen nach Gesetz 5% pro Jahr, wenn nichts anderes vereinbart wurde (Art. 104 OR).[70]

Mahn- und Umtriebsgebühren sind i.d.R. geschuldet, soweit sie mit vorliegender Klausel vereinbart werden; die Höhe richtet sich nach der Verkehrssitte.

- Verzugszinsen sind ohne vorgängige Mahnung mit Ablauf des Ersten eines jeden Monats geschuldet und betragen i.d.R. 5% pro Jahr.
- Mahn- und Umtriebsgebühren haben sich nach marktüblichen Verhältnissen zu richten.

2.14 Teilnichtigkeit

> **Teilnichtigkeit**
> Sollte eine Bestimmung dieses Vertrages nichtig oder unwirksam sein oder werden, so wird der übrige Teil dieses Vertrages davon nicht berührt. Im Falle der Nichtigkeit oder Unwirksamkeit einer Bestimmung, ist diese durch eine Wirksame zu ersetzen, die dem wirtschaftlichen Zweck der unwirksamen Bestimmung am nächsten kommt. In gleicher Weise ist zu verfahren, wenn eine Lücke offenbar wird.

Ein Vertrag, der einen unmöglichen, widerrechtlichen oder sittenwidrigen Inhalt hat, ist nichtig (Art. 20 Abs. 1 OR). Betrifft der Mangel bloss einzelne Teile des Vertrages, so sind nur diese nichtig, der Rest bleibt jedoch wirksam *(Teilnichtigkeit)*. Diese Regel gilt allerdings nur, sofern die Parteien den Vertrag auch ohne den nichtigen Teil abgeschlossen hätten (Art. 20 Abs. 2 OR).[71] An dieser Stelle setzt vorliegende Bestimmung (sog.

Salvatorische Klausel) ein. Sie besagt, dass die Nichtigkeit einzelner Bestimmungen die Wirksamkeit des Vertrages im Übrigen unberührt lässt. Sie hat mit anderen Worten zum Ziel, den Fortbestand des Mietvertrages zu regeln.[72]

Zusätzlich zur Absicht, den Vertrag trotz Teilmängeln fortbestehen zu lassen, stellt vorliegende Klausel klar, dass die Parteien für nichtige Teile des Mietvertrages eine Ersatzbestimmung zu suchen haben.[73] Diese soll dem wirtschaftlichen Zweck der nichtigen Bestimmung möglichst nahekommen.

- Salvatorische Klausel bezweckt den Fortbestand des Mietvertrages bei nichtigen Bestimmungen eines ansonsten gültig abgeschlossenen Mietvertrages.

- Nichtige Bestimmungen sind unwirksam und sind seitens der Parteien durch Ersatzbestimmungen zu ersetzen, die der ursprünglichen Bestimmung in wirtschaftlicher Hinsicht möglichst nahekommt. In gleicher Weise ist zu verfahren, wenn eine Vertragslücke festgestellt wird.

2.15 Anwendbares Recht, Gerichtsstand

> **Anwendbares Recht, Gerichtsstand**
> Soweit in diesem Vertrag nichts anderes vereinbart wird, gelten ausschliesslich die Bestimmungen des Schweizerischen Obligationenrechts (Art. 253 ff. OR). Für alle Streitigkeiten aus diesem Vertrag ist der Ort der gemieteten Sache Gerichtsstand.

Die Art. 253–274g OR regeln die Rechte und Pflichten der Parteien des Mietvertrages umfassend. Diese Bestimmungen sind anwendbar, sofern die Parteien nichts Abweichendes vereinbaren, wobei (relativ) zwingende Normen zu beachten sind.[74]

Für Streitigkeiten aus dem Mietvertrag sind die Schlichtungsbehörde oder das Gericht am Ort der gemieteten Sache zuständig (Art. 33 ZPO). Dieser Gerichtsstand ist insofern zwingend, als der Mieter nicht im Voraus darauf verzichten kann (Art. 35 Abs. 1 b ZPO). Im Gegensatz zur Geschäftsraummiete ist die Wohnraummiete nicht schiedsfähig; vorbehalten bleibt die Möglichkeit, die Schlichtungsbehörde als Schiedsgericht zu bestellen (Art. 274c i.V.m. Art. 274a Abs. 1 lit. e OR).[75]

- Anwendbar sind die Art. 253–274g OR, sofern – unter Beachtung der (relativ) zwingenden Bestimmungen – nichts Abweichendes vereinbart wird.

Kapitel 1: Mietvertrag für Wohnräume

- Gerichtsstand ist zwingend die Schlichtungsbehörde oder das Gericht am Ort der gemieteten Sache.
- Wohnraummiete ist nicht schiedsfähig; vorbehalten bleibt die Möglichkeit, die Schlichtungsbehörde als Schiedsgericht zu bestellen.

2.16 Schriftlichkeitsvorbehalt

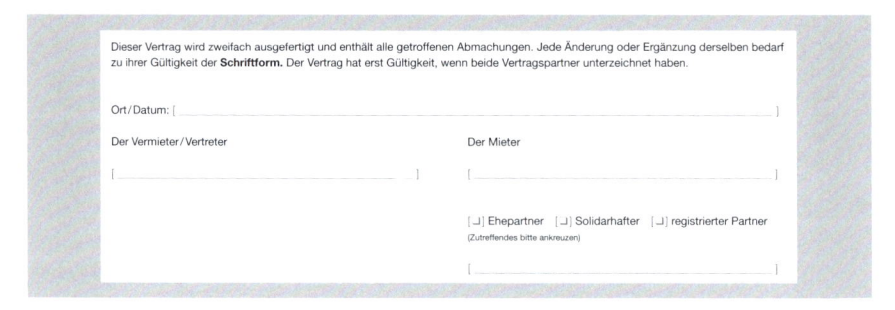

> Dieser Vertrag wird zweifach ausgefertigt und enthält alle getroffenen Abmachungen. Jede Änderung oder Ergänzung derselben bedarf zu ihrer Gültigkeit der **Schriftform**. Der Vertrag hat erst Gültigkeit, wenn beide Vertragspartner unterzeichnet haben.
>
> Ort/Datum: [_____]
>
> Der Vermieter/Vertreter   Der Mieter
>
> [_____]   [_____]
>
>   [❏] Ehepartner [❏] Solidarhafter [❏] registrierter Partner
>   (Zutreffendes bitte ankreuzen)
>
>   [_____]

Entsprechend dem allgemeinen Prinzip der Vertragsfreiheit geht das OR grundsätzlich von dem Standpunkt der Formfreiheit aus.[76] Gemäss Art. 11 Abs. 1 und Art. 16 Abs. 2 OR bedürfen Verträge für deren Gültigkeit deshalb nur dann einer bestimmten Form, wenn eine solche vom Gesetz ausdrücklich angeordnet ist oder wenn die Parteien eine Form (insbesondere die Schriftlichkeit) vereinbaren.

Vorliegende Vertragsklausel sieht vor, dass der Mietvertrag sowie dessen Abänderungen oder Ergänzungen für deren Gültigkeit einer besonderen Form, hier der Schriftlichkeit, bedürfen. Zur Schriftlichkeit gehört, dass der Mietvertrag einschliesslich dessen Abänderungen oder Ergänzungen schriftlich vorliegen und von den Parteien unterzeichnet werden (Art. 13 OR). Dieser Form- oder Schriftlichkeitsvorbehalt führt dazu, dass dem Mietvertrag sowie dessen Abänderungen oder Ergänzungen keine Gültigkeit zukommt, wenn diese nicht schriftlich (mit Unterschrift) abgefasst worden sind.

- Grundsätzlich gilt auch bei Mietverträgen die Formfreiheit. Zur Vermeidung von Meinungsverschiedenheiten statuiert vorliegender Mustervertrag den sog. Schriftlichkeitsvorbehalt.
- Der Mietvertrag (einschliesslich Abänderungen oder Ergänzungen) muss schriftlich vorliegen und von beiden Parteien unterzeichnet werden.

Kommentierung zu Kapitel 1

1. HONSELL, S. 209.
2. Vgl. ZK-HIGI, Vorbem. zu Art. 253–274g, N. 90 f.
3. Vgl. ZK-HIGI, Vorbem. zu Art. 253–274g, N. 125 ff.
4. Vgl. TERCIER/FAVRE, N. 1917; ZK-HIGI, Vorbem. zu Art. 253–274g, N. 6 f.
5. ZIHLMANN, S. 16.
6. HONSELL, S. 211.
7. Vgl. ZIHLMANN, S. 13 f.
8. Vgl. SVIT-Kommentar, Vorbem. Art. 253–274g, N. 9; TERCIER/FAVRE, N. 2021.
9. Vgl. hierzu SVIT-Kommentar, Vorbem. Art. 253–274g, N. 10; ZIHLMANN, S. 29; ZK-HIGI, Vorbem. zu Art. 253–274g, N. 103 ff.
10. Vgl. Kapitel 10: Vertrag für die Bewirtschaftung von Liegenschaften und Kapitel 11: Vertrag für die Bewirtschaftung von Liegenschaften im Mit-/Stockwerkeigentum.
11. Vgl. SCHWENZER, N. 40.04 u. N. 41.09; TERCIER/FAVRE, N. 2020.
12. Vgl. hierzu BSK-WEBER, Art. 253, N. 9; SCHWENZER, N. 40.04; SVIT-Kommentar, Vorbem. Art. 253–274g, N. 9.
13. Vgl. SVIT-Kommentar, Vorbem. Art. 253–274g, N. 11; TERCIER/FAVRE, N. 1958.
14. Vgl. ZIHLMANN, S. 29.
15. Vgl. hierzu SVIT-Kommentar, Vorbem. Art. 253–274g, N. 12; ZIHLMANN, S. 30.
16. TERCIER/FAVRE, N. 2028 f.; vgl. im Allg. CHK-GRABER/REETZ, Art. 112, N. 28.
17. Vgl. oben Ziff. 1.2; ZK-HIGI, Vorbem. zu Art. 253–274g, N. 87 und N. 91.
18. SVIT-Kommentar, Art. 253, N. 5.
19. Vgl. SVIT-Kommentar, Art. 253a, N. 6.
20. Vgl. SVIT-Kommentar, Art. 253b, N. 10 f.
21. SVIT-Kommentar, Art. 253, N. 15.
22. SVIT-Kommentar, Art. 253, N. 16a, vgl. zum Ganzen auch ZK-HIGI, Vorbem. zu Art. 253–274g, N. 125 ff.
23. Vgl. hierzu Ziff. 2.3.
24. BURKHALTER/GRELL, Jus-News 9/2009; GRELL, Fälle Band II, Fall 9, S. 32.
25. ZK-HIGI, Art. 255, N. 12.
26. ZK-HIGI, Art. 255, N. 26.
27. Vgl. unten Ziff. 2.7; SVIT-Kommentar, Art. 255, N. 4.
28. Vgl. unten Ziff. 2.7; SVIT-Kommentar, Art. 255, N. 4; ZK-HIGI, Art. 255, N. 41 f.; ZIHLMANN, S. 93.
29. ZK-HIGI, Art. 255, N. 25.
30. Vgl. hierzu BSK-WEBER, Art. 266a, N. 3 f.; SVIT-Kommentar, Art. 266a, N. 4 ff.; ZIHLMANN, S. 104; ZK-HIGI, Art. 266a, N. 27 ff.
31. Vgl. BSK-WEBER, Art. 266g, N. 5; SVIT-Kommentar, Art. 266g, N. 10 f.; ZIHLMANN, S. 108 f.; ZK-HIGI, Art. 266g, N. 29 ff.
32. Vgl. oben Ziff. 2.6.
33. Vgl. Kapitel 13: Allgemeine Bedingungen zum Mietvertrag für Wohnräume, Ziff. 14.
34. BSK-WEBER, Art. 257, N. 1.
35. Vgl. BSK-WEBER, Art. 257a, N. 5; SVIT-Kommentar, Art. 257–257b, N. 18; ZIHLMANN, S. 55; ZK-HIGI, Art. 257a–257b, N. 13.
36. Vgl. BSK-WEBER, Art. 257b, N. 2; SVIT-Kommentar, Art. 257–257b, N. 22.
37. ZIHLMANN, S. 56.
38. Vgl. BSK-WEBER, Art. 257a, N. 3; SVIT-Kommentar, Art. 257–257b, N. 13.
39. ZK-HIGI, Art. 257, N. 19.
40. BSK-WEBER, Art. 269d, N. 6; LACHAT ET AL., S. 302.
41. LACHAT ET AL., S. 219.

Kapitel 1: Mietvertrag für Wohnräume

[42] Vgl. zur Möglichkeit des *Optierens* Kapitel 2: Mietvertrag für Geschäftsräume, Ziff. 2.5.3.
[43] Vgl. hierzu SVIT-Kommentar, Vorbem. Art. 269–270e, N. 21 f.
[44] SVIT-Kommentar, Art. 269b, N. 3 f.; Zihlmann, S. 197.
[45] ZK-Higi, Art. 269b, N. 36.
[46] SVIT-Kommentar, Art. 269b, N. 16; ZK-Higi, Art. 269b, N. 41 ff.
[47] BGE 125 III 358 E. 1b/bb; SVIT-Kommentar, Art. 269b, N. 3.
[48] Sog. vertragliche Anpassungsklauseln, vgl. hierzu ZK-Higi, Vorbem. zu Art. 269–270e, N. 120 und 144 f.
[49] BSK-Weber, Art. 269a, N. 6a.
[50] ZK-Higi, Art. 269a, N. 213, 220; Art. 12 Abs. 1 VMWG.
[51] ZK-Higi, Art. 269a, N. 220.
[52] SVIT-Kommentar, Art. 269a, N. 40.
[53] ZK-Higi, Art. 269d, N. 106.
[54] ZK-Higi, Art. 269d, N. 113 f.
[55] Vgl. oben Ziff. 2.8; ZK-Higi, Art. 269d, N. 108.
[56] Zihlmann, S. 62.
[57] BSK-Weber, Art. 257e, N. 1; SVIT-Kommentar, Art. 257e, N. 11; ZK-Higi, Art. 257e, N. 5.
[58] ZK-Higi, Art. 257e, N. 7.
[59] SVIT-Kommentar, Art. 257e, N. 21; ZK-Higi, Art. 257e, N. 14.
[60] SVIT-Kommentar, Art. 257e, N. 21; ZK-Higi, Art. 257e, N. 13; vgl. auch oben Ziff. 2.7.
[61] Lachat et al., S. 264.
[62] SVIT-Kommentar, Art. 257e, N. 22 f.; ZK-Higi, Art. 257e, N. 35 ff.
[63] Zihlmann, S. 62; SVIT-Kommentar, Art. 257e, N. 12.
[64] Vgl. hierzu Kapitel 13: Allgemeine Geschäftsbedingungen, Ziff. 1.
[65] ZK-Higi, Art. 267, N. 79 ff.
[66] Vgl. Kapitel 13: Allgemeine Bedingungen zum Mietvertrag für Wohnräume, Ziff. 15.
[67] SVIT-Kommentar, Art. 259, N. 18; ZK-Higi, Art. 267, N. 90.
[68] Vgl. oben Ziff. 2.8.
[69] SVIT-Kommentar, Art. 257c, N. 5.
[70] Schwenzer, N. 66.09.
[71] Vgl. Schwenzer, N. 32.39.
[72] Sog. *Salvatorische Klausel,* vgl. Schwenzer, N. 32.41.
[73] Sog. modifizierte Teilnichtigkeit, vgl. hierzu Gauch/Schluep/Schmid/Emmenegger, N. 703 ff.
[74] Vgl. Ziff. 1.3.
[75] ZK-Higi, Art. 274c, N. 19.
[76] Schwenzer, 31.01.

Kapitel 2

Mietvertrag für Geschäftsräume

Kapitel 2: Mietvertrag für Geschäftsräume

Das Wichtigste in Kürze

Der Mietvertrag für Geschäftsräume unterliegt grundsätzlich den gleichen mietvertraglichen Regelungen wie der Mietvertrag für Wohnräume. So steht auch der Mietvertrag für Geschäftsräume im Zeichen des Mieterschutzes. Besondere Beachtung gebührt der Tatsache, dass bei Geschäftsräumen regelmässig viel Geld investiert wird und deshalb der Wunsch nach möglichst weitgehender vertraglicher Absicherung bei Mieter und Vermieter besteht.

Vermieter und Mieter sind die Protagonisten des Mietvertrages für Geschäftsräume. Da aufseiten der Mieterschaft auch eine juristische Person agieren kann, stellt sich insbesondere die Frage, wer genau durch den Mietvertrag verpflichtet wird.

Mietobjekt ist ein Geschäftsraum, wobei die Mietzinsgestaltung oft nach Regeln erfolgt, die so im Gesetz nicht ausdrücklich festgehalten sind. Im Zusammenhang mit dem Mietzins wird weiter auch die Kaution sowie die Bankgarantie behandelt, welche – trotz der Möglichkeit der Retention – dem Bedürfnis des Vermieters nach möglichst hoher Delcredere-Sicherheit entspricht.

Während befristete Mietverträge mit Ablauf der vereinbarten Dauer enden, müssen unbefristete Mietverträge gekündigt werden. Bezüglich der Dauer des Mietvertrages kommt der sog. Option eine besondere Rolle zu.

Zwar entsteht durch Verwendung des vorliegenden Mustervertrages und durch das Einbinden der AGB ein *Standardvertrag*. Dieser kann jedoch durch besondere Vereinbarungen individualisiert werden.

Abschliessend wird auf weitere Teile des Mietvertrages Bezug genommen, so u.a. auf allfällige Mahn- und Inkassogebühren, die Salvatorische Klausel, das anwendbare Recht, den Gerichtsstand und – last but not least – das Schiedsgericht der Schweizer Immobilienwirtschaft.

Das Wichtigste in Kürze

Herausgeber und Copyright
© Schweizerischer Verband der
Immobilienwirtschaft SVIT – www.svit.ch
Mietvertrag für Geschäftsräume
Version 1/08

homegate.ch   Schulthess §

Mietvertrag für Geschäftsräume

1. Vermieter*   MwSt-Nr. [_____]
Name [_____]
Bezeichnung [_____]
Adresse [_____]
PLZ/Ort [_____]

2. Vertreten durch*
Name [_____]
Bezeichnung [_____]
Adresse [_____]
PLZ/Ort [_____]

3. Mieter*   MwSt-Nr. [_____]
Name [_____]
Bezeichnung [_____]
Adresse [_____]
PLZ/Ort [_____]
Name [_____]
Bezeichnung [_____]
Adresse [_____]
PLZ/Ort [_____]

4. Liegenschaft
Bezeichnung [_____]
Adresse [_____]
PLZ/Ort [_____]

Bezeichnung [_____]
Adresse [_____]
PLZ/Ort [_____]

5. Mietobjekte / Mietzins / Nebenkosten

Objekt	Stock/Lage	Referenz-Nr.	ca. m²	CHF/m² pro Jahr	Mietzins CHF pro Jahr	Mietzins CHF pro Monat
[____]	[____]	[____]	[____]	[____]	[____]	[____]
[____]	[____]	[____]	[____]	[____]	[____]	[____]
Total Nettomietzins					[____]	[____]
Heizkosten		[ ] Akonto	[ ] Pauschal		[____]	[____]
Betriebskosten		[ ] Akonto	[ ] Pauschal		[____]	[____]
[____]% MWST (bei optierten Liegenschaften)					[____]	[____]
Total Bruttomietzins					[____]	[____]

☐ **Umsatzmiete**
Die Parteien vereinbaren eine Umsatzmiete. Der Mietzins beträgt [_____]% des massgeblichen Jahresumsatzes. Falls eine Umsatzmiete vereinbart wird, gilt der unter »Nettomietzins« aufgeführt Betrag als Mindestmietzins.

Jährlich bis Ende Februar meldet der Mieter schriftlich den im vorangehenden Kalenderjahr erzielten Umsatz. Bis spätestens zum 31. März jedes Jahres wird vom Vermieter aufgrund der Umsatzmeldung die vom Mieter geschuldete Umsatzmiete für das vorangehende Kalenderjahr unter Abzug der bereits geleisteten Netto-Mindestmiete in Rechnung gestellt. Den allfälligen Differenzbetrag hat der Mieter dem Vermieter innert 30 Tagen nach Erhalt der Rechnung zu bezahlen.

Die genaue Berechnung des massgeblichen Umsatzes und dessen Nachweis richten sich nach der Ziffer 14 der Allgemeinen Bedingungen für den Mietvertrag für Geschäftsräume.

Kapitel 2: Mietvertrag für Geschäftsräume

Herausgeber und Copyright
© Schweizerischer Verband der Immobilienwirtschaft SVIT – www.svit.ch
Mietvertrag für Geschäftsräume
Version 1/08

Der Mietzins ist jeweils zahlbar am 1. Tag des [_____] (Monat / Quartal).
Bei Verzug ist ein Verzugszins zu [_____]% geschuldet.
Allfällige Abweichungen bezüglich des Flächenmasses bleiben ohne Auswirkungen auf den Mietzins.

Nebenkosten

- [ ] Heiz- und Warmwasserkosten (Art. 5 VMWG)
- [ ] Allgemeinstrom
- [ ] Kosten und Gebühren für Wasserverbrauch und Abwasserentsorgung inkl. Wartung der Kanalisation und Wasserentsorgungsanlagen
- [ ] Präventivspülungen Kanalisation sowie Zu-/Ablaufleitungen
- [ ] Hauswartung inkl. Sozialleistungen
- [ ] Hauswartbetriebsmaterial (z.B. Reinigungsmittel etc.)
- [ ] Schneeräumung
- [ ] Radio und TV
- [ ] Kehrichtgebühren
- [ ] Betriebskehricht
- [ ] Containerreinigung
- [ ] Betriebs- und Wartungskosten (Serviceverträge) der Be- und Entlüftungsanlagen, Kühl- und Klimaanlagen und Bedienung; Versicherungsprämien für Lüftung und Klimatisierung
- [ ] Betriebs- und Wartungskosten (Serviceabonnemente) der Personen- und Warenlifte (inkl. Lifttelefon)
- [ ] Betriebs- und Wartungskosten (Serviceabonnemente) der Feuerlöschgeräte
- [ ] Gebäudeüberwachung (Feuer- und Brandschutz)

Für die Erstellung der Nebenkostenabrechnung wird ein Verwaltungshonorar des Abrechnungsbetrages zuzüglich MWST in Rechnung gestellt.

Stichtag NK-Abrechnung: [_____] (Datum)

Bei Akontozahlung bildet nachfolgender Text einen integrierenden Bestandteil dieses Vertrages.

- [ ] **Nebenkostenabrechnung (bei Akontozahlungen)**

Über die Nebenkosten wird jährlich eine Abrechnung erstellt. Die Abrechnung über Nebenkosten gilt als genehmigt, sofern der Mieter nicht innert 30 Tagen seit Erhalt dagegen schriftlich Einsprache beim Vermieter erhebt. Dem Mieter steht das Recht zu, innert einer Frist von 30 Tagen ab Erhalt der Nebenkostenabrechnung auf Voranmeldung am Sitz der Verwaltung zu den üblichen Geschäftszeiten in die sachdienlichen Belege Einsicht zu nehmen. Nachforderungen sind innert 30 Tagen nach Empfang der Abrechnung zu begleichen. Rückerstattungen sind im gleichen Zeitraum vorzunehmen.

Während der Heizperiode darf die Heizung in keinem Raum ganz abgestellt werden. Für durch den Mieter gedrosselte Heizkörper kann keine Reduktion der Heizkosten gewährt werden.

Verlässt der Mieter während der Rechnungsperiode das Mietobjekt, so hat er keinen Anspruch auf Erstellung einer zwischenzeitlichen Abrechnung. Der Vermieter kann aber die Abrechnung vorläufig nach der letztjährigen Nebenkostenabrechnung erstellen.

Nebenkosten Gewerbe

Der Strom- und/oder der Gasverbrauch im Mietobjekt sowie alle weiteren Gebühren und Abgaben, die durch den Betrieb des Mieters verursacht werden, ferner der Stromverbrauch eventueller Leuchtschriften und Reklamevorrichtungen, gehen zu Lasten des Mieters, auch wenn sie beim Vermieter erhoben werden. Der Mieter verpflichtet sich, die Vorschriften der Lieferwerke zu beachten; er haftet andernfalls für jeden durch sein Verschulden verursachten Schaden. Mit dem Betrieb des Mieters verbundene Abgaben, Gebühren und Unkosten, welche von einem Werk, einem Amt oder einem Lieferanten (inklusive Kabelnetze) in Rechnung gestellt werden, sind durch den Mieter zu bezahlen, auch wenn sie beim Vermieter erhoben werden. Dies gilt auch für Abgaben oder Gebühren, die im vorliegenden Vertrag nicht im Einzelnen aufgeführt sind.

6. **Verwendungszweck / Nebenräume**
[_____]
Der Mieter darf das Mietobjekt nur zum vereinbarten Zweck gebrauchen.
Folgende Flächen / Einrichtungen können mitbenutzt werden:
[_____]

7. **Mietbeginn:** [_____] (Datum)

8. **Mietdauer**
Wird Variante A gewählt, bildet die anschliessende Ziffer 9 **keinen** integrierenden Bestandteil des Vertrages.

Variante A:
- [ ] befristet
Endigt durch Zeitablauf ohne Kündigung am: [_____] (Datum)
- [ ] mit Option gemäss Ziffer 10

Variante B:
- [ ] unbefristet mit Mindestdauer / Mindestvertragsdauer bis: [_____] (Datum)
- [ ] mit Option gemäss Ziffer 10

Variante C:
- [ ] unbefristet ohne Mindestdauer
- [ ] mit Option gemäss Ziffer 10

Das Wichtigste in Kürze

Herausgeber und Copyright
© Schweizerischer Verband der
Immobilienwirtschaft SVIT – www.svit.ch
Mietvertrag für Geschäftsräume
Version 1/08

homegate.ch Schulthess §

9. **Kündigung**

   Die Kündigungsfrist beträgt [____] Monate (mind. 6 Monate).

   Nach Ablauf der Mindestvertragsdauer gilt der Vertrag als auf unbestimmte Zeit abgeschlossen und kann von beiden Parteien unter Einhaltung der vereinbarten Kündigungsfrist jeweils auf Ende des Monats, ausgenommen auf den 31. Dezember, mit eingeschriebenem Brief gekündigt werden.

   Kündigungen durch den Vermieter haben auf einem vom Kanton genehmigten Formular zu erfolgen.

10. **Option** [ ] ja [ ] nein (Info: wenn «nein» angekreuzt wird, ist ausdrücklich keine Option vereinbart)

    [ ] Der Vermieter räumt dem Mieter eine Option (s. Ziffer 8) zur Verlängerung dieses Mietvertrages vom [_____] (Datum) bis [_____] (Datum) ein. Dieses Optionsrecht fällt dahin, wenn die Option vom Mieter nicht bis spätestens [_____] (Datum) mit eingeschriebenem Brief (Datum Postaufgabe) geltend gemacht wird.

    [ ] Macht der Mieter vom Optionsrecht Gebrauch, so ist der Vermieter berechtigt, den Mietzins auf Beginn der Optionsdauer den dannzumal herrschenden Marktverhältnissen anzupassen. Der neue Mietzins wird dem Mieter spätestens einen Monat nach Ausübung des Optionsrechts mit dem vom Kanton genehmigten Formular angezeigt.

11. **Mietzinsbasis**

    [ ] Bei einer Vertragsdauer unter 5 Jahren:
    Hypothekarzinssatz: [____]%
    Kostensteigerung berücksichtigt bis: [_____] (Datum)
    Nicht ausgeschöpfte Mietzinsreserve: [_____] (Betrag)
    *Begründung:
    [_____]
    [_____]

    *(Der Mietzinsvorbehalt muss in Prozenten oder Franken des Mietzinses ausgewiesen und klar begründet werden, d.h., die vorbehaltenen Anpassungsgründe müssen explizit genannt werden. Werden mehrere Gründe vorbehalten, ist der Vorbehalt für jeden Grund separat zu beziffern.)

    [ ] Bei einer Vertragsdauer von mind. 5 Jahren ist der Mietzins zu [____]% indexiert. Es gilt der Landesindex der Konsumentenpreise. Der Indexstand der Anfangsmiete beträgt:
    Landesindex: [_____] (Punkte)
    Stand: [_____] (Datum)
    Der Nettomietzins kann auf einen beliebigen Zeitpunkt, mit einer Anzeigefrist von [_____] Monat(en), erstmals per [_____] (Datum) entsprechend den Veränderungen des schweizerischen Landesindexes der Konsumentenpreise angepasst werden.

12. **Kaution / Bankgarantie**

    [ ] **Kaution**
    CHF [_____] (Betrag) zahlbar bis: [_____] (Datum)
    Dieser Betrag gilt als Sicherstellung des Mietzinses. Dieses Depot kann nur nach den geltenden Bestimmungen des Mietrechts zurückbehalten, beziehungsweise freigegeben werden. Für die Sicherstellung wird bei der vom Vermieter bestimmten kontoführenden Bank ein Kautionskonto auf den Namen des Mieters eröffnet.

    [ ] **Bankgarantie**
    Der Mieter leistet zur Sicherstellung aller Ansprüche aus dem vorliegenden Vertrag (Bruttomietzins und Schadenersatz bei vorzeitiger Vertragsbeendigung und ausserordentlicher Abnützung beziehungsweise Beschädigung der Mietliegenschaft sowie der allfälligen Pflicht zur Wiederherstellung des früheren Zustandes bei mieterseitigen Ausbauten etc.) die unwiderrufliche Bankgarantie einer Schweizerischen Grossbank bzw. einer Kantonalbank in der Höhe von CHF [_____] (Betrag). Die Bankgarantie muss bei Vertragsunterzeichnung übergeben werden und mindestens 6 Monate über den erstmöglichen Kündigungszeitpunkt hinaus gültig sein.

    Der Mieter verpflichtet sich, bei Fortsetzung des Mietverhältnisses über den erstmöglichen Auflösungszeitpunkt hinaus die Bankgarantie unaufgefordert so zu verlängern, dass sie in der Folge wieder 6 Monate über den nächstmöglichen Auflösungszeitpunkt hinaus gültig ist. Dabei ist die Garantiesumme im gleichen Verhältnis zu erhöhen, in welchem der Mietzins bis zum massgebenden Zeitpunkt gegenüber dem Anfangsmietzins erhöht worden ist.

    [ ] **keine Sicherstellung vereinbart**

13. **Allgemeine Bedingungen**

    Die «Allgemeinen Bedingungen zum Mietvertrag für Geschäftsräume» bilden einen integrierenden Bestandteil dieses Vertrages. Die Parteien bestätigen mit ihren Unterschriften, dass sie ein Exemplar erhalten haben und sich mit dem Inhalt einverstanden erklären.

    Die Pläne, welche mit zu unterzeichnen sind, bilden einen integrierenden Bestandteil dieses Vertrages. Die Parteien bestätigen mit ihren Unterschriften, dass sie ein Exemplar erhalten haben und sich mit der Flächenbezeichnung (farbig markierte Fläche = Mietfläche) einverstanden erklären.

Kapitel 2: Mietvertrag für Geschäftsräume

Herausgeber und Copyright
© Schweizerischer Verband der
Immobilienwirtschaft SVIT – www.svit.ch
Mietvertrag für Geschäftsräume
Version 1/08

homegate.ch **Schulthess §**

14. Mahn- und Inkassogebühren
Der Mieter anerkennt Verzugszinsen für verspätete Zahlungen von Mietzins und Nebenkosten sowie Mahn- und Umtriebsgebühren in unsanzgemässer Höhe.

15. Teilnichtigkeit
Sollte eine Bestimmung dieses Vertrages nichtig oder unwirksam sein oder werden, so wird der übrige Teil dieses Vertrages davon nicht berührt. Im Falle der Nichtigkeit oder Unwirksamkeit einer Bestimmung, ist diese durch eine Wirksame zu ersetzen, die dem wirtschaftlichen Zweck der unwirksamen Bestimmung am nächsten kommt. In gleicher Weise ist zu verfahren, wenn eine Lücke offenbar wird.

16. Schiedsklausel / ordentlicher Gerichtsstand
[ ] **Schiedsklausel**
Die Parteien vereinbaren hiermit, dass sämtliche sich aus oder in Zusammenhang mit diesem Vertrag ergebenden Auseinandersetzungen, einschliesslich Streitigkeiten über die Gültigkeit, Rechtswirksamkeit, Abänderung oder Auflösung dieses Vertrags oder sich aus diesem Vertrag direkt oder indirekt ergebenden Rechtsverhältnisse oder Rechtswirkungen durch das Schiedsgericht der Schweizer Immobilienwirtschaft entschieden werden.

Unter Ausschluss der ordentlichen Gerichte wendet das Schiedsgericht zur Beurteilung der Auseinandersetzung die Schiedsgerichtsordnung der Schweizer Immobilienwirtschaft (SVIT-Schiedsgericht) an.

Vorbehaltlich einer anderen Parteivereinbarung ist bis zu einem Streitwert von CHF 100 000 ein Einerschiedsgericht, bei einem höheren Streitwert ein Dreierschiedsgericht zuständig. Das Schiedsgericht entscheidet endgültig.

[ ] **ordentlicher Gerichtsstand**
Für alle Streitigkeiten aus diesem Vertrag ist der Ort der gemieteten Sache Gerichtsstand.

17. Besondere Vereinbarungen
[_____]
[_____]

18. Dieser Vertrag wird [_____]-fach ausgefertigt und enthält alle getroffenen Abmachungen. Jede Änderung oder Ergänzung derselben bedarf zu ihrer Gültigkeit der Schriftform. Der Vertrag hat erst Gültigkeit, wenn beide Vertragspartner unterzeichnet haben.
Mehrere Mieter haften solidarisch.

Ort / Datum: [_____]

Der Vermieter / Vertreter   Der Mieter

[_____]   [_____]

                                                [ ] Ehepartner [ ] Solidarhafter [ ] registrierter Partner
                                                (Zutreffendes bitte ankreuzen)

                                                [_____]

Beilagen:
[ ] Pläne Mietobjekt, Mietflächen farbig markiert
[ ] Übergabeprotokoll
[ ] Umbaupläne
[ ] Pläne Werbeanschriften / Werbeflächen
[ ] [_____]
[ ] [_____]
[ ] [_____]

* Mit den Begriffen «Vermieter», «Mieter» etc. sind sowohl natürliche Personen beider Geschlechter sowie auch juristische Personen gemeint.

Dies ist ein Mietvertrag für Geschäftsräume wie er im Kanton Zürich verwendet wird.

Kommentierung zu Kapitel 2

1. Bemerkungen zur Geschäftsraummiete

1.1 Interessenlage der Parteien

Während der Vermieter bezweckt, sich eine Einnahmequelle zu verschaffen, geht es dem Mieter primär darum, das Mietobjekt für die Ausübung einer wirtschaftlichen Tätigkeit zu gebrauchen.

1.2 Begriff und Geltungsbereich der Geschäftsraummiete

Das Gesetz definiert den Begriff *Geschäftsraum* nicht. Vielmehr wird auf den Gebrauchszweck der Sache abgestellt.[1] Eine Geschäftsraummiete liegt dann vor, wenn die Mietsache dem Betrieb eines Gewerbes oder der Ausübung einer beruflichen Tätigkeit dient.[2] In anderen Worten wird im Geschäftsraum einer Erwerbstätigkeit nachgegangen.

1.3 Gestaltungsspielraum

Das Mietrecht gehört zum Privatrecht, das grundsätzlich auf dem Boden der Vertragsfreiheit steht. Aufgrund der existentiellen Bedeutung der Gewerbstätigkeit und des entsprechenden Schutzbedürfnisses des Mieters ist die Vertragsfreiheit bei der Geschäftsraummiete stark eingeschränkt.[3] Das geltende Mietrecht enthält deshalb zahlreiche (relativ) zwingende Bestimmungen; d.h. als soziales Mietrecht schliesst es Abweichungen zum Nachteil des Mieters aus.[4]

1.4 Form

Der Geschäftsraummietvertrag bedarf von Gesetzes wegen keiner Form (vgl. Art. 11 Abs. 1 OR). In der Praxis entspricht jedoch die Schriftform für unbewegliche Sachen der Verkehrssitte.[5] Darüber hinaus besteht Formularpflicht bei Mietzinserhöhung und Kündigung seitens des Vermieters (Art. 266l Abs. 2 und 269d OR).[6]

2. Zu den einzelnen Vertragsklauseln

2.1 Vermieter

Vermieter kann jede natürliche oder juristische Person sein, wobei die allgemeinen Regeln zur Rechts- und Handlungsfähigkeit zur Anwendung kommen. Der Vermieter ist meistens, aber nicht notwendigerweise Eigentümer der Mietsache. Es genügt indessen auch, wenn der Vermieter kraft eines dinglichen Rechts (z.B. als Nutzniesser) oder aufgrund einer obligatorischen Rechtsbeziehung (z.B. als Untervermieter) berechtigt ist, über die Mietsache zu verfügen.[7]

Auf Vermieterseite können mehr als eine Person am Mietverhältnis beteiligt sein. Man spricht in diesem Fall von *gemeinsamer Miete.* Soweit nicht Solidarhaft gemäss Art. 143 OR vorliegt (z.B. durch Vereinbarung oder bei gesetzlichen Gesamthandverhältnissen), liegt sog. formale Solidarität vor, da die Vermieter eine unteilbare Leistung i.S.v. Art. 70 Abs. 2 OR zu erbringen haben. Sowohl bei Solidarhaft als auch bei formaler Solidarität kann der Mieter die Leistung (Gebrauchsüberlassung gegen Entgelt) von jedem einzelnen Vermieter verlangen.[8]

- Vermieter kann jede rechts- und handlungsfähige natürliche oder juristische Person sein. Sie muss kraft besonderer Rechtsbeziehung (i.d.R. Eigentum) über die Mietsache verfügen können.

- Ist Vermieter eine juristische Person, handelt sie durch ihre zeichnungsberechtigten Personen. Die Internetseite www.zefix.ch gibt darüber Auskunft, wer zeichnungsberechtigt ist.

- Sind mehrere Vermieter am Mietverhältnis beteiligt (gemeinsame Miete), kann der Mieter von jedem einzelnen Vermieter die Hauptleistung (Gebrauchsüberlassung gegen Entgelt) verlangen.

2.2 Vertreten durch

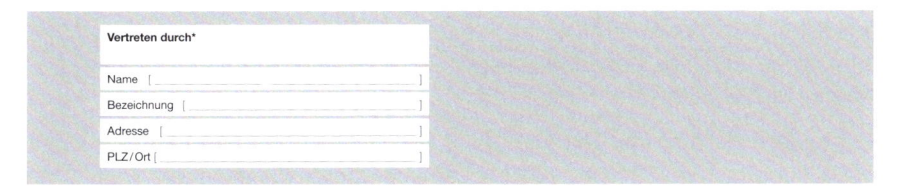

In der Praxis kommt es häufig vor, dass der Eigentümer eine Liegenschaftsverwaltung mit der Bewirtschaftung der Mietsache beauftragt. Gestützt auf den entsprechend abgeschlossenen Liegenschaftsverwaltungsvertrag handelt die Liegenschaftsverwaltung regelmässig nicht im eigenen, sondern im Namen des Eigentümers.[9] Dadurch wirkt der Mietvertrag mit dem Mieter unmittelbar für und gegen den Eigentümer *(direkte Stellvertretung)*.[10]

Denkbar ist auch, dass die Liegenschaftsverwaltung zwar im Interesse des Eigentümers handelt, jedoch gegenüber aussen treuhänderisch im eigenen Namen tätig wird. Diesfalls treffen die Wirkungen des Mietvertrages nur die Liegenschaftsverwaltung. Gegenüber dem Mieter tritt die Liegenschaftsverwaltung als Vermieterin auf *(indirekte Stellvertretung)*.[11]

- Liegenschaftsverwaltung handelt i.d.R. im Namen des Eigentümers. Sie hat sich mit einer Vollmacht des Eigentümers zu legitimieren.
- Handelt eine Liegenschaftsverwaltung hingegen im eigenen Namen, tritt sie gegenüber dem Mieter als Vermieter auf und ist deshalb unter Ziff. 1 des Mustervertrages aufzuführen.

2.3 Mieter

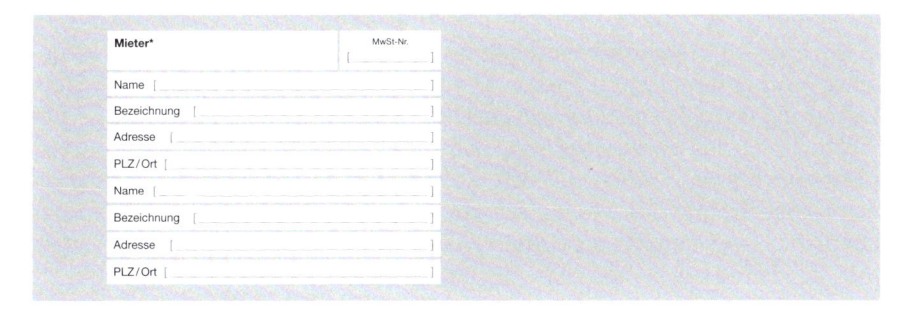

Bei der Geschäftsraummiete ist der Mieter entweder eine natürliche oder eine juristische Person. Wie seitens der Vermieterschaft kommen auch hier die Regeln bez. Rechts- und Handlungsfähigkeit zur Anwendung. Dem Mieter steht als Vertragspartner des Vermieters einerseits das Gebrauchsrecht zu, anderseits ist er verpflichtet, als Gegenleistung den vereinbarten Mietzins sowie allfällige besonders vereinbarte Nebenkosten zu bezahlen. Der Mieter wird Besitzer der Mietsache.[12]

Besondere Beachtung gebührt dem Abschluss eines Mietvertrages mit einer juristischen Person. Aktiengesellschaften, Gesellschaften mit beschränkter Haftung und Genossenschaften erlangen ihre Rechtspersönlichkeit erst mit dem Handelsregistereintrag. Mit anderen Worten sind die genannten juristischen Personen nicht fähig, Rechte und Pflichten für sich zu begründen, solange sie nicht im Handelsregister eingetragen sind.[13] In der Praxis kommt es jedoch häufig vor, dass juristische Personen bereits vor dem Handelsregistereintrag Räumlichkeiten mieten möchten, um z.B. überhaupt ein Geschäftsdomizil begründen und die Geschäftstätigkeit aufnehmen zu können. Im Stadium vor dem Handelsregistereintrag befindet sich die Gesellschaft in Gründung; die einzelnen Gründer bilden eine sog. Gründungsgesellschaft.[14] Folgende drei Möglichkeiten bestehen, um mit der Gründungsgesellschaft einen Mietvertrag abzuschliessen:

- Einer der Gründer handelt in eigenem Namen. Damit verpflichtet und berechtigt er nur sich selber.

- Einer der Gründer handelt im Namen der Gründungsgesellschaft. In diesem Fall haften die restlichen Gründer persönlich und solidarisch, sofern die Voraussetzungen zur Vertretung der Gesellschaft erfüllt sind (Art. 543 i.V.m. Art. 32 ff. OR).

- Einer oder mehrere Gründer handeln im Namen der zukünftigen Gesellschaft. Gemäss Art. 645 Abs. 1 OR haften die Handelnden in diesem Fall persönlich und solidarisch.

In den beiden erstgenannten Fällen kann der Mietvertrag nach der Gründung von der juristischen Person gemäss den Regeln der indirekten Stellvertretung übernommen werden (Art. 32 Abs. 3 OR). Hierzu bedarf es der Zustimmung des Vermieters (vgl. auch Art. 263 OR). Für die letzte Konstellation sieht Art. 645 Abs. 2 OR die Übernahme des Mietvertrages auch ohne Zustimmung des Vermieters vor, sofern ausdrücklich im Namen der künftigen Gesellschaft aufgetreten wurde. Aus der Perspektive des Vermieters ist darauf zu achten, wer für die Gesellschaft in Gründung handelt. Denn nur der oder die Handelnden müssen – im Fall der ausbleibenden Gründung der juristischen Person – für die Verpflichtung aus dem abgeschlossenen Mietvertrag geradestehen.

Ferner kann auf Mieterseite eine Personenmehrheit Vertragspartner des Vermieters sein (*gemeinsame Miete*). Das Gesetz schweigt sich darüber aus, ob bei mehreren gemeinsamen Mietern Solidarhaft gilt.[15] Aus diesem Grund hält der vorliegende Mustervertrag die Solidarhaft ausdrücklich fest.[16]

- Mieter sind natürliche oder juristische Personen, sofern sie rechts- und handlungsfähig sind.

- Juristische Personen sind erst dann recht- und handlungsfähig, wenn sie im Handelsregister eingetragen sind. Die Internetseite www.zefix.ch gibt darüber Auskunft, ob eine juristische Person im Handelsregister eingetragen ist und wer für sie zeichnen kann.

- Beim Abschluss eines Mietvertrages mit einer Gesellschaft in Gründung werden zunächst die für sie handelnden Gründer berechtigt und verpflichtet.

- Minderjährige (z.B. Young Talents) bedürfen der Zustimmung des gesetzlichen Vertreters.

- Mehrere Mieter haften gemäss vorliegendem Mustervertrag solidarisch.

2.4 Liegenschaft

Liegenschaft	
Bezeichnung	[ ]
Adresse	[ ]
PLZ/Ort	[ ]
Bezeichnung	[ ]
Adresse	[ ]
PLZ/Ort	[ ]

Der sachenrechtliche Begriff *Liegenschaft* bezeichnet eine Bodenfläche mit genügend bestimmten Grenzen (Art. 2 lit. a GBV). Die Liegenschaft gilt als Grundstück und wird als solches im Grundbuch aufgenommen (Art. 655 Abs. 2 Ziff. 1 und Art. 943 ZGB). Das Eigentum an diesem Grundstück erfasst grundsätzlich auch sämtliche Baulichkeiten, welche mit dem Boden fest und dauerhaft verbunden sind, mithin die Immobiliengebäude (*Akzessionsprinzip*, vgl. hierzu Art. 667 ZGB). Ausnahme hierzu bildet das Baurecht, mit dem das vorhin erwähnte Akzessionsprinzip durchbrochen wird; Eigen-

Kapitel 2: Mietvertrag für Geschäftsräume

tümer der Baute ist in diesem Fall nicht der Grundeigentümer, sondern der Baurechtsdienstbarkeitsberechtigte (vgl. Art. 675 ZGB).

- Liegenschaft bezeichnet sachenrechtlich eine Bodenfläche und gilt als Grundstück.
- In der Regel erfasst Eigentum am Grundstück die mit diesem verbundenen Gebäude. Ausnahme bildet das Baurecht.
- Im Mietvertrag ist die genaue Adresse der Liegenschaft aufzuführen, allenfalls zusätzlich mit Parzellennummer ergänzt. Hierzu gibt ein Auszug aus dem Grundbuch Auskunft.

2.5 Mietobjekt/Mietzins/Nebenkosten

Mietobjekte / Mietzins / Nebenkosten

Objekt	Stock/Lage	Referenz-Nr.	ca. m²	CHF/m² pro Jahr	Mietzins CHF pro Jahr	Mietzins CHF pro Monat
[____]	[____]	[____]	[____]	[____]	[____]	[____]
[____]	[____]	[____]	[____]	[____]	[____]	[____]

Total Nettomietzins				[____]	[____]
Heizkosten	[❏] Akonto	[❏] Pauschal		[____]	[____]
Betriebskosten	[❏] Akonto	[❏] Pauschal		[____]	[____]
[____]% MWST (bei optierten Liegenschaften)				[____]	[____]
Total Bruttomietzins				[____]	[____]

❏ **Umsatzmiete**

Die Parteien vereinbaren eine Umsatzmiete. Der Mietzins beträgt [____]% des massgeblichen Jahresumsatzes. Falls eine Umsatzmiete vereinbart wird, gilt der unter «Nettomietzins» aufgeführt Betrag als Mindestmietzins.

Jährlich bis Ende Februar meldet der Mieter schriftlich den im vorangehenden Kalenderjahr erzielten Umsatz. Bis spätestens zum 31. März jedes Jahres wird vom Vermieter aufgrund der Umsatzmeldung die vom Mieter geschuldete Umsatzmiete für das vorangehende Kalenderjahr unter Abzug der bereits geleisteten Netto-Mindestmiete in Rechnung gestellt. Den allfälligen Differenzbetrag hat der Mieter dem Vermieter innert 30 Tagen nach Erhalt der Rechnung zu bezahlen.

Die genaue Berechnung des massgeblichen Umsatzes und dessen Nachweis richten sich nach der Ziffer 14 der Allgemeinen Bedingungen für den Mietvertrag für Geschäftsräume.

Der Mietzins ist jeweils zahlbar am 1. Tag des [_____] (Monat/Quartal).
Bei Verzug ist ein Verzugszins zu [____]% geschuldet.
Allfällige Abweichungen bezüglich des Flächenmasses bleiben ohne Auswirkungen auf den Mietzins.

Nebenkosten

- [❏] Heiz- und Warmwasserkosten (Art. 5 VMWG)
- [❏] Allgemeinstrom
- [❏] Kosten und Gebühren für Wasserverbrauch und Abwasserentsorgung inkl. Wartung der Kanalisation und Wasserentsorgungsanlagen
- [❏] Präventivspülungen Kanalisation sowie Zu-/Ablaufleitungen
- [❏] Hauswartung inkl. Sozialleistungen
- [❏] Hauswartbetriebsmaterial (z.B. Reinigungsmittel etc.)
- [❏] Schneeräumung
- [❏] Radio und TV
- [❏] Kehrichtgebühren
- [❏] Betriebskehricht
- [❏] Containerreinigung
- [❏] Betriebs- und Wartungskosten (Serviceverträge) der Be- und Entlüftungsanlagen, Kühl- und Klimaanlagen und Bedienung; Versicherungsprämien für Lüftung und Klimatisierung
- [❏] Betriebs- und Wartungskosten (Serviceabonnemente) der Personen- und Warenlifte (inkl. Lifttelefon)
- [❏] Betriebs- und Wartungskosten (Serviceabonnemente) der Feuerlöschgeräte
- [❏] Gebäudeüberwachung (Feuer- und Brandschutz)

Für die Erstellung der Nebenkostenabrechnung wird ein Verwaltungshonorar des Abrechnungsbetrages zuzüglich MWST in Rechnung gestellt.

Stichtag NK-Abrechnung: [_____] (Datum)

Bei Akontozahlung bildet nachfolgender Text einen integrierenden Bestandteil dieses Vertrages.

> **⊥ Nebenkostenabrechnung (bei Akontozahlungen)**
>
> Über die Nebenkosten wird jährlich eine Abrechnung erstellt. Die Abrechnung über Nebenkosten gilt als genehmigt, sofern der Mieter nicht innert 30 Tagen seit Erhalt dagegen schriftlich Einsprache beim Vermieter erhebt. Dem Mieter steht das Recht zu, innert einer Frist von 30 Tagen ab Erhalt der Nebenkostenabrechnung auf Voranmeldung am Sitz der Verwaltung zu den üblichen Geschäftszeiten in die sachdienlichen Belege Einsicht zu nehmen. Nachforderungen sind innert 30 Tagen nach Empfang der Abrechnung zu begleichen. Rückerstattungen sind im gleichen Zeitraum vorzunehmen.
>
> Während der Heizperiode darf die Heizung in keinem Raum ganz abgestellt werden. Für durch den Mieter gedrosselte Heizkörper kann keine Reduktion der Heizkosten gewährt werden.
>
> Verlässt der Mieter während der Rechnungsperiode das Mietobjekt, so hat er keinen Anspruch auf Erstellung einer zwischenzeitlichen Abrechnung. Der Vermieter kann aber die Abrechnung vorläufig nach der letztjährigen Nebenkostenabrechnung erstellen.
>
> **Nebenkosten Gewerbe**
>
> Der Strom- und/oder der Gasverbrauch im Mietobjekt sowie alle weiteren Gebühren und Abgaben, die durch den Betrieb des Mieters verursacht werden, ferner der Stromverbrauch eventueller Leuchtschriften und Reklamevorrichtungen, gehen zu Lasten des Mieters, auch wenn sie beim Vermieter erhoben werden. Der Mieter verpflichtet sich, die Vorschriften der Lieferwerke zu beachten; er haftet andernfalls für jeden durch sein Verschulden verursachten Schaden. Mit dem Betrieb des Mieters verbundene Abgaben, Gebühren und Unkosten, welche von einem Werk, einem Amt oder einem Lieferanten (inklusive Kabelnetze) in Rechnung gestellt werden, sind durch den Mieter zu bezahlen, auch wenn sie beim Vermieter erhoben werden. Dies gilt auch für Abgaben oder Gebühren, die im vorliegenden Vertrag nicht im Einzelnen aufgeführt sind.

2.5.1 Mietobjekt

Gegenstand jedes Mietvertrages bildet das Mietobjekt. Der Geschäftsraummietvertrag hat die Miete eines Geschäftsraumes zum Inhalt. Unter dem Begriff *Raum* versteht das Mietrecht jede horizontal und vertikal abgeschlossene Einheit.[17] Als *Geschäftsraum* gelten Räume, die dem Betrieb eines Gewerbes oder der Ausübung einer beruflichen Tätigkeit dienen.[18] Damit wird grundsätzlich jeder Raum erfasst, in dem eine wirtschaftliche Tätigkeit im weitesten Sinne ausgeübt wird, wie z.B. Handel, Fabrikation, Gewerbe, Dienstleistungen, künstlerische und wissenschaftliche Tätigkeiten etc.[19]

Das Bundesgericht lässt als Geschäftsräume indes auch Räume zu, welche dazu beitragen, dass der Mieter seine Persönlichkeit in privater oder wirtschaftlicher Hinsicht entfalten kann, so z.B. einen Garagenanbau, der einem Mechaniker als Hobbywerkstatt für die Reparatur von Oldtimern dient.[20]

- Mietobjekt ist ein Geschäftsraum.
- Anzugeben ist eine Kurzbeschreibung des Mietobjekts. Weiter zu bezeichnen ist, in welchem Stockwerk oder an welcher Lage sich der Geschäftsraum befindet. Empfehlenswert ist – zur besseren Administration des Geschäftsraumes – die Angabe einer Referenz-Nr.
- Besonderer Beachtung gebührt der Anzahl Quadratmeter, da sich der Mietzins bei Geschäftsräumen üblicherweise nach CHF/m^2 berechnet.

2.5.2 Mietzins

Der Mietzins ist das Entgelt, das der Mieter dem Vermieter für die Gebrauchsüberlassung der Mietsache schuldet (Art. 257 OR). Im Grundsatz kann der Mietzins von den Parteien frei bestimmt werden. Grenzen der freien Bestimmungen werden indes durch die Missbrauchsgesetzgebung der Art. 269 ff. OR gesetzt.[21]

Bei Geschäftsräumen ist es üblich, den Mietzins an die Fläche zu koppeln (Quadratmeterpreis). Eine weitere Möglichkeit besteht darin, die Höhe des Mietzinses vom Umsatz, den der Mieter aus seiner Geschäftstätigkeit erzielt, abhängig zu machen (Umsatzmietzins). Dabei einigen sich die Parteien einerseits auf eine Netto-Mindestmiete (auch Basismiete genannt). Andererseits legen sie einen bestimmten Prozentsatz des Umsatzes fest. Gehen die Geschäfte gut und liegt die Umsatzmiete über der Basismiete, so hat der Mieter die Differenz auszugleichen. Bei schlechtem Geschäftsgang ist der Mieter nur zur Zahlung der Basismiete verpflichtet. Die Umsatzmiete ist sowohl in Lehre und Rechtsprechung unbestritten.[22]

- Mietzins ist das Entgelt, das der Mieter dem Vermieter für die Gebrauchsüberlassung der Mietsache schuldet.

- Bei der Miete von Geschäftsräumen bestimmt sich der Mietzsins oftmals nach der Anzahl Quadratmeter. Die Flächenangabe sollte deshalb möglichst präzise erfolgen, da eine Abweichung von mehr als 3% gemäss Bundesgericht einen Mangel darstellt oder der Mietvertrag wegen Irrtums angefochten werden könnte.[23]

- Als Alternative bietet sich die Umsatzmiete an. Oberhalb einer zum Voraus vereinbarten Mindestmiete bestimmt sich die Mietzinshöhe aufgrund des Geschäftsganges.

2.5.3 Nebenkosten

Aus der Gesetzessystematik geht hervor, dass mit dem Mietzins grundsätzlich sämtliche Leistungen des Vermieters für die Gebrauchsüberlassung und für die Erhaltung der Sache im gebrauchstauglichen Zustand, aber auch für die Erfüllung aller Nebenpflichten abgegolten werden.[24]

Damit geht das Mietrecht davon aus, dass die dem Vermieter anfallenden Nebenkosten durch den Mietzins abgedeckt sind. Nebenkosten sind daher grundsätzlich ein Teil des Mietzinses. Deshalb bedarf es zur Ausscheidung von nebst dem Nettomietzins zu bezahlenden Nebenkosten einer besonderen Vereinbarung (Art. 257a Abs. 2 OR). Damit ist gemeint, dass die konkreten Nebenkostenpositionen im Mietvertrag aufgelistet und bezeichnet werden müssen sowie für den Mieter im Einzelnen betragsmässig nachvollziehbar sind.[25]

Gemäss Art. 257a Abs. 1 OR sind die Nebenkosten das Entgelt für die Leistungen des Vermieters oder eines Dritten, die mit dem Gebrauch der Sache zusammenhängen. Für die Miete von Geschäftsräumen wird die Umschreibung der zulässigen Nebenkosten noch etwas enger gefasst. Neben dem Zusammenhang mit dem Gebrauch der Sache wird zusätzlich statuiert, dass nur tatsächliche Aufwendungen belastet werden dürfen (Art. 257b Abs. 1 OR). Aus den Nebenkosten bei Wohn- und Geschäftsräumen darf der Vermieter mithin keinen Gewinn erzielen.[26] Eine Pauschalierung ist damit bei Geschäftsräumen nur insoweit zulässig, als sie den Mieter begünstigt oder ihm nicht mehr als die tatsächlichen Aufwendungen überwälzt.[27] Der Zusammenhang mit dem Gebrauch der Sache muss ferner unmittelbar sein, weshalb z.B. Objektsteuern, Gebäudeversicherungsprämien, Vorzugslasten und Verwaltungskosten nicht unter die gesetzliche Definition der Nebenkosten fallen.[28]

- Nebenkosten sind das Entgelt für die Leistungen des Vermieters oder eines Dritten, die mit dem Gebrauch der Sache unmittelbar zusammenhängen und tatsächlich anfallen. Nebenkostenfähig sind im Allgemeinen Kosten, welche die Versorgung, die Entsorgung, die Reinigung und den übrigen gewöhnlichen Unterhalt der Mietsache betreffen.

- Nebenkosten sind grundsätzlich Teil des Mietzinses. Sie sind nur zu bezahlen, wenn hierfür eine besondere Vereinbarung besteht, die einzelnen Nebenkostenpositionen mithin konkret aufgeführt und für den Mieter ohne Weiteres verständlich nachvollzogen werden können. Beim vorliegenden Mustervertrag können hierzu die relevanten Nebenkostenpositionen angekreuzt werden.

- Die Weiterverrechnung der Nebenkosten kann pauschal erfolgen. Mit der Bezahlung der Pauschale sind sämtliche Nebenkosten, welche im vorhin erwähnten Textbaustein «Nebenkosten» erwähnt sind, abgegolten.

- Alternativ kann das in der Praxis weit verbreitete System der Akontozahlung gewählt werden. Der Mieter zahlt einen vereinbarten Betrag, der an die jährliche Nebenkostenabrechnung angerechnet wird. Es besteht jedoch kein Anspruch des Mieters, dass die Akontozahlungen die effektiven Aufwendungen für das Mietobjekt decken.[29]

2.5.4 Gemeinsame Bemerkungen zu Mietzins und Nebenkosten

Gemäss Art. 257c OR sind Mietzins und allenfalls Nebenkosten am Ende jeden Monats zu zahlen, sofern kein anderer Zeitpunkt vereinbart oder ortsüblich ist. Vorliegender Mustervertrag vereinbart die Zahlung zum Voraus, jeweils per Ersten des Monats oder des Quartals. Die Zahlung zum Voraus per Ersten des Monats entspricht im Übrigen der Ortsüblichkeit im Kanton Zürich.[30]

Für den vertraglich festgelegten Mietzins und für die Nebenkosten gilt der Grundsatz der Unveränderbarkeit, d.h. dass das Entgelt während der Mietdauer nicht einseitig durch die Parteien verändert werden kann.[31] Von diesem Grundsatz gibt es indes eine wichtige Ausnahme. Beim Mietvertrag für Geschäftsräume ist, sofern ein unbefristetes Mietverhältnis vorliegt, auf die Kündigungstermine hin und unter Einhaltung der Kündigungsfrist zuzüglich 10 Tage eine einseitige Anpassung des Mietzinses möglich (Art. 269d Abs. 1 OR). Dabei ist zu berücksichtigen, dass die Mitteilung dieser Anpassung in Abweichung von der Empfangstheorie erst dann als zugestellt gilt, wenn der Mieter den Brief bei der Post tatsächlich abholt, spätestens aber nach Ablauf der siebentägigen postalischen Abholfrist (sog. relative Empfangstheorie).[32] Zu beachten gilt weiter, dass die Mietzinserhöhung auf einem amtlichen Formular erfolgen und begründet werden muss (Art. 269d Abs. 2 OR).

Die Miete aus Geschäftsräumen ist von der Mehrwertsteuer ausgenommen (Art. 21 Abs. 2 Ziff. 21 MWStG). Indes kann der Vermieter bei der Eidgenössischen Steuerverwaltung um Unterstellung der Mieten unter die Mehrwertsteuer nachsuchen. Dieses sog. *Optieren* ist zulässig, sofern das vermietete Objekt beim Mieter nicht ausschliesslich für private Zwecke genutzt wird (Art. 22 Abs. 2 Bst. b MWSTG). Das Optieren hat einerseits zur Konsequenz, dass der Mietzins sich aus dem Mietzins inkl. Nebenkosten plus Mehrwertsteuer zusammensetzt. Andererseits sind die Parteien des Mietvertrages zum Vorsteuerabzug berechtigt.[33]

- Mietzins und Nebenkosten sind zum Voraus, jeweils per Ersten des Monats zu bezahlen.

- Mietzins und Nebenkosten sind grundsätzlich unveränderbar. Ausnahme bildet die Mietzinserhöhung auf den Kündigungstermin hin.

- Miete von Geschäftsräumen ist grundsätzlich von der Mehrwertsteuer ausgenommen. Vorbehalten bleibt die Möglichkeit des Optierens.

2.6 Verwendungszweck/Nebenräume

> **Verwendungszweck/Nebenräume**
> [   ]
> Der Mieter darf das Mietobjekt nur zum vereinbarten Zweck gebrauchen.
> Folgende Flächen/Einrichtungen können mitbenutzt werden:
> [   ]

Ob ein Mietvertrag für einen Wohn- oder für einen Geschäftsraum vorliegt, entscheidet sich in erster Linie nach dem Willen der Parteien.[34] Aus diesem Grund sollte die vereinbarte Nutzung als Geschäftsraum klar im Mietvertrag fixiert werden. Damit lassen sich allfällige Auslegungsprobleme vermeiden.

Sachen, welche die Vermieterschaft zusammen mit dem Geschäftsraum dem Mieter zum Gebrauch überlässt, werden als Nebensachen bezeichnet. Sie bilden mit dem Geschäftsraum den einheitlichen Gegenstand des Mietvertrages und teilen das gleiche rechtliche Schicksal (Art. 253a Abs. 1 OR).[35] Eine nicht abschliessende Liste von Nebensachen findet sich in Art. 1 VMWG: Mobilien, Garagen, Autoein- und Abstellplätze sowie Gärten.

- Die Art der Nutzung des Mietobjekts sollte vertraglich festgehalten werden. Wir empfehlen eine möglichst präzise Umschreibung. Allfällige spätere Auseinandersetzungen über den Verwendungszweck des Mietobjekts können so vermieden werden.

- Es empfiehlt sich, Flächen und Einrichtungen, die mitbenutzt werden sollten, aufzuführen.

2.7 Mietbeginn

> **Mietbeginn:** [   ] (Datum)

Das Mietverhältnis beginnt mit der Übergabe der Mietsache, dem sog. Mietantritt.[36] Dem Übergabezeitpunkt kommt deshalb eine zentrale Rolle zu.

- Der Mietbeginn bestimmt den Zeitpunkt, an dem das Mietobjekt übergeben wird und damit der Vertrag zu laufen beginnt.

2.8 Mietdauer

> **Mietdauer**
> Wird Variante A gewählt, bildet die anschliessende Ziffer 9 **keinen** integrierenden Bestandteil des Vertrages.
>
> **Variante A:**
> [ɔ] befristet
> Endigt durch Zeitablauf ohne Kündigung am: [_____] (Datum)
> [⏔] mit Option gemäss Ziffer 10
>
> **Variante B:**
> [ɔ] unbefristet mit Mindestdauer / Mindestvertragsdauer bis: [_____] (Datum)
> [⏔] mit Option gemäss Ziffer 10
>
> **Variante C:**
> [ɔ] unbefristet ohne Mindestdauer
> [⏔] mit Option gemäss Ziffer 10

Das Mietverhältnis kann befristet oder unbefristet abgeschlossen werden (Art. 255 Abs. 1 OR). Ein befristetes Mietverhältnis endet ohne Kündigung mit Ablauf der vereinbarten Dauer (Art. 255 Abs. 2 und Art. 266 Abs. 1 OR). Es kann als Miete auf bestimmte Zeit umschrieben werden.[37]

Alle übrigen Mietverhältnisse sind unbefristet und müssen durch Kündigung beendigt werden (Art. 255 Abs. 3 OR).[38] Als unbefristet gelten auch die in der Praxis häufig anzutreffenden *unecht befristeten* Mietverhältnisse, die nach der vereinbarten Mindestdauer weiterlaufen, sofern sie nicht gekündigt werden.[39] Ferner bewirkt die Fortsetzung eines befristeten Vertragsverhältnisses nach Vertragsende, dass es fortan als unbefristetes Vertragsverhältnis gilt (Art. 266 Abs. 2 OR).

- Falls das Mietverhältnis befristet abgeschlossen wird, ist die zeitliche Beschränkung der Mietdauer zu vermerken (Variante A).
- Soll das Mietverhältnis unbefristet sein, ist anzugeben, ob eine Mindestdauer gewünscht wird (Varianten B oder C).
- Bei allen Varianten kann eine Option vereinbart werden (siehe sogleich unter Ziff. 2.10).

2.9 Kündigung

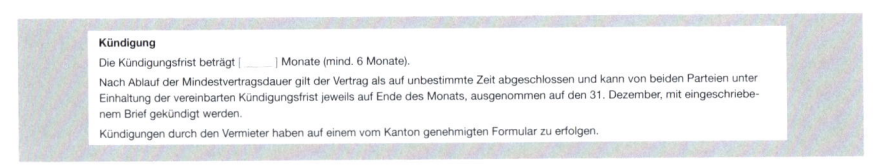

> **Kündigung**
> Die Kündigungsfrist beträgt [_____] Monate (mind. 6 Monate).
> Nach Ablauf der Mindestvertragsdauer gilt der Vertrag als auf unbestimmte Zeit abgeschlossen und kann von beiden Parteien unter Einhaltung der vereinbarten Kündigungsfrist jeweils auf Ende des Monats, ausgenommen auf den 31. Dezember, mit eingeschriebenem Brief gekündigt werden.
> Kündigungen durch den Vermieter haben auf einem vom Kanton genehmigten Formular zu erfolgen.

Wie jedes unbefristete Dauerschuldverhältnis wird der unbefristete Mietvertrag i.d.R. durch eine Kündigung aufgelöst.[40] Er ist unter Einhaltung der gesetzlichen Fristen und Termine kündbar, sofern die Parteien keine längere Frist oder keinen anderen Termin vereinbaren (Art. 266a Abs. 1 OR). Im Falle der Geschäftsraummiete besteht eine gesetzliche Kündigungsfrist von 6 Monaten auf einen ortsüblichen Termin oder – bei Fehlen eines Ortsgebrauches – auf Ende einer dreimonatigen Mietdauer (Art. 266d OR). Die Parteien können die Fristen also verlängern, nicht aber verkürzen. Was den Kündigungstermin angeht, so ist dieser dispositiver Natur, d.h. der Termin richtet sich in erster Linie nach der vertraglichen Abmachung, in zweiter Linie nach der gesetzlichen Regelung.[41]

Bei Nichteinhaltung der Frist bzw. des Termins gilt die Kündigung für den nächstmöglichen Termin (Art. 266a Abs. 2 OR). Hat der Mieter beispielsweise die Kündigungsfrist zwar eingehalten, aber auf den 31. Dezember gekündigt, obwohl der Vertrag nur eine Kündigung auf Ende März oder September zulässt, so wird die Kündigung erst auf den kommenden 31. März wirksam.

Neben dieser ordentlichen Kündigung besteht die Möglichkeit, den unbefristeten wie auch den befristeten Mietvertrag aus wichtigen Gründen ausserordentlich zu kündigen. Hierzu ist die gesetzliche Kündigungsfrist zu wahren, nicht aber der ortsübliche bzw. vereinbarte Termin. Ein wichtiger Grund liegt dann vor, wenn die angerufenen Umstände bei Vertragsabschluss weder bekannt noch vorhersehbar waren und nicht auf ein Verschulden der kündigenden Partei zurückzuführen sind. Die Umstände müssen überdies derart gravierend sein, dass die Fortsetzung des Mietverhältnisses für die kündigende Partei *objektiv* unzumutbar ist.[42]

Für die Kündigung von Geschäftsräumen statuiert das Gesetz gewisse Formvorschriften. So bedarf die Kündigung des Mietvertrages der Schriftform (Art. 266l Abs. 1 OR). Der Vermieter muss überdies ein vom Kanton genehmigtes Formular verwenden (Art. 266l Abs. 2 OR). Werden die dargelegten Formvorschriften nicht eingehalten, ist die Kündigung nichtig, d.h. sie wird so behandelt, als ob sie gar nicht ausgesprochen worden wäre (Art. 266o OR).

Von der nichtigen Kündigung ist die anfechtbare Kündigung abzugrenzen (Art. 271 Abs. 1 OR). Eine Kündigung ist anfechtbar, wenn sie gegen Treu und Glauben verstösst, z.B. wenn die Kündigung ausgesprochen wird, weil der Vermieter eine einseitige Vertragsänderung durchsetzen will (vgl. hierzu nicht abschliessende Liste in Art. 271a OR). Die Anfechtungsfrist beträgt 30 Tage nach Empfang der Kündigung; die Anfechtung ist bei der Schlichtungsbehörde einzureichen (Art. 273 Abs. 1 OR).

- Der unbefristete Mietvertrag wird durch Kündigung aufgelöst, unter Einhaltung der Kündigungsfrist und des Kündigungstermins (ordentliche Kündigung).
- Die Kündigungsfrist beträgt von Gesetzes wegen mindestens 6 Monate, der Kündigungstermin kann frei festgelegt werden.
- Handelt es sich um einen *unecht befristeten* Mietvertrag, ist die Mindestdauer festzulegen und muss ordentlich gekündigt werden.[43]
- Vorbehalten bleibt die ausserordentliche Kündigung aus wichtigen Gründen, unter Einhaltung der gesetzlichen Kündigungsfrist.
- Formvorschriften müssen eingehalten werden, damit die Kündigung rechtswirksam wird. Ansonsten ist die Kündigung nichtig. Beide Parteien müssen schriftlich kündigen, der Vermieter muss überdies ein amtlich genehmigtes Formular verwenden. Aus beweistechnischen Gründen verlangt der vorliegende Mustervertrag schliesslich die Kündigung per Einschreiben.[44]
- Kündigungen sind innert 30 Tagen nach Erhalt anfechtbar, wenn sie gegen Treu und Glauben verstossen.

2.10 Option

Mietverträge für Geschäftsräume räumen dem Mieter oft eine Option auf Verlängerung ein. Die Option stellt ein Recht des Mieters dar, das Mietverhältnis durch einseitige Willenserklärung zu verlängern.[45]

Es gilt zwischen echter und unechter Option zu unterscheiden. Bei der echten Option wird ein inhaltlich bereits fixiertes Vertragsverhältnis verlängert.[46] Die Ausübung der echten Option bewirkt mit anderen Worten die Fortsetzung des Mietverhältnisses zum bisherigen bekannten Vertragsinhalt, insbesondere hinsichtlich der Höhe und der Ausgestaltung des Mietzinses.

Im Gegensatz zur echten Option steht der Mietzins vor allem bei der unechten Option bei deren Ausübung noch nicht fest. Vielmehr wird bei Einräumung einer solchen Option vereinbart, dass der Vermieter zu einer Mietzinsanpassung berechtigt ist. Die Fortdauer des Mietverhältnisses hängt damit, wegen der neu zu vereinbarenden Mietzinsregelung, vom Willen beider Parteien ab, weshalb keine echte, sondern eine unechte Option vorliegt.[47] Können sich die Parteien über den Mietzins nicht einigen, so wird der Mietvertrag als unbefristetes Vertragsverhältnis vorerst fortgesetzt resp. muss der Vermieter den Mietvertrag ordentlich kündigen, wenn er sich mit dem bisher bezahltem Mietzins nicht zufriedengeben will.[48]

Optionen werden in der Regel bei befristeten Mietverhältnissen vereinbart. Es kann indes einem Bedürfnis der Parteien entsprechen, auch unbefristete Mietverhältnisse mit einer Option zu versehen. Dies macht insbesondere dann Sinn, wenn es darum geht, das bislang unbefristete in ein befristetes Mietverhältnis umzuwandeln.[49]

Die Option muss rechtzeitig, in der vertraglich vorgesehenen Frist ausgeübt werden. Als Gestaltungsrecht ist die Optionserklärung unwiderruflich und bedingungsfeindlich.[50]

- Die Option ist ein Recht des Mieters, das Mietverhältnis um eine bestimmte Zeitspanne zu verlängern.
- Soll das Mietverhältnis zu den bisherigen Konditionen weitergeführt werden, liegt eine echte Option vor.
- Wird hingegen dem Vermieter das Recht eingeräumt, den Mietzins anzupassen, ist die Option unecht.

2.11 Mietzinsbasis

Mietzinsanpassungen erfolgen grundsätzlich nach der relativen Methode. Danach wird der vom Vermieter geltend gemachte Mietzins aufgrund Veränderungen, die seit der letzten Mietzinsfestsetzung eingetreten sind, auf die neuen Verhältnisse angepasst. In Betracht fallen insbesondere Teuerung gemäss Landesindex der Konsumentenpreise, Hypothekarzinsveränderungen, Kostensteigerungen der Betriebs- und Unterhaltskosten. Sodann können im Mietvertrag oder bei der letzten Mietzinserhöhung angebrachte Vorbehalte bezüglich nicht ausgeschöpfter Mietzinsreserven im Rahmen einer Mietzinserhöhung geltend gemacht werden.[51]

Wenn der Mietvertrag für eine Mindestdauer von 5 Jahren eingegangen wird, kann der Mietzins indexiert werden, wobei als Index einzig der Landesindex der Konsumentenpreise des Bundesamtes für Statistik zugelassen ist (Art. 269b OR und Art. 17 VMWG).[52] Die Vertragsparteien können jederzeit die Anpassung an den veränderten Index verlangen.[53] Vorbehalten bleiben vertragliche Vereinbarungen. Konkret sieht der vorliegende Mustervertrag vor, dass der Anfangsnettomietzins nicht unterschritten werden kann.[54] Zu bemerken gilt, dass für den Vermieter die Formularpflicht nach Art. 269d OR greift. Weiter ist die Indexierung auch dann möglich, wenn die mindestens fünf Jahre dauernde Vertragsbeziehung gemäss Mietvertrag nur für den Vermieter gilt. Mit anderen Worten können für den Mieter auch kürzere Kündigungsfristen und -termine vereinbart werden, ohne dass dies Auswirkungen auf die Gültigkeit der Indexklausel hätte.[55]

Liegt die Mindestvertragsdauer unter 5 Jahren, kann der Mietzins nicht indexiert werden. Es besteht aber die Möglichkeit, die Berechnungsgrundlagen, welche dem aktuellen Mietzins zugrunde liegen, anzugeben.[56] Diese Berechnungsgrundlagen stellen die Kalkulationsbasis für zukünftige Mietzinsveränderungen dar. Der wichtigste Mietzins-Veränderungsfaktor ist der Hypothekarzins (Art. 269a lit. b OR).[57] Seit der Änderung der VMWG per 1. Januar 2008 gilt für Mietzinsanpassungen aufgrund von Änderungen des Hypothekarzinssatzes schweizweit ein einheitlicher Referenzzinssatz (Art. 12a VMWG). Dieser tritt an die Stelle des in den Kantonen bisher massgebenden Zinssatzes für variable Hypotheken und wird vom Eidgenössischen Volkswirtschaftsdepartement (EVD) bekannt gegeben. Bei Veränderung dieses Referenzzinssatzes kann der Mietzins nach den in Art. 13 VMWG detailliert festgelegten Prozentsätzen angepasst werden.

Des Weiteren berechtigen Steigerungen der Kosten, die durch den Nettomietzins abgegolten werden (Gebühren, Objektsteuern, Baurechtszinse, Versicherungsprämien, Unterhaltskosten), den Vermieter dazu, Erhöhungen des Mietzinses vorzunehmen.[58] Massgeblich ist dabei die Frage, ob sich seit der letzten Mietzinsfestlegung die Kosten effektiv gesteigert haben.[59] In der Praxis wird eine Erhöhung des Mietzinses von 0.5–1% pro Jahr ohne konkreten Nachweis zugelassen.[60]

Ferner kann der Vermieter einen sogenannten Mietzinsvorbehalt machen. Damit weist der Vermieter darauf hin, dass der vereinbarte Mietzins bereits bei Abschluss des Mietvertrages zu tief angesetzt war und er sich das Recht vorbehält, diesen Erhöhungsgrund im laufenden Mietverhältnis geltend zu machen.⁶¹ An den Mietzinsvorbehalt werden strenge Anforderungen gestellt. So muss der Mietzinsvorbehalt klar zum Ausdruck gebracht werden, und zwar in einer Weise, dass der Mieter erkennt, dass sich der Vermieter später auf diese vorbehaltenen Erhöhungsgründe berufen wird. Der Vorbehalt muss weiter in präziser Weise begründet sein, insbesondere muss der Vermieter die vorbehaltenen Anpassungsgründe nennen.⁶² Schliesslich wird die ziffernmässige Bestimmung vorausgesetzt, d.h. der Mietzinsvorbehalt muss in CHF oder Prozenten des aktuellen Mietzinses ausgewiesen werden (Art. 18 VMWG). Sind mehrere Gründe vorbehalten, ist der Vorbehalt für jeden Grund separat zu beziffern. Der einmal erklärte Vorbehalt ist bei jeder in der Folge mit amtlichen Formular mitgeteilten Mietzinsanpassung zu erneuern. Zur *Ausschöpfung* des Mietzinsvorbehaltes ist eine Erklärung nötig, die einer Mietzinsgestaltungserklärung i.S.v. Art. 269d Abs. 1 OR genügt.⁶³

■ Mietzinsanpassungen erfolgen i.d.R. nach der relativen Methode, d.h. der Mietzins wird aufgrund von Veränderungen, die seit der letzten Mietzinsfestsetzung eingetreten sind, angepasst. In Betracht fällt u.a. die Teuerung gemäss Landesindex der Konsumentenpreise. Ferner kann ein Mietzinsvorbehalt ausgeschöpft werden.

■ Indexierung ist nur möglich, wenn der Mietvertrag für eine Mindestdauer von 5 Jahren eingegangen wird.

■ Dauert der Mietvertrag nicht mindestens 5 Jahre, empfiehlt sich, im Mietvertrag im Hinblick auf eine Mietzinserhöhung die Angabe folgender Berechnungsgrundlagen: aktueller Referenzzinssatz und Datum, bis wann Kostensteigerungen berücksichtigt wurden.

■ Ein allfälliger Mietzinsvorbehalt muss klar zum Ausdruck kommen, präzise begründet und zudem betragsmässig genau beziffert werden können.

2.12 Kaution/Bankgarantie

> **Kaution/Bankgarantie**
> [○] **Kaution**
> CHF [_____] (Betrag) zahlbar bis: [_____] (Datum)
> Dieser Betrag gilt als Sicherstellung des Mietzinses. Dieses Depot kann nur nach den geltenden Bestimmungen des Mietrechts zurückbehalten, beziehungsweise freigegeben werden. Für die Sicherstellung wird bei der vom Vermieter bestimmten kontoführenden Bank ein Kautionskonto auf den Namen des Mieters eröffnet.
>
> [○] **Bankgarantie**
> Der Mieter leistet zur Sicherstellung aller Ansprüche aus dem vorliegenden Vertrag (Bruttomietzins und Schadenersatz bei vorzeitiger Vertragsbeendigung und ausserordentlicher Abnützung beziehungsweise Beschädigung der Mietliegenschaft sowie der allfälligen Pflicht zur Wiederherstellung des früheren Zustandes bei mieterseitigen Ausbauten etc.) die unwiderrufliche Bankgarantie einer Schweizerischen Grossbank bzw. einer Kantonalbank in der Höhe von CHF [_____] (Betrag). Die Bankgarantie muss bei Vertragsunterzeichnung übergeben werden und mindestens 6 Monate über den erstmöglichen Kündigungszeitpunkt hinaus gültig sein.
> Der Mieter verpflichtet sich, bei Fortsetzung des Mietverhältnisses über den erstmöglichen Auflösungszeitpunkt hinaus die Bankgarantie unaufgefordert so zu verlängern, dass sie in der Folge wieder 6 Monate über den nächstmöglichen Auflösungszeitpunkt hinaus gültig ist. Dabei ist die Garantiesumme im gleichen Verhältnis zu erhöhen, in welchem der Mietzins bis zum massgebenden Zeitpunkt gegenüber dem Anfangsmietzins erhöht worden ist.
>
> [○] **keine Sicherstellung vereinbart**

Die Kaution und die Bankgarantie entsprechen dem Bedürfnis des Vermieters nach Sicherheit, da er mit der Vermietung ein gewisses Risiko eingeht, das er möglichst klein halten will. Bei der Miete von Geschäftsräumen ist dieses Risiko – im Gegensatz zur Wohnungsmiete – zwar in dem Sinne zu relativieren, als der Vermieter über ein gesetzliches Retentionsrecht verfügt (Art. 268 OR), doch kann durch eine Kaution oder Bankgarantie das regelmässig höhere Delcredere-Risiko des Vermieters beschränkt werden.

Die in der Praxis häufig anzutreffenden Begriffe *Depot* oder *Kaution* bezeichnen die Sicherheitsleistung des Mieters.[64] Die Sicherheitsleistung dient zur Deckung sämtlicher Vermieter-Forderungen aus dem Mietverhältnis.[65] Die Sicherheitsleistung ist nur soweit geschuldet, wie sie vertraglich vereinbart wurde.[66]

Bleibt die Sicherheitsleistung gänzlich aus oder wird sie nur teilweise erbracht, so ist danach zu unterscheiden, ob das Mietobjekt bereits übergeben wurde oder nicht. Vor Übergabe des Mietobjekts kann der Vermieter nach den allgemeinen Verzugsregeln gemäss Art. 107 OR vorgehen (Rücktritt, etc.) oder die Übergabe gestützt auf Art. 82 OR (Zug-um-Zug) verweigern.[67] Nach Übergabe des Mietobjekts ist der Vermieter bei unbefristeten Mietverhältnissen nur zur ordentlichen Kündigung und bei befristeten Mietverhältnissen zur Kündigung aus wichtigem Grund berechtigt.[68]

Vereinbaren die Parteien eine Sicherheitsleistung in Geld oder Wertpapieren, so ist der Vermieter gesetzlich verpflichtet, die Sicherheit bei einer Bank, auf einem Sparkonto oder auf einem Depot, das auf den Namen des Mieters lautet, zu hinterlegen (Art. 257e Abs. 1 OR).[69] Die Höhe der Sicherheit ist bei der Geschäftsraummiete – im Gegensatz zur Wohnraummiete – nicht auf drei Monatszinsen beschränkt (Art. 257e Abs. 2 OR).[70] Indes sollte die Sicherheit in einem vernünftigen Verhältnis zu den Risiken stehen.[71] Die Auflösung der Sicherheit kann nur aufgrund einer Parteivereinbarung, eines rechtskräftigen Zahlungsbefehles oder Urteils oder dann erfolgen, wenn der Vermieter ein Jahr nach Vertragsende noch keinen Anspruch rechtlich geltend gemacht hat (Art. 257e Abs. 3 OR).[72]

Zulässig ist, dass die Sicherheit in anderer Form, z.B. als *Bankgarantie* erbracht wird.[73] In diesem Fall ist die Sonderbestimmung von Art. 257e OR jedoch nicht anwendbar. Vorbehalten bleiben allfällige kantonale Regelungen (Art. 257e Abs. 4 OR). Die Bankgarantie ist gewöhnlich als sog. Garantievertrag ausgestaltet: Der Mieter beauftragt eine Bank (Promittentin), seine Leistung (Mietzins) zu garantieren, währendem sich die Bank verpflichtet, beim Ausbleiben der Leistung des Mieters dem Vermieter (Promissar) Schadenersatz zu leisten, d. h. für die Bezahlung des Mietzinses aufzukommen (Art. 111 OR).[74]

- Die Sicherheitsleistung – auch unter den Begriffen *Depot* oder *Kaution* bekannt – dient zur allfälligen Deckung ausstehender Vermieter-Forderungen aus dem Mietverhältnis.

- Die Sicherheitsleistung in Geld oder Wertpapieren muss vereinbart und bei einer Bank oder ähnlich hinterlegt werden.

- Angesichts der Tatsache, dass der Vermieter bei der Geschäftsraummiete über ein gesetzliches Retentionsrecht verfügt, sollte die gesetzlich nicht begrenzte Sicherheitsleistung in einem vernünftigen Verhältnis zu den Risiken stehen. Wichtig anzugeben ist auch, auf welches Datum hin die Sicherheitsleistung erbracht werden soll.

- Denkbar ist auch eine andere Form der Sicherheitsleistung, z.B. die *Bankgarantie*. Dabei verspricht die Bank, den Mietzins zu zahlen, sollte der Mieter seinen Verpflichtungen nicht nachkommen.

2.13 Allgemeine Bedingungen

> **Allgemeine Bedingungen**
> Die «Allgemeinen Bedingungen zum Mietvertrag für Geschäftsräume» bilden einen integrierenden Bestandteil dieses Vertrages. Die Parteien bestätigen mit ihren Unterschriften, dass sie ein Exemplar erhalten haben und sich mit dem Inhalt einverstanden erklären.
>
> Die Pläne, welche mit zu unterzeichnen sind, bilden einen integrierenden Bestandteil dieses Vertrages. Die Parteien bestätigen mit ihren Unterschriften, dass sie ein Exemplar erhalten haben und sich mit der Flächenbezeichnung (farbig markierte Fläche = Mietfläche) einverstanden erklären.

Allgemeine Geschäftsbedingungen (AGB) sind für eine Vielzahl von Vertragsverhältnissen vorformulierte Vertragsbedingungen, die eine Vertragspartei der anderen bei Abschluss des Vertrages stellt.[75] Mit vorliegender Musterklausel werden die AGB samt Pläne in den Geschäftsraummietvertrag übernommen.

2.14 Mahn- und Inkassogebühren

> **Mahn- und Inkassogebühren**
> Der Mieter anerkennt Verzugszinsen für verspätete Zahlungen von Mietzins und Nebenkosten sowie Mahn- und Umtriebsgebühren in usanzgemässer Höhe.

Vorliegender Mustervertrag sieht die Zahlung des Mietzinses sowie der Nebenkosten zum Voraus vor, jeweils per Ersten des Monats bzw. des Quartals.[76] Damit besteht ein vertraglich vereinbarter Verfalltag, mit dessen Ablauf der Mieter ohne vorgängige Mahnung in Verzug gerät (Art. 102 Abs. 2 OR).[77] Verzugszinsen betragen nach Gesetz 5% pro Jahr, wenn nichts anderes vereinbart wurde (Art. 104 OR).[78]

Mahn- und Umtriebsgebühren sind i.d.R. geschuldet, soweit sie mit vorliegender Klausel vereinbart werden; die Höhe richtet sich nach der Verkehrssitte.

- Verzugszinsen sind ohne vorgängige Mahnung mit Ablauf des Ersten eines jeden Monats bzw. des Quartals geschuldet und betragen i.d.R. 5% pro Jahr.
- Mahn- und Umtriebsgebühren haben sich nach marktüblichen Verhältnissen zu richten.

2.15 Teilnichtigkeit

> **Teilnichtigkeit**
> Sollte eine Bestimmung dieses Vertrages nichtig oder unwirksam sein oder werden, so wird der übrige Teil dieses Vertrages davon nicht berührt. Im Falle der Nichtigkeit oder Unwirksamkeit einer Bestimmung, ist diese durch eine Wirksame zu ersetzen, die dem wirtschaftlichen Zweck der unwirksamen Bestimmung am nächsten kommt. In gleicher Weise ist zu verfahren, wenn eine Lücke offenbar wird.

Ein Vertrag, der einen unmöglichen, widerrechtlichen oder sittenwidrigen Inhalt hat, ist nichtig (Art. 20 Abs. 1 OR). Betrifft der Mangel bloss einzelne Teile des Vertrages, so sind nur diese nichtig, der Rest bleibt jedoch wirksam *(Teilnichtigkeit)*. Diese Regel gilt allerdings nur, sofern die Parteien den Vertrag auch ohne den nichtigen Teil abgeschlossen hätten (Art. 20 Abs. 2 OR).[79] An dieser Stelle setzt vorliegende Bestimmung (sog. Salvatorische Klausel) ein. Sie besagt, dass die Nichtigkeit einzelner Bestimmungen die Wirksamkeit des Vertrages im Übrigen unberührt lässt. Sie hat mit anderen Worten zum Ziel, den Fortbestand des Mietvertrages zu regeln.[80]

Zusätzlich zur Absicht, den Vertrag trotz Teilmängeln fortbestehen zu lassen, stellt vorliegende Klausel klar, dass die Parteien für nichtige Teile des Mietvertrages eine Ersatzbestimmung zu suchen haben.[81] Diese soll dem wirtschaftlichen Zweck der nichtigen Bestimmung möglichst nahekommen.

- Salvatorische Klausel bezweckt den Fortbestand des Mietvertrages bei nichtigen Bestimmungen eines ansonsten gültig abgeschlossenen Mietvertrages.

- Nichtige Bestimmungen sind unwirksam und sind seitens der Parteien durch Ersatzbestimmungen zu ersetzen, die der ursprünglichen Bestimmung in wirtschaftlicher Hinsicht möglichst nahekommt. In gleicher Weise ist zu verfahren, wenn eine Vertragslücke festgestellt wird.

2.16 Schiedsklausel/ordentlicher Gerichtsstand

> **Schiedsklausel / ordentlicher Gerichtsstand**
> [○] **Schiedsklausel**
> Die Parteien vereinbaren hiermit, dass sämtliche sich aus oder in Zusammenhang mit diesem Vertrag ergebenden Auseinandersetzungen, einschliesslich Streitigkeiten über die Gültigkeit, Rechtswirksamkeit, Abänderung oder Auflösung dieses Vertrags oder sich aus diesem Vertrag direkt oder indirekt ergebenden Rechtsverhältnisse oder Rechtswirkungen durch das Schiedsgericht der Schweizer Immobilienwirtschaft entschieden werden.
> Unter Ausschluss der ordentlichen Gerichte wendet das Schiedsgericht zur Beurteilung der Auseinandersetzung die Schiedsgerichtsordnung der Schweizer Immobilienwirtschaft (SVIT-Schiedsgericht) an.
> Vorbehaltlich einer anderen Parteivereinbarung ist bis zu einem Streitwert von CHF 100 000 ein Einerschiedsgericht, bei einem höheren Streitwert ein Dreierschiedsgericht zuständig. Das Schiedsgericht entscheidet endgültig.
> [○] **ordentlicher Gerichtsstand**
> Für alle Streitigkeiten aus diesem Vertrag ist der Ort der gemieteten Sache Gerichtsstand.

Für Streitigkeiten aus dem Mietvertrag sind die Schlichtungsbehörde oder das Gericht am Ort der gemieteten Sache zuständig (Art. 33 ZPO). Dieser Gerichtsstand ist insofern zwingend, als der Mieter nicht im Voraus darauf verzichten kann (Art. 35 Abs. 1 b ZPO).

Die ordentlichen Gerichte am Ort der gemieteten Sache können bei der Geschäftsraummiete – im Gegensatz zur Wohnraummiete – derogiert werden, indem die Parteien eine Schiedsabrede treffen.[82] Damit einigen sich die Parteien auf die Beurteilung einer Streitigkeit durch ein Schiedsgericht. Schiedsgerichte sind «halb-private» Gerichte.[83] Privat ist das Schiedsgericht insofern, als es nicht hoheitlich mittels Rechtserlass, sondern durch eine Vereinbarung der Parteien eingesetzt wird und die Schiedsrichter aufgrund ihrer Fachkompetenz von den Parteien bestimmt werden können (Schiedsabrede). Hingegen erwächst der Schiedsspruch wie das Urteil eines staatlichen Gerichts in Rechtskraft.[84]

Vorliegender Mustervertrag begründet die Zuständigkeit des Schiedsgerichts der Schweizer Immobilienwirtschaft (www.svit-schiedsgericht.ch), das im Jahre 2005 vom SVIT Schweiz initiiert wurde. Es ist auf immobilienrechtliche Fragen spezialisiert und steht sämtlichen Marktteilnehmern der Schweizer Immobilien- und Bauwirtschaft offen.[85]

- Ordentlicher Gerichtsstand ist zwingend die Schlichtungsbehörde oder das Gericht am Ort der gemieteten Sache.
- Geschäftsraummiete ist schiedsfähig; mittels Schiedsabrede können die Parteien vereinbaren, dass Streitigkeiten durch ein Schiedsgericht beurteilt werden.

2.17 Besondere Vereinbarungen

Diese Ziffer bietet Platz für besondere Abmachungen, z.B.:

- Bestimmung, wie ein befristeter Mietvertrag seitens des Mieters einseitig vor Vertragsablauf gekündigt werden kann;
- Vereinbarung, dass sich der Mietzins periodisch um einen bestimmten Betrag erhöht (gestaffelter Mietzins nach Art. 269b OR);
- Vereinbarung über Konsequenzen, wenn sich Kontroll- oder Mehrheitsverhältnisse beim Mieter ändern (sog. Change-of-Control-Klausel);
- etc.

2.18 Schriftlichkeitsvorbehalt

```
Dieser Vertrag wird [_____]-fach ausgefertigt und enthält alle getroffenen Abmachungen. Jede Änderung oder Ergänzung derselben
bedarf zu ihrer Gültigkeit der Schriftform. Der Vertrag hat erst Gültigkeit, wenn beide Vertragspartner unterzeichnet haben.
Mehrere Mieter haften solidarisch.

Ort/Datum: [_____]

Der Vermieter/Vertreter                         Der Mieter

[_____]               [_____]

                                                [_] Ehepartner  [_] Solidarhafter  [_] registrierter Partner
                                                (Zutreffendes bitte ankreuzen)

                                                [_____]

Beilagen:
[_] Pläne Mietobjekt, Mietflächen farbig markiert
[_] Übergabeprotokoll
[_] Umbaupläne
[_] Pläne Werbeanschriften/Werbeflächen
[_] [_____]
[_] [_____]
[_] [_____]
```

Entsprechend dem allgemeinen Prinzip der Vertragsfreiheit geht das OR grundsätzlich von dem Standpunkt der Formfreiheit aus.[86] Gemäss Art. 11 Abs. 1 und Art. 16 Abs. 2 OR bedürfen Verträge für deren Gültigkeit deshalb nur dann einer bestimmten Form, wenn eine solche vom Gesetz ausdrücklich angeordnet ist oder wenn die Parteien eine Form (insbesondere die Schriftlichkeit) vereinbaren.

Vorliegende Vertragsklausel sieht vor, dass der Mietvertrag sowie dessen Abänderungen oder Ergänzungen für deren Gültigkeit einer besonderen Form, hier der Schriftlichkeit bedürfen. Zur Schriftlichkeit gehört, dass der Mietvertrag einschliesslich dessen Abänderungen oder Ergänzungen schriftlich vorliegen und von den Parteien unterzeichnet werden (Art. 13 OR). Dieser Form- oder Schriftlichkeitsvorbehalt führt dazu, dass dem Mietvertrag sowie dessen Abänderungen oder Ergänzungen keine Gültigkeit zukommt, wenn diese nicht schriftlich (mit Unterschrift) abgefasst worden sind.

- Grundsätzlich gilt auch bei Mietverträgen die Formfreiheit. Zur Vermeidung von Meinungsverschiedenheiten statuiert vorliegender Mustervertrag den sog. Schriftlichkeitsvorbehalt.

- Der Mietvertrag (einschliesslich Abänderungen oder Ergänzungen) muss schriftlich vorliegen und von beiden Parteien unterzeichnet werden.

1 Honsell, S. 209.
2 Vgl. ZK-Higi, Art. 253a–253b, N. 21.
3 Vgl. Tercier/Favre, N. 1917; ZK-Higi, Vorbem. zu Art. 253–274g, N. 6 f.
4 Zihlmann, S. 16.
5 BSK-Weber, Art. 253, N. 7.
6 Zihlmann, S. 13 f.
7 Vgl. SVIT-Kommentar, Vorbem. Art. 253–274g, N. 9; Tercier/Favre, N. 2021 f.
8 Vgl. hierzu SVIT-Kommentar, Vorbem. Art. 253–274g, N. 10; Zihlmann, S. 29; ZK-Higi, Vorbem. zu Art. 253–274g, N. 103 ff.
9 Vgl. Kapitel 10: Vertrag für die Bewirtschaftung von Liegenschaften und Kapitel 11: Vertrag für die Bewirtschaftung von Liegenschaften im Mit-/Stockwerkeigentum.
10 Vgl. Schwenzer, N. 40.04 u. N. 41.09; Tercier/Favre, N. 2020.
11 Vgl. hierzu BSK-Weber, Art. 253, N. 9; Schwenzer, N. 40.04; SVIT-Kommentar, Vorbem. Art. 253–274g, N. 9.
12 Vgl. SVIT-Kommentar, Vorbem. Art. 253–274g, N. 11; Tercier/Favre, N. 1958.
13 Meier-Hayoz/Forstmoser, § 16, N. 612.
14 Böckli, § 1, N. 92.
15 Vgl. Zihlmann, S. 29.
16 Vgl. unten Ziff. 2.18.
17 ZK-Higi, Vorbem. zu Art. 253–274g, N. 87.
18 ZK-Higi, Art. 253a–253b, N. 21.
19 SVIT-Kommentar, Art. 253a, N. 8.
20 BGE 118 II 40 ff.
21 ZK-Higi, Art. 257, N. 14.
22 BGE 116 II 587, E. 2; Lachat et al., S. 399.
23 Burkhalter/Grell, Jus-News 9/2009; Grell, Fälle Band II, Fall 9, S. 32.
24 BSK-Weber, Art. 257, N. 1.
25 Vgl. BSK-Weber, Art. 257a, N. 5; SVIT-Kommentar, Art. 257–257b, N. 18; Zihlmann, S. 55; ZK-Higi, Art. 257a–257b, N. 13.
26 Vgl. BSK-Weber, Art. 257b, N. 2; SVIT-Kommentar, Art. 257–257b, N. 22.
27 Zihlmann, S. 56.
28 Vgl. BSK-Weber, Art. 257a, N. 3; SVIT-Kommentar, Art. 257–257b, N. 13.
29 Vgl. Burkhalter/Grell, Jus-News 1/2006; BGE 132 III 24; Burkhalter/Grell, Fälle Band I, Fall 8, S. 31.
30 Lachat et al., S. 219.
31 ZK-Higi, Art. 257, N. 19.
32 BSK-Weber, Art. 269d, N. 6; Lachat et al., S. 302.
33 Vgl. hierzu auch MWST-Branchen-Info 17 (Liegenschaftsverwaltung/Vermietung und Verkauf von Immobilien) unter http://www.estv.admin.ch/mwst/dokumentation.
34 SVIT-Kommentar, Art. 253a, N. 4.
35 Vgl. SVIT-Kommentar, Art. 253a, N. 14.
36 ZK-Higi, Art. 255, N. 12.
37 ZK-Higi, Art. 255, N. 26.
38 Vgl. sogleich Ziff. 2.9; SVIT-Kommentar, Art. 255, N. 4.
39 Vgl. sogleich Ziff. 2.9; SVIT-Kommentar, Art. 255, N. 4; ZK-Higi, Art. 255, N. 41 f.; Zihlmann, S. 93.
40 ZK-Higi, Art. 255, N. 25.
41 Vgl. hierzu BSK-Weber, Art. 266a, N. 3 f.; SVIT-Kommentar, Art. 266a, N. 4 ff.; Zihlmann, S. 104; ZK-Higi, Art. 266a, N. 27 ff.

[42] Vgl. BSK-Weber, Art. 266g, N. 5; SVIT-Kommentar, Art. 266g, N. 10 f.; Zihlmann, S. 108 f.; ZK-Higi, Art. 266g, N. 29 ff.
[43] Vgl. hierzu oben Ziff. 2.8.
[44] Vgl. Kapitel 13: Allgemeine Bedingungen zum Mietvertrag für Geschäftsräume, Ziff. 18.
[45] Lachat et al., S. 64; SVIT-Kommentar, Art. 255 N. 11.
[46] ZK-Higi, Art. 255, N. 54.
[47] ZK-Higi, Art. 255, N. 71.
[48] SVIT-Kommentar, Art. 255, N. 11.
[49] ZK-Higi, Art. 255, N. 66.
[50] ZK-Higi, Art. 255, N. 60 f.
[51] Vgl. hierzu SVIT-Kommentar, Vorbem. Art. 269–270e, N. 21 f.
[52] SVIT-Kommentar, Art. 269b, N. 3 f.; Zihlmann, S. 197.
[53] ZK-Higi, Art. 269b, N. 36.
[54] Vgl. Kapitel 13: Allgemeine Bedingungen zum Mietvertrag für Geschäftsräume, Ziff. 13; SVIT-Kommentar, Art. 269b, N. 16; ZK-Higi, Art. 269b, N. 41 ff.
[55] BGE 125 III 358 E. 1b/bb; SVIT-Kommentar, Art. 269b, N. 3.
[56] Sog. vertragliche Anpassungsklauseln, vgl. hierzu ZK-Higi, Vorbem. zu Art. 269–270e, N. 120 und 144 f.
[57] BSK-Weber, Art. 269a, N. 6a.
[58] ZK-Higi, Art. 269a, N. 213, 220; Art. 12 Abs. 1 VMWG.
[59] ZK-Higi, Art. 269a, N. 220.
[60] SVIT-Kommentar, Art. 269a, N. 40.
[61] ZK-Higi, Art. 269d, N. 106.
[62] ZK-Higi, Art. 269d, N. 113 f.
[63] Vgl. oben Ziff. 2.8; ZK-Higi, Art. 269d, N. 108.
[64] Zihlmann, S. 62.
[65] BSK-Weber, Art. 257e, N. 1; SVIT-Kommentar, Art. 257e, N. 11; ZK-Higi, Art. 257e, N. 5.
[66] ZK-Higi, Art. 257e, N. 7.
[67] SVIT-Kommentar, Art. 257e, N. 21; ZK-Higi, Art. 257e, N. 14.
[68] SVIT-Kommentar, Art. 257e, N. 21; ZK-Higi, Art. 257e, N. 13; vgl. auch oben Ziff. 2.7.
[69] Lachat et al., S. 264.
[70] ZK-Higi, Art. 257e, N. 19.
[71] Vgl. Lachat et al., S. 263.
[72] SVIT-Kommentar, Art. 257e, N. 22 f.; ZK-Higi, Art. 257e, N. 35 ff.
[73] Zihlmann, S. 62; SVIT-Kommentar, Art. 257e, N. 12.
[74] CHK-Graber/Reetz, Art. 111, N. 55 f.
[75] Vgl. hierzu Kapitel 13: Allgemeine Geschäftsbedingungen, Ziff. 1.
[76] Vgl. oben Ziff. 2.5.3.
[77] SVIT-Kommentar, Art. 257c, N. 5.
[78] Schwenzer, N. 66.09.
[79] Vgl. Schwenzer, N. 32.39.
[80] Sog. *Salvatorische Klausel,* vgl. Schwenzer, N. 32.41.
[81] Sog. modifizierte Teilnichtigkeit, vgl. hierzu Gauch/Schluep/Schmid/Emmenegger, N. 703 ff.
[82] Burkhalter/Grell, S. 21 f.
[83] Burkhalter/Grell, S. 1 f.
[84] Burkhalter/Grell, S. 49 f.
[85] Burkhalter/Grell, S. 6 und 39.
[86] Schwenzer, 31.01

Kapitel 3

Mietvertrag Geschäftsräume – Rohbaumiete

Das Wichtigste in Kürze

Bei Geschäftsräumen ist häufig die sog. *Rohbaumiete* anzutreffen. Bei dieser Version des Mietvertrages kann der Mieter den unausgebauten Geschäftsraum beliebig nach seinen Vorstellungen oder Vorgaben ausstatten.

Die Rohbaumiete entspricht im Wesentlichen der gewöhnlichen Geschäftsraummiete. Besonderheiten ergeben sich bezüglich Mietobjekt, Mietzins und Vorgehen bei Mietende.

Das Wichtigste in Kürze

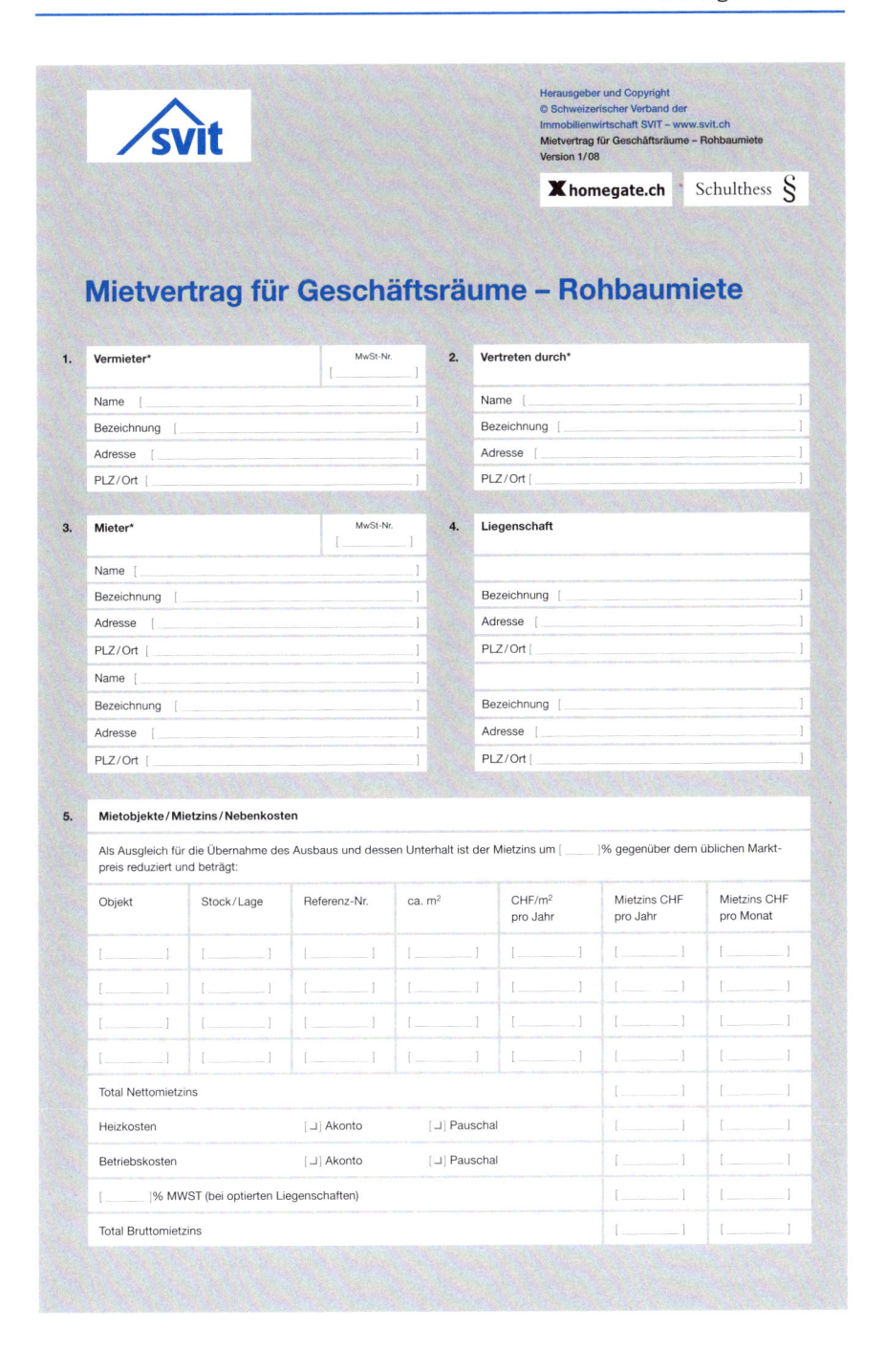

Herausgeber und Copyright
© Schweizerischer Verband der
Immobilienwirtschaft SVIT – www.svit.ch
Mietvertrag für Geschäftsräume – Rohbaumiete
Version 1/08

homegate.ch Schulthess §

Mietvertrag für Geschäftsräume – Rohbaumiete

1. Vermieter* — MwSt-Nr. [   ]
Name [   ]
Bezeichnung [   ]
Adresse [   ]
PLZ/Ort [   ]

2. Vertreten durch*
Name [   ]
Bezeichnung [   ]
Adresse [   ]
PLZ/Ort [   ]

3. Mieter* — MwSt-Nr. [   ]
Name [   ]
Bezeichnung [   ]
Adresse [   ]
PLZ/Ort [   ]
Name [   ]
Bezeichnung [   ]
Adresse [   ]
PLZ/Ort [   ]

4. Liegenschaft
Bezeichnung [   ]
Adresse [   ]
PLZ/Ort [   ]

Bezeichnung [   ]
Adresse [   ]
PLZ/Ort [   ]

5. Mietobjekte / Mietzins / Nebenkosten

Als Ausgleich für die Übernahme des Ausbaus und dessen Unterhalt ist der Mietzins um [____]% gegenüber dem üblichen Marktpreis reduziert und beträgt:

Objekt	Stock/Lage	Referenz-Nr.	ca. m²	CHF/m² pro Jahr	Mietzins CHF pro Jahr	Mietzins CHF pro Monat
[____]	[____]	[____]	[____]	[____]	[____]	[____]
[____]	[____]	[____]	[____]	[____]	[____]	[____]
[____]	[____]	[____]	[____]	[____]	[____]	[____]
[____]	[____]	[____]	[____]	[____]	[____]	[____]
Total Nettomietzins					[____]	[____]
Heizkosten		[⌐] Akonto	[⌐] Pauschal		[____]	[____]
Betriebskosten		[⌐] Akonto	[⌐] Pauschal		[____]	[____]
[____]% MWST (bei optierten Liegenschaften)					[____]	[____]
Total Bruttomietzins					[____]	[____]

Kapitel 3: Mietvertrag Geschäftsräume – Rohbaumiete

Herausgeber und Copyright
© Schweizerischer Verband der
Immobilienwirtschaft SVIT – www.svit.ch
Mietvertrag für Geschäftsräume
Version 1/08

homegate.ch | **Schulthess §**

Der Mietzins ist jeweils zahlbar am 1. Tag des [_____] (Monat/Quartal).
Bei Verzug ist ein Verzugszins zu [____]% geschuldet.
Allfällige Abweichungen bezüglich des Flächenmasses bleiben ohne Auswirkungen auf den Mietzins.

Nebenkosten

- [ ] Heiz- und Warmwasserkosten (Art. 5 VMWG)
- [ ] Allgemeinstrom
- [ ] Kosten und Gebühren für Wasserverbrauch und Abwasserentsorgung inkl. Wartung der Kanalisation und Wasserentsorgungsanlagen
- [ ] Präventivspülungen Kanalisation sowie Zu-/Ablaufleitungen
- [ ] Hauswartung inkl. Sozialleistungen
- [ ] Hauswartbetriebsmaterial (z.B. Reinigungsmittel etc.)
- [ ] Schneeräumung
- [ ] Radio und TV
- [ ] Kehrichtgebühren
- [ ] Betriebskehricht
- [ ] Containerreinigung
- [ ] Betriebs- und Wartungskosten (Serviceverträge) der Be- und Entlüftungsanlagen, Kühl- und Klimaanlagen und Bedienung; Versicherungsprämien für Lüftung und Klimatisierung
- [ ] Betriebs- und Wartungskosten (Serviceabonnemente) der Personen- und Warenlifte (inkl. Lifttelefon)
- [ ] Betriebs- und Wartungskosten (Serviceabonnemente) der Feuerlöschgeräte
- [ ] Gebäudeüberwachung (Feuer- und Brandschutz)

Für die Erstellung der Nebenkostenabrechnung wird ein Verwaltungshonorar des Abrechnungsbetrages zuzüglich MWST in Rechnung gestellt.

Stichtag NK-Abrechnung: [_____] (Datum)

Bei Akontozahlung bildet nachfolgender Text einen integrierenden Bestandteil dieses Vertrages.

- [ ] **Nebenkostenabrechnung (bei Akontozahlungen)**

Über die Nebenkosten wird jährlich eine Abrechnung erstellt. Die Abrechnung über Nebenkosten gilt als genehmigt, sofern der Mieter nicht innert 30 Tagen seit Erhalt dagegen schriftlich Einsprache beim Vermieter erhebt. Dem Mieter steht das Recht zu, innert einer Frist von 30 Tagen ab Erhalt der Nebenkostenabrechnung auf Voranmeldung am Sitz der Verwaltung zu den üblichen Geschäftszeiten in die sachdienlichen Belege Einsicht zu nehmen. Nachforderungen sind innert 30 Tagen nach Empfang der Abrechnung zu begleichen. Rückerstattungen sind im gleichen Zeitraum vorzunehmen.

Während der Heizperiode darf die Heizung in keinem Raum ganz abgestellt werden. Für durch den Mieter gedrosselte Heizkörper kann keine Reduktion der Heizkosten gewährt werden.

Verlässt der Mieter während der Rechnungsperiode das Mietobjekt, so hat er keinen Anspruch auf Erstellung einer zwischenzeitlichen Abrechnung. Der Vermieter kann aber die Abrechnung vorläufig nach der letztjährigen Nebenkostenabrechnung erstellen.

Nebenkosten Gewerbe

Der Strom- und/oder der Gasverbrauch im Mietobjekt sowie alle weiteren Gebühren und Abgaben, die durch den Betrieb des Mieters verursacht werden, ferner der Stromverbrauch eventueller Leuchtschriften und Reklamevorrichtungen, gehen zu Lasten des Mieters, auch wenn sie beim Vermieter erhoben werden. Der Mieter verpflichtet sich, die Vorschriften der Lieferwerke zu beachten; er haftet andernfalls für jeden durch sein Verschulden verursachten Schaden. Mit dem Betrieb des Mieters verbundene Abgaben, Gebühren und Unkosten, welche von einem Werk, einem Amt oder einem Lieferanten (inklusive Kabelnetze) in Rechnung gestellt werden, sind durch den Mieter zu bezahlen, auch wenn sie beim Vermieter erhoben werden. Dies gilt auch für Abgaben oder Gebühren, die im vorliegenden Vertrag nicht im Einzelnen aufgeführt sind.

6. Verwendungszweck/Nebenräume
[_____]
Der Mieter darf das Mietobjekt nur zum vereinbarten Zweck gebrauchen.
Folgende Flächen/Einrichtungen können mitbenutzt werden:
[_____]

7. Mietbeginn: [_____] (Datum)

8. Mietdauer
Wird Variante A gewählt, bildet die anschliessende Ziffer 9 **keinen** integrierenden Bestandteil des Vertrages.

Variante A:
- [○] befristet
Endigt durch Zeitablauf ohne Kündigung am: [_____] (Datum)
- [ ] mit Option gemäss Ziffer 10

Variante B:
- [○] unbefristet mit Mindestdauer/Mindestvertragsdauer bis: [_____] (Datum)
- [ ] mit Option gemäss Ziffer 10

Variante C:
- [○] unbefristet ohne Mindestdauer
- [ ] mit Option gemäss Ziffer 10

Das Wichtigste in Kürze

Herausgeber und Copyright
© Schweizerischer Verband der
Immobilienwirtschaft SVIT – www.svit.ch
Mietvertrag für Geschäftsräume – Rohbaumiete
Version 1/08

7. **Mietbeginn:** [ ] (Datum)

8. **Mietdauer**
Wird Variante A gewählt, bildet die anschliessende Ziffer 9 **keinen** integrierenden Bestandteil des Vertrages.
Variante A:
[ ] befristet
Endigt durch Zeitablauf ohne Kündigung am: [ ] (Datum)
[ ] mit Option gemäss Ziffer 10
Variante B:
[ ] unbefristet mit Mindestdauer/Mindestvertragsdauer bis: [ ] (Datum)
[ ] mit Option gemäss Ziffer 10
Variante C:
[ ] unbefristet ohne Mindestdauer
[ ] mit Option gemäss Ziffer 10

9. **Kündigung**
Die Kündigungsfrist beträgt [ ] Monate (mind. 6 Monate).
Nach Ablauf der Mindestvertragsdauer gilt der Vertrag als auf unbestimmte Zeit abgeschlossen und kann von beiden Parteien unter Einhaltung der vereinbarten Kündigungsfrist jeweils auf Ende des Monats, ausgenommen den 31. Dezember, mit eingeschriebenem Brief gekündet werden.
Kündigungen durch den Vermieter haben auf einem vom Kanton genehmigten Formular zu erfolgen.

10. **Option** [ ] ja [ ] nein (Info: wenn «nein» angekreuzt wird, ist ausdrücklich keine Option vereinbart)
[ ] Der Vermieter räumt dem Mieter eine Option (s. Ziffer 8) zur Verlängerung dieses Mietvertrages vom [ ] (Datum) bis [ ] (Datum) ein. Dieses Optionsrecht fällt dahin, wenn die Option vom Mieter nicht bis spätestens [ ] (Datum) mit eingeschriebenem Brief (Datum Postaufgabe) geltend gemacht wird.
[ ] Macht der Mieter vom Optionsrecht Gebrauch, so ist der Vermieter berechtigt, den Mietzins auf Beginn der Optionsdauer den dannzumal herrschenden Marktverhältnissen anzupassen. Der neue Mietzins wird dem Mieter spätestens einen Monat nach Ausübung des Optionsrechts mit dem vom Kanton genehmigten Formular angezeigt.

11. **Mietzinsbasis**
[ ] Bei einer Vertragsdauer unter 5 Jahren:
Hypothekarzinssatz: [ ]%
Kostensteigerung berücksichtigt bis: [ ] (Datum)
Nicht ausgeschöpfte Mietzinsreserve: [ ] (Betrag)
*Begründung:
[ ]
[ ]
*(Der Mietzinsvorbehalt muss in Prozenten oder Franken des Mietzinses ausgewiesen und klar begründet werden, d.h., die vorbehaltenen Anpassungsgründe müssen explizit genannt werden. Werden mehrere Gründe vorbehalten, ist der Vorbehalt für jeden Grund separat zu beziffern.)
[ ] Bei einer Vertragsdauer von mind. 5 Jahren ist der Mietzins zu [ ]% indexiert. Es gilt der Landesindex der Konsumentenpreise. Der Indexstand der Anfangsmiete beträgt:
Landesindex: [ ]/[ ] (Zahl/Punkte)
Stand: [ ] (Datum)
Der Nettomietzins kann auf einen beliebigen Zeitpunkt, mit einer Anzeigefrist von **mindestens einem Monat**, erstmals per [ ] (Datum) entsprechend den Veränderungen des schweizerischen Landesindexes der Konsumentenpreise angepasst werden.

12. **Kaution/Bankgarantie**
[ ] **Kaution**
CHF [ ] (Betrag) zahlbar bis: [ ] (Datum)
Dieser Betrag gilt als Sicherstellung des Mietzinses. Dieses Depot kann nur nach den geltenden Bestimmungen des Mietrechts zurückbehalten, beziehungsweise freigegeben werden. Für die Sicherstellung wird bei der vom Vermieter bestimmten kontoführenden Bank ein Kautionskonto auf den Namen des Mieters eröffnet.
[ ] **Bankgarantie**
Der Mieter leistet zur Sicherstellung aller Ansprüche aus dem vorliegenden Vertrag (Bruttomietzins und Schadenersatz bei vorzeitiger Vertragsbeendigung und ausserordentlicher Abnützung beziehungsweise Beschädigung der Mietliegenschaft sowie der allfälligen Pflicht zur Wiederherstellung des früheren Zustandes bei mieterseitigen Ausbauten etc.) die unwiderrufliche Bankgarantie einer Schweizerischen Grossbank bzw. einer Kantonalbank in der Höhe von CHF [ ] (Betrag). Die Bankgarantie muss bei Vertragsunterzeichnung übergeben werden und mindestens 6 Monate über den erstmöglichen Kündigungszeitpunkt hinaus gültig sein.
Der Mieter verpflichtet sich, bei Fortsetzung des Mietverhältnisses über den erstmöglichen Auflösungszeitpunkt hinaus die Bankgarantie unaufgefordert so zu verlängern, dass sie in der Folge wieder 6 Monate über den nächstmöglichen Auflösungszeitpunkt hinaus gültig ist. Dabei ist die Garantiesumme im gleichen Verhältnis zu erhöhen, in welchem der Mietzins bis zum massgebenden Zeitpunkt gegenüber dem Anfangsmietzins erhöht worden ist.
[ ] keine Sicherstellung vereinbart

Kapitel 3: Mietvertrag Geschäftsräume – Rohbaumiete

Herausgeber und Copyright
© Schweizerischer Verband der
Immobilienwirtschaft SVIT – www.svit.ch
Mietvertrag für Geschäftsräume – Rohbaumiete
Version 1/08

homegate.ch Schulthess §

13. Allgemeine Bedingungen

Die «Allgemeinen Bedingungen zum Mietvertrag für Geschäftsräume – Rohbaumiete» bilden einen integrierenden Bestandteil dieses Vertrages. Die Parteien bestätigen mit ihren Unterschriften, dass sie ein Exemplar erhalten haben und sich mit dem Inhalt einverstanden erklären.
Die Pläne, welche mit zu unterzeichnen sind, bilden einen integrierenden Bestandteil dieses Vertrages. Die Parteien bestätigen mit ihren Unterschriften, dass sie ein Exemplar erhalten haben und sich mit der Flächenbezeichnung (farbig markierte Fläche = Mietfläche) einverstanden erklären.

14. Teilnichtigkeit

Sollte eine Bestimmung dieses Vertrages nichtig oder unwirksam sein oder werden, so wird der übrige Teil dieses Vertrages davon nicht berührt. Im Falle der Nichtigkeit oder Unwirksamkeit einer Bestimmung, ist diese durch eine Wirksame zu ersetzen, die dem wirtschaftlichen Zweck der unwirksamen Bestimmung am nächsten kommt. In gleicher Weise ist zu verfahren, wenn eine Lücke offenbar wird.

15. Mahn- und Inkassogebühren

Der Mieter anerkennt Verzugszinsen für verspätete Zahlungen von Mietzins und Nebenkosten sowie Mahn- und Umtriebsgebühren in usanzgemässer Höhe.

16. Schiedsklausel / ordentlicher Gerichtsstand

[○] **Schiedsklausel**
Die Parteien vereinbaren hiermit, dass sämtliche sich aus oder in Zusammenhang mit diesem Vertrag ergebenden Auseinandersetzungen, einschliesslich Streitigkeiten über die Gültigkeit, Rechtswirksamkeit, Abänderung oder Auflösung dieses Vertrags oder sich aus diesem Vertrag direkt oder indirekt ergebenden Rechtsverhältnisse oder Rechtswirkungen durch das Schiedsgericht der Schweizer Immobilienwirtschaft entschieden werden.
Unter Ausschluss der ordentlichen Gerichte wendet das Schiedsgericht zur Beurteilung der Auseinandersetzung die Schiedsgerichtsordnung der Schweizer Immobilienwirtschaft (SVIT-Schiedsgericht) an.
Vorbehaltlich einer anderen Parteivereinbarung ist bis zu einem Streitwert von CHF 100 000 ein Einerschiedsgericht, bei einem höheren Streitwert ein Dreierschiedsgericht zuständig. Das Schiedsgericht entscheidet endgültig.

[○] **ordentlicher Gerichtsstand**
Für alle Streitigkeiten aus diesem Vertrag ist der Ort der gemieteten Sache Gerichtsstand.

17. Besondere Vereinbarungen

Auf einmaliges Verlangen des Vermieters muss der Mieter bei Mietende den Rohbauzustand wieder herstellen. Verzichtet der Vermieter darauf, so hat der Mieter den Ausbau zu belassen und er verzichtet in diesem Fall auf eine Entschädigung für den Ausbau des Rohbaus.
[   ]

18. Dieser Vertrag wird [   ]-fach ausgefertigt und enthält alle getroffenen Abmachungen. Jede Änderung oder Ergänzung derselben bedarf zu ihrer Gültigkeit der Schriftform. Der Vertrag hat erst Gültigkeit, wenn beide Vertragspartner unterzeichnet haben.
Mehrere Mieter haften solidarisch.

Ort / Datum: [   ]

Der Vermieter / Vertreter   Der Mieter

[   ]   [   ]

                                                             [⊔] Ehepartner [⊔] Solidarhafter [⊔] registrierter Partner
                                                             (Zutreffendes bitte ankreuzen)

                                                             [   ]

Beilagen:
[⊔] Pläne Mietobjekt, Mietflächen farbig markiert
[⊔] Übergabeprotokoll
[⊔] Umbaupläne
[⊔] Pläne Werbeanschriften / Werbeflächen
[⊔] [   ]
[⊔] [   ]

* Mit den Begriffen »Vermieter«, »Mieter« etc. sind sowohl natürliche Personen beider Geschlechter sowie auch juristische Personen gemeint.

Dies ist ein Mietvertrag für Geschäftsräume – Rohbaumiete wie er im Kanton Zürich verwendet wird.

Kommentierung zu Kapitel 3

1. Bemerkungen zum Mietvertrag Geschäftsräume – Rohbaumiete

Der Mietvertrag Geschäftsräume – Rohbaumiete entspricht im Wesentlichen dem Mietvertrag für Geschäftsräume, weshalb auf die dortige Kommentierung verwiesen werden kann.[1]

Im Folgenden wird einzig auf diejenigen Vertragsklauseln eingegangen, welche speziell auf die Rohbaumiete zugeschnitten wurden.

2. Zu den einzelnen Vertragsklauseln

2.5 Mietobjekt/Mietzins/Nebenkosten

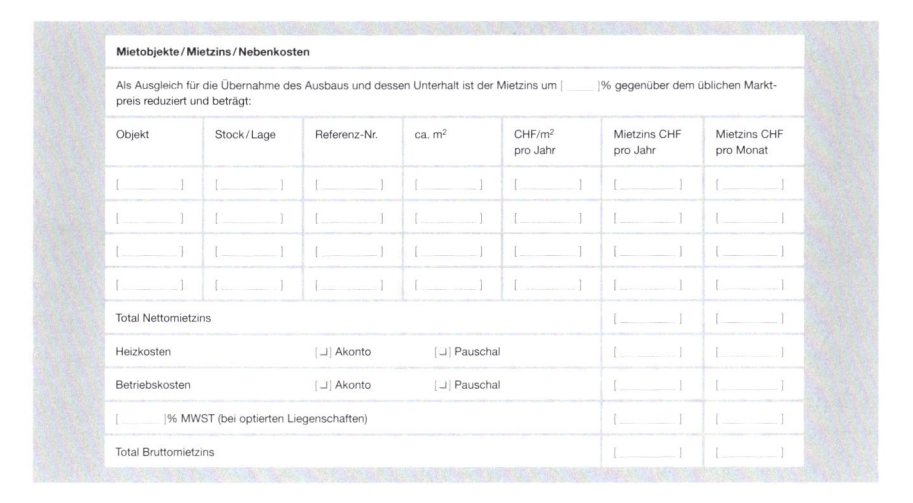

Mietobjekte/Mietzins/Nebenkosten						
Als Ausgleich für die Übernahme des Ausbaus und dessen Unterhalt ist der Mietzins um [_____]% gegenüber dem üblichen Marktpreis reduziert und beträgt:						
Objekt	Stock/Lage	Referenz-Nr.	ca. m²	CHF/m² pro Jahr	Mietzins CHF pro Jahr	Mietzins CHF pro Monat
[_____]	[_____]	[_____]	[_____]	[_____]	[_____]	[_____]
[_____]	[_____]	[_____]	[_____]	[_____]	[_____]	[_____]
[_____]	[_____]	[_____]	[_____]	[_____]	[_____]	[_____]
[_____]	[_____]	[_____]	[_____]	[_____]	[_____]	[_____]
Total Nettomietzins					[_____]	[_____]
Heizkosten	[⌴] Akonto	[⌴] Pauschal			[_____]	[_____]
Betriebskosten	[⌴] Akonto	[⌴] Pauschal			[_____]	[_____]
[_____]% MWST (bei optierten Liegenschaften)					[_____]	[_____]
Total Bruttomietzins					[_____]	[_____]

2.5.1 Mietobjekt

Gegenstand jedes Mietvertrages bildet das Mietobjekt. Der Mietvertrag Geschäftsräume – Rohbaumiete (nachfolgend auch «Rohbaumiete» genannt) hat die Miete eines Geschäftsraumes im Rohbau zum Inhalt.

Unter dem Begriff *Raum* versteht das Mietrecht jede horizontal und vertikal abgeschlossene Einheit.[2]

Als *Geschäftsraum* gelten Räume, die dem Betrieb eines Gewerbes oder der Ausübung einer beruflichen Tätigkeit dienen.[3] Damit wird grundsätzlich jeder Raum erfasst, in dem eine wirtschaftliche Tätigkeit im weitesten Sinne ausgeübt wird, wie z.B. Handel, Fabrikation, Gewerbe, Dienstleistungen, künstlerische und wissenschaftliche Tätigkeiten etc.[4] Das Bundesgericht lässt als Geschäftsräume indes auch Räume zu, welche dazu beitragen, dass der Mieter seine Persönlichkeit in privater oder wirtschaftlicher Hinsicht entfalten kann, so z.B. einen Garagenanbau, der einem Mechaniker als Hobbywerkstatt für die Reparatur von Oldtimern dient.[5]

Bei der Rohbaumiete wird dem Mieter der nackte oder nur rudimentär ausgebaute Geschäftsraum zum beliebigen Ausbau oder zur beliebigen Ausstattung überlassen.[6] Im Gegensatz zur Geschäftsraummiete stellt das Fehlen von sonst üblicherweise für den vorgesehenen Gebrauchszweck erwarteten Einrichtungen kein Mangel dar; vielmehr ist der Endausbau des Geschäftsraumes ein Teil der Gebrauchsvereinbarung.[7] Der Endausbau setzt in der Regel voraus, dass die Medien Wasser, Strom, Gas, Telefon und Heizung bis zum Geschäftsraum herangeführt werden.[8]

- Mietobjekt ist ein Geschäftsraum im Rohbau. Den Endausbau übernimmt der Mieter.

- Die vom Vermieter überlassene Grundausstattung (Rohbauzustand) ist mit Vorteil in einem Protokoll inkl. Plan detailliert festzuhalten.[9]

- Für den Endausbau hat der Mieter die vollen Kosten zu tragen und diesbezüglich einen Kostenvoranschlag zu erstellen. Die veranschlagten Kosten sind seitens des Mieters regelmässig und zuhanden des Vermieters vor Baubeginn durch eine Bankgarantie einer schweizerischen Bank sicherzustellen.[10]

- Anzugeben ist eine Kurzbeschreibung des Mietobjekts. Weiter zu bezeichnen ist, in welchem Stockwerk oder an welcher Lage sich der Geschäftsraum befindet. Empfehlenswert ist – zur besseren Administration des Geschäftsraumes – die Angabe einer Referenz-Nr.

- Besonderer Beachtung gebührt der richtigen Berechnung Anzahl Quadratmeter, da sich der Mietzins bei Geschäftsräumen üblicherweise nach CHF/m^2 berechnet und eine Abweichung von mehr als 3% gemäss Bundesgericht einen Mangel darstellt oder der Mietvertrag wegen Irrtums angefochten werden könnte.[11]

2.5.2 Mietzins

Der Mietzins ist das Entgelt, das der Mieter dem Vermieter für die Gebrauchsüberlassung der Mietsache schuldet (Art. 257 OR). Im Grundsatz kann der Mietzins von den Parteien frei bestimmt werden. Grenzen der freien Bestimmungen werden indes durch die Missbrauchsgesetzgebung der Art. 269 ff. OR gesetzt.[12]

Bei der Rohbaumiete gehört der vom Mieter geschaffene Endzustand nicht zum geschuldeten Zustand seitens des Vermieters (vgl. Art. 256 Abs. 1 OR). Dieser hat dementsprechend auch keine Pflicht, den Endausbau zu unterhalten. Im Gegenzug ist der Mietzins gegenüber dem marktüblichen Mietzins reduziert.[13]

Bei Geschäftsräumen ist es üblich, den Mietzins an die Fläche zu koppeln (Quadratmeterpreis). Eine weitere Möglichkeit besteht darin, die Höhe des Mietzinses vom Umsatz, den der Mieter aus seiner Geschäftätigkeit erzielt, abhängig zu machen (Umsatzmietzins). Dabei einigen sich die Parteien einerseits auf eine Netto-Mindestmiete (auch Basismiete genannt). Andererseits legen sie einen bestimmten Prozentsatz des Umsatzes fest. Gehen die Geschäfte gut und liegt die Umsatzmiete über der Basismiete, so hat der Mieter die Differenz auszugleichen. Bei schlechtem Geschäftsgang ist der Mieter nur zur Zahlung der Basismiete verpflichtet. Die Umsatzmiete ist sowohl in Lehre und Rechtsprechung unbestritten.[14]

- Mietzins ist das Entgelt, das der Mieter dem Vermieter für die Gebrauchsüberlassung der Mietsache schuldet.

- Da Endausbau und diesbezüglicher Unterhalt vollständig vom Mieter vorgenommen wird, ist der Mietzins gegenüber dem Markpreis um eine bestimmte Prozentzahl reduziert.

- Bei der Miete von Geschäftsräumen bestimmt sich der Mietzins regelmässig nach der Anzahl Quadratmeter. Die Flächenangabe sollte deshalb möglichst präzise erfolgen, da eine Abweichung von mehr als 3% gemäss Bundesgericht einen Mangel darstellt oder der Mietvertrag wegen Irrtums angefochten werden könnte.[15]

- Als Alternative bietet sich die Umsatzmiete an. Oberhalb einer zum Voraus vereinbarten Mindestmiete bestimmt sich die Miete aufgrund des Geschäftsganges.

2.5.3 Nebenkosten

Aus der Gesetzessystematik geht hervor, dass mit dem Mietzins grundsätzlich sämtliche Leistungen des Vermieters für die Gebrauchsüberlassung und für die Erhaltung der Sache im gebrauchstauglichen Zustand, aber auch für die Erfüllung aller Nebenpflichten abgegolten werden.[16]

Damit geht das Mietrecht davon aus, dass die dem Vermieter anfallenden Nebenkosten durch den Mietzins abgedeckt sind. Nebenkosten sind daher grundsätzlich ein Teil des Mietzinses. Deshalb bedarf es zur Ausscheidung von nebst dem Nettomietzins zu bezahlenden Nebenkosten einer besonderen Vereinbarung (Art. 257a Abs. 2 OR). Damit ist gemeint, dass die konkreten Nebenkostenpositionen im Mietvertrag aufgelistet und bezeichnet werden müssen sowie für den Mieter im Einzelnen betragsmässig nachvollziehbar sind.[17]

Gemäss Art. 257a Abs. 1 OR sind die Nebenkosten das Entgelt für die Leistungen des Vermieters oder eines Dritten, die mit dem Gebrauch der Sache zusammenhängen. Für die Miete von Geschäftsräumen wird die Umschreibung der zulässigen Nebenkosten noch etwas enger gefasst. Neben dem Zusammenhang mit dem Gebrauch der Sache wird zusätzlich statuiert, dass nur tatsächliche Aufwendungen belastet werden dürfen (Art. 257b Abs. 1 OR). Aus den Nebenkosten bei Wohn- und Geschäftsräumen darf der Vermieter mithin keinen Gewinn erzielen.[18] Eine Pauschalierung ist damit bei Geschäftsräumen nur insoweit zulässig, als sie den Mieter begünstigt oder ihm nicht mehr als die tatsächlichen Aufwendungen überwälzt.[19] Der Zusammenhang mit dem Gebrauch der Sache muss ferner unmittelbar sein, weshalb z.B. Objektsteuern, Gebäudeversicherungsprämien, Vorzugslasten und Verwaltungskosten nicht unter die gesetzliche Definition der Nebenkosten fallen.[20]

- Nebenkosten sind das Entgelt für die Leistungen des Vermieters oder eines Dritten, die mit dem Gebrauch der Sache unmittelbar zusammenhängen und tatsächlich anfallen. Nebenkostenfähig sind im Allgemeinen Kosten, welche die Versorgung, die Entsorgung, die Reinigung und den übrigen gewöhnlichen Unterhalt der Mietsache betreffen.

- Nebenkosten sind grundsätzlich Teil des Mietzinses. Sie sind nur zu bezahlen, wenn hierfür eine besondere Vereinbarung besteht, die einzelnen Nebenkostenpositionen mithin konkret aufgeführt und für den Mieter ohne Weiteres verständlich nachvollzogen werden. Beim vorliegenden Mustervertrag können hierzu die relevanten Nebenkostenpositionen angekreuzt werden.

- Die Weiterverrechnung der Nebenkosten kann pauschal erfolgen. Mit der Bezahlung der Pauschale sind sämtliche Nebenkosten, welche im vorhin erwähnten Textbaustein «Nebenkosten» erwähnt sind, abgegolten.
- Alternativ kann das in der Praxis weitverbreitete System der Akontozahlung gewählt werden. Der Mieter zahlt einen vereinbarten Betrag, der an die jährliche Nebenkostenabrechnung angerechnet wird.

2.5.4 Gemeinsame Bemerkungen zu Mietzins und Nebenkosten

Gemäss Art. 257c sind Mietzins und allenfalls Nebenkosten am Ende jeden Monats zu zahlen, sofern kein anderer Zeitpunkt vereinbart oder ortsüblich ist. Vorliegender Mustervertrag vereinbart die Zahlung zum Voraus, jeweils per Ersten des Monats oder des Quartals. Die Zahlung zum Voraus per Ersten des Monats entspricht im Übrigen der Ortsüblichkeit im Kanton Zürich.[21]

Für den vertraglich festgelegten Mietzins und für die Nebenkosten gilt der Grundsatz der Unabänderlichkeit, d.h. dass das Entgelt während der Mietdauer nicht einseitig durch die Parteien verändert werden kann.[22] Von diesem Grundsatz gibt es indes eine wichtige Ausnahme. Beim Mietvertrag für Geschäftsräume ist, sofern ein unbefristetes Mietverhältnis vorliegt, auf die Kündigungstermine hin und unter Einhaltung der Kündigungsfrist zuzüglich 10 Tage eine einseitige Anpassung des Mietzinses möglich (Art. 269d Abs. 1 OR). Dabei ist zu berücksichtigen, dass die Mitteilung dieser Anpassung in Abweichung von der Empfangstheorie erst dann als zugestellt gilt, wenn der Mieter den Brief bei der Post tatsächlich abholt, spätestens aber nach Ablauf der siebentägigen postalischen Abholfrist (sog. relative Empfangstheorie).[23] Zu beachten gilt weiter, dass die Mietzinserhöhung auf einem amtlichen Formular erfolgen und begründet werden muss (Art. 269d Abs. 2 OR).

Die Miete aus Geschäftsräumen ist von der Mehrwertsteuer ausgenommen (Art. 21 Abs. 2 Ziff. 21 MWStG). Indes kann der Vermieter bei der Eidgenössischen Steuerverwaltung um Unterstellung der Mieten unter die Mehrwertsteuer nachsuchen. Dieses sog. *Optieren* ist zulässig, sofern das vermietete Objekt beim Mieter nicht ausschliesslich für private Zwecke genutzt wird (Art. 22 Abs. 2 Bst. b MWSTG). Das Optieren hat einerseits zur Konsequenz, dass der Mietzins sich aus dem Mietzins inkl. Nebenkosten plus Mehrwertsteuer zusammensetzt. Andererseits sind die Parteien des Mietvertrages zum Vorsteuerabzug berechtigt.[24]

- Mietzins und Nebenkosten sind zum Voraus, jeweils per Ersten des Monats zu bezahlen.
- Mietzins und Nebenkosten sind grundsätzlich unveränderbar. Ausnahme bildet die Mietzinserhöhung auf den Kündigungstermin hin.
- Miete von Geschäftsräumen ist grundsätzlich von der Mehrwertsteuer ausgenommen. Vorbehalten bleibt die Möglichkeit des Optierens.

2.17 Besondere Vereinbarungen

> **Besondere Vereinbarungen**
> Auf einmaliges Verlangen des Vermieters muss der Mieter bei Mietende den Rohbauzustand wieder herstellen. Verzichtet der Vermieter darauf, so hat der Mieter den Ausbau zu belassen und er verzichtet in diesem Fall auf eine Entschädigung für den Ausbau des Rohbaus.
> [

Bei Mietende ist der Mieter ohne schriftliche Rückbauvereinbarung nicht verpflichtet, den Geschäftsraum im ursprünglichen Rohzustand zurückzugeben (Art. 267 Abs. 1 OR).[25] Aus diesem Grund hält vorliegender Mustervertrag fest, dass der Vermieter vom Mieter verlangen kann, den Rohbauzustand wiederherzustellen. Verzichtet der Vermieter auf den Rückbau, so ist der Vermieter berechtigt, den Endausbau des Mieters am Ende der Mietdauer entschädigungslos zu übernehmen. Diese Regelung rechtfertigt sich aufgrund der Tatsache, dass der Endausbau Teil der Gebrauchsüberlassung ist und durch einen angemessen reduzierten Mietzins und allenfalls einer genügend langen Mietdauer, welche dem Mieter die vollständige Abschreibung ermöglicht, kompensiert wird. Zudem hat der Vermieter resp. der Nachmieter regelmässig keine Verwendung für den individuell gestalteten Ausbau des Mietobjekts durch den Vermieter.

Hat der Mieter indes Erneuerungen und Änderungen getätigt, die über den vertragsgemässen Endausbau hinausgingen, so löst dies grundsätzlich eine Entschädigungspflicht des Vermieters aus (Art. 260a Abs. 3 OR).[26]

- Vermieter kann im Mietvertrag den Rückbau in den Rohzustand bei Mietende verlangen oder den Endausbau entschädigungslos übernehmen.
- Ausnahme: Erneuerung und Änderungen des Mieters, die über den vertragsgemässen Endausbau hinausgingen, sind grundsätzlich entschädigungspflichtig.

Die Rubrik bietet weiter Platz für besondere Abmachungen, z.B.:

- Bestimmung, wie ein befristeter Mietvertrag seitens des Mieters einseitig vor Vertragsablauf gekündigt werden kann;

- Vereinbarung, dass sich der Mietzins periodisch um einen bestimmten Betrag erhöht (gestaffelter Mietzins nach Art. 269b OR);
- etc.

1 Vgl. Kapitel 2: Mietvertrag für Geschäftsräume.
2 ZK-HIGI, Vorbem. zu Art. 253–274g, N. 87.
3 ZK-HIGI, Art. 253a–253b, N. 21.
4 SVIT-Kommentar, Art. 253a, N. 8.
5 BGE 118 II 40 ff.
6 ZK-HIGI, Art. 253a–253b, N. 23.
7 SVIT-Kommentar, Art. 256, N. 32a; LACHAT ET AL., S. 139.
8 ZK-HIGI, Art. 256, N. 35; SVIT-Kommentar, Art. 256, N. 32b.
9 Vgl. Kapitel 13: Allgemeine Bedingungen zum Mietvertrag für Geschäftsräume – Rohbaumiete, Ziff. 1.1; ZK-HIGI, Art. 253a–253b, N. 9.
10 Vgl. Kapitel 13: Allgemeines Bedingungen zum Mietvertrag für Geschäftsräume – Rohbaumiete, Ziff. 1.2 und Ziff. 1.3.
11 BURKHALTER/GRELL, Jus-News 9/2009; GRELL, Fälle Band II, Fall 9, S. 32.
12 ZK-HIGI, Art. 257, N. 14.
13 Vgl. Kapitel 13: Allgemeine Bedingungen zum Mietvertrag für Geschäftsräume – Rohbaumiete, Ziff. 1.2; SVIT-Kommentar, Art. 256, N. 32b.
14 BGE 116 II 587, E. 2; LACHAT ET AL., S. 399.
15 BURKHALTER/GRELL, Jus-News 9/2009; GRELL, Fälle Band II, Fall 9, S. 32.
16 BSK-WEBER, Art. 257, N. 1.
17 Vgl. BSK-WEBER, Art. 257a, N. 5; SVIT-Kommentar, Art. 257–257b, N. 18; ZIHLMANN, S. 55; ZK-HIGI, Art. 257a–257b, N. 13.
18 Vgl. BSK-WEBER, Art. 257b, N. 2; SVIT-Kommentar, Art. 257–257b, N. 22.
19 ZIHLMANN, S. 56.
20 Vgl. BSK-WEBER, Art. 257a, N. 3; SVIT-Kommentar, Art. 257–257b, N. 13.
21 LACHAT ET AL., S. 219.
22 ZK-HIGI, Art. 257, N. 19.
23 BSK-WEBER, Art. 269d, N. 6; LACHAT ET AL., S. 302.
24 Vgl. hierzu auch MWST-Branchen-Info 17 (Liegenschaftsverwaltung/Vermietung und Verkauf von Immobilien) unter http://www.estv.admin.ch/mwst/dokumentation.
25 SVIT-Kommentar, Art. 256, N. 32d; ZK-HIGI, Art. 260a, N. 4.
26 LACHAT ET AL., S. 702; SVIT-Kommentar, Art. 260–260a, N. 57; ZK-HIGI, Art. 260a, N. 4; Kapitel 13: Allgemeine Bedingungen zum Mietvertrag für Geschäftsräume – Rohbaumiete, Ziff. 8.

Kapitel 4

Mietvertrag für Nebenräume

Kapitel 4: Mietvertrag für Nebenräume

Das Wichtigste in Kürze

Ob Kellerabteil, Lager, Archiv etc.: Der sog. Nebenraum spielt im Alltag eine wichtige Rolle. Aus rechtlicher Sicht bedeutsam ist die Frage, ob der Nebenraum «separat» oder im Zusammenhang mit einem Wohn- oder Geschäftsraum gemietet wird. Je nach Konstellation kommen die speziellen Mieterschaftsbestimmungen zur Anwendung.

Bei der Miete von Nebenräumen kann aufseiten der Mieterschaft auch eine juristische Person agieren, wobei sich bei sich erst in Gründung befindlichen Gesellschaften insbesondere die Frage stellt, wer durch den Mietvertrag verpflichtet wird.

Mietobjekt ist ein Nebenraum, der sich in einer Liegenschaft befindet. Der eingangs aufgeworfenen Frage gebührt dabei besondere Beachtung.

Während befristete Mietverträge mit Ablauf der vereinbarten Dauer enden, müssen unbefristete Mietverträge gekündigt werden.

Sorgfältig und präzise gilt es, den Mietzins und die Nebenkosten zu definieren. Im Zusammenhang mit dem Mietzins wird auch die Kaution behandelt, welche dem Bedürfnis des Vermieters nach finanzieller Sicherstellung seiner Forderungsansprüche gegenüber dem Mieter entspricht.

Zwar entsteht durch die Verwendung des vorliegenden Mustervertrages und durch das Einbinden der AGB ein *Standardvertrag*. Dieser kann jedoch durch besondere Vereinbarungen individualisiert werden.

Abschliessend wird auf weitere Teile des Mietvertrages Bezug genommen, so auf allfällige Mahn- und Inkassogebühren, die Salvatorische Klausel, das anwendbare Recht und den Gerichtsstand.

Das Wichtigste in Kürze

Herausgeber und Copyright
© Schweizerischer Verband der
Immobilienwirtschaft SVIT – www.svit.ch
Mietvertrag für Nebenräume
Version 1/08

homegate.ch   Schulthess §

Mietvertrag für Nebenräume

1. Vermieter* MwSt-Nr. [   ]
- Name [   ]
- Bezeichnung [   ]
- Adresse [   ]
- PLZ/Ort [   ]

2. Vertreten durch*
- Name [   ]
- Bezeichnung [   ]
- Adresse [   ]
- PLZ/Ort [   ]

3. Mieter*
- Name [   ]
- Bezeichnung [   ]
- Vollständige Adresse [   ]
- Name [   ]
- Bezeichnung [   ]
- Adresse [   ]
- PLZ/Ort [   ]

[⊔] Ehepartner*
[⊔] Solidarhafter*
[⊔] registrierter Partner*

Sind mehrere Personen Mieter, so haften sie für die Verbindlichkeiten aus diesem Vertrag solidarisch.

4. Liegenschaft
- Bezeichnung [   ]   Adresse [   ]
- [   ]   PLZ/Ort [   ]

5. Mietobjekt
- Geschoss: [   ]   Fläche m^2: [   ]   Ref.-Nr.: [   ]
- Allfällige Abweichungen bezüglich des Flächenmasses bleiben ohne Auswirkungen auf den Mietzins.
- Zur Nutzung als: [   ]

6. Mietbeginn/Mietdauer
- Mietbeginn: [   ]   befristet [   ]
- Endigt durch Zeitablauf ohne Kündigung am: [   ]   unbefristet mit Mindestdauer [   ]

7. Kündigung
- Kündigungsfrist: [   ] Monate   Kündigungstermine: [   ]
- Unbefristet mit Mindestdauer: erstmals kündbar auf: [   ]   (Mietzinsanpassungen siehe Art. 12 der Allgemeinen Bedingungen)

81

Kapitel 4: Mietvertrag für Nebenräume

Herausgeber und Copyright
© Schweizerischer Verband der
Immobilienwirtschaft SVIT – www.svit.ch
Mietvertrag für Nebenräume
Version 1/08

homegate.ch   Schulthess §

8. Mietzins

Nettomiete				CHF [_____]	pro Monat
Heiz- und Warmwasserkosten:	[ ] Akonto	[ ] Pauschal	[ ] inkl. [____]	CHF [_____]	pro Monat
Betriebskosten / Nebenkosten:	[ ] Akonto	[ ] Pauschal	[ ] inkl. [____]	CHF [_____]	pro Monat
Kosten für Allgemeinstrom	[ ] Akonto	[ ] Pauschal	[ ] inkl. [____]	CHF [_____]	pro Monat
Wasser, inkl. Grundgebühren	[ ] Akonto	[ ] Pauschal	[ ] inkl. [____]	CHF [_____]	pro Monat
Gewässerschutzbeiträge, Abwasser	[ ] Akonto	[ ] Pauschal	[ ] inkl. [____]	CHF [_____]	pro Monat
Kehrichtgebühren (inkl. Container)	[ ] Akonto	[ ] Pauschal	[ ] inkl. [____]	CHF [_____]	pro Monat
Radio- und TV-Gebühren	[ ] Akonto	[ ] Pauschal	[ ] inkl. [____]	CHF [_____]	pro Monat
Hauswartkosten	[ ] Akonto	[ ] Pauschal	[ ] inkl. [____]	CHF [_____]	pro Monat
Umgebungswartung	[ ] Akonto	[ ] Pauschal	[ ] inkl. [____]	CHF [_____]	pro Monat
Serviceabonnement für Lift	[ ] Akonto	[ ] Pauschal	[ ] inkl. [____]	CHF [_____]	pro Monat
[_____]	[ ] Akonto	[ ] Pauschal	[ ] inkl. [____]	CHF [_____]	pro Monat
[_____]	[ ] Akonto	[ ] Pauschal	[ ] inkl. [____]	CHF [_____]	pro Monat
Total				CHF [_____]	pro Monat
Für optierte Liegenschaften	[ ] 8,0% MwSt [_____]			CHF [_____]	pro Monat
Insgesamt zahlbar zum Voraus, jeweils per Ersten des Monats				CHF [_____]	pro Monat

9. Mietzinsbasis

[O] Bei einer Vertragsdauer unter 5 Jahren:
Hypothekarzinssatz: [____]%
Kostensteigerung berücksichtigt bis: [_____] (Datum)
Nicht ausgeschöpfte Mietzinsreserve: [_____] (Betrag)
*Begründung:
[_____]
[_____]

*(Der Mietzinsvorbehalt muss in Prozenten oder Franken des Mietzinses ausgewiesen und klar begründet werden, d.h., die vorbehaltenen Anpassungsgründe müssen explizit genannt werden. Werden mehrere Gründe vorbehalten, ist der Vorbehalt für jeden Grund separat zu beziffern.)

[O] Bei einer Vertragsdauer von mindestens 5 Jahren ist der Mietzins zu [____]% indexiert. Es gilt der Landesindex der Konsumentenpreise. Der Indexstand der Anfangsmiete beträgt:
Landesindex: [____] (Zahl)   Pkt. [____] (Zahl)   Stand: [_____] (Datum)
Der Nettomietzins kann auf einen beliebigen Zeitpunkt, mit einer Anzeigefrist von [_____] Monat(en), erstmals per [_____] (Datum) entsprechend den Veränderungen des schweizerischen Landesindexes der Konsumentenpreise angepasst werden.

Das Wichtigste in Kürze

Herausgeber und Copyright
© Schweizerischer Verband der Immobilienwirtschaft SVIT – www.svit.ch
Mietvertrag für Nebenräume
Version 1/08

10. Depot / Kaution
CHF [ ] (Betrag) zahlbar bis: [ ] (Datum)
(Sicherstellung durch Bank auf Namen des Mieters)

11. Allgemeine Bedingungen
Die Allgemeinen Bedingungen samt Hausordnung, die dem Mieter ausgehändigt und von beiden Parteien ausdrücklich anerkannt werden, bilden einen integrierenden Bestandteil des Mietvertrages.

12. Besondere Vereinbarungen
[ ]
[ ]
[ ]

13. Mahn- und Inkassogebühren
Der Mieter anerkennt Verzugszinsen für verspätete Zahlungen von Mietzins und Nebenkosten sowie Mahn- und Umtriebsgebühren in usanzgemässer Höhe.

14. Teilnichtigkeit
Sollte eine Bestimmung dieses Vertrages nichtig oder unwirksam sein oder werden, so wird der übrige Teil dieses Vertrages davon nicht berührt. Im Falle der Nichtigkeit oder Unwirksamkeit einer Bestimmung, ist diese durch eine Wirksame zu ersetzen, die dem wirtschaftlichen Zweck der unwirksamen Bestimmung am nächsten kommt. In gleicher Weise ist zu verfahren, wenn eine Lücke offenbar wird.

15. Anwendbares Recht, Gerichtsstand
Soweit in diesem Vertrag nichts anderes vereinbart wird, gelten ausschliesslich die Bestimmungen des Schweizerischen Obligationenrechts (Art. 253 ff. OR). Für alle Streitigkeiten aus diesem Vertrag ist der Ort der gemieteten Sache Gerichtsstand.

16. Dieser Vertrag wird zweifach ausgefertigt und enthält alle getroffenen Abmachungen. Jede Änderung oder Ergänzung derselben bedarf zu ihrer Gültigkeit der **Schriftform**. Der Vertrag hat erst Gültigkeit, wenn beide Vertragspartner unterzeichnet haben.

Ort / Datum: [ ]

Der Vermieter / Vertreter
[ ]

Der Mieter
[ ]

[ ] Ehepartner [ ] Solidarhafter [ ] registrierter Partner
(Zutreffendes bitte ankreuzen)

[ ]

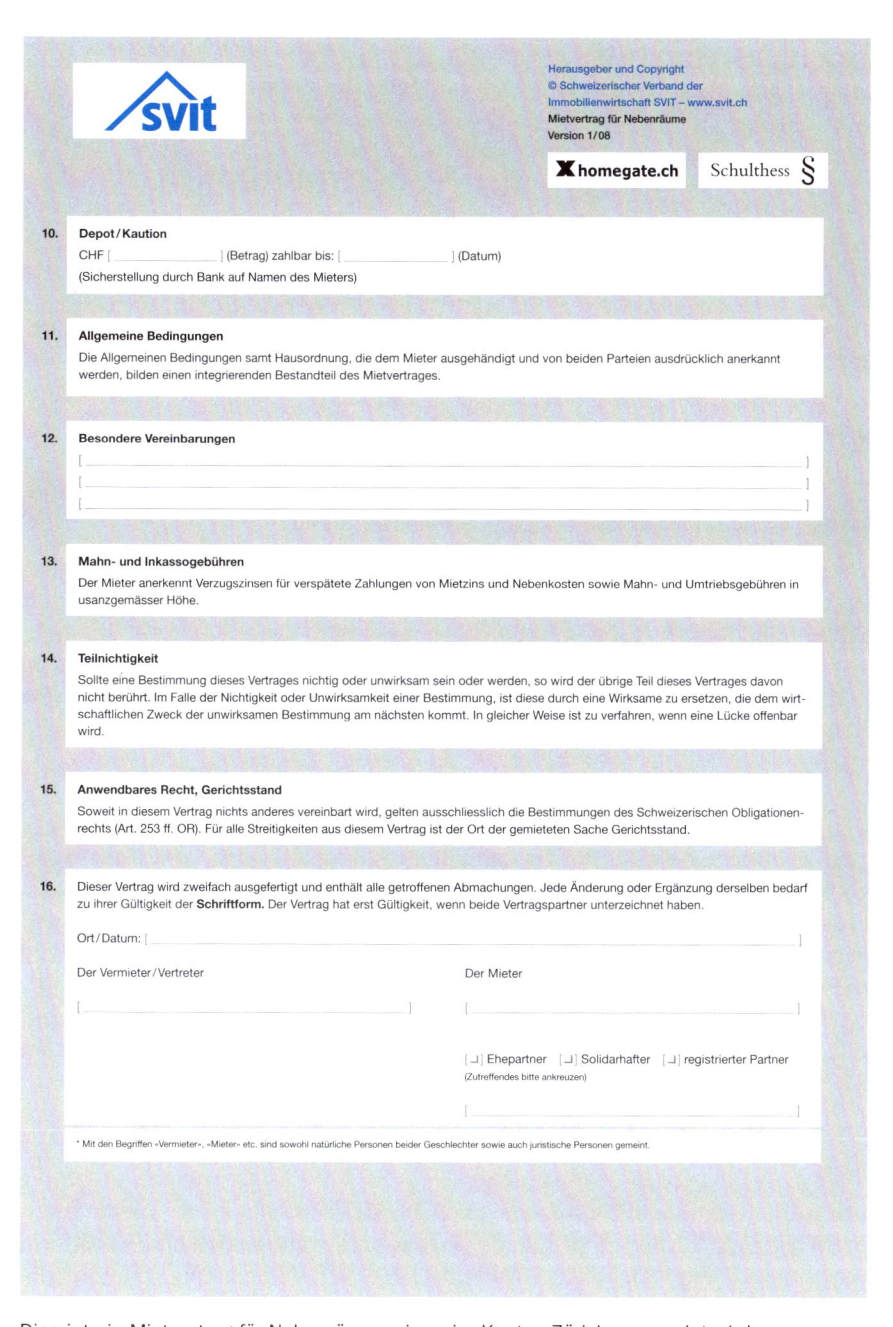

* Mit den Begriffen «Vermieter», «Mieter» etc. sind sowohl natürliche Personen beider Geschlechter sowie auch juristische Personen gemeint.

Dies ist ein Mietvertrag für Nebenräume wie er im Kanton Zürich verwendet wird.

Kommentierung zu Kapitel 4

1. Bemerkungen zur Nebenraummiete

1.1 Interessenlage der Parteien

Während der Vermieter bezweckt, sich eine zusätzliche Einnahmequelle zu verschaffen, geht es dem Mieter primär darum, das Mietobjekt als Nebenraum zu nutzen.

1.2 Begriff und Geltungsbereich der Nebenraummiete

Das Gesetz definiert den Begriff *Nebenraum* nicht. Vorstellbar ist die Nutzung eines Nebenraumes als Lager, Kellerabteil etc.

Von grosser Bedeutung ist die Frage, ob der Nebenraum selbständig oder im Zusammenhang mit einem Geschäfts- oder Wohnraum gemietet wird. Im ersten Fall hat der Nebenraum ein eigenes rechtliches Schicksal; im zweiten Fall hingegen teilt der Nebenraum das rechtliche Schicksal des Wohn- oder Geschäftsraums und untersteht damit auch den besonderen Regeln über die Wohn- oder Geschäftsraummiete.[1]

1.3 Gestaltungsspielraum

Das Mietrecht gehört zum Privatrecht, das grundsätzlich vom Prinzip der Vertragsfreiheit ausgeht. Liegt eine Konstellation vor, in welcher der Nebenraum zusammen mit einem Wohn- oder Geschäftsraum gemietet wird, wird die Vertragsfreiheit aufgrund der existentiellen Bedeutung des Wohnens bzw. der Gewerbetätigkeit stark eingeschränkt.[2] Das geltende Mietrecht enthält in diesem Fall zahlreiche (relativ) zwingende Bestimmungen; d.h. es schliesst als soziales Mietrecht vertragliche Abweichungen zum Nachteil des Mieters aus.[3]

1.4 Form

Der Nebenraummietvertrag bedarf von Gesetzes wegen keiner bestimmten Form (vgl. Art. 11 Abs. 1 OR). In der Praxis entspricht jedoch die Schriftform für unbewegliche Sachen der Verkehrssitte.[4] Darüber hinaus besteht die Formularpflicht bei Mietzinserhöhungen und der Kündigung durch den Vermieter, sofern der Nebenraummietvertrag den Regeln der Wohn- oder Geschäftsraummiete untersteht (Art. 266l Abs. 2 und 269d OR).[5]

2. Zu den einzelnen Vertragsklauseln

2.1 Vermieter

Vermieter*		MwSt-Nr.
Name		
Bezeichnung		
Adresse		
PLZ/Ort		

Vermieter kann jede natürliche oder juristische Person sein, wobei die allgemeinen Regeln zur Rechts- und Handlungsfähigkeit zur Anwendung kommen. Der Vermieter ist meistens, aber nicht notwendigerweise Eigentümer der Mietsache. Es genügt indessen auch, wenn der Vermieter kraft eines dinglichen Rechts (z.B. als Nutzniesser) oder aufgrund einer obligatorischen Rechtsbeziehung (z.B. als Untervermieter) berechtigt ist, über die Mietsache zu verfügen.[6]

Auf Vermieterseite kann mehr als eine Person am Mietverhältnis beteiligt sein. Man spricht in diesem Fall von *gemeinsamer Miete*. Soweit keine Solidarhaft gemäss Art. 143 OR vorliegt (z.B. durch Vereinbarung oder bei Gesamthandverhältnissen), liegt eine sog. formale Solidarität vor, da die Vermieter eine unteilbare Leistung i.S.v. Art. 70 Abs. 2 OR, d.h. das Zurverfügungstellen des Mietobjektes, zu erbringen haben. Sowohl bei Solidarhaft als auch bei formaler Solidarität kann der Mieter die Leistung (Gebrauchsüberlassung) von jedem einzelnen Vermieter verlangen.[7]

- Vermieter kann jede rechts- und handlungsfähige, natürliche oder juristische Person sein. Sie muss kraft besonderer Rechtsbeziehung (i.d.R. Eigentum) über die Mietsache verfügen können.

- Ist der Vermieter eine juristische Person, handelt sie durch ihre zeichnungsberechtigten Personen. Die Internetseite www.zefix.ch gibt darüber Auskunft, wer aktuell zeichnungsberechtigt ist.

- Sind mehrere Vermieter am Mietverhältnis beteiligt (gemeinsame Miete), kann der Mieter von jedem einzelnen Vermieter die Hauptleistung (Gebrauchsüberlassung) verlangen.

2.2 Vertreten durch

Vertreten durch*	
Name	[ ]
Bezeichnung	[ ]
Adresse	[ ]
PLZ/Ort	[ ]

In der Praxis kommt es häufig vor, dass der Eigentümer eine Liegenschaftsverwaltung mit der Bewirtschaftung der Mietsache beauftragt. Gestützt auf den entsprechend abgeschlossenen Liegenschaftsverwaltungsvertrag handelt die Liegenschaftsverwaltung regelmässig nicht im eigenen, sondern im Namen des Eigentümers.[8] Dadurch wirkt der Mietvertrag unmittelbar für und gegen den Eigentümer *(direkte Stellvertretung)*.[9]

Denkbar ist auch, dass die Liegenschaftsverwaltung zwar im Interesse des Eigentümers handelt, jedoch gegenüber Dritten nur treuhänderisch für den wahren Eigentümer, sprich im eigenen Namen tätig wird. Diesfalls treffen die Wirkungen des Mietvertrages nur die Liegenschaftsverwaltung. Gegenüber dem Mieter tritt die Liegenschaftsverwaltung diesfalls als Vermieterin auf *(indirekte Stellvertretung)*.[10]

- Die Liegenschaftsverwaltung handelt i.d.R. im Namen des Eigentümers und Vermieters. Sie hat sich mit einer Vollmacht des Eigentümers zu legitimieren.

- Handelt die Liegenschaftsverwaltung hingegen im eigenen Namen, tritt sie gegenüber Mieter als Vermieterin auf und ist deshalb unter Ziff. 1 des Mustervertrages aufzuführen.

2.3 Mieter

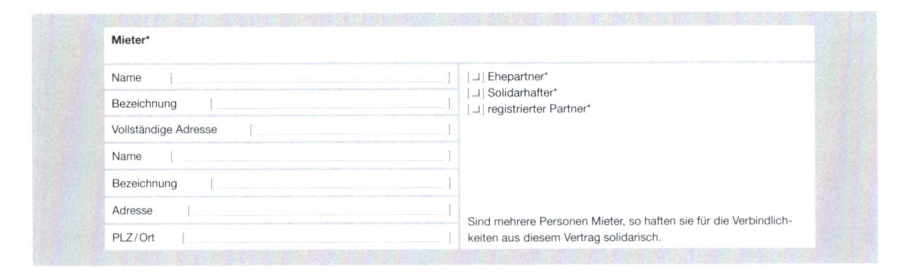

Mieter*		
Name	[ ]	[ ] Ehepartner*
Bezeichnung	[ ]	[ ] Solidarhafter*
Vollständige Adresse	[ ]	[ ] registrierter Partner*
Name	[ ]	
Bezeichnung	[ ]	
Adresse	[ ]	Sind mehrere Personen Mieter, so haften sie für die Verbindlich-
PLZ/Ort	[ ]	keiten aus diesem Vertrag solidarisch.

Bei der Nebenraummiete ist der Mieter entweder eine natürliche oder eine juristische Person. Wie seitens der Vermieterschaft kommen auch hier die Regeln zur Rechts- und Handlungsfähigkeit zur Anwendung. Dem Mieter steht als Vertragspartner des Vermieters einerseits das Gebrauchsrecht zu, anderseits ist er verpflichtet, als Gegenleistung den vereinbarten Mietzins zu bezahlen. Der Mieter wird dabei nur (Fremd-)Besitzer der Mietsache.[11]

Besondere Beachtung gebührt dem Abschluss eines Mietvertrages mit einer juristischen Person. Aktiengesellschaften, Gesellschaften mit beschränkter Haftung und Genossenschaften erlangen ihre Rechtspersönlichkeit erst mit dem Handelsregistereintrag. Mit anderen Worten sind die genannten juristischen Personen nicht fähig, Rechte und Pflichten für sich zu begründen, solange sie nicht im Handelsregister eingetragen sind.[12] In der Praxis kommt es jedoch häufig vor, dass juristische Personen bereits vor dem Handelsregistereintrag Räumlichkeiten mieten möchten, um z.B. die Geschäftätigkeit überhaupt erst aufnehmen zu können. Im Stadium vor dem Handelsregistereintrag befindet sich die Gesellschaft sog. «in Gründung»; die einzelnen Gründer bilden eine sog. Gründungsgesellschaft.[13] Folgende drei Möglichkeiten bestehen, um mit der Gründungsgesellschaft einen Mietvertrag abzuschliessen:

- Einer der Gründer handelt in eigenem Namen. Damit verpflichtet und berechtigt er nur sich selber.

- Einer der Gründer handelt im Namen der Gründungsgesellschaft. In diesem Fall haften die restlichen Gründer persönlich und solidarisch, sofern die Voraussetzungen zur Vertretung der Gesellschaft erfüllt sind (Art. 543 i.V.m. Art. 32 ff. OR).

- Einer oder mehrere Gründer handeln im Namen der zukünftigen Gesellschaft. Gemäss Art. 645 Abs. 1 OR haften die Handelnden in diesem Fall persönlich und solidarisch.

In den beiden erstgenannten Fällen kann der Mietvertrag nach der Gründung von der juristischen Person gemäss den Regeln der indirekten Stellvertretung übernommen werden (Art. 32 Abs. 3 OR). Hierzu bedarf es die Zustimmung des Vermieters (vgl. auch Art. 263 OR). Für die dritte Konstellation sieht Art. 645 Abs. 2 OR die Übernahme des Mietvertrages auch ohne Zustimmung des Vermieters vor, sofern beim Abschluss des Mietvertrages ausdrücklich im Namen der künftigen Gesellschaft aufgetreten wurde. Aus der Perspektive des Vermieters ist darauf zu achten, wer für die Gesellschaft in Gründung handelt. Denn nur der oder die Handelnden müssen – im Fall der ausbleibenden Gründung der juristischen Person – für die eingegangenen Verpflichtungen geradestehen.

Ferner kann auf Mieterseite eine Personenmehrheit Vertragspartner des Vermieters sein *(gemeinsame Miete)*. Das Gesetz schweigt sich darüber aus, ob diesfalls Solidarhaft gilt.[14] Aus diesem Grund hält vorliegender Mustervertrag die Solidarhaft ausdrücklich fest.[15]

- Mieter sind natürliche oder juristische Personen, sofern sie rechts- und handlungsfähig sind.
- Juristischen Personen sind erst dann recht- und handlungsfähig, wenn sie im Handelsregister eingetragen sind. Die Internetseite www.zefix.ch gibt darüber Auskunft, ob eine juristische Person im Handelsregister eingetragen ist und wer für sie aktuell zeichnen kann.
- Beim Abschluss eines Mietvertrages mit einer Gesellschaft in Gründung werden zunächst die für sie handelnden Gründer berechtigt und verpflichtet.
- Minderjährige und Bevormundete bedürfen der Zustimmung des gesetzlichen Vertreters und – im Falle der Vormundschaft bei Mietverträgen mit einer Mindestdauer von 3 Jahren – der Vormundschaftsbehörde.
- Mehrere Mieter haften gemäss vorliegendem Mustervertrag solidarisch.

2.4 Liegenschaft

Liegenschaft			
Bezeichnung	[ ]	Adresse	[ ]
	[ ]	PLZ/Ort	[ ]

Der sachenrechtliche Begriff *Liegenschaft* bezeichnet eine Bodenfläche mit genügend bestimmten Grenzen (Art. 2 lit. a GBV). Die Liegenschaft gilt als Grundstück und wird als solches im Grundbuch aufgenommen (Art. 655 Abs. 2 Ziff. 1 und Art. 943 ZGB). Das Eigentum an diesem Grundstück erfasst grundsätzlich auch sämtliche Baulichkeiten, welche mit dem Boden fest und dauerhaft verbunden sind, mithin die Immobiliengebäude (*Akzessionsprinzip,* vgl. hierzu Art. 667 ZGB). Ausnahme hierzu bildet das selbständige und dauernde Baurecht, mit dem das vorhin erwähnte Akzessionsprinzip durchbrochen wird; Eigentümer der im Baurecht erstellten Baute ist in diesem Fall nicht der Grundeigentümer, sondern der Baurechtsberechtigte (vgl. Art. 675 ZGB).

- Liegenschaft bezeichnet sachenrechtlich eine Bodenfläche und gilt als Grundstück.
- In der Regel erfasst das Eigentum am Grundstück auch die mit diesem erstellten Gebäude. Ausnahme bilden die im Baurecht erstellten Bauten, die rechtlich gesehen ein selbständiges Grundstück darstellen.
- Im Mietvertrag ist die genaue Adresse der Liegenschaft aufzuführen, allenfalls zusätzlich mit der Parzellennummer ergänzt. Hierzu gibt der Auszug aus dem Grundbuch Auskunft.

2.5 Mietobjekt

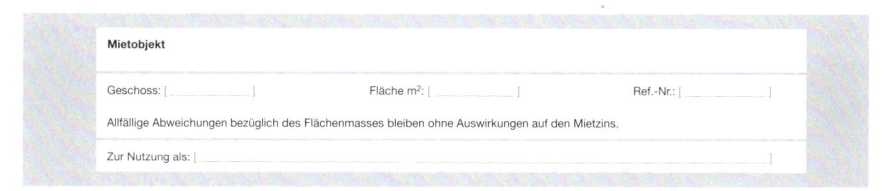

Mietobjekt		
Geschoss: [ ]	Fläche m^2: [ ]	Ref.-Nr.: [ ]
Allfällige Abweichungen bezüglich des Flächenmasses bleiben ohne Auswirkungen auf den Mietzins.		
Zur Nutzung als: [ ]		

Gegenstand jedes Mietvertrages bildet das Mietobjekt. Der Nebenraummietvertrag hat die Miete eines Nebenraumes zum Inhalt. Unter dem Begriff *Raum* versteht das Mietrecht jede horizontal und vertikal abgeschlossene Einheit.[16] Das Gesetz definiert den Begriff des Nebenraumes nicht. Folgt man der gesetzlichen Systematik, stellt der Nebenraum eine unbewegliche Sache dar (Art. 266b OR). Diese kann negativ als Sache umschrieben werden, welche weder Wohn- oder Geschäftsraum noch möblierte Zimmer noch gesondert vermietete Einstellplätze oder ähnliche Einrichtungen darstellen. Als Beispiele können genannt werden: Estrich, Estrichabteil, Mansarde, Bastelraum, Freizeitraum, Keller, Kellerabteil, Lager, Archiv etc.[17]

Wird der Nebenraum selbständig, also unabhängig von der Miete eines Geschäfts- oder Wohnraums gemietet, so hat er eigenes rechtliches Schicksal. Namentlich untersteht er nicht den besonderen Regeln über die Wohn- oder Geschäftsraummiete.

Anders verhält es sich, wenn der Nebenraum im Zusammenhang mit einer Wohn- oder Geschäftsraummiete gemietet wird. In dieser Konstellation gilt der Nebenraum als mitvermietete Nebensache, welche dem Mieter zusammen mit der Hauptmietsache (Wohn- oder Geschäftsraum) zum Gebrauch überlassen wird. Zusammen mit dem Wohn- oder Geschäftsraum bildet der Nebenraum den einheitlichen Gegenstand eines Mietvertrages. Entsprechend teilt der Nebenraum auch das gleiche rechtliche Schicksal wie der

Wohn- oder Geschäftsraum, womit die besonderen Regeln über die Wohn- oder Geschäftsraummiete anwendbar sind (Art. 253a Abs. 1 OR).[18]

Ob ein Zusammenhang der Nebensache mit der Hauptsache im Sinne von Art. 253a Abs. 1 OR vorliegt, ist kumulativ nach persönlichen und sachlichen Aspekten zu beurteilen. In persönlicher Hinsicht wird vorausgesetzt, dass der Nebenraum vom selben Vermieter dem selben Mieter überlassen wurde. In sachlicher Hinsicht ist ein innerer Zusammenhang zwischen Haupt- und Nebensache erforderlich. Dieser liegt vor, wenn die Nebensache dem Gebrauch der Hauptsache funktionell dient und nur aus dem Grund gemietet wurde, weil auch ein Mietvertrag über den entsprechenden Geschäfts- oder Wohnraum abgeschlossen wurde. Keine Rolle spielt hingegen, ob die Nebensache im Mietvertrag über den Wohn- oder Geschäftsraum erwähnt oder ob die Nebensache in einem separaten Vertrag zeitgleich oder später hinzu gemietet wurde.[19]

Das Vorliegen eines Zusammenhangs der Nebensache im Sinne von Art. 253a OR macht eine weitere Differenzierung erforderlich. Konkret ist danach zu unterscheiden, ob nach dem Parteiwillen der Zusammenhang zwischen Haupt- und Nebensache derart ist, dass diese eine Einheit bilden sollen (sog. einheitliches Mietverhältnis) oder aber die Miete lediglich gekoppelt (sog. gekoppeltes oder zusammenhängendes Mietverhältnis). Beim einheitlichen Mietverhältnis müssen Haupt- und Nebensache zusammen behandelt werden; insbesondere kann das einheitliche Mietverhältnis nur als Ganzes gekündigt werden. Demgegenüber können die einzelnen Verträge beim gekoppelten Mietverhältnis getrennt behandelt und insbesondere separat beendet werden.[20] Die vorliegenden Musterverträge sehen vor, dass für Haupt- und Nebensache separate Verträge abgeschlossen werden. Im Streitfall könnte es schwierig werden, den Parteiwillen in Bezug auf das Verhältnis von Haupt- und Nebensache zu ermitteln. Zur Erhöhung der Rechtssicherheit und Klarheit empfehlen wir deshalb, unter Ziff. 12 «Besondere Vereinbarungen» festzuhalten, ob das Mietverhältnis über beide Sachen als einheitliches gelten soll oder nicht.

- Mietobjekt ist ein Nebenraum (z.B. Kellerabteil, Archiv).
- Wird ein Nebenraum dem Mieter im Zusammenhang mit einem Wohn- oder Geschäftsraum überlassen, so gilt er als mitvermietete Nebensache und untersteht den gleichen Regeln wie die Wohn- oder Geschäftsraummiete.
- Liegt ein Zusammenhang vor, ist weiter danach zu unterscheiden, ob nach dem Willen der Parteien ein einheitliches oder gekoppeltes Miet-

verhältnis vorliegt. Zur Erhöhung der Rechtssicherheit empfehlen wir eine Präzisierung unter Ziff. 12 «Besondere Vereinbarungen».

- Besteht kein Zusammenhang, hat der Nebenraum ein eigenes rechtliches Schicksal und untersteht somit nicht den besonderen Bestimmungen über die Wohn- und Geschäftsraummiete.
- Anzugeben ist, in welchem Stockwerk sich der Nebenraum befindet. Die Flächenangabe sollte möglichst genau sein und bei Zweifeln weggelassen werden, da sie als vertraglich zugesicherte Eigenschaft aufgefasst werden könnte. Empfehlenswert ist – zur besseren Administration des Nebenraumes – die Angabe einer Referenz-Nr.
- Schliesslich ist die Art der Benützung anzugeben (z.B. Lager).

2.6 Mietbeginn/Mietdauer

Mietbeginn/Mietdauer			
Mietbeginn:	[_____]	befristet	[_____]
Endigt durch Zeitablauf ohne Kündigung am:	[_____]	unbefristet mit Mindestdauer	[_____]

Das Mietverhältnis beginnt mit der Übergabe der Mietsache, dem sog. Mietantritt.[21] Dem Übergabezeitpunkt kommt deshalb eine massgebende Rolle zu.

Das Mietverhältnis kann befristet oder unbefristet abgeschlossen werden (Art. 255 Abs. 1 OR). Ein befristetes Mietverhältnis endet ohne Kündigung mit Ablauf der vereinbarten Dauer (Art. 255 Abs. 2 und Art. 266 Abs. 1 OR). Es kann als Miete auf bestimmte Zeit umschrieben werden.[22]

Alle übrigen Mietverhältnisse sind unbefristet und müssen per definitionem durch Kündigung beendet werden (Art. 255 Abs. 3 OR).[23] Als unbefristet gelten auch die in der Praxis häufig anzutreffenden *unecht befristeten* Mietverhältnisse, die nach der vereinbarten Mindestdauer weiterlaufen, sofern sie nicht gekündigt werden.[24] Ferner bewirkt die Fortsetzung eines befristeten Vertragsverhältnisses nach Vertragsende, dass es fortan als unbefristetes Vertragsverhältnis gilt (Art. 266 Abs. 2 OR).

- Der Mietbeginn bestimmt den Zeitpunkt, an dem das Mietobjekt übergeben wird und damit der Vertrag zu laufen beginnt.
- Falls das Mietverhältnis befristet abgeschlossen wird, ist die zeitliche Beschränkung der Mietdauer zu vermerken.

- Soll das Mietverhältnis unbefristet sein, ist allenfalls anzugeben, ob eine Mindestdauer gewünscht wird.

2.7 Kündigung

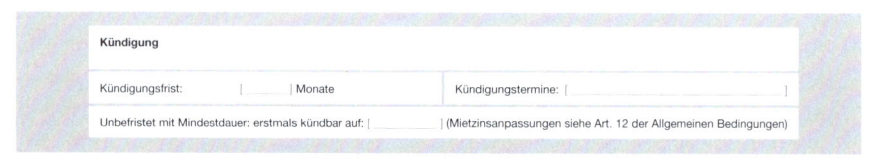

Kündigung			
Kündigungsfrist:	[____] Monate	Kündigungstermine:	[_____]
Unbefristet mit Mindestdauer: erstmals kündbar auf: [____]		(Mietzinsanpassungen siehe Art. 12 der Allgemeinen Bedingungen)	

Wie jedes unbefristete Dauerschuldverhältnis wird der unbefristete Mietvertrag i.d.R. durch eine Kündigung aufgelöst.[25] Er ist unter Einhaltung der gesetzlichen Fristen und Termine kündbar, sofern die Parteien keine längere Frist oder keinen anderen Termin vereinbaren (Art. 266a Abs. 1 OR). Im Falle des selbständig gemieteten Nebenraumes besteht eine gesetzliche Kündigungsfrist von 3 Monaten auf einen ortsüblichen Termin oder – bei Fehlen eines Ortsgebrauches – auf Ende einer sechsmonatigen Mietdauer (Art. 266b OR). Wird der Nebenraum im Zusammenhang mit einem Wohn- oder Geschäftsraum gemietet, so sind die entsprechenden Regeln über die Wohn- oder Geschäftsraummiete anwendbar.[26] Die Parteien können die Kündigungsfristen verlängern, nicht aber verkürzen. Was den Kündigungstermin angeht, so ist dieser dispositiver Natur, d.h. der Termin richtet sich in erster Linie nach der vertraglichen Abmachung, in zweiter Linie nach der gesetzlichen Regelung.[27]

Bei Nichteinhaltung der Frist bzw. des Termins gilt die Kündigung für den nächstmöglichen Termin (Art. 266a Abs. 2 OR). Hat der Mieter beispielsweise die Kündigungsfrist zwar eingehalten, aber auf den 31. Dezember gekündigt, obwohl der Vertrag nur eine Kündigung auf Ende März oder September zulässt, so wird die Kündigung erst auf den kommenden 31. März wirksam.

Neben dieser ordentlichen Kündigung besteht die Möglichkeit, den unbefristeten wie auch den befristeten Mietvertrag aus wichtigen Gründen ausserordentlich zu kündigen. Hierzu ist die gesetzliche Kündigungsfrist zu wahren, nicht aber der ortsübliche bzw. vereinbarte Termin. Ein wichtiger Grund liegt dann vor, wenn die bei der Kündigung geltend gemachten Umstände bei Vertragsabschluss weder bekannt noch vorhersehbar waren und nicht auf ein Verschulden der kündigenden Partei zurückzuführen sind. Die Umstände müssen überdies derart gravierend sein, dass die Vertragserfüllung für die kündigende Partei *objektiv* unzumutbar ist.[28]

Für die Kündigung von selbständig gemieteten Nebenräumen bestehen grundsätzlich keine Formvorschriften. Es ist indes zulässig, dass die Parteien ein Mietverhältnis über einen Nebenraum freiwillig gewissen Formvorschriften unterstellen.[29] So setzt vorliegender Mustervertrag voraus, dass die Kündigung schriftlich und eingeschrieben versandt werden muss.[30] Wird der Nebenraum im Zusammenhang mit einem Wohn- oder Geschäftsraum gemietet, so sind die entsprechenden Regeln über die Wohn- oder Geschäftsraummiete anwendbar.[31]

- Der unbefristete Mietvertrag wird durch Kündigung aufgelöst, unter Einhaltung der Kündigungsfrist und des Kündigungstermins.
- Die Kündigungsfrist beträgt von Gesetzes wegen mindestens 3 Monate, der Kündigungstermin kann frei festgelegt werden.
- Handelt es sich um einen *unecht befristeten* Mietvertrag, ist die Mindestmietdauer festzulegen.[32]
- Vorbehalten bleibt die ausserordentliche Kündigung aus wichtigen Gründen, unter Einhaltung der gesetzlichen Kündigungsfrist.
- Beide Parteien müssen schriftlich per Einschreiben kündigen.
- Wird ein Nebenraum zusammen mit einem Geschäfts- oder Wohnraum gemietet, so sind für die Kündigung die entsprechenden Regeln über die Geschäfts- oder Wohnraummiete anwendbar.

2.8 Mietzins

Mietzins					
Nettomiete				CHF [_____]	pro Monat
Heiz- und Warmwasserkosten:	[⃣] Akonto	[⃣] Pauschal	[⃣] inkl. [___]	CHF [_____]	pro Monat
Betriebskosten / Nebenkosten:	[⃣] Akonto	[⃣] Pauschal	[⃣] inkl. [___]	CHF [_____]	pro Monat
Kosten für Allgemeinstrom	[⃣] Akonto	[⃣] Pauschal	[⃣] inkl. [___]	CHF [_____]	pro Monat
Wasser, inkl. Grundgebühren	[⃣] Akonto	[⃣] Pauschal	[⃣] inkl. [___]	CHF [_____]	pro Monat
Gewässerschutzbeiträge, Abwasser	[⃣] Akonto	[⃣] Pauschal	[⃣] inkl. [___]	CHF [_____]	pro Monat
Kehrichtgebühren (inkl. Container)	[⃣] Akonto	[⃣] Pauschal	[⃣] inkl. [___]	CHF [_____]	pro Monat
Radio- und TV-Gebühren	[⃣] Akonto	[⃣] Pauschal	[⃣] inkl. [___]	CHF [_____]	pro Monat
Hauswartkosten	[⃣] Akonto	[⃣] Pauschal	[⃣] inkl. [___]	CHF [_____]	pro Monat
Umgebungswartung	[⃣] Akonto	[⃣] Pauschal	[⃣] inkl. [___]	CHF [_____]	pro Monat
Serviceabonnement für Lift	[⃣] Akonto	[⃣] Pauschal	[⃣] inkl. [___]	CHF [_____]	pro Monat
[_____]	[⃣] Akonto	[⃣] Pauschal	[⃣] inkl. [___]	CHF [_____]	pro Monat
[_____]	[⃣] Akonto	[⃣] Pauschal	[⃣] inkl. [___]	CHF [_____]	pro Monat
	Total			CHF [_____]	pro Monat
Für optierte Liegenschaften	[⃣] 8,0% MwSt [___]			CHF [_____]	pro Monat
Insgesamt zahlbar zum Voraus, jeweils per Ersten des Monats				CHF [_____]	pro Monat

Der Mietzins ist das Entgelt, das der Mieter dem Vermieter für die Gebrauchsüberlassung der Mietsache schuldet (Art. 257 OR). Die gesetzliche Begriffsumschreibung macht deutlich, dass mit dem Mietzins grundsätzlich sämtliche Leistungen des Vermieters für die Gebrauchsüberlassung und für die Erhaltung der Sache im gebrauchstauglichen Zustand, aber auch für die Erfüllung aller Nebenpflichten abgegolten werden.[33]

Damit geht das Mietrecht davon aus, dass die dem Vermieter anfallenden Nebenkosten durch den Mietzins abgedeckt sind. Nebenkosten sind mit anderen Worten grundsätzlich ein Teil des Mietzinses. Deshalb bedarf es zur Ausscheidung von nebst dem Nettomietzins zu bezahlenden Nebenkosten einer besonderen Vereinbarung (Art. 257a Abs. 2 OR). Dabei müssen die konkreten Nebenkostenpositionen im Mietvertrag einzeln aufgelistet und genau bezeichnet werden sowie für den Mieter im Einzelnen betragsmässig nachvollziehbar sein.[34]

Gemäss Art. 257a Abs. 1 OR sind die Nebenkosten das Entgelt für die Leistungen des Vermieters oder eines Dritten, die mit dem unmittelbaren Gebrauch der Sache zusammenhängen. Sofern der Nebenraum im Zusammenhang mit dem Geschäfts- oder Wohnraum gemietet wird, wird die

Umschreibung der Nebenkosten noch etwas enger gefasst. Neben dem Zusammenhang mit dem Gebrauch der Sache wird zusätzlich statuiert, dass nur tatsächliche Aufwendungen dem Mieter vertraglich überbunden werden dürfen (Art. 257b Abs. 1 OR).[35]

Für den vertraglich festgelegten Mietzins und für die Nebenkosten gilt der Grundsatz der Unabänderlichkeit, d.h. dass Inhalt und Entgelt während der Mietdauer nicht einseitig durch eine Partei verändert werden kann. Von diesem Grundsatz gibt es indes eine wichtige Ausnahme: Bei jeder Art der Vermietung ist es zulässig, vertraglich einseitige Anpassungen vorzunehmen.[36] So sieht vorliegender Mustervertrag vor, dass der Vermieter – bei unbefristeten Verträgen – Mietzinsanpassungen sowie andere einseitige Vertragsänderungen auf jeden Kündigungstermin vornehmen kann. Hierzu muss er dem Mieter die entsprechende Anpassung aber mindestens 10 Tage vor Beginn der Kündigungsfrist mitteilen. Dabei ist zu beachten, dass diese Mitteilung in Abweichung von der Empfangstheorie erst dann als zugestellt gilt, wenn der Mieter den Brief bei der Post tatsächlich abholt, spätestens aber nach Ablauf der siebentägigen postalischen Abholfrist (sog. relative Empfangstheorie).[37] Bei befristeten Verträgen, welche für mindestens 5 Jahre abgeschlossen wurden, können diese einmal jährlich an den Landesindex der Konsumentenpreise angepasst werden.[38] Sofern der Nebenraum im Zusammenhang mit dem Geschäfts- oder Wohnraum gemietet wird, sind diese entsprechenden Regelungen anwendbar.[39]

Gemäss Art. 257c OR sind Mietzins und allfällige, separat ausgewiesene Nebenkosten am Ende eines jeden Monats zu bezahlen, sofern kein anderer Zeitpunkt vereinbart oder ortsüblich ist. Vorliegender Mustervertrag sieht die Zahlung zum Voraus vor, jeweils per Ersten eines jeden Monats. Dies entspricht im Übrigen auch der Ortsüblichkeit im Kanton Zürich.[40]

Die Erträge aus der Vermietung von Nebenräumen sind von der Mehrwertsteuer befreit (Art. 21 Abs. 2 Ziff. 21 MWStG). Diese Ausnahmeregelung ist mit der Konsequenz verbunden, dass einerseits auf den Liegenschaftserträgen keine Mehrwertsteuer erhoben werden darf, anderseits aber keine Berechtigung zum Vorsteuerabzug besteht.[41]

- Mietzins ist das Entgelt, das der Mieter dem Vermieter für die Gebrauchsüberlassung der Mietsache schuldet.
- Nebenkosten sind das Entgelt für die Leistungen des Vermieters oder eines Dritten, die mit dem Gebrauch der Sache unmittelbar zusammenhängen und tatsächlich anfallen. Nebenkostenfähig sind im Allgemeinen Kosten, welche die Versorgung, die Entsorgung, die Reinigung und den übrigen gewöhnlichen Unterhalt der Mietsache betreffen.

- Nebenkosten sind grundsätzlich Teil des Mietzinses. Sie sind nur zusätzlich zum Mietzins zu bezahlen, wenn hierfür eine besondere Vereinbarung besteht, die einzelnen Nebenkostenpositionen mithin konkret und genau im Mietvertrag selbst aufgeführt werden.
- Es ergeben sich folgende Möglichkeiten zur Weiterverrechnung: pauschal (es dürfen dem Mieter nur tatsächliche Aufwendungen überbunden werden), akonto (nach Erfahrungswert) oder inkl. (Nebenkosten bereits im Mietzins enthalten).
- Mietzins und Nebenkosten sind grundsätzlich unveränderbar. Ausnahme bildet die Mietzinserhöhung oder die Ausscheidung neuer Nebenkosten auf den nächstmöglichen Kündigungstermin hin, unter Einhaltung der gesetzlichen oder vertraglichen Kündigungsfristen.
- Mietzins und allfällige Nebenkosten sind zum Voraus, jeweils per Ersten des Monats zu bezahlen.
- Miete von Nebenräumen ist von der Mehrwertsteuer ausgenommen.

2.9 Mietzinsbasis

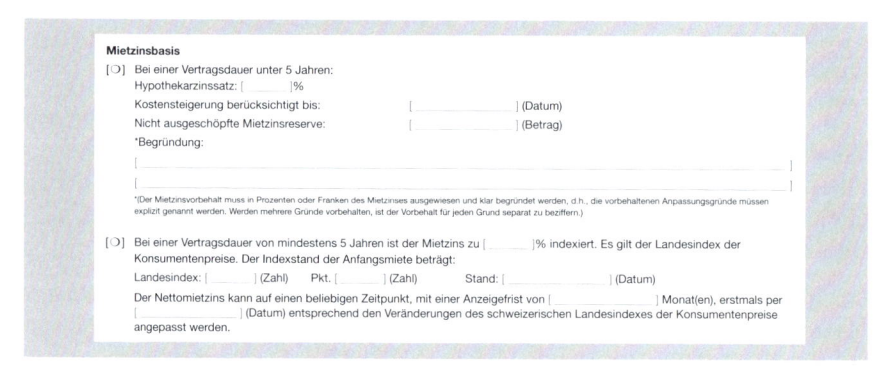

Der Mietzins bei separat gemieteten Nebenräumen kann – gestützt auf das Prinzip der Vertragsfreiheit – frei angepasst werden.[42] Insbesondere auf eine Angabe der Mietzinsbasis im Hinblick auf künftige Mietzinserhöhungen kann deshalb verzichtet werden.

Wird der Nebenraum indes zusammen mit einem Geschäfts- oder Wohnraum gemietet, so unterliegt die Mietzinsanpassung der Missbrauchsgesetzgebung von Art. 269 ff. OR.[43] Eine Mietzinsanpassung kann mithin auf ihre Missbräuchlichkeit überprüft werden. In diesem Fall empfiehlt sich, die

Angaben der Mietzinsbasis im Hinblick auf künftige Mietzinsanpassungen sorgfältig vorzunehmen.

Mietzinsanpassungen erfolgen grundsätzlich nach der relativen Methode. Danach wird der vom Vermieter geltend gemachte Mietzins aufgrund Veränderungen, die seit der letzten Mietzinsfestsetzung eingetreten sind, angepasst. In Betracht fallen insbesondere die Teuerung gemäss dem Landesindex der Konsumentenpreise, Hypothekarzinserhöhungen, Kostensteigerungen der Betriebs- und Unterhaltskosten. Sodann können im Mietvertrag oder bei der letzten Mietzinserhöhung angebrachte Vorbehalte bezüglich nicht ausgeschöpfter Mietzinsreserven geltend gemacht werden.[44]

Wenn der Mietvertrag für eine Mindestdauer von 5 Jahren abgeschlossen wird, kann der Mietzins indexiert werden, wobei als Index einzig der Landesindex der Konsumentenpreise des Bundesamtes für Statistik zugelassen ist (Art. 269b OR und Art. 17 VMWG).[45] Die Vertragsparteien können jederzeit die Anpassung an den veränderten Index verlangen.[46] Vorbehalten bleiben aber anderslaufende vertragliche Vereinbarungen. Zu bemerken gilt, dass für den Vermieter die Formularpflicht nach Art. 269d OR greift. Weiter ist die Indexierung auch dann möglich, wenn die vertragliche Mindestdauer von fünf Jahren nur für den Vermieter gilt. Mit anderen Worten können für den Mieter auch kürzere Kündigungsfristen und -termine vereinbart werden, ohne dass dies rechtliche Auswirkungen auf die Gültigkeit der Indexklausel hätte.[47]

Liegt die Mindestvertragsdauer unter 5 Jahren, kann der Mietzins nicht indexiert werden. Es besteht aber die Möglichkeit, die Berechnungsgrundlagen, welche dem aktuellen Mietzins zugrunde liegen, trotzdem anzugeben.[48] Denn diese Berechnungsgrundlagen stellen die Kalkulationsbasis (und damit die Begründung für die Rechtsmässigkeit) für zukünftige Mietzinsveränderungen dar. Der wichtigste Mietzins-Veränderungsfaktor ist der Hypothekarzins (Art. 269a lit. b OR).[49] Seit der Änderung der VMWG per 1. Januar 2008 gilt für Mietzinsanpassungen aufgrund von Änderungen des Hypothekarzinssatzes schweizweit ein einheitlicher Referenzzinssatz (Art. 12a VMWG). Dieser tritt an die Stelle des in den Kantonen bisher massgebenden Zinssatzes für variable Hypotheken und wird vom Eidgenössischen Volkswirtschaftsdepartement (EVD) bekannt gegeben. Bei Veränderung dieses Referenzzinssatzes kann der Mietzins nach den in Art. 13 VMWG detailliert festgelegten Prozentsätzen angepasst werden.

Des Weiteren berechtigen Steigerungen der Kosten, die durch den Nettomietzins abgegolten sind (Gebühren, Objektsteuern, Baurechtszinse, Versicherungsprämien, Unterhaltskosten), den Vermieter, Erhöhungen des Mietzinses vorzunehmen.[50] Massgeblich ist dabei die Frage, ob sich seit der letzten Mietzinsfestlegung die Kosten gesteigert haben.[51] In der Praxis wird eine Erhöhung des Mietzinses von 0.5–1% pro Jahr ohne konkreten Nachweis zugelassen.[52]

Ferner kann der Vermieter einen sogenannten Mietzinsvorbehalt machen. Damit weist der Vermieter darauf hin, dass der vereinbarte Mietzins bereits bei Abschluss des Mietvertrages zu tief angesetzt war und er sich das Recht vorbehält, diesen Erhöhungsgrund im laufenden Mietverhältnis geltend zu machen.[53] An den Mietzinsvorbehalt werden strenge Anforderungen gestellt. So muss der Mietzinsvorbehalt klar zum Ausdruck gebracht werden, und zwar in einer Weise, dass der Mieter erkennt, dass sich der Vermieter später auf diese vorbehaltenen Erhöhungsgründe berufen wird. Der Vorbehalt muss weiter in präziser Weise begründet sein, insbesondere muss der Vermieter die vorbehaltenen Anpassungsgründe nennen.[54] Schliesslich wird die ziffernmässige Bestimmung vorausgesetzt, das heisst, der Mietzinsvorbehalt muss in CHF oder Prozenten des Mietzinses ausgewiesen werden (Art. 18 VMWG). Sind mehrere Gründe vorbehalten, ist der Vorbehalt für jeden Grund separat zu beziffern. Der einmal erklärte Vorbehalt ist bei jeder in der Folge mit amtlichem Formular mitgeteilten Mietzinsanpassung zu erneuern. Zur *Ausschöpfung* des Mietzinsvorbehaltes ist eine Erklärung nötig, die einer Mietzinsgestaltungserklärung i.S.v. Art. 269d Abs. 1 OR genügt.[55]

- Während Mietzinsen von separat vermieteten Nebenräumen frei bestimmbar und anpassbar sind, unterliegt die Gestaltung des Mietzinses bei Nebenräumen, die zusammen mit Wohn- oder Geschäftsräumen gemietet werden, der Missbrauchsgesetzgebung nach Art. 269 ff. OR. In diesem Fall empfiehlt sich, im Hinblick auf künftige Mietzinsanpassungen im Mietvertrag die relevanten Angaben zur Mietzinsbasis anzugeben.

- Mietzinsanpassungen erfolgen i.d.R. nach der relativen Methode, d.h. der Mietzins wird aufgrund Veränderungen, die seit der letzten Mietzinsfestsetzung eingetreten sind, angepasst. In Betracht fällt u.a. die Teuerung gemäss dem Landesindex der Konsumentenpreise. Ferner kann unter Beachtung von strengen Anforderungen ein Mietzinsvorbehalt ausgeschöpft werden.

- Eine Indexierung ist nur möglich, wenn der Mietvertrag für eine (mindestens für den Vermieter verpflichtende) Mindestdauer von 5 Jahren abgeschlossen wird.

- Dauert der Mietvertrag nicht mindestens 5 Jahre, empfiehlt sich im Hinblick auf eine Mietzinserhöhung die Angabe folgender Berechnungsgrundlagen: aktueller Referenzzinssatz und Datum, bis wann Kostensteigerungen berücksichtigt wurden.
- Ein allfälliger Mietzinsvorbehalt des Vermieters muss klar zum Ausdruck kommen, präzise begründet und zudem genau beziffert werden.

2.10 Depot/Kaution

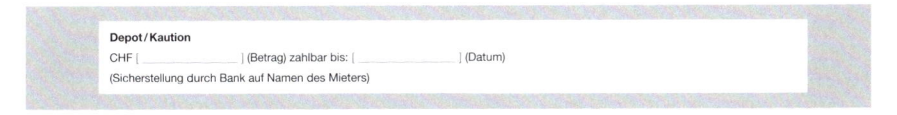

> Depot/Kaution
> CHF [_____] (Betrag) zahlbar bis: [_____] (Datum)
> (Sicherstellung durch Bank auf Namen des Mieters)

Die in der Praxis häufig anzutreffenden Begriffe *Depot* oder *Kaution* bezeichnen die Sicherheitsleistung des Mieters.[56] Sie entspricht dem Bedürfnis des Vermieters nach finanzieller Sicherstellung seiner Forderungen gegenüber dem Mieter aus dem Mietverhältnis, da er mit der Vermietung ein gewisses Risiko eingeht. Die Sicherheitsleistung dient deshalb zur Deckung sämtlicher Vermieter-Forderungen aus dem Mietverhältnis.[57] Die Sicherheitsleistung ist nur soweit geschuldet, wie sie vertraglich vereinbart wurde.[58]

Bleibt die Sicherheitsleistung gänzlich aus oder wird sie nur teilweise erbracht, so ist danach zu unterscheiden, ob das Mietobjekt bereits übergeben wurde oder nicht. Vor Übergabe des Mietobjekts kann der Vermieter nach den allgemeinen Verzugsregeln gemäss Art. 107 OR vorgehen (Rücktritt etc.) oder die Übergabe der Mietsache gestützt auf Art. 82 OR (Zug-um-Zug) verweigern.[59] Nach der Übergabe des Mietobjekts ist der Vermieter bei unbefristeten Mietverhältnissen zur ordentlichen Kündigung und bei befristeten Mietverhältnissen zur Kündigung aus wichtigem Grund berechtigt.[60]

Bei separat gemieteten Nebenräumen enthält das Gesetz keine Angaben, wie die Sicherheitsleistung erbracht werden muss. Wird der Nebenraum indes zusammen mit einem Geschäfts- oder Wohnraum vermietet, so ist der Vermieter gesetzlich verpflichtet, die Sicherheit bei einer Bank, auf einem Sparkonto oder auf einem Depot, das auf den Namen des Mieters lautet, zu hinterlegen (Art. 257e Abs. 1 OR).[61] Die Höhe der Sicherheit darf, sofern der Nebenraum im Zusammenhang mit einem Wohnraum gemietet wird, höchstens drei Monatszinsen entsprechen (Art. 257e Abs. 2 OR). Die Auflösung der Sicherheit kann nur aufgrund einer Parteivereinbarung, eines rechtskräftigen Zahlungsbefehls oder Urteils oder dann erfolgen, wenn der Vermieter ein Jahr nach Vertragsende noch keinen Anspruch rechtlich geltend gemacht hat (Art. 257e Abs. 3 OR).[62]

- Die Sicherheitsleistung – auch unter den Begriffen *Depot* oder *Kaution* bekannt – dient zur Deckung der Vermieter-Forderungen aus dem Mietverhältnis.
- Sicherheitsleistungen bei separat gemieteten Nebenräumen unterliegen keinen gesetzlichen Auflagen.
- Wird der Nebenraum indes im Zusammenhang mit einem Geschäfts- oder Wohnraum gemietet, so muss die Sicherheitsleistung auf einer Bank oder ähnlich hinterlegt werden. Die Höhe der Sicherheitsleistung richtet sich nach Art der Hauptmietsache, d.h. maximal drei Monatszinsen bei Wohnräumen.
- Wichtig anzugeben ist auch, auf welches Datum hin die Sicherheitsleistung erbracht werden soll.

2.11 Allgemeine Bedingungen

> **Allgemeine Bedingungen**
> Die Allgemeinen Bedingungen samt Hausordnung, die dem Mieter ausgehändigt und von beiden Parteien ausdrücklich anerkannt werden, bilden einen integrierenden Bestandteil des Mietvertrages.

Allgemeine Geschäftsbedingungen (AGB) sind für eine Vielzahl von Vertragsverhältnissen vorformulierte Vertragsbedingungen, die eine Vertragspartei der anderen bei Abschluss des Vertrages stellt.[63] Mit vorliegender Musterklausel werden die AGB samt Hausordnung in den Nebenraummietvertrag übernommen.

2.12 Besondere Vereinbarungen

> **Besondere Vereinbarungen**

Diese Ziffer bietet Platz für besondere Abmachungen, z.B.:

- Wird der Nebenraum im Zusammenhang mit einem Wohn- oder Geschäftsraum überlassen, empfehlen wir eine Klausel, welche festhält, ob das Mietverhältnis über beide Sachen gelten soll (einheitliches Mietverhältnis) oder nicht (gekoppeltes Mietverhältnis).[64]

- Bestimmung, wie ein befristeter Mietvertrag erneuert werden kann *(Option);*
- Bestimmung, wie ein befristeter Mietvertrag vom Mieter vor Vertragsablauf gekündigt werden kann;
- Vereinbarung, dass sich der Mietzins periodisch um einen bestimmten Betrag erhöht (gestaffelter Mietzins nach Art. 269b OR);
- etc.

2.13 Mahn- und Inkassogebühren

> **Mahn- und Inkassogebühren**
> Der Mieter anerkennt Verzugszinsen für verspätete Zahlungen von Mietzins und Nebenkosten sowie Mahn- und Umtriebsgebühren in usanzgemässer Höhe.

Vorliegender Mustervertrag sieht die Zahlung des Mietzinses sowie der Nebenkosten zum Voraus, jeweils per Ersten des Monats vor.[65] Damit besteht ein vertraglich vereinbarter Verfalltag, mit dessen Ablauf der Mieter ohne vorgängige Mahnung in Verzug gerät (Art. 102 Abs. 2 OR).[66] Verzugszinsen betragen nach Gesetz 5% pro Jahr, wenn nichts anderes vereinbart wurde (Art. 104 OR).[67]

Mahn- und Umtriebsgebühren sind geschuldet, da sie mit vorliegender Klausel vereinbart werden; die Höhe und Durchsetzung richtet sich nach der Verkehrssitte.

- Verzugszinsen sind ohne vorgängige Mahnung mit Ablauf des Ersten des Monats geschuldet und betragen i.d.R. 5% pro Jahr.
- Mahn- und Umtriebsgebühren haben sich nach marktüblichen Verhältnissen zu richten.

2.14 Teilnichtigkeit

> **Teilnichtigkeit**
> Sollte eine Bestimmung dieses Vertrages nichtig oder unwirksam sein oder werden, so wird der übrige Teil dieses Vertrages davon nicht berührt. Im Falle der Nichtigkeit oder Unwirksamkeit einer Bestimmung, ist diese durch eine Wirksame zu ersetzen, die dem wirtschaftlichen Zweck der unwirksamen Bestimmung am nächsten kommt. In gleicher Weise ist zu verfahren, wenn eine Lücke offenbar wird.

Ein Vertrag, der einen unmöglichen, widerrechtlichen oder sittenwidrigen Inhalt hat, ist nichtig (Art. 20 Abs. 1 OR). Betrifft der Mangel bloss einzelne Teile des Vertrages, so sind nur diese nichtig, der Rest jedoch bleibt wirksam *(Teilnichtigkeit)*. Diese Regel gilt allerdings nur, sofern die Parteien den Vertrag auch ohne den nichtigen Teil abgeschlossen hätten (Art. 20 Abs. 2 OR).[68] Vorliegende Klausel besagt, dass die Nichtigkeit einzelner Bestimmungen die Wirksamkeit des Vertrages im Übrigen unberührt lässt (sog. Salvatorische Klausel). Damit will die vorliegende Klausel den Fortbestand des Mietvertrages sicherstellen.[69]

Zusätzlich zur Absicht, den Vertrag trotz allfälligen Teilmängeln fortbestehen zu lassen, stellt vorliegende Klausel klar, dass die Parteien für nichtige Teile des Mietvertrages eine Ersatzbestimmung zu suchen haben.[70] Diese soll dem wirtschaftlichen Zweck der nichtigen Bestimmung möglichst nahe kommen.

- Die Salvatorische Klausel bezweckt den Fortbestand des Mietvertrages, falls dieser nichtige Bestimmungen enthalten sollte.

- Nichtige Bestimmungen sind absolut unwirksam und sind seitens der Parteien durch Ersatzbestimmungen zu ersetzen, die der ursprünglichen Bestimmung in wirtschaftlicher Hinsicht möglichst nahekommen. In gleicher Weise ist zu verfahren, wenn eine Vertragslücke festgestellt wird. Im Übrigen kommen die (teils relativ zwingenden) gesetzlichen Bestimmungen zur Anwendung.

2.15 Anwendbares Recht, Gerichtsstand

> **Anwendbares Recht, Gerichtsstand**
> Soweit in diesem Vertrag nichts anderes vereinbart wird, gelten ausschliesslich die Bestimmungen des Schweizerischen Obligationenrechts (Art. 253 ff. OR). Für alle Streitigkeiten aus diesem Vertrag ist der Ort der gemieteten Sache Gerichtsstand.

Die Art. 253–274g OR regeln die Rechte und Pflichten der Parteien des Mietvertrages umfassend. Diese Bestimmungen sind anwendbar, sofern die Parteien nichts Abweichendes vereinbaren, wobei (relativ) zwingende Normen zu beachten sind.[71]

Für Streitigkeiten aus dem Mietvertrag sind die Schlichtungsbehörde oder das Gericht am Ort der gemieteten Sache zuständig (Art. 33 ZPO).

- Anwendbar sind die Art. 253–274g OR, sofern – unter Beachtung der (relativ) zwingenden Bestimmungen – nichts Abweichendes vereinbart wird.

- Gerichtsstand ist zwingend die Schlichtungsbehörde oder das Gericht am Ort der gemieteten Sache.

2.16 Schriftlichkeitsvorbehalt

> Dieser Vertrag wird zweifach ausgefertigt und enthält alle getroffenen Abmachungen. Jede Änderung oder Ergänzung derselben bedarf zu ihrer Gültigkeit der **Schriftform**. Der Vertrag hat erst Gültigkeit, wenn beide Vertragspartner unterzeichnet haben.
>
> Ort/Datum: [_____]
>
> Der Vermieter/Vertreter   Der Mieter
>
> [_____]   [_____]
>
>   [❏] Ehepartner   [❏] Solidarhafter   [❏] registrierter Partner
>   (Zutreffendes bitte ankreuzen)
>
>   [_____]

Entsprechend dem allgemeinen Prinzip der Vertragsfreiheit geht das OR vom Prinzip der Formfreiheit aus.[72] Gemäss Art. 11 Abs. 1 und Art. 16 Abs. 2 OR bedürfen Verträge deshalb nur dann einer besonderen Form, wenn eine solche vom Gesetz ausdrücklich angeordnet ist oder wenn die Parteien eine Form vereinbaren.

Vorliegende Vertragsklausel sieht vor, dass der Mietvertrag sowie dessen Abänderungen oder Ergänzungen einer Form, namentlich der Schriftlichkeit, bedürfen. Zur Schriftlichkeit gehört, dass der Mietvertrag einschliesslich dessen Abänderungen oder Ergänzungen schriftlich vorliegen und von den Parteien rechtsgültig unterzeichnet werden. Dieser Form- oder Schriftlichkeitsvorbehalt führt dazu, dass dem Mietvertrag sowie dessen Abänderungen oder Ergänzungen keine Gültigkeit zukommt, wenn die Vorschriften der Schriftlichkeit nicht eingehalten werden.

- Grundsätzlich gilt auch bei Mietverträgen das Prinzip der Formfreiheit. Zur Vermeidung von Meinungsverschiedenheiten statuiert vorliegender Mustervertrag den sog. Schriftlichkeitsvorbehalt.

- Der Mietvertrag (einschliesslich späterer Abänderungen oder Ergänzungen) muss schriftlich vorliegen und von beiden Parteien unterzeichnet werden.

1 Vgl. zum Ganzen eingehend Ziff. 2.5.
2 Vgl. TERCIER/FAVRE, N. 1917; ZK-HIGI, Vorbem. zu Art. 253–274g, N. 6 f.
3 ZIHLMANN, S. 16.
4 BSK-Weber, Art. 253, N. 7.
5 ZIHLMANN, S. 13 f.
6 Vgl. SVIT-Kommentar, Vorbem. Art. 253–274g, N. 9; TERCIER/FAVRE, N. 2021.
7 Vgl. hierzu SVIT-Kommentar, Vorbem. Art. 253–274g, N. 10; ZIHLMANN, S. 29; ZK-HIGI, Vorbem. zu Art. 253–274g, N. 103 ff.
8 Vgl. Kapitel 10: Vertrag für die Bewirtschaftung von Liegenschaften und Kapitel 11: Vertrag für die Bewirtschaftung von Liegenschaften im Mit-/Stockwerkeigentum.
9 Vgl. SCHWENZER, N. 40.04 u. N. 41.09; TERCIER/FAVRE, N. 2020.
10 Vgl. hierzu BSK-WEBER, Art. 253, N. 9; SCHWENZER, N. 40.04; SVIT-Kommentar, Vorbem. Art. 253–274g, N. 9.
11 Vgl. SVIT-Kommentar, Vorbem. Art. 253–274g, N. 11; TERCIER/FAVRE, N. 1958.
12 MEIER-HAYOZ/FORSTMOSER, § 16, N. 612.
13 BÖCKLI, § 1, N. 92.
14 Vgl. ZIHLMANN, S. 29.
15 Vgl. unten Ziff. 2.18.
16 ZK-HIGI, Vorbem. zu Art. 253–274g, N. 87.
17 SVIT-Kommentar, Art. 266b–f, N. 12 f.; ZK-Higi, Art. 266b, N. 6.
18 Vgl. ZK-HIGI, Art. 253a–253b, N. 49; SVIT-Kommentar, Art. 253a, N. 11, LACHAT ET AL., S. 65, TERCIER/FAVRE, N. 1998.
19 Vgl. ZK-HIGI, Art. 253a–253b, N. 52 f; SVIT-Kommentar, Art. 253a, N. 12, LACHAT ET AL., S. 65 f.
20 Vgl. SVIT-Kommentar, Art. 253a, N. 14; ZK-HIGI, Art. 253a–253b, N. 56.
21 ZK-HIGI, Art. 255, N. 12.
22 ZK-HIGI, Art. 255, N. 26.
23 Vgl. unten Ziff. 2.7; SVIT-Kommentar, Art. 255, N. 4.
24 Vgl. unten Ziff. 2.7; SVIT-Kommentar, Art. 255, N. 4; ZK-HIGI, Art. 255, N. 41 f.; ZIHLMANN, S. 93.
25 ZK-HIGI, Art. 255, N. 25.
26 Vgl. oben Ziff. 2.5 sowie Kapitel 1: Mietvertrag für Wohnräume, Ziff. 2.7 und Kapitel 2: Mietvertrag für Geschäftsräume, Ziff. 2.9.
27 Vgl. hierzu BSK-WEBER, Art. 266a, N. 3 f.; SVIT-Kommentar, Art. 266a, N. 4 ff.; ZIHLMANN, S. 104; ZK-HIGI, Art. 266a, N. 27 ff.
28 Vgl. BSK-WEBER, Art. 266g, N. 5; SVIT-Kommentar, Art. 266g, N. 10 f.; ZIHLMANN, S. 108 f.; ZK-HIGI, Art. 266g, N. 29 ff.
29 SVIT-Kommentar, Art. 266l–266o, N. 3a.
30 Vgl. Kapitel 13: Allgemeine Bedingungen zum Mietvertrag für Nebenräume, Ziff. 13.
31 Vgl. oben Ziff. 2.5 sowie Kapitel 1: Mietvertrag für Wohnräume, Ziff. 2.7 und Kapitel 2: Mietvertrag für Geschäftsräume, Ziff. 2.9.
32 Vgl. hierzu oben Ziff. 2.6.
33 BSK-WEBER, Art. 257, N. 1.
34 Vgl. BSK-WEBER, Art. 257a, N. 5; SVIT-Kommentar, Art. 257–257b, N. 18; ZIHLMANN, S. 55; ZK-HIGI, Art. 257a–257b, N. 13.
35 Vgl. oben Ziff. 2.5 sowie Kapitel 1: Mietvertrag für Wohnräume, Ziff. 2.8 und Kapitel 2: Mietvertrag für Geschäftsräume, Ziff. 2.5.2.
36 ZK-HIGI, Art. 257, N. 19.
37 BSK-WEBER, Art. 269d, N. 6; LACHAT ET AL., S. 302.

38 Vgl. Kapitel 13: Allgemeine Bedingungen zum Mietvertrag für Nebenräume, Ziff. 11.
39 Vgl. oben Ziff. 2.5 sowie Kapitel 1: Mietvertrag für Wohnräume, Ziff. 2.8 und Kapitel 2: Mietvertrag für Geschäftsräume, Ziff. 2.5.3.
40 LACHAT ET AL., S. 219.
41 Vgl. zur Möglichkeit des *Optierens* Kapitel 2: Mietvertrag für Geschäftsräume, Ziff. 2.5.3.
42 ZK-HIGI, Vorbemerkungen zu Art. 269–270e, N. 82 ff.
43 Vgl. oben Ziff. 2.5.
44 Vgl. hierzu SVIT-Kommentar, Vorbem. Art. 269–270e, N. 21 f.
45 SVIT-Kommentar, Art. 269b, N. 3 f.; ZIHLMANN, S. 197.
46 ZK-HIGI, Art. 269b, N. 36.
47 BGE 125 III 358 E. 1b/bb; SVIT-Kommentar, Art. 269b, N. 3.
48 Sog. vertragliche Anpassungsklauseln, vgl. hierzu ZK-HIGI, Vorbem. zu Art. 269–270e, N. 120 und 144 f.
49 BSK-Weber, Art. 269a, N. 6a.
50 ZK-HIGI, Art. 269a, N. 213, 220; Art. 12 Abs. 1 VMWG.
51 ZK-HIGI, Art. 269a, N. 220.
52 SVIT-Kommentar, Art. 269a, N. 40.
53 ZK-HIGI, Art. 269d, N. 106.
54 ZK-HIGI, Art. 269d, N. 113 f.
55 Vgl. oben Ziff. 2.8; ZK-HIGI, Art. 269d, N. 108.
56 ZIHLMANN, S. 62.
57 BSK-WEBER, Art. 257e, N. 1; SVIT-Kommentar, Art. 257e, N. 11; ZK-HIGI, Art. 257e, N. 5.
58 ZK-HIGI, Art. 257e, N. 7.
59 SVIT-Kommentar, Art. 257e, N. 21; ZK-HIGI, Art. 257e, N. 14.
60 SVIT-Kommentar, Art. 257e, N. 21; ZK-HIGI, Art. 257e, N. 13; vgl. auch oben Ziff. 2.7.
61 LACHAT ET AL., S. 264; vgl. auch oben Ziff. 2.5.
62 SVIT-Kommentar, Art. 257e, N. 22 f.; ZK-HIGI, Art. 257e, N. 35 ff.
63 Vgl. hierzu Kapitel 13: Allgemeine Geschäftsbedingungen, Ziff. 1.
64 Vgl. oben Ziff. 2.5.
65 Vgl. oben Ziff. 2.8.
66 SVIT-Kommentar, Art. 257c, N. 5.
67 SCHWENZER, N. 66.09.
68 Vgl. SCHWENZER, N. 32.39.
69 Sog. *Salvatorische Klausel,* vgl. SCHWENZER, N. 32.41.
70 Sog. modifizierte Teilnichtigkeit, vgl. hierzu GAUCH/SCHLUEP/SCHMID/EMMENEGGER, N. 703 ff.
71 Vgl. Ziff. 1.3.
72 SCHWENZER, 31.01.

Kapitel 5

Mietvertrag für Garagen und Abstellplätze

Kapitel 5: Mietvertrag für Garagen und Abstellplätze

Das Wichtigste in Kürze

Fahrzeuge, Skier, Fahrräder etc. – kurz bewegliche Sachen, die irgendwo abgestellt werden müssen. Hierzu eignet sich eine Garage oder eben ein Abstellplatz.

Aus rechtlicher Sicht bedeutsam ist die Frage, ob die Garage bzw. der Abstellplatz «separat» oder im Zusammenhang mit einem Wohn- oder Geschäftsraum gemietet wird. Je nach Konstellation kommen die speziellen Mieterschaftsbestimmungen zur Anwendung.

Bei der Miete von Garagen und Abstellplätzen kann aufseiten der Mieterschaft auch eine juristische Person agieren, wobei sich insbesondere die Frage stellt, wer durch den Mietvertrag verpflichtet wird.

Sorgfältig und präzise gilt es, den Mietzins und allfällige Nebenkosten zu definieren.

Zwar entsteht durch die Verwendung des vorliegenden Mustervertrages und durch das Einbinden der AGB ein *Standardvertrag*. Dieser kann jedoch durch besondere Vereinbarungen individualisiert werden.

Abschliessend wird auf weitere Teile des Mietvertrages Bezug genommen, so auf allfällige Mahn- und Inkassogebühren, die Salvatorische Klausel, das anwendbare Recht und den Gerichtsstand.

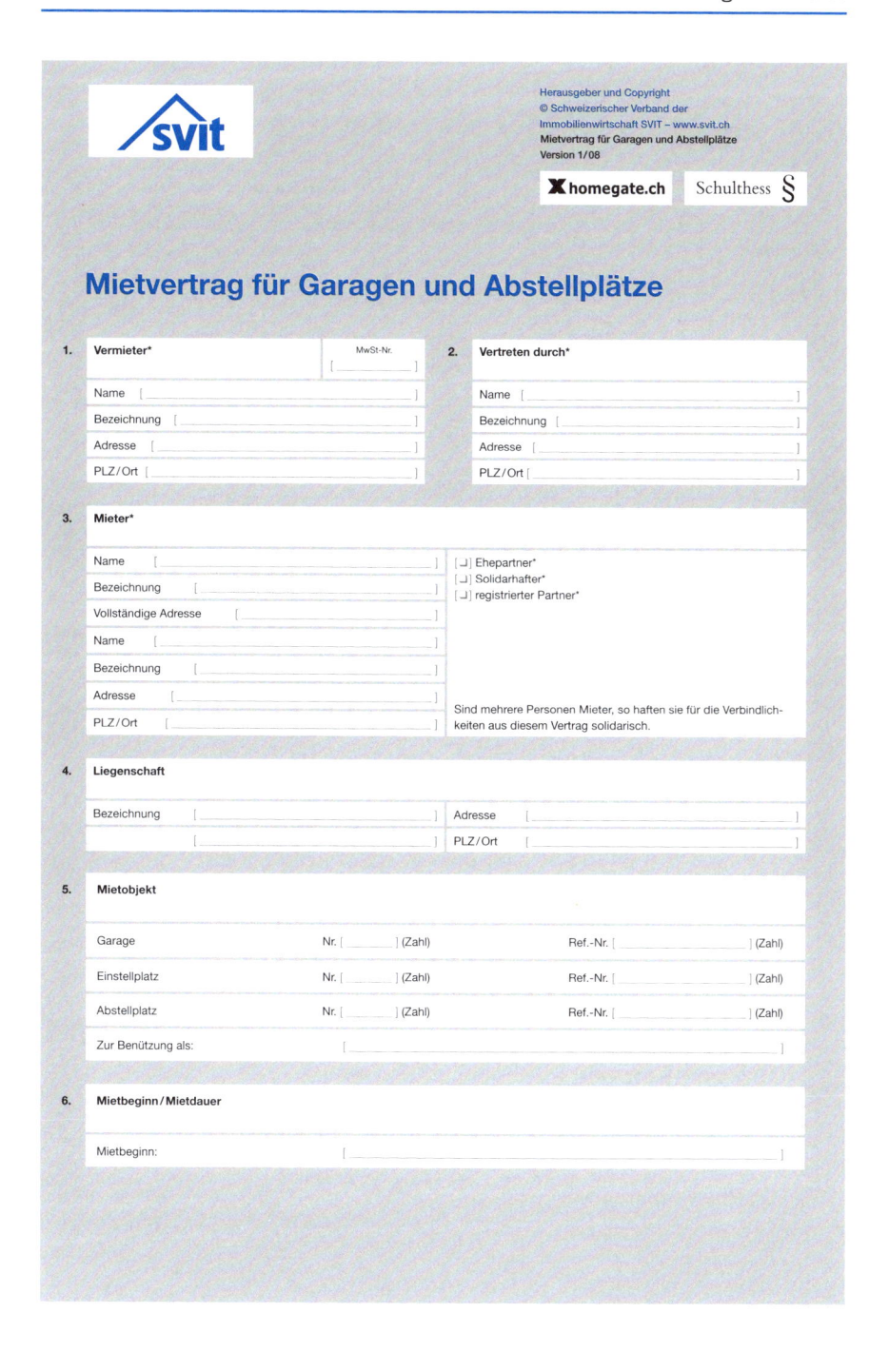

Das Wichtigste in Kürze

Herausgeber und Copyright
© Schweizerischer Verband der
Immobilienwirtschaft SVIT – www.svit.ch
Mietvertrag für Garagen und Abstellplätze
Version 1/08

homegate.ch Schulthess §

Mietvertrag für Garagen und Abstellplätze

1. **Vermieter***   MwSt-Nr. [ ]
   - Name [ ]
   - Bezeichnung [ ]
   - Adresse [ ]
   - PLZ/Ort [ ]

2. **Vertreten durch***
   - Name [ ]
   - Bezeichnung [ ]
   - Adresse [ ]
   - PLZ/Ort [ ]

3. **Mieter***
   - Name [ ]
   - Bezeichnung [ ]
   - Vollständige Adresse [ ]
   - Name [ ]
   - Bezeichnung [ ]
   - Adresse [ ]
   - PLZ/Ort [ ]

   - [ ] Ehepartner*
   - [ ] Solidarhafter*
   - [ ] registrierter Partner*

   Sind mehrere Personen Mieter, so haften sie für die Verbindlichkeiten aus diesem Vertrag solidarisch.

4. **Liegenschaft**
   - Bezeichnung [ ]
   - [ ]
   - Adresse [ ]
   - PLZ/Ort [ ]

5. **Mietobjekt**
   - Garage   Nr. [ ] (Zahl)   Ref.-Nr. [ ] (Zahl)
   - Einstellplatz   Nr. [ ] (Zahl)   Ref.-Nr. [ ] (Zahl)
   - Abstellplatz   Nr. [ ] (Zahl)   Ref.-Nr. [ ] (Zahl)
   - Zur Benützung als: [ ]

6. **Mietbeginn/Mietdauer**
   - Mietbeginn: [ ]

109

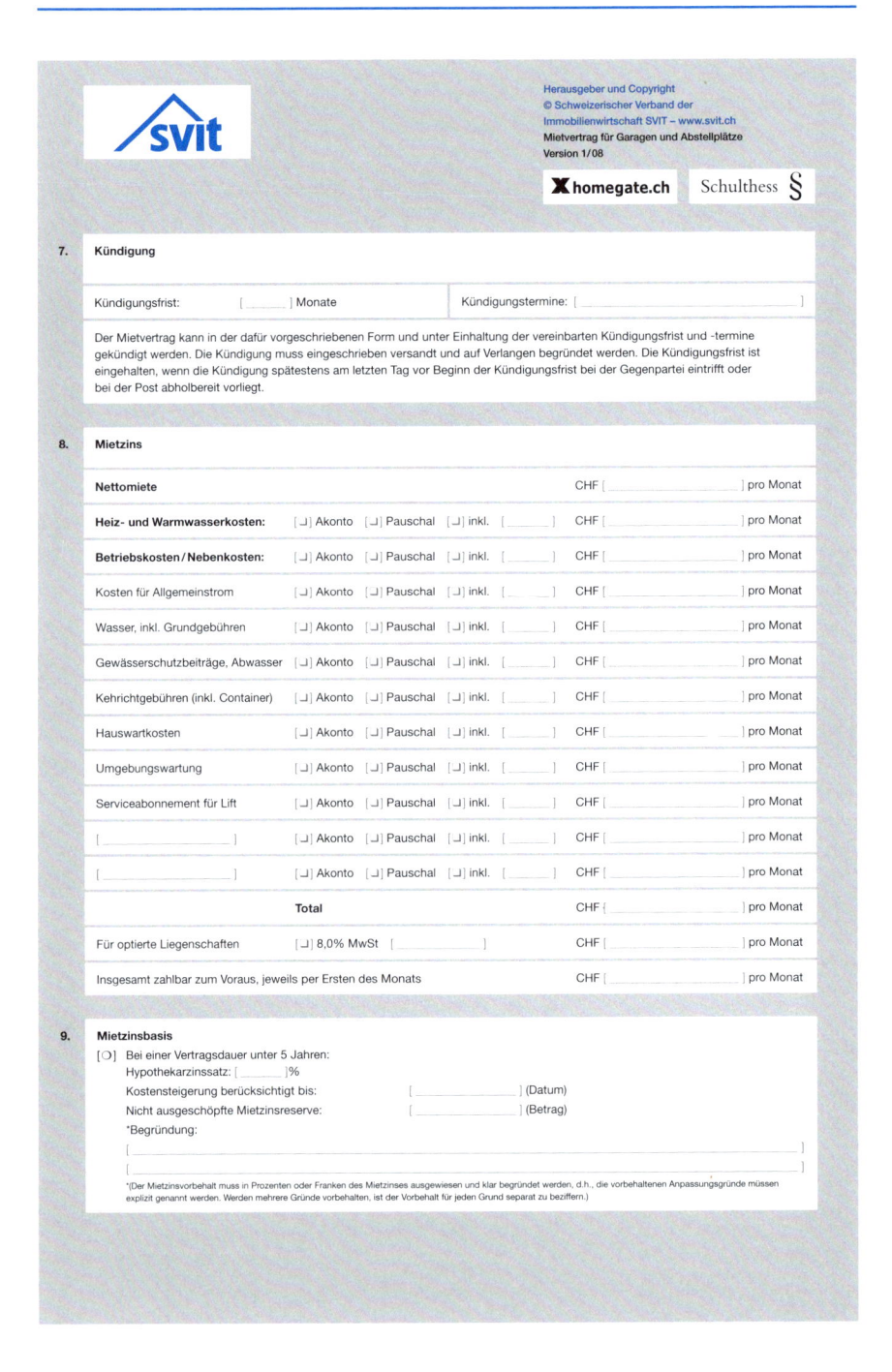

Kapitel 5: Mietvertrag für Garagen und Abstellplätze

Herausgeber und Copyright
© Schweizerischer Verband der
Immobilienwirtschaft SVIT – www.svit.ch
Mietvertrag für Garagen und Abstellplätze
Version 1/08

7. Kündigung

Kündigungsfrist: [_____] Monate   Kündigungstermine: [_____]

Der Mietvertrag kann in der dafür vorgeschriebenen Form und unter Einhaltung der vereinbarten Kündigungsfrist und -termine gekündigt werden. Die Kündigung muss eingeschrieben versandt und auf Verlangen begründet werden. Die Kündigungsfrist ist eingehalten, wenn die Kündigung spätestens am letzten Tag vor Beginn der Kündigungsfrist bei der Gegenpartei eintrifft oder bei der Post abholbereit vorliegt.

8. Mietzins

Nettomiete				CHF [_____]	pro Monat
Heiz- und Warmwasserkosten:	[ ] Akonto	[ ] Pauschal	[ ] inkl. [_____]	CHF [_____]	pro Monat
Betriebskosten/Nebenkosten:	[ ] Akonto	[ ] Pauschal	[ ] inkl. [_____]	CHF [_____]	pro Monat
Kosten für Allgemeinstrom	[ ] Akonto	[ ] Pauschal	[ ] inkl. [_____]	CHF [_____]	pro Monat
Wasser, inkl. Grundgebühren	[ ] Akonto	[ ] Pauschal	[ ] inkl. [_____]	CHF [_____]	pro Monat
Gewässerschutzbeiträge, Abwasser	[ ] Akonto	[ ] Pauschal	[ ] inkl. [_____]	CHF [_____]	pro Monat
Kehrichtgebühren (inkl. Container)	[ ] Akonto	[ ] Pauschal	[ ] inkl. [_____]	CHF [_____]	pro Monat
Hauswartkosten	[ ] Akonto	[ ] Pauschal	[ ] inkl. [_____]	CHF [_____]	pro Monat
Umgebungswartung	[ ] Akonto	[ ] Pauschal	[ ] inkl. [_____]	CHF [_____]	pro Monat
Serviceabonnement für Lift	[ ] Akonto	[ ] Pauschal	[ ] inkl. [_____]	CHF [_____]	pro Monat
[_____]	[ ] Akonto	[ ] Pauschal	[ ] inkl. [_____]	CHF [_____]	pro Monat
[_____]	[ ] Akonto	[ ] Pauschal	[ ] inkl. [_____]	CHF [_____]	pro Monat
Total				CHF [_____]	pro Monat
Für optierte Liegenschaften	[ ] 8,0% MwSt [_____]			CHF [_____]	pro Monat
Insgesamt zahlbar zum Voraus, jeweils per Ersten des Monats				CHF [_____]	pro Monat

9. Mietzinsbasis

[O] Bei einer Vertragsdauer unter 5 Jahren:
Hypothekarzinssatz: [_____]%
Kostensteigerung berücksichtigt bis: [_____] (Datum)
Nicht ausgeschöpfte Mietzinsreserve: [_____] (Betrag)
*Begründung:
[_____]
[_____]

*(Der Mietzinsvorbehalt muss in Prozenten oder Franken des Mietzinses ausgewiesen und klar begründet werden, d.h., die vorbehaltenen Anpassungsgründe müssen explizit genannt werden. Werden mehrere Gründe vorbehalten, ist der Vorbehalt für jeden Grund separat zu beziffern.)

Das Wichtigste in Kürze

Herausgeber und Copyright
© Schweizerischer Verband der Immobilienwirtschaft SVIT – www.svit.ch
Mietvertrag für Garagen und Abstellplätze
Version 1/08

homegate.ch   **Schulthess §**

[O] Bei einer Vertragsdauer von mindestens 5 Jahren ist der Mietzins zu [_____]% indexiert. Es gilt der Landesindex der Konsumentenpreise. Der Indexstand der Anfangsmiete beträgt:
Landesindex: [_____] (Zahl)   Pkt. [_____] (Zahl)   Stand: [_____] (Datum)
Der Nettomietzins kann auf einen beliebigen Zeitpunkt, mit einer Anzeigefrist von [_____] (Monat[en]), erstmals per [_____] (Datum) entsprechend den Veränderungen des schweizerischen Landesindexes der Konsumentenpreise angepasst werden.

10. Zubehör
Schlüssel [_____] (Zahl)   Sender [_____] (Zahl)   Kasten [_____] (Zahl)

11. Allgemeine Bedingungen
Die Allgemeinen Bedingungen zum Mietvertrag für Garagen und Abstellplätze, die dem Mieter ausgehändigt und von beiden Parteien ausdrücklich anerkannt werden, bilden einen integrierenden Bestandteil des Mietvertrages.

12. Mahn- und Inkassogebühren
Der Mieter anerkennt Verzugszinsen für verspätete Zahlungen von Mietzins und Nebenkosten sowie Mahn- und Umtriebsgebühren in usanzgemässer Höhe.

13. Besondere Vereinbarungen
[_____]
[_____]
[_____]

14. Teilnichtigkeit
Sollte eine Bestimmung dieses Vertrages nichtig oder unwirksam sein oder werden, so wird der übrige Teil dieses Vertrages davon nicht berührt. Im Falle der Nichtigkeit oder Unwirksamkeit einer Bestimmung, ist diese durch eine Wirksame zu ersetzen, die dem wirtschaftlichen Zweck der unwirksamen Bestimmung am nächsten kommt. In gleicher Weise ist zu verfahren, wenn eine Lücke offenbar wird.

15. Anwendbares Recht, Gerichtsstand
Soweit in diesem Vertrag nichts anderes vereinbart wird, gelten ausschliesslich die Bestimmungen des Schweizerischen Obligationenrechts (Art. 253 ff. OR). Für alle Streitigkeiten aus diesem Vertrag ist der Ort der gemieteten Sache Gerichtsstand.

16. Dieser Vertrag wird zweifach ausgefertigt und enthält alle getroffenen Abmachungen. Jede Änderung oder Ergänzung derselben bedarf zu ihrer Gültigkeit der **Schriftform**. Der Vertrag hat erst Gültigkeit, wenn beide Vertragspartner unterzeichnet haben.

Ort/Datum: [_____]

Der Vermieter/Vertreter
[_____]

Der Mieter
[_____]

[⌐] Ehepartner   [⌐] Solidarhafter   [⌐] registrierter Partner
(Zutreffendes bitte ankreuzen)

[_____]

* Mit den Begriffen «Vermieter», «Mieter» etc. sind sowohl natürliche Personen beider Geschlechter sowie auch juristische Personen gemeint.

Dies ist ein Mietvertrag für Garagen und Abstellplätze wie er im Kanton Zürich verwendet wird.

Kommentierung zu Kapitel 5

1. Bemerkungen zum Mietvertrag für Garagen und Abstellplätze

1.1 Interessenlage der Parteien

Während der Vermieter bezweckt, eine zusätzliche Einnahmequelle zu schaffen, geht es dem Mieter primär darum, das Mietobjekt als Garage oder Abstellplatz zu nutzen.

1.2 Begriff und Geltungsbereich der Miete für Garagen und Abstellplätze

Das Gesetz definiert die Begriffe *Garage* und *Abstellplatz* nicht. Sowohl die Miete einer Garage als auch eines Abstellplatzes hat die Miete einer Fläche zum Inhalt, die dem Abstellen beweglicher Sachen des Mieters dienen soll (z.B. Fahrräder, Auto, Skier etc.).[1]

Wie bei der Nebenraummiete ist von grosser Bedeutung, ob die Garage bzw. der Abstellplatz selbständig oder im Zusammenhang mit einem Geschäfts- oder Wohnraum gemietet wird. Im ersten Fall haben Garage und Abstellplatz ein eigenes rechtliches Schicksal; im zweiten Fall hingegen teilen Garage und Abstellplatz das rechtliche Schicksal mit dem Wohn- oder Geschäftsraum und unterstehen damit auch den besonderen Regeln über die Wohn- oder Geschäftsraummiete.[2]

1.3 Gestaltungsspielraum

Das Mietrecht gehört zum Privatrecht, das grundsätzlich auf dem Boden der Vertragsfreiheit steht. Liegt eine Konstellation vor, in der die Garage bzw. der Abstellraum zusammen mit einem Wohn- oder Geschäftsraum gemietet wird, wird die Vertragsfreiheit aufgrund der existentiellen Bedeutung des Wohnens bzw. der Gewerbstätigkeit stark eingeschränkt.[3] Das geltende Mietrecht enthält in diesem Fall zahlreiche (relativ) zwingende Bestimmungen; d.h. als soziales Mietrecht schliesst es Abweichungen zum Nachteil des Mieters aus.[4]

1.4 Form

Die Miete für Garagen oder Abstellplätze bedarf von Gesetzes wegen keiner Form (vgl. Art. 11 Abs. 1 OR). In der Praxis entspricht jedoch die Schriftform für unbewegliche Sachen der Verkehrssitte.[5] Darüber hinaus besteht Formularpflicht bei Mietzinserhöhung und Kündigung seitens des Vermieters, sofern der Mietvertrag für Garagen und Abstellplätze den Regeln der Wohn- oder Geschäftsraummiete untersteht (Art. 266l Abs. 2 und 269d OR).[6]

2. Zu den einzelnen Vertragsklauseln

2.1 Vermieter

Vermieter*		MwSt-Nr: [ ]
Name	[ ]	
Bezeichnung	[ ]	
Adresse	[ ]	
PLZ/Ort	[ ]	

Vermieter kann jede natürliche oder juristische Person sein, wobei die allgemeinen Regeln zur Rechts- und Handlungsfähigkeit zur Anwendung kommen. Der Vermieter ist meistens, aber nicht notwendigerweise Eigentümer der Mietsache. Es genügt indessen auch, wenn der Vermieter kraft eines dinglichen Rechts (z.B. als Nutzniesser) oder aufgrund einer obligatorischen Rechtsbeziehung (z.B. als Untervermieter) berechtigt ist, über die Mietsache zu verfügen.[7]

Auf Vermieterseite können mehr als eine Person am Mietverhältnis beteiligt sein. Man spricht in diesem Fall von *gemeinsamer Miete*. Soweit nicht Solidarhaft gemäss Art. 143 OR vorliegt (z.B. durch Vereinbarung oder bei gesetzlichen Gesamthandverhältnissen), liegt sog. formale Solidarität vor, da die Vermieter eine unteilbare Leistung i.S.v. Art. 70 Abs. 2 OR zu erbringen haben. Sowohl bei Solidarhaft als auch bei formaler Solidarität kann der Mieter die Leistung (Gebrauchsüberlassung gegen Entgelt) von jedem einzelnen Vermieter verlangen.[8]

- Vermieter kann jede rechts- und handlungsfähige natürliche oder juristische Person sein. Sie muss kraft besonderer Rechtsbeziehung (i.d.R. Eigentum) über die Mietsache verfügen können.

- Ist Vermieter eine juristische Person, handelt sie durch ihre zeichnungsberechtigten Personen. Die Internetseite www.zefix.ch gibt darüber Auskunft, wer zeichnungsberechtigt ist.

- Sind mehrere Vermieter am Mietverhältnis beteiligt (gemeinsame Miete), kann der Mieter von jedem einzelnen Vermieter die Hauptleistung (Gebrauchsüberlassung gegen Entgelt) verlangen.

2.2 Vertreten durch

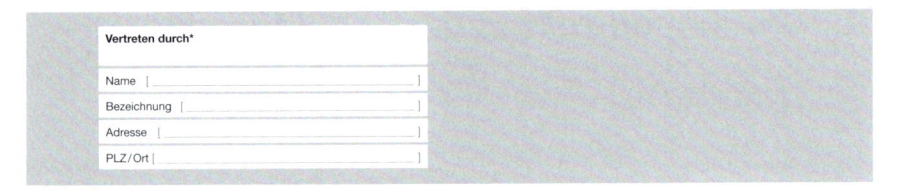

Vertreten durch*	
Name	[ ]
Bezeichnung	[ ]
Adresse	[ ]
PLZ/Ort	[ ]

In der Praxis kommt es häufig vor, dass der Eigentümer eine Liegenschaftsverwaltung mit der Bewirtschaftung der Mietsache beauftragt. Gestützt auf den entsprechend abgeschlossenen Liegenschaftsverwaltungsvertrag handelt die Liegenschaftsverwaltung regelmässig nicht im eigenen, sondern im Namen des Eigentümers.[9] Dadurch wirkt der Mietvertrag mit dem Mieter unmittelbar für und gegen den Eigentümer *(direkte Stellvertretung)*.[10]

Denkbar ist auch, dass die Liegenschaftsverwaltung zwar im Interesse des Eigentümers handelt, jedoch gegenüber aussen treuhänderisch im eigenen Namen tätig wird. Diesfalls treffen die Wirkungen des Mietvertrages nur die Liegenschaftsverwaltung. Gegenüber dem Mieter tritt die Liegenschaftsverwaltung als Vermieterin auf *(indirekte Stellvertretung)*.[11]

- Liegenschaftsverwaltung handelt i.d.R. im Namen des Eigentümers. Sie hat sich mit einer Vollmacht des Eigentümers zu legitimieren.

- Handelt eine Liegenschaftsverwaltung hingegen im eigenen Namen, tritt sie gegenüber dem Mieter als Vermieter auf und ist deshalb unter Ziff. 1 des Mustervertrages aufzuführen.

2.3 Mieter

```
Mieter*
Name            [                    ]    [ ] Ehepartner*
Bezeichnung     [                    ]    [ ] Solidarhafter*
Vollständige Adresse [               ]    [ ] registrierter Partner*
Name            [                    ]
Bezeichnung     [                    ]
Adresse         [                    ]    Sind mehrere Personen Mieter, so haften sie für die Verbindlich-
PLZ/Ort         [                    ]    keiten aus diesem Vertrag solidarisch.
```

Bei der Miete einer Garage bzw. eines Abstellplatzes ist der Mieter entweder eine natürliche oder eine juristische Person. Wie seitens der Vermieterschaft kommen auch hier die Regeln bez. Rechts- und Handlungsfähigkeit zur Anwendung. Dem Mieter steht als Vertragspartner des Vermieters einerseits das Gebrauchsrecht zu, anderseits ist er verpflichtet, als Gegenleistung den vereinbarten Mietzins sowie allfällige besonders vereinbarte Nebenkosten zu bezahlen. Der Mieter wird Besitzer der Mietsache.[12]

Besondere Beachtung gebührt dem Abschluss eines Mietvertrages mit einer juristischen Person. Aktiengesellschaften, Gesellschaften mit beschränkter Haftung und Genossenschaften erlangen ihre Rechtspersönlichkeit erst mit dem Handelsregistereintrag. Mit anderen Worten sind die genannten juristischen Personen nicht fähig, Rechte und Pflichten für sich zu begründen, solange sie nicht im Handelsregister eingetragen sind.[13] In der Praxis kommt es jedoch häufig vor, dass juristische Personen bereits vor dem Handelsregistereintrag Räumlichkeiten mieten möchten, um z.B. die Geschäftstätigkeit aufnehmen zu können. Im Stadium vor dem Handelsregistereintrag befindet sich die Gesellschaft in Gründung; die einzelnen Gründer bilden eine sog. Gründungsgesellschaft.[14] Folgende drei Möglichkeiten bestehen, um mit der Gründungsgesellschaft einen Mietvertrag abzuschliessen:

- Einer der Gründer handelt in eigenem Namen. Damit verpflichtet und berechtigt er nur sich selber.
- Einer der Gründer handelt im Namen der Gründungsgesellschaft. In diesem Fall haften die restlichen Gründer persönlich und solidarisch, sofern die Voraussetzungen zur Vertretung der Gesellschaft erfüllt sind (Art. 543 i.V.m. Art. 32 ff. OR).
- Einer oder mehrere Gründer handeln im Namen der zukünftigen Gesellschaft. Gemäss Art. 645 Abs. 1 OR haften die Handelnden in diesem Fall persönlich und solidarisch.

In den beiden erstgenannten Fällen kann der Mietvertrag nach der Gründung von der juristischen Person gemäss den Regeln der indirekten Stellvertretung übernommen werden (Art. 32 Abs. 3 OR). Hierzu bedarf es die Zustimmung des Vermieters (vgl. auch Art. 263 OR). Für die letzte Konstellation sieht Art. 645 Abs. 2 OR die Übernahme des Mietvertrages auch ohne Zustimmung des Vermieters vor, sofern ausdrücklich im Namen der künftigen Gesellschaft aufgetreten wurde. Aus der Perspektive des Vermieters ist darauf zu achten, wer für die Gesellschaft in Gründung handelt. Denn nur der oder die Handelnden müssen – im Fall der ausbleibenden Gründung der juristischen Person – für die Verpflichtung aus dem abgeschlossenen Mietvertrag geradestehen.

Ferner kann auf Mieterseite eine Personenmehrheit Vertragspartner des Vermieters sein *(gemeinsame Miete)*. Das Gesetz schweigt sich darüber aus, ob bei mehreren gemeinsamen Mietern Solidarhaft gilt.[15] Aus diesem Grund hält der vorliegende Mustervertrag die Solidarhaft ausdrücklich fest.[16]

- Mieter sind natürliche oder juristische Personen, sofern sie rechts- und handlungsfähig sind.
- Juristische Personen sind erst dann recht- und handlungsfähig, wenn sie im Handelsregister eingetragen sind. Die Internetseite www.zefix.ch gibt darüber Auskunft, ob eine juristische Person im Handelsregister eingetragen ist und wer für sie zeichnen kann.
- Beim Abschluss eines Mietvertrages mit einer Gesellschaft in Gründung werden zunächst die für sie handelnden Gründer berechtigt und verpflichtet.
- Minderjährige und Bevormundete bedürfen der Zustimmung des gesetzlichen Vertreters und – im Falle der Vormundschaft bei Mietverträgen mit einer Mindestdauer von 3 Jahren – der Vormundschaftsbehörde.
- Mehrere Mieter haften gemäss vorliegendem Mustervertrag solidarisch.

2.4 Liegenschaft

Liegenschaft			
Bezeichnung	[ ]	Adresse	[ ]
	[ ]	PLZ/Ort	[ ]

Der sachenrechtliche Begriff *Liegenschaft* bezeichnet eine Bodenfläche mit genügend bestimmten Grenzen (Art. 2 lit. a GBV). Die Liegenschaft gilt als Grundstück und wird als solches im Grundbuch aufgenommen (Art. 655 Abs. 2 Ziff. 1 und Art. 943 ZGB). Das Eigentum an diesem Grundstück erfasst grundsätzlich auch sämtliche Baulichkeiten, welche mit dem Boden fest und dauerhaft verbunden sind, mithin die Immobiliengebäude (*Akzessionsprinzip*, vgl. hierzu Art. 667 ZGB). Ausnahme hierzu bildet das Baurecht, mit dem das vorhin erwähnte Akzessionsprinzip durchbrochen wird; Eigentümer der Baute ist in diesem Fall nicht der Grundeigentümer, sondern der Baurechtsdienstbarkeitsberechtigte (vgl. Art. 675 ZGB).

- Liegenschaft bezeichnet sachenrechtlich eine Bodenfläche und gilt als Grundstück.
- In der Regel erfasst Eigentum am Grundstück die mit diesem verbundenen Gebäude. Ausnahme bildet das Baurecht.
- Im Mietvertrag ist die genaue Adresse der Liegenschaft aufzuführen, allenfalls zusätzlich mit Parzellennummer ergänzt. Hierzu gibt ein Auszug aus dem Grundbuch Auskunft.

2.5 Mietobjekt

Mietobjekt				
Garage	Nr. [_____]	(Zahl)	Ref.-Nr. [_____]	(Zahl)
Einstellplatz	Nr. [_____]	(Zahl)	Ref.-Nr. [_____]	(Zahl)
Abstellplatz	Nr. [_____]	(Zahl)	Ref.-Nr. [_____]	(Zahl)
Zur Benützung als:	[			]

Gegenstand jedes Mietvertrages bildet das Mietobjekt. Der Mietvertrag für Garagen und Abstellplätze hat die Miete einer Garage bzw. eines Abstellplatzes zum Inhalt. Weder der Begriff der Garage noch der Begriff des Abstellplatzes wird gesetzlich definiert. Folgt man der gesetzlichen Systematik, handelt es sich bei der Garage und bei dem Abstellplatz um einen sog. Einstellplatz oder eine ähnliche Einrichtung (Art. 266e OR). Darunter ist eine Fläche, ein Platz oder ein Raum zu verstehen, der gemäss Vertrag einzig dem Abstellen von beweglichen Sachen des Mieters dienen soll, z.B. Fahrräder, Motorräder, Automobilien, Skier, Lager für Umzugsgut etc.[17]

Die Miete für Garagen und Abstellplätze ist abzugrenzen vom sog. Garagenvertrag. Ein solcher liegt vor, wenn ein Fahrzeug bei einem Garagisten in einen Sammelraum eingestellt wird. Aus rechtlicher Sicht ist dabei von einem Hinterlegungsvertrag auszugehen.[18] Die Abgrenzung ist von Bedeutung bei Beschädigung und Diebstahl, weil der Verwahrer bei schuldhafter Verletzung der Pflicht zur sicheren Aufbewahrung haftet, während der Vermieter keine solche Pflicht hat (Art. 472 OR).[19]

Wird die Garage oder der Abstellplatz selbständig, also unabhängig von der Miete eines Geschäfts- oder Wohnraums gemietet, so hat er eigenes rechtliches Schicksal. Namentlich untersteht er nicht den besonderen Regeln über die Wohn- oder Geschäftsraummiete.

Anders verhält es sich, wenn die Garage oder der Abstellplatz unselbständig, im Zusammenhang einer Wohn- oder Geschäftsraummiete gemietet wird. In dieser Konstellation gilt die Garage bzw. der Abstellplatz als mitvermietete Nebensache, welche der Mieterschaft zusammen mit Hauptmietsache (Wohn- oder Geschäftsraum) zum Gebrauch überlassen wird. Zusammen mit dem Wohn- oder Geschäftsraum bildet die Garage bzw. der Abstellplatz den einheitlichen Gegenstand eines Mietvertrages. Entsprechend teilt die Garage oder der Abstellplatz auch das gleiche rechtliche Schicksal wie der Wohn- oder Geschäftsraum, womit die besonderen Regeln über die Wohn- oder Geschäftsraummiete anwendbar sind (Art. 253a Abs. 1 OR).[20]

Ob ein Zusammenhang der Nebensache mit der Hauptsache im Sinne von Art. 253a Abs. 1 OR vorliegt, ist kumulativ nach persönlichen und sachlichen Aspekten zu beurteilen. In persönlicher Hinsicht wird vorausgesetzt, dass die Garage oder der Abstellplatz vom selben Vermieter dem selben Mieter überlassen wurde. In sachlicher Hinsicht ist ein innerer Zusammenhang zwischen Haupt- und Nebensache erforderlich. Dieser liegt vor, wenn die Nebensache dem Gebrauch der Hauptsache funktionell dient und nur aus dem Grund gemietet wurde, weil auch ein Mietvertrag über den Geschäfts- oder Wohnraum abgeschlossen wurde. Keine Rolle spielt hingegen, ob die Nebensache im Mietvertrag über den Wohn- oder Geschäftsraum erwähnt oder ob die Nebensache in einem separaten Vertrag zeitgleich oder später hinzu gemietet wurde.[21]

Das Vorliegen eines Zusammenhangs der Nebensache im Sinne von Art. 253a OR macht eine weitere Differenzierung erforderlich. Konkret ist danach zu unterscheiden, ob nach dem Parteiwillen der Zusammenhang zwischen Haupt- und Nebensache derart ist, dass diese eine Einheit bilden sollen (sog. einheitliches Mietverhältnis) oder aber die Miete lediglich gekoppelt (sog. gekoppeltes oder zusammenhängendes Mietverhältnis). Beim einheitlichen Mietverhältnis müssen Haupt- und Nebensache zusammen behandelt werden; insbesondere kann das einheitliche Mietverhältnis nur als Ganzes gekündigt werden. Demgegenüber können die einzelnen Verträge beim gekoppelten Mietverhältnis getrennt behandelt und insbesondere separat beendet werden.[22] Die vorliegenden Musterverträge sehen vor, dass für Haupt- und Nebensache separate Verträge abgeschlossen werden. Im Streitfall könnte es schwierig werden, den Parteiwillen in Bezug auf das Verhältnis von Haupt- und Nebensache zu ermitteln. Zur Erhöhung der Rechtssicherheit und Klarheit empfehlen wir deshalb, unter Ziff. 13 «Besondere Vereinbarungen» festzuhalten, ob das Mietverhältnis über beide Sachen als einheitliches gelten soll oder nicht.

- Mietobjekt ist eine Garage oder ein Abstellplatz. Wesentlich ist, dass die gemietete Sache (Platz, Fläche, Raum) dem Abstellen von beweglichen Sachen dient (z.B. Fahrzeuge, Fahrräder, Skier etc.).
- Wird die Garage bzw. der Abstellplatz der Mieterschaft im Zusammenhang mit einem Wohn- oder Geschäftsraum überlassen, so ist von einer mitvermieteten Nebensache auszugehen. Als solche unterliegt das Mietobjekt den gleichen Regeln wie die Wohn- oder Geschäftsraummiete.
- Liegt ein Zusammenhang vor, ist weiter danach zu unterscheiden, ob nach dem Willen der Parteien ein einheitliches oder gekoppeltes Mietverhältnis vorliegt. Zur Erhöhung der Rechtssicherheit empfehlen wir eine Präzisierung unter Ziff. 13 «Besondere Vereinbarungen».
- Besteht kein Zusammenhang, hat die Garage bzw. der Abstellplatz ein eigenes rechtliches Schicksal und untersteht somit nicht den besonderen Bestimmungen über die Wohn- und Geschäftsraummiete.
- Anzugeben ist, welche Garage, Einstellplatz oder Abstellplatz genau gemietet wird. Empfehlenswert ist – zur besseren Administration des Mietobjekts – die Angabe einer Referenz-Nr.
- Schliesslich ist die Art der Benützung anzugeben (z.B. Garage für Fahrzeug).

2.6 Mietbeginn

Mietbeginn / Mietdauer	
Mietbeginn:	

Das Mietverhältnis beginnt mit der Übergabe der Mietsache, dem sog. Mietantritt.[23] Dem Übergabezeitpunkt kommt deshalb eine massgebende Rolle zu.

Der Mietvertrag für Garagen und Abstellplätze ist als unbefristetes Mietverhältnis ausgestaltet. Als solches muss es per definitionem durch Kündigung beendet werden (Art. 255 Abs. 3 OR).[24]

- Der Mietbeginn bestimmt den Zeitpunkt, an dem das Mietobjekt übergeben wird und damit der Vertrag zu laufen beginnt.
- Der Mietvertrag für Garagen und Abstellplätze wird als unbefristetes Mietverhältnis ausgestaltet.

2.7 Kündigung

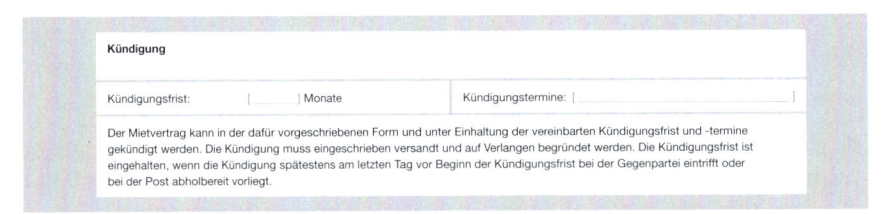

> **Kündigung**
>
> Kündigungsfrist: [   ] Monate   Kündigungstermine: [   ]
>
> Der Mietvertrag kann in der dafür vorgeschriebenen Form und unter Einhaltung der vereinbarten Kündigungsfrist und -termine gekündigt werden. Die Kündigung muss eingeschrieben versandt und auf Verlangen begründet werden. Die Kündigungsfrist ist eingehalten, wenn die Kündigung spätestens am letzten Tag vor Beginn der Kündigungsfrist bei der Gegenpartei eintrifft oder bei der Post abholbereit vorliegt.

Wie jedes unbefristete Dauerschuldverhältnis wird der unbefristete Mietvertrag i.d.R. durch eine Kündigung aufgelöst.[25] Er ist unter Einhaltung der gesetzlichen Fristen und Termine kündbar, sofern die Parteien keine längere Frist oder keinen anderen Termin vereinbaren (Art. 266a Abs. 1 OR). Im Falle der selbständig gemieteten Garage bzw. des Abstellplatzes besteht eine gesetzliche Kündigungsfrist von 2 Wochen auf Ende einer einmonatigen Mietdauer (Art. 266e OR). Wird die Garage bzw. der Abstellplatz im Zusammenhang mit einem Wohn- oder Geschäftsraum gemietet, so sind die entsprechenden Regeln über die Wohn- oder Geschäftsraummiete anwendbar.[26] Die gesetzliche Regelung von Art. 266a Abs. 1 OR i.V.m. Art. 266e OR besteht darin, für Garagen und Abstellplätze eine Kündigungsfrist von mindestens 2 Wochen festzulegen. Die Parteien können die Fristen verlängern, nicht aber verkürzen. Was den Kündigungstermin angeht, so ist dieser dispositiver Natur, d.h. der Termin richtet sich in erster Linie nach der vertraglichen Abmachung, in zweiter Linie nach der gesetzlichen Regelung.[27]

Bei Nichteinhaltung der Frist bzw. des Termins gilt die Kündigung für den nächstmöglichen Termin (Art. 266a Abs. 2 OR). Hat der Mieter beispielsweise die Kündigungsfrist zwar eingehalten, aber auf den 31. Dezember 2008 gekündigt, obwohl der Vertrag nur eine Kündigung auf Ende März oder

September zulässt, so wird die Kündigung erst auf den 31. März 2009 wirksam.

Neben dieser ordentlichen Kündigung besteht die Möglichkeit, den unbefristeten Mietvertrag aus wichtigen Gründen ausserordentlich zu kündigen. Hierzu ist die gesetzliche Kündigungsfrist zu wahren, nicht aber der ortsübliche bzw. vereinbarte Termin. Ein wichtiger Grund liegt dann vor, wenn die angerufenen Umstände bei Vertragsabschluss weder bekannt noch vorhersehbar waren und nicht auf ein Verschulden der kündigenden Partei zurückzuführen sind. Die Umstände müssen überdies derart gravierend sein, dass die Fortsetzung des Mietverhältnisses für die kündigende Partei *objektiv* unzumutbar ist.[28]

Für die Kündigung von selbständig gemieteten Garagen oder Abstellplätzen bestehen grundsätzlich keine Formvorschriften. Es ist indes zulässig, dass die Parteien ein Mietverhältnis über eine Garage oder einen Abstellplatz freiwillig gewissen Formvorschriften unterstellen.[29] So setzt vorliegender Mustervertrag voraus, dass die Kündigung schriftlich und eingeschrieben versandt werden muss. Wird die Garage oder der Abstellplatz im Zusammenhang mit einem Wohn- oder Geschäftsraum gemietet, so sind die entsprechenden Regeln über die Wohn- oder Geschäftsraummiete anwendbar.[30]

- Der unbefristete Mietvertrag wird durch Kündigung aufgelöst, unter Einhaltung der Kündigungsfrist und des Kündigungstermins.
- Die Kündigungsfrist beträgt von Gesetzes wegen mindestens 2 Wochen, der Kündigungstermin kann frei festgelegt werden.
- Vorbehalten bleibt die ausserordentliche Kündigung aus wichtigen Gründen, unter Einhaltung der gesetzlichen Kündigungsfrist.
- Beide Parteien müssen schriftlich per Einschreiben kündigen.
- Wird die Garage oder der Abstellplatz zusammen mit Geschäfts- oder Wohnraum gemietet, so sind betreffend Kündigung die entsprechenden Regeln über die Geschäfts- oder Wohnraummiete anwendbar.

2.8 Mietzins

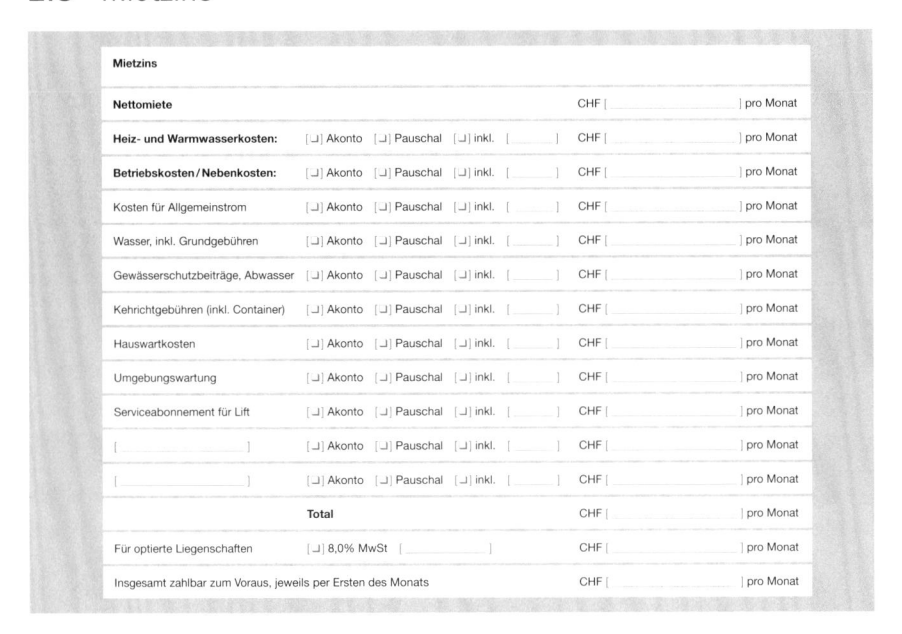

Mietzins				
Nettomiete			CHF [___	] pro Monat
Heiz- und Warmwasserkosten:	[⌐] Akonto [⌐] Pauschal [⌐] inkl. [__]		CHF [___	] pro Monat
Betriebskosten/Nebenkosten:	[⌐] Akonto [⌐] Pauschal [⌐] inkl. [__]		CHF [___	] pro Monat
Kosten für Allgemeinstrom	[⌐] Akonto [⌐] Pauschal [⌐] inkl. [__]		CHF [___	] pro Monat
Wasser, inkl. Grundgebühren	[⌐] Akonto [⌐] Pauschal [⌐] inkl. [__]		CHF [___	] pro Monat
Gewässerschutzbeiträge, Abwasser	[⌐] Akonto [⌐] Pauschal [⌐] inkl. [__]		CHF [___	] pro Monat
Kehrichtgebühren (inkl. Container)	[⌐] Akonto [⌐] Pauschal [⌐] inkl. [__]		CHF [___	] pro Monat
Hauswartkosten	[⌐] Akonto [⌐] Pauschal [⌐] inkl. [__]		CHF [___	] pro Monat
Umgebungswartung	[⌐] Akonto [⌐] Pauschal [⌐] inkl. [__]		CHF [___	] pro Monat
Serviceabonnement für Lift	[⌐] Akonto [⌐] Pauschal [⌐] inkl. [__]		CHF [___	] pro Monat
[___]	[⌐] Akonto [⌐] Pauschal [⌐] inkl. [__]		CHF [___	] pro Monat
[___]	[⌐] Akonto [⌐] Pauschal [⌐] inkl. [__]		CHF [___	] pro Monat
	Total		CHF [___	] pro Monat
Für optierte Liegenschaften	[⌐] 8,0% MwSt [___]		CHF [___	] pro Monat
Insgesamt zahlbar zum Voraus, jeweils per Ersten des Monats			CHF [___	] pro Monat

Der Mietzins ist das Entgelt, das der Mieter dem Vermieter für die Gebrauchsüberlassung der Mietsache schuldet (Art. 257 OR). Die gesetzliche Begriffsumschreibung macht deutlich, dass mit dem Mietzins grundsätzlich sämtliche Leistungen des Vermieters für die Gebrauchsüberlassung und für die Erhaltung der Sache im gebrauchstauglichen Zustand, aber auch für die Erfüllung aller Nebenpflichten abgegolten werden.[31]

Damit geht das Mietrecht davon aus, dass die dem Vermieter anfallenden Nebenkosten durch den Mietzins abgedeckt sind. Nebenkosten sind ein Teil des Mietzinses. Deshalb bedarf es zur Ausscheidung von nebst dem Nettomietzins zu bezahlenden Nebenkosten einer besonderen Vereinbarung (Art. 257a Abs. 2 OR). Damit ist gemeint, dass die konkreten Nebenkostenpositionen im Mietvertrag aufgelistet und bezeichnet werden müssen sowie für den Mieter im Einzelnen betragsmässig nachvollziehbar sind.[32]

Gemäss Art. 257a Abs. 1 OR sind die Nebenkosten das Entgelt für die Leistungen des Vermieters oder eines Dritten, die mit dem Gebrauch der Sache zusammenhängen. Sofern die Garage oder der Abstellplatz im Zusammenhang mit dem Geschäfts- oder Wohnraum gemietet wird, wird die Umschreibung der Nebenkosten noch etwas enger gefasst. Neben dem Zusammenhang mit dem Gebrauch der Sache wird zusätzlich statuiert, dass nur tatsächliche Aufwendungen belastet werden dürfen (Art. 257b Abs. 1 OR).[33]

Für den vertraglich festgelegten Mietzins und für die Nebenkosten gilt der Grundsatz der Unabänderlichkeit, d.h. dass Inhalt und Entgelt während der Mietdauer nicht einseitig durch eine Partei verändert werden kann. Von diesem Grundsatz gibt es indes eine wichtige Ausnahme: Bei jeder Art der Vermietung ist es zulässig, vertraglich einseitige Anpassungen vorzunehmen.[34] So sieht vorliegender Mustervertrag vor, dass der Vermieter – bei unbefristeten Verträgen – Mietzinsanpassungen sowie andere einseitige Vertragsänderungen auf jeden Kündigungstermin vornehmen kann. Hierzu muss er dem Mieter die entsprechende Anpassung aber mindestens 10 Tage vor Beginn der Kündigungsfrist mitteilen. Dabei ist zu beachten, dass diese Mitteilung in Abweichung von der Empfangstheorie erst dann als zugestellt gilt, wenn der Mieter den Brief bei der Post tatsächlich abholt, spätestens aber nach Ablauf der siebentägigen postalischen Abholfrist (sog. relative Empfangstheorie).[35] Bei befristeten Verträgen, welche für mindestens 5 Jahre abgeschlossen wurden, können diese einmal jährlich an den Landesindex der Konsumentenpreise angepasst werden.[36] Sofern die Garagen oder die Abstellplätze im Zusammenhang mit dem Geschäfts- oder Wohnraum gemietet werden, sind diese entsprechenden Regelungen anwendbar.[37]

Gemäss Art. 257c sind Mietzins und allenfalls Nebenkosten am Ende jeden Monats zu zahlen, sofern kein anderer Zeitpunkt vereinbart oder ortsüblich ist. Vorliegender Mustervertrag vereinbart die Zahlung zum Voraus, jeweils per Ersten des Monats. Dies entspricht im Übrigen der Ortsüblichkeit im Kanton Zürich.[38]

Die Miete aus Garagen und Abstellplätzen ist von der Mehrwertsteuer ausgenommen (Art. 21 Ziff. 21 Abs. 2 Ziff. 21 MWStG). Diese Ausnahmeregelung ist mit der Konsequenz verbunden, dass einerseits auf den Liegenschaftserträgen keine Mehrwertsteuer erhoben werden darf, andererseits keine Berechtigung zum Vorsteuerabzug besteht.[39]

- Mietzins ist das Entgelt, das der Mieter dem Vermieter für die Gebrauchsüberlassung der Mietsache schuldet.
- Nebenkosten sind das Entgelt für die Leistungen des Vermieters oder eines Dritten, die mit dem Gebrauch der Sache unmittelbar zusammenhängen und tatsächlich anfallen. Nebenkostenfähig sind im Allgemeinen Kosten, welche die Versorgung, die Entsorgung, die Reinigung und den übrigen gewöhnlichen Unterhalt der Mietsache betreffen.

- Nebenkosten sind grundsätzlich Teil des Mietzinses. Sie sind nur zu bezahlen, wenn hierfür eine besondere Vereinbarung besteht, die einzelnen Nebenkostenpositionen mithin konkret aufgeführt und für den Mieter ohne Weiteres verständlich nachvollzogen werden.
- Es ergeben sich folgende Möglichkeiten zur Weiterverrechnung: pauschal (es dürfen Mieter nur tatsächliche Aufwendungen überwälzt werden), akonto (nach Erfahrungswert) oder inkl. (Nebenkosten bereits im Mietzins enthalten).
- Mietzins und Nebenkosten sind grundsätzlich unveränderbar. Ausnahme bildet die Mietzinserhöhung oder die Ausscheidung neuer Nebenkosten auf den nächstmöglichen Kündigungstermin hin, unter Einhaltung der gesetzlichen oder vertraglichen Kündigungsfristen.
- Mietzins und Nebenkosten sind in der Regel zum Voraus, jeweils per Ersten des Monats zu bezahlen.
- Miete von Garagen und Abstellplätzen ist von der Mehrwertsteuer ausgenommen.

2.9 Mietzinsbasis

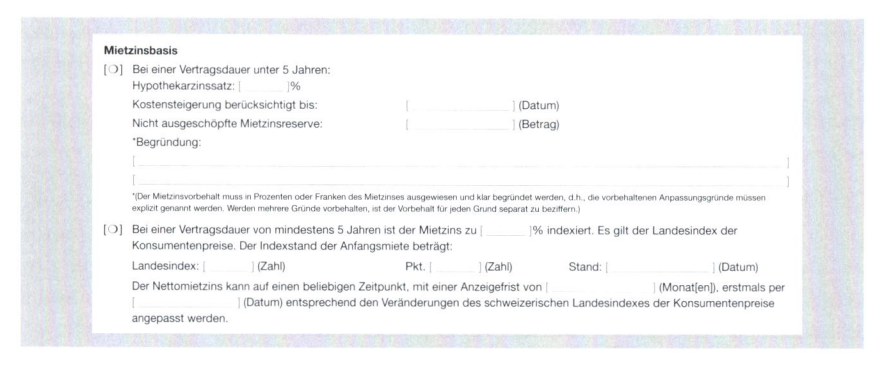

Mietzinsbasis
[○] Bei einer Vertragsdauer unter 5 Jahren:
Hypothekarzinssatz: [   ]%
Kostensteigerung berücksichtigt bis: [   ] (Datum)
Nicht ausgeschöpfte Mietzinsreserve: [   ] (Betrag)
*Begründung:
[   ]
[   ]
*(Der Mietzinsvorbehalt muss in Prozenten oder Franken des Mietzinses ausgewiesen und klar begründet werden, d.h., die vorbehaltenen Anpassungsgründe müssen explizit genannt werden. Werden mehrere Gründe vorbehalten, ist der Vorbehalt für jeden Grund separat zu beziffern.)
[○] Bei einer Vertragsdauer von mindestens 5 Jahren ist der Mietzins zu [   ]% indexiert. Es gilt der Landesindex der Konsumentenpreise. Der Indexstand der Anfangsmiete beträgt:
Landesindex: [   ] (Zahl) Pkt. [   ] (Zahl) Stand: [   ] (Datum)
Der Nettomietzins kann auf einen beliebigen Zeitpunkt, mit einer Anzeigefrist von [   ] (Monat[en]), erstmals per [   ] (Datum) entsprechend den Veränderungen des schweizerischen Landesindexes der Konsumentenpreise angepasst werden.

Der Mietzins bei separat gemieteten Garagen oder Abstellplätzen kann – gestützt auf das Prinzip der Vertragsfreiheit – frei angepasst werden.[40] Auf eine Angabe der Mietzinsbasis im Hinblick auf künftige Mietzinserhöhungen kann deshalb verzichtet werden.

Werden die Garagen oder die Abstellplätze indes zusammen mit einem Geschäfts- oder Wohnraum gemietet, so unterliegt die Mietzinsanpassung der Missbrauchsgesetzgebung von Art. 269 ff. OR.[41] Eine Mietzinsanpassung kann mithin auf ihre Missbräuchlichkeit überprüft werden. In diesem Fall empfiehlt sich, die Angaben der Mietzinsbasis im Hinblick auf künftige Mietzinsanpassungen sorgfältig vorzunehmen.

Mietzinsanpassungen erfolgen grundsätzlich nach der relativen Methode. Danach wird der vom Vermieter geltend gemachte Mietzins aufgrund Veränderungen, die seit der letzten Mietzinsfestsetzung eingetreten sind, auf die neuen Verhältnisse angepasst. In Betracht fallen insbesondere Teuerung gemäss Landesindex der Konsumentenpreise, Hypothekarzinsveränderungen, Kostensteigerungen der Betriebs- und Unterhaltskosten. Sodann können im Mietvertrag oder bei der letzten Mietzinserhöhung angebrachte Vorbehalte bezüglich nicht ausgeschöpfter Mietzinsreserven geltend gemacht werden.[42]

Wenn der Mietvertrag für eine Mindestdauer von 5 Jahren eingegangen wird, kann der Mietzins indexiert werden, wobei als Index einzig der Landesindex der Konsumentenpreise des Bundesamtes für Statistik zugelassen ist (Art. 269b OR und Art. 17 VMWG).[43] Die Vertragsparteien können jederzeit die Anpassung an den veränderten Index verlangen.[44] Vorbehalten bleiben vertragliche Vereinbarungen. Zu bemerken gilt, dass für den Vermieter die Formularpflicht nach Art. 269d OR greift. Weiter ist die Indexierung auch dann möglich, wenn die mindestens fünf Jahre dauernde Vertragsbeziehung gemäss Mietvertrag nur für den Vermieter gilt. Mit anderen Worten können für den Mieter auch kürzere Kündigungsfristen und -termine vereinbart werden, ohne dass dies Auswirkungen auf die Gültigkeit der Indexklausel hätte.[45]

Liegt die Mindestvertragsdauer unter 5 Jahren, kann der Mietzins nicht indexiert werden. Es besteht aber die Möglichkeit, die Berechnungsgrundlagen, welche dem aktuellen Mietzins zugrunde liegen, anzugeben.[46] Diese Berechnungsgrundlagen stellen die Kalkulationsbasis für zukünftige Mietzinsveränderungen dar. Der wichtigste Mietzins-Veränderungsfaktor ist der Hypothekarzins (Art. 269a lit. b OR).[47] Seit der Revision der VMWG per 1. Januar 2008 gilt für Mietzinsanpassungen aufgrund von Änderungen des Hypothekarzinssatzes schweizweit ein einheitlicher Referenzzinssatz (Art. 12a VMWG). Dieser tritt an die Stelle des in den Kantonen bisher massgebenden Zinssatzes für variable Hypotheken und wird vom Eidgenössischen Volkswirtschaftsdepartement (EVD) bekannt gegeben. Bei Veränderung dieses Referenzzinssatzes kann der Mietzins nach den in Art. 13 VMWG detailliert festgelegten Prozentsätzen angepasst werden.

Des Weiteren berechtigen Steigerungen der Kosten, die durch den Nettomietzins abgegolten werden (Gebühren, Objektsteuern, Baurechtszinse, Versicherungsprämien, Unterhaltskosten), den Vermieter dazu, Erhöhungen des Mietzinses vorzunehmen.[48] Massgeblich ist dabei die Frage, ob sich seit der letzten Mietzinsfestlegung die Kosten effektiv gesteigert haben.[49] In der Praxis wird eine Erhöhung des Mietzinses von 0.5–1% pro Jahr ohne konkreten Nachweis zugelassen.[50]

Ferner kann der Vermieter einen sogenannten Mietzinsvorbehalt machen. Damit weist der Vermieter darauf hin, dass der vereinbarte Mietzins bereits bei Abschluss des Mietvertrages zu tief angesetzt war und er sich das Recht vorbehält, diesen Erhöhungsgrund im laufenden Mietverhältnis geltend zu machen.[51] An den Mietzinsvorbehalt werden strenge Anforderungen gestellt. So muss der Mietzinsvorbehalt klar zum Ausdruck gebracht werden, und zwar in einer Weise, dass der Mieter erkennt, dass sich der Vermieter später auf diese vorbehaltenen Erhöhungsgründe berufen wird. Der Vorbehalt muss weiter in präziser Weise begründet sein, insbesondere muss der Vermieter bei einer beabsichtigten Erhöhung die vorbehaltenen Anpassungsgründe nennen.[52] Schliesslich wird die ziffernmässige Bestimmung vorausgesetzt, d.h. der Mietzinsvorbehalt muss in CHF oder Prozenten des aktuellen Mietzinses ausgewiesen werden (Art. 18 VMWG). Sind mehrere Gründe vorbehalten, ist der Vorbehalt für jeden Grund separat zu beziffern. Der einmal erklärte Vorbehalt ist bei jeder in der Folge mit amtlichen Formular mitgeteilten Mietzinsanpassung zu erneuern. Zur *Ausschöpfung* des Mietzinsvorbehaltes ist eine Erklärung nötig, die einer Mietzinsgestaltungserklärung i.S.v. Art. 269d Abs. 1 OR genügt.[53]

- Während Mietzinsen von separat vermieteten Garagen oder Abstellplätzen frei bestimmbar und anpassbar sind, hat die Gestaltung des Mietzinses bei Garagen oder Abstellplätzen, die zusammen mit Wohn- oder Geschäftsräumen gemietet werden, die Missbrauchsgesetzgebung zu beachten. In diesem Fall empfiehlt sich, im Hinblick auf künftige Mietzinsanpassungen die nötigen Angaben zur Mietzinsbasis vorzunehmen.

- Mietzinsanpassungen erfolgen i.d.R. nach der relativen Methode, d.h. der Mietzins wird aufgrund von Veränderungen, die seit der letzten Mietzinsfestsetzung eingetreten sind, angepasst. In Betracht fällt u.a. die Teuerung gemäss Landesindex der Konsumentenpreise. Ferner kann ein Mietzinsvorbehalt ausgeschöpft werden.

- Indexierung ist nur möglich, wenn der Mietvertrag für eine Mindestdauer von 5 Jahren eingegangen wird.

- Dauert der Mietvertrag nicht mindestens 5 Jahre, empfiehlt sich, im Mietvertrag im Hinblick auf eine Mietzinserhöhung die Angabe folgender Berechnungsgrundlagen: aktueller Referenzzinssatz und Datum, bis wann Kostensteigerungen berücksichtigt wurden.

- Ein allfälliger Mietzinsvorbehalt muss klar zum Ausdruck kommen, präzise begründet und zudem betragsmässig genau beziffert werden können.

2.10 Zubehör

> **Zubehör**
> Schlüssel [_____] (Zahl)   Sender [_____] (Zahl)   Kasten [_____] (Zahl)

Unter Zubehör sind bewegliche Sachen zu verstehen, die nach dem Willen des Vermieters dauernd für die Benutzung des Mietobjekts bestimmt sind:

- Schlüssel
- Sender
- Kasten

Das Zubehör bildet mit der Garage respektive Abstellplatz den einheitlichen Gegenstand des Mietvertrages und teilt das gleiche rechtliche Schicksal (Art. 253a Abs. 1 OR).[54]

2.11 Allgemeine Bedingungen

> **Allgemeine Bedingungen**
> Die Allgemeinen Bedingungen zum Mietvertrag für Garagen und Abstellplätze, die dem Mieter ausgehändigt und von beiden Parteien ausdrücklich anerkannt werden, bilden einen integrierenden Bestandteil des Mietvertrages.

Allgemeine Geschäftsbedingungen (AGB) sind für eine Vielzahl von Vertragsverhältnissen vorformulierte Vertragsbedingungen, die eine Vertragspartei der anderen bei Abschluss des Vertrages stellt.[55] Mit vorliegender Musterklausel werden die AGB in den Mietvertrag für Garagen und Abstellplätze übernommen.

2.12 Mahn- und Inkassogebühren

> **Mahn- und Inkassogebühren**
> Der Mieter anerkennt Verzugszinsen für verspätete Zahlungen von Mietzins und Nebenkosten sowie Mahn- und Umtriebsgebühren in usanzgemässer Höhe.

Vorliegender Mustervertrag sieht die Zahlung des Mietzinses sowie der Nebenkosten zum Voraus vor, jeweils per Ersten des Monats.[56] Damit besteht ein vertraglich vereinbarter Verfalltag, mit dessen Ablauf der Mieter ohne vorgängige Mahnung in Verzug gerät (Art. 102 Abs. 2 OR).[57] Verzugszinsen betragen nach Gesetz 5% pro Jahr, wenn nichts anderes vereinbart wurde (Art. 104 OR).[58]

Mahn- und Umtriebsgebühren sind i.d.R. geschuldet, soweit sie mit vorliegender Klausel vereinbart werden; die Höhe richtet sich nach der Verkehrssitte.

- Verzugszinsen sind ohne vorgängige Mahnung mit Ablauf des Ersten eines jeden Monats geschuldet und betragen i.d.R. 5% pro Jahr.
- Mahn- und Umtriebsgebühren haben sich nach marktüblichen Verhältnissen zu richten.

2.13 Besondere Vereinbarungen

Besondere Vereinbarungen

Diese Ziffer bietet Platz für besondere Abmachungen, z.B.:

- Wird die Garage oder der Abstellplatz im Zusammenhang mit einem Wohn- oder Geschäftsraum überlassen, empfehlen wir eine Klausel, welche festhält, ob das Mietverhältnis über beide Sachen gelten soll (einheitliches Mietverhältnis) oder nicht (gekoppeltes Mietverhältnis).[59]
- Bestimmung, in welchem Zustand (gereinigt/ungereinigt) das Mietobjekt zurückgegeben werden soll.
- Vereinbarung, dass sich der Mietzins periodisch um einen bestimmten Betrag erhöht (gestaffelter Mietzins nach Art. 269b OR);
- etc.

2.14 Teilnichtigkeit

Teilnichtigkeit
Sollte eine Bestimmung dieses Vertrages nichtig oder unwirksam sein oder werden, so wird der übrige Teil dieses Vertrages davon nicht berührt. Im Falle der Nichtigkeit oder Unwirksamkeit einer Bestimmung, ist diese durch eine Wirksame zu ersetzen, die dem wirtschaftlichen Zweck der unwirksamen Bestimmung am nächsten kommt. In gleicher Weise ist zu verfahren, wenn eine Lücke offenbar wird.

Ein Vertrag, der einen unmöglichen, widerrechtlichen oder sittenwidrigen Inhalt hat, ist nichtig (Art. 20 Abs. 1 OR). Betrifft der Mangel bloss einzelne Teile des Vertrages, so sind nur diese nichtig, der Rest bleibt jedoch wirksam *(Teilnichtigkeit).* Diese Regel gilt allerdings nur, sofern die Parteien den Vertrag auch ohne den nichtigen Teil abgeschlossen hätten (Art. 20 Abs. 2 OR).[60] An dieser Stelle setzt vorliegende Bestimmung (sog. Salvatorische Klausel) ein. Sie besagt, dass die Nichtigkeit einzelner Bestimmungen die Wirksamkeit des Vertrages im Übrigen unberührt lässt. Sie hat mit anderen Worten zum Ziel, den Fortbestand des Mietvertrages zu regeln.[61]

Zusätzlich zur Absicht, den Vertrag trotz Teilmängeln fortbestehen zu lassen, stellt vorliegende Klausel klar, dass die Parteien für nichtige Teile des Mietvertrages eine Ersatzbestimmung zu suchen haben.[62] Diese soll dem wirtschaftlichen Zweck der nichtigen Bestimmung möglichst nahekommen.

- Salvatorische Klausel bezweckt den Fortbestand des Mietvertrages bei nichtigen Bestimmungen eines ansonsten gültig abgeschlossenen Mietvertrages.
- Nichtige Bestimmungen sind unwirksam und sind seitens der Parteien durch Ersatzbestimmungen zu ersetzen, die der ursprünglichen Bestimmung in wirtschaftlicher Hinsicht möglichst nahekommt. In gleicher Weise ist zu verfahren, wenn eine Vertragslücke festgestellt wird.

2.15 Anwendbares Recht, Gerichtsstand

> **Anwendbares Recht, Gerichtsstand**
> Soweit in diesem Vertrag nichts anderes vereinbart wird, gelten ausschliesslich die Bestimmungen des Schweizerischen Obligationenrechts (Art. 253 ff. OR). Für alle Streitigkeiten aus diesem Vertrag ist der Ort der gemieteten Sache Gerichtsstand.

Die Art. 253–274g OR regeln die Rechte und Pflichten der Parteien des Mietvertrages umfassend. Diese Bestimmungen sind anwendbar, sofern die Parteien nichts Abweichendes vereinbaren, wobei (relativ) zwingende Normen zu beachten sind.[63]

Für Streitigkeiten aus dem Mietvertrag sind die Schlichtungsbehörde oder das Gericht am Ort der gemieteten Sache zuständig (Art. 33 ZPO).

- Anwendbar sind die Art. 253–274g OR, sofern – unter Beachtung der (relativ) zwingenden Bestimmungen – nichts Abweichendes vereinbart wird.

- Gerichtsstand ist zwingend die Schlichtungsbehörde oder das Gericht am Ort der gemieteten Sache.

2.16 Schriftlichkeitsvorbehalt

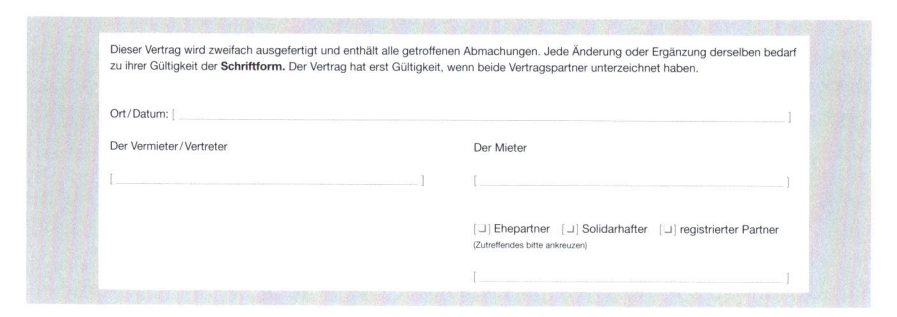

> Dieser Vertrag wird zweifach ausgefertigt und enthält alle getroffenen Abmachungen. Jede Änderung oder Ergänzung derselben bedarf zu ihrer Gültigkeit der **Schriftform.** Der Vertrag hat erst Gültigkeit, wenn beide Vertragspartner unterzeichnet haben.
>
> Ort/Datum: [_____]
>
> Der Vermieter/Vertreter   Der Mieter
>
> [_____]   [_____]
>
>   [⌐] Ehepartner   [⌐] Solidarhafter   [⌐] registrierter Partner
>   (Zutreffendes bitte ankreuzen)
>
>   [_____]

Entsprechend dem allgemeinen Prinzip der Vertragsfreiheit geht das OR grundsätzlich von dem Standpunkt der Formfreiheit aus.[64] Gemäss Art. 11 Abs. 1 und Art. 16 Abs. 2 OR bedürfen Verträge für deren Gültigkeit deshalb nur dann einer besonderen Form, wenn eine solche vom Gesetz ausdrücklich angeordnet ist oder wenn die Parteien eine Form (insbesondere die Schriftlichkeit) vereinbaren.

Vorliegende Vertragsklausel sieht vor, dass der Mietvertrag sowie dessen Abänderungen oder Ergänzungen für deren Gültigkeit einer besonderen Form, hier der Schriftlichkeit bedürfen. Zur Schriftlichkeit gehört, dass der Mietvertrag einschliesslich dessen Abänderungen oder Ergänzungen schriftlich vorliegen und von den Parteien unterzeichnet werden (Art. 13 OR). Dieser Form- oder Schriftlichkeitsvorbehalt führt dazu, dass dem Mietvertrag sowie dessen Abänderungen oder Ergänzungen keine Gültigkeit zukommt, wenn diese nicht schriftlich (mit Unterschrift) abgefasst worden sind.

- Grundsätzlich gilt auch bei Mietverträgen die Formfreiheit. Zur Vermeidung von Meinungsverschiedenheiten statuiert vorliegender Mustervertrag den sog. Schriftlichkeitsvorbehalt.

- Der Mietvertrag (einschliesslich Abänderungen oder Ergänzungen) muss schriftlich vorliegen und von beiden Parteien unterzeichnet werden.

1 ZK-Higi, Art. 266e, N. 46.
2 Vgl. zum Ganzen eingehend Ziff. 2.5.
3 Vgl. Tercier/Favre, N. 1917; ZK-Higi, Vorbem. zu Art. 253–274g, N. 6 f.
4 Zihlmann, S. 16.
5 BSK-Weber, Art. 253, N. 7.
6 Zihlmann, S. 13 f.
7 Vgl. SVIT-Kommentar, Vorbem. Art. 253–274g, N. 9; Tercier/Favre, N. 2021.
8 Vgl. hierzu SVIT-Kommentar, Vorbem. Art. 253–274g, N. 10; Zihlmann, S. 29; ZK-Higi, Vorbem. zu Art. 253–274g, N. 103 ff.
9 Vgl. Kapitel 10: Vertrag für die Bewirtschaftung von Liegenschaften und Kapitel 11: Vertrag für die Bewirtschaftung von Liegenschaften im Mit-/Stockwerkeigentum.
10 Vgl. Schwenzer, N. 40.04 u. N. 41.09; Tercier/Favre, N. 2020.
11 Vgl. hierzu BSK-Weber, Art. 253, N. 9; Schwenzer, N. 40.04; SVIT-Kommentar, Vorbem. Art. 253–274g, N. 9.
12 Vgl. SVIT-Kommentar, Vorbem. Art. 253–274g, N. 11; Tercier/Favre, N. 1958.
13 Meier-Hayoz/Forstmoser, § 16, N. 612.
14 Böckli, § 1, N. 92.
15 Vgl. Zihlmann, S. 29.
16 Vgl. unten Ziff. 2.18.
17 ZK-Higi, Art. 266e, N. 46 ff.; SVIT-Kommentar, Art. 253, N. 21 und Art. 266e, N. 25.
18 ZK-Higi, Vorbem. zu Art. 253–274g, N. 213 f.
19 Honsell, S. 210.
20 Vgl. ZK-Higi, Art. 253a–253b, N. 49; SVIT-Kommentar, Art. 253a, N. 11, Lachat et al., S. 65, Tercier/Favre, N. 1998.
21 Vgl. ZK-Higi, Art. 253a–253b, N. 52 f.; SVIT-Kommentar, Art. 253a, N. 12, Lachat et al., S. 65 f.
22 Vgl. SVIT-Kommentar, Art. 253a, N. 14; ZK-Higi, Art. 253a–253b, N. 56.
23 ZK-Higi, Art. 255, N. 12.
24 Vgl. unten Ziff. 2.7; SVIT-Kommentar, Art. 255, N. 4.
25 ZK-Higi, Art. 255, N. 25.
26 Vgl. oben Ziff. 2.5 sowie Kapitel 1: Mietvertrag für Wohnräume, Ziff. 2.7 und Kapitel 2: Mietvertrag für Geschäftsräume, Ziff. 2.9.
27 Vgl. hierzu BSK-Weber, Art. 266a, N. 3 f.; SVIT-Kommentar, Art. 266a, N. 4 ff.; Zihlmann, S. 104; ZK-Higi, Art. 266a, N. 27 ff.
28 Vgl. BSK-Weber, Art. 266g, N. 5; SVIT-Kommentar, Art. 266g, N. 10 f.; Zihlmann, S. 108 f.; ZK-Higi, Art. 266g, N. 29 ff.
29 SVIT-Kommentar, Art. 266l–266o, N. 3a.
30 Vgl. oben Ziff. 2.5 sowie Kapitel 1: Mietvertrag für Wohnräume, Ziff. 2.7 und Kapitel 2: Mietvertrag für Geschäftsräume, Ziff. 2.9.
31 BSK-Weber, Art. 257, N. 1.
32 Vgl. BSK-Weber, Art. 257a, N. 5; SVIT-Kommentar, Art. 257–257b, N. 18; Zihlmann, S. 55; ZK-Higi, Art. 257a–257b, N. 13.
33 Vgl. oben Ziff. 2.5 sowie Kapitel 1: Mietvertrag für Wohnräume, Ziff. 2.8 und Kapitel 2: Mietvertrag für Geschäftsräume, Ziff. 2.5.2.
34 ZK-Higi, Art. 257, N. 19.
35 BSK-Weber, Art. 269d, N. 6; Lachat et al., S. 302.
36 Vgl. Kapitel 13: Allgemeine Bedingungen zum Mietvertrag für Garagen und Abstellplätze, Ziff. 11.

[37] Vgl. oben Ziff. 2.5 sowie Kapitel 1: Mietvertrag für Wohnräume, Ziff. 2.8 und Kapitel 2: Mietvertrag für Geschäftsräume, Ziff. 2.5.3.
[38] LACHAT ET AL., S. 219.
[39] Vgl. zur Möglichkeit des *Optierens* Kapitel 2: Mietvertrag für Geschäftsräume, Ziff. 2.5.3.
[40] ZK-HIGI, Vorbemerkungen zu Art. 269–270e, N. 82 ff.
[41] Vgl. oben Ziff. 2.5.
[42] Vgl. hierzu SVIT-Kommentar, Vorbem. Art. 269–270e, N. 21 f.
[43] SVIT-Kommentar, Art. 269b, N. 3 f.; ZIHLMANN, S. 197.
[44] ZK-HIGI, Art. 269b, N. 36.
[45] BGE 125 III 358 E. 1b/bb; SVIT-Kommentar, Art. 269b, N. 3.
[46] Sog. vertragliche Anpassungsklauseln, vgl. hierzu ZK-HIGI, Vorbem. zu Art. 269–270e, N. 120 und 144 f.
[47] BSK-Weber, Art. 269a, N. 6a.
[48] ZK-HIGI, Art. 269a, N. 213, 220; Art. 12 Abs. 1 VMWG.
[49] ZK-HIGI, Art. 269a, N. 220.
[50] SVIT-Kommentar, Art. 269a, N. 40.
[51] ZK-HIGI, Art. 269d, N. 106.
[52] ZK-HIGI, Art. 269d, N. 113 f.
[53] Vgl. oben Ziff. 2.8; ZK-HIGI, Art. 269d, N. 108.
[54] Vgl. SVIT-Kommentar, Art. 253a, N. 14.
[55] Vgl. hierzu Einleitung, Ziff. 4.
[56] Vgl. oben Ziff. 2.8.
[57] SVIT-Kommentar, Art. 257c, N. 5.
[58] SCHWENZER, N. 66.09.
[59] Vgl. oben Ziff. 2.5.
[60] Vgl. SCHWENZER, N. 32.39.
[61] Sog. *Salvatorische Klausel,* vgl. SCHWENZER, N. 32.41.
[62] Sog. modifizierte Teilnichtigkeit, vgl. hierzu GAUCH/SCHLUEP/SCHMID/EMMENEGGER, N. 703 ff.
[63] Vgl. Ziff. 1.3.
[64] SCHWENZER, 31.01.

Kapitel 6

Nachträge zu den Mietverträgen

Das Wichtigste in Kürze

Während des Mietverhältnisses kann es dem Bedürfnis des Mieters entsprechen, im Mietobjekt private Apparate zu nutzen, z.B. eine Geschirrspülmaschine. Vielleicht besteht weiter der Wunsch, einen Hund zu halten oder ein Untermietverhältnis einzugehen. Und der Mieter einer Geschäftsliegenschaft möchte sich rechtlich regelmässig für den Fall eines allfälligen Eigentümerwechsels absichern.

All diese Fälle erweitern das Gebrauchsrecht des Mieters, welches mit Abschluss des Mietvertrages ursprünglich begründet wurde. Aufgrund der Vertragsfreiheit und der Parteiautonomie kann der Mietvertrag aber jederzeit mit verschiedenen Nachträgen oder «Bewilligungen» nachträglich geändert werden. Voraussetzung ist allerdings das Einverständnis des Vermieters.

Abgesehen von der eigentlichen Erlaubnis, z.B. im Mietobjekt einen eigenen Geschirrspüler zu benützen, regeln die Muster-Bewilligungen für private Apparate auch, wer hierfür die Kosten zu tragen hat, wer haftet, wie ein Gerät benutzt werden darf und was bei Ende der Mietdauer geschieht.

Haustiere sind heutzutage keine Sachen mehr und haben fast die Stellung eines weiteren Familienmitgliedes. Mit der Muster-Bewilligung zum Halten eines Haustieres wird die Tierhaltung im Mietobjekt geregelt.

Von praktischer Bedeutung ist die Untermiete, sei es, weil z.B. die Wohnung zu gross geworden ist und die Räume nicht länger genutzt werden. Die Bewilligung der Untermiete legt die Bedingungen fest, unter denen der Mieter die Mietsache untervermieten darf.

Abschliessend wird auf die Vormerkung des Mietvertrages im Grundbuch eingegangen, was insbesondere bei der Miete von Geschäftsliegenschaften von Bedeutung ist. In den Ausbau des Mietobjekts wird vom Mieter oft viel Geld investiert, weshalb sich der Mieter rechtlich davor absichern will, dass ein allfälliger späterer Erwerber des Mietobjekts die Mietverträge vorzeitig auflöst.

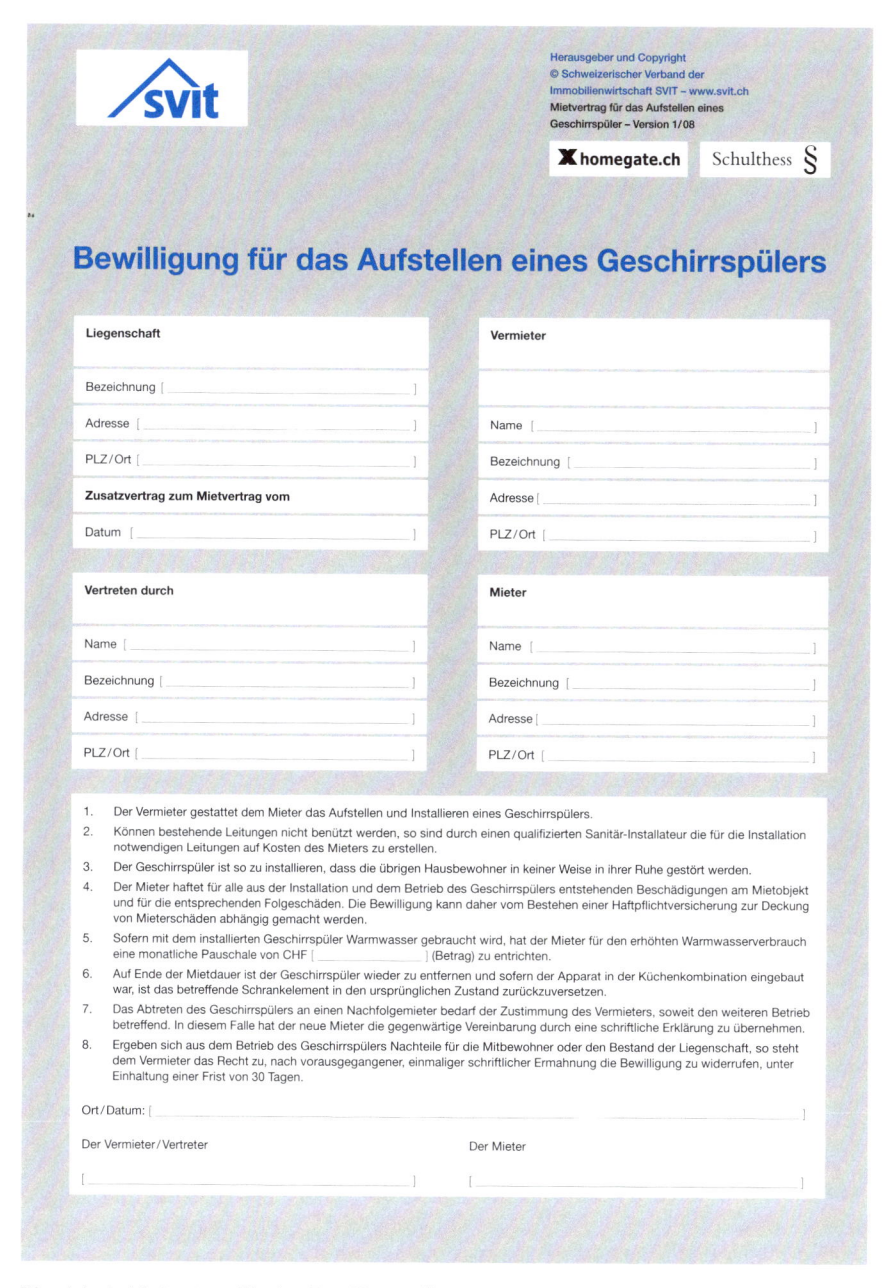

Das Wichtigste in Kürze

Herausgeber und Copyright
© Schweizerischer Verband der Immobilienwirtschaft SVIT – www.svit.ch
Mietvertrag für das Aufstellen eines Geschirrspüler – Version 1/08

X homegate.ch **Schulthess §**

Bewilligung für das Aufstellen eines Geschirrspülers

Liegenschaft
Bezeichnung [   ]
Adresse [   ]
PLZ/Ort [   ]

Zusatzvertrag zum Mietvertrag vom
Datum [   ]

Vertreten durch
Name [   ]
Bezeichnung [   ]
Adresse [   ]
PLZ/Ort [   ]

Vermieter
Name [   ]
Bezeichnung [   ]
Adresse [   ]
PLZ/Ort [   ]

Mieter
Name [   ]
Bezeichnung [   ]
Adresse [   ]
PLZ/Ort [   ]

1. Der Vermieter gestattet dem Mieter das Aufstellen und Installieren eines Geschirrspülers.
2. Können bestehende Leitungen nicht benützt werden, so sind durch einen qualifizierten Sanitär-Installateur die für die Installation notwendigen Leitungen auf Kosten des Mieters zu erstellen.
3. Der Geschirrspüler ist so zu installieren, dass die übrigen Hausbewohner in keiner Weise in ihrer Ruhe gestört werden.
4. Der Mieter haftet für alle aus der Installation und dem Betrieb des Geschirrspülers entstehenden Beschädigungen am Mietobjekt und für die entsprechenden Folgeschäden. Die Bewilligung kann daher vom Bestehen einer Haftpflichtversicherung zur Deckung von Mieterschäden abhängig gemacht werden.
5. Sofern mit dem installierten Geschirrspüler Warmwasser gebraucht wird, hat der Mieter für den erhöhten Warmwasserverbrauch eine monatliche Pauschale von CHF [   ] (Betrag) zu entrichten.
6. Auf Ende der Mietdauer ist der Geschirrspüler wieder zu entfernen und sofern der Apparat in der Küchenkombination eingebaut war, ist das betreffende Schrankelement in den ursprünglichen Zustand zurückzuversetzen.
7. Das Abtreten des Geschirrspülers an einen Nachfolgemieter bedarf der Zustimmung des Vermieters, soweit den weiteren Betrieb betreffend. In diesem Falle hat der neue Mieter die gegenwärtige Vereinbarung durch eine schriftliche Erklärung zu übernehmen.
8. Ergeben sich aus dem Betrieb des Geschirrspülers Nachteile für die Mitbewohner oder den Bestand der Liegenschaft, so steht dem Vermieter das Recht zu, nach vorausgegangener, einmaliger schriftlicher Ermahnung die Bewilligung zu widerrufen, unter Einhaltung einer Frist von 30 Tagen.

Ort/Datum: [   ]

Der Vermieter/Vertreter
[   ]

Der Mieter
[   ]

Dies ist ein Mietvertrag für eine Bewilligung für das Aufstellen eines Geschirrspülers wie er im Kanton Zürich verwendet wird.

Kapitel 6: Nachträge zu den Mietverträgen

Herausgeber und Copyright
© Schweizerischer Verband der
Immobilienwirtschaft SVIT – www.svit.ch
Mietvertrag für für das Aufstellen eines
Kühlgerätes – Version 1/08

homegate.ch   Schulthess §

Bewilligung für das Aufstellen eines Kühlgerätes

Liegenschaft

Bezeichnung [ ]
Adresse [ ]
PLZ/Ort [ ]

Zusatzvertrag zum Mietvertrag vom

Datum [ ]

Vertreten durch

Name [ ]
Bezeichnung [ ]
Adresse [ ]
PLZ/Ort [ ]

Vermieter

Name [ ]
Bezeichnung [ ]
Adresse [ ]
PLZ/Ort [ ]

Mieter

Name [ ]
Bezeichnung [ ]
Adresse [ ]
PLZ/Ort [ ]

1. Der Vermieter gestattet dem Mieter das Aufstellen und Installieren eines Kühlgerätes
   [ )] im Kellerabteil des Mieters [ )] im Vorkeller [ )] [ ]
2. Der Mieter verpflichtet sich zur fachgerechten Installation des Kühlgerätes. Die Installation darf nur durch einen konzessionierten Elektroinstallateur ausgeführt werden.
3. Beim Auszug des Mieters verbleibt die elektrische Installation ohne Kostenfolge für den Vermieter im Hause. Der Mieter verzichtet auf das Wegnahmerecht.
4. Der Anschluss des Kühlgerätes erfolgt an den:
   [ )] Wohnungszähler [ )] Allgemeinzähler [ )] Allgemeinzähler mit Zwischenzähler
5. Erfolgt der Anschluss an den Allgemeinzähler, hat der Mieter eine monatliche Pauschale von CHF [ ] (Betrag) zu entrichten. Die Berechnung dieser Strompauschale stützt sich auf die Angaben der Herstellerfirma des Kühlgerätes über den durchschnittlichen Energieverbrauch sowie auf den örtlichen Strompreis. Bei Erhöhung des Strompreises kann der Vermieter die Strompauschale durch das dafür vorgesehene amtliche Formular an den Mieter jederzeit anpassen. Obgenannte Pauschale stellt ein Mindestentgelt dar.
6. Der Mieter haftet für alle sich aus der Installation und dem Betrieb des Kühlgerätes ergebenden Beschädigungen am Mietobjekt. Der Vermieter entschlägt sich jeder Haftung für Schäden, die am Kühlgerät oder an dessen Inhalt entstehen, sofern er beweist, dass ihn kein Verschulden trifft.
7. Das Abtreten des Kühlgerätes an einen Nachfolger bedarf der Zustimmung des Vermieters, soweit den weiteren Betrieb betreffend. In diesem Falle hat der neue Mieter die gegenwärtige Vereinbarung durch eine schriftliche Erklärung zu übernehmen.
8. Ergeben sich aus dem Betrieb des Kühlgerätes Nachteile für die Mitbewohner oder den Bestand der Liegenschaft, so steht dem Vermieter das Recht zu, nach vorausgegangener, einmaliger schriftlicher Ermahnung die Bewilligung zu widerrufen, unter Einhaltung einer Frist von 30 Tagen.

Datum   Datum
[ ]   [ ]

Der Vermieter / Vertreter   Der Mieter
[ ]   [ ]

Dies ist ein Mietvertrag für eine Bewilligung für das Aufstellen eines Kühlgerätes wie er im Kanton Zürich verwendet wird.

Das Wichtigste in Kürze

Herausgeber und Copyright
© Schweizerischer Verband der
Immobilienwirtschaft SVIT – www.svit.ch
Mietvertrag für für das Aufstellen einer
Waschmaschine – Version 1/08

homegate.ch Schulthess §

Bewilligung für das Aufstellen einer Waschmaschine

Liegenschaft

Bezeichnung [   ]

Adresse [   ]

PLZ/Ort [   ]

Zusatzvertrag zum Mietvertrag vom

Datum [   ]

Vertreten durch

Name [   ]

Bezeichnung [   ]

Adresse [   ]

PLZ/Ort [   ]

Vermieter

Name [   ]

Bezeichnung [   ]

Adresse [   ]

PLZ/Ort [   ]

Mieter

Name [   ]

Bezeichnung [   ]

Adresse [   ]

PLZ/Ort [   ]

1. Der Vermieter gestattet dem Mieter, in dessen Wohnung
   [○] in der Küche
   [○] im Badzimmer
   einen Waschautomaten mit einem auf max. 5 kg Trockenwäsche begrenzten Fassungsvermögen aufzustellen und in Betrieb zu nehmen.
2. Das Einholen einer allfälligen behördlichen Bewilligung ist Sache des Mieters.
3. Können bestehende Leitungen nicht benützt werden, so sind durch den Mieter neue Leitungen auf eigene Kosten zu erstellen.
4. Die Hausbewohner/Mieter allfällig angebauter Liegenschaften dürfen durch den Betrieb der Waschmaschine in keiner Weise belästigt oder gestört werden. Für die Benützung der Waschmaschine gelten die gleichen Zeiten wie für diejenige Anlage, die allen Mietern zugänglich ist.
5. Im Normalfall ist zum Trocknen der Wäsche die Wäschehänge oder der Trocknerraum zu benützen, wobei auf das Benützungsrecht dieser Einrichtung durch die anderen Hausbewohner Rücksicht zu nehmen ist. Die bestehende Wasch- und Trocknerraumordnung ist einzuhalten. Wäsche, welche auf dem Wohnungsbalkon getrocknet wird, darf vom Garten oder der Strasse aus nicht sichtbar sein. Wenn Wäsche in der Wohnung getrocknet wird, so ist für eine zusätzliche, regelmässige und gute Lüftung der Räumlichkeiten zu sorgen, um Schimmelbildung zu vermeiden.
6. Sofern mit der installierten Waschmaschine Warmwasser gebraucht wird, hat der Mieter für den erhöhten Warmwasserverbrauch eine monatliche Pauschale von CHF [   ] (Betrag) zu entrichten. Durch die Belastung dieses Pauschalbetrages ändert sich jedoch weder der Verteilschlüssel noch die Abrechnungsart für die allgemeine Waschmaschinenbenützung in der Nebenkostenabrechnung. Der Mieter hat an die Allgemeinkosten für die Waschmaschinenbenützung seinen vollen Anteil nach Verteilschlüssel zu tragen.
7. Der Mieter haftet für alle sich aus der Installation und dem Betrieb der Maschine ergebenden Beschädigungen am Mietobjekt und für die entsprechenden Folgeschäden.
8. Auf Ende der Mietzeit sind Waschmaschine und Installationen wiederum zu entfernen und der betreffende Raum in den ursprünglichen Zustand zurückzusetzen.

Kapitel 6: Nachträge zu den Mietverträgen

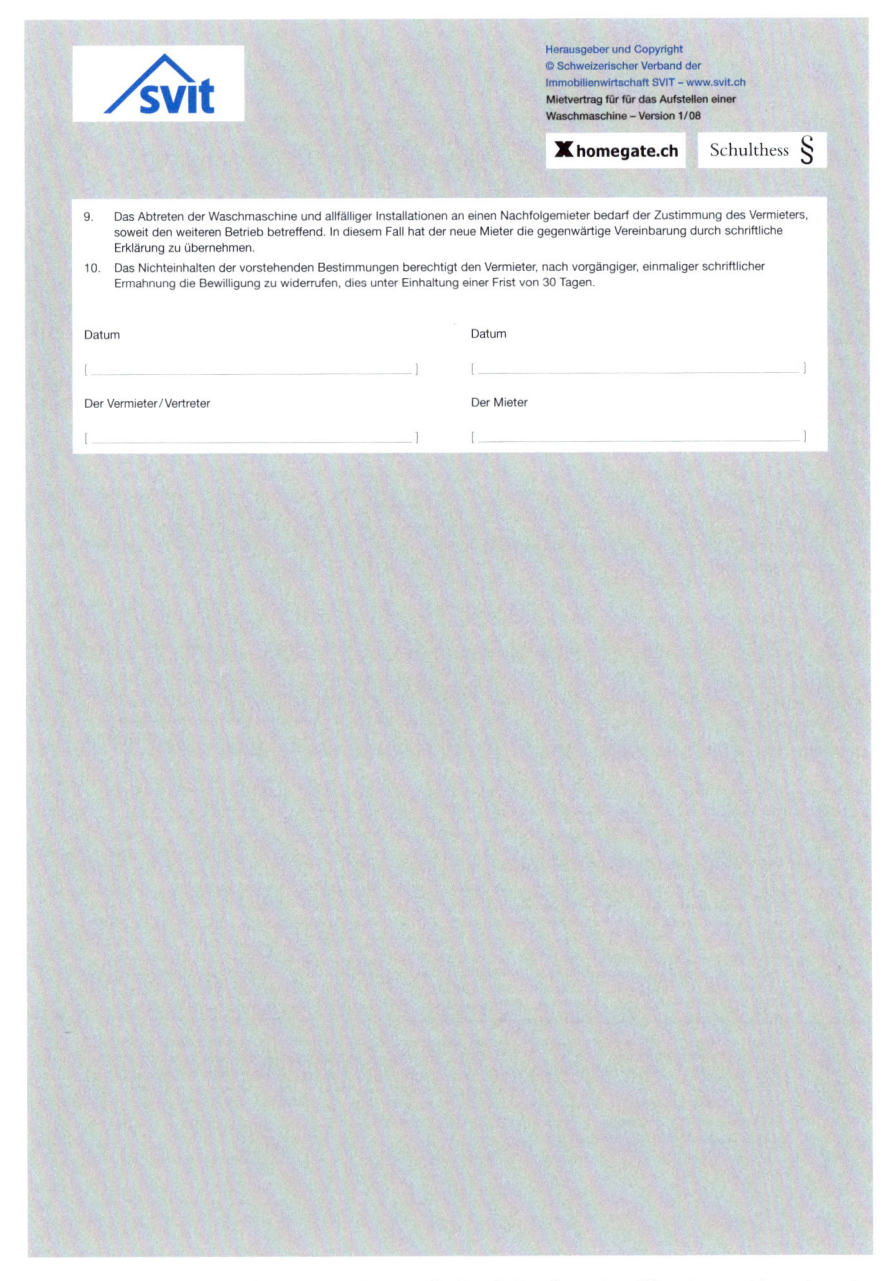

> **Herausgeber und Copyright**
> © Schweizerischer Verband der Immobilienwirtschaft SVIT – www.svit.ch
> Mietvertrag für für das Aufstellen einer Waschmaschine – Version 1/08
>
> 9. Das Abtreten der Waschmaschine und allfälliger Installationen an einen Nachfolgemieter bedarf der Zustimmung des Vermieters, soweit den weiteren Betrieb betreffend. In diesem Fall hat der neue Mieter die gegenwärtige Vereinbarung durch schriftliche Erklärung zu übernehmen.
> 10. Das Nichteinhalten der vorstehenden Bestimmungen berechtigt den Vermieter, nach vorgängiger, einmaliger schriftlicher Ermahnung die Bewilligung zu widerrufen, dies unter Einhaltung einer Frist von 30 Tagen.
>
> Datum [_____]   Datum [_____]
>
> Der Vermieter / Vertreter [_____]   Der Mieter [_____]

Dies ist ein Mietvertrag für eine Bewilligung für das Aufstellen einer Waschmaschine wie er im Kanton Zürich verwendet wird.

Das Wichtigste in Kürze

Herausgeber und Copyright
© Schweizerischer Verband der
Immobilienwirtschaft SVIT – www.svit.ch
Bewilligung zum Halten eines Haustieres
Version 1/08

homegate.ch   Schulthess §

Bewilligung zum Halten eines Haustieres

Liegenschaft

Bezeichnung [   ]

Adresse [   ]

PLZ/Ort [   ]

Zusatzvertrag zum Mietvertrag vom

Datum [   ]

Vertreten durch

Name [   ]

Bezeichnung [   ]

Adresse [   ]

PLZ/Ort [   ]

Vermieter

Name [   ]

Bezeichnung [   ]

Adresse [   ]

PLZ/Ort [   ]

Mieter

Name [   ]

Bezeichnung [   ]

Adresse [   ]

PLZ/Ort [   ]

1. Der Vermieter gestattet dem Mieter auf Zusehen hin [   ] als Haustier zu halten.
2. Dem Mieter obliegt die Pflicht, dafür zu sorgen, dass durch die Tierhaltung weder die Hausruhe gestört wird, noch irgendwelche Verunreinigungen erfolgen.
3. Das Ausführen der Haustiere auf dem Areal der Liegenschaft ist verboten.
4. Ist die Wohnung mit einem textilen Bodenbelag belegt, so verpflichtet sich der Mieter, bei seinem Wegzug sämtliche Beläge einer Tiefenreinigung (Sprühextraktionsverfahren) zu unterziehen. Diese Reinigung kann nur durch ein entsprechend spezialisiertes Reinigungsinstitut ausgeführt werden. Dem Vermieter ist bei der Wohnungsabgabe die entsprechende Ausführungsbestätigung des Institutes vorzulegen.
5. Veränderungen an Balkonen und Gartensitzplätzen sind vorgängig mit der Verwaltung abzusprechen und bedürfen deren ausdrücklichen Zustimmung.
6. Katzenstreu ist mit dem Haushaltskehricht zu entsorgen und darf keinesfalls ins WC geworfen werden.
7. Bei Nichteinhalten dieser Bestimmungen kann die Bewilligung zur Tierhaltung durch den Vermieter unter Einhalten einer Frist von zwei Monaten gekündigt werden, sofern eine einmalige schriftliche Ermahnung fruchtlos oder unbeachtet geblieben ist. Die Kündigung hat mit eingeschriebenem Brief zu erfolgen.
8. Da der Mieter für sämtliche aus der Tierhaltung entstehenden Schäden haftet, macht der Vermieter die Bewilligung vom Bestehen einer Haftpflichtversicherung mit Deckung von Mieterschäden abhängig. Der Mieter hat daher dem Vermieter eine Kopie der Police vorzulegen.

Datum

[   ]

Der Vermieter/Vertreter

[   ]

Datum

[   ]

Der Mieter

[   ]

Dies ist ein Mietvertrag für eine Bewilligung zum Halten eines Haustieres wie er im Kanton Zürich verwendet wird.

Kapitel 6: Nachträge zu den Mietverträgen

Herausgeber und Copyright
© Schweizerischer Verband der
Immobilienwirtschaft SVIT – www.svit.ch
Bewilligung zur Untervermietung einzelner
Räume im Mietobjekt – Version 1/08

Bewilligung zur Untervermietung einzelner Räume im Mietobjekt

Liegenschaft

Bezeichnung [ ]
Adresse [ ]
PLZ/Ort [ ]

Zusatzvertrag zum Mietvertrag vom

Datum [ ]

Vertreten durch

Name [ ]
Bezeichnung [ ]
Adresse [ ]
PLZ/Ort [ ]

Vermieter

Name [ ]
Bezeichnung [ ]
Adresse [ ]
PLZ/Ort [ ]

Mieter

Name [ ]
Bezeichnung [ ]
Adresse [ ]
PLZ/Ort [ ]

1. Gestützt auf die Anfrage vom [ ] (Datum) zur Untervermietung einzelner Räume bzw. Zimmer im Mietobjekt gemäss Mietvertrag, erteilt der Vermieter die Bewilligung zur Untervermietung im Sinne der nachfolgenden Bestimmungen auf Zusehen hin.
2. Folgende Räume im Mietobjekt werden zur Untervermietung bewilligt (Nichtzutreffendes streichen bzw. Zutreffendes ausfüllen!)
   – [ ] (Zahl) Zimmer zur Benutzung als Wohn- und Schlafraum
   – Mitbenutzung Küche/Badezimmer und Toilettenanlage/Allgemeinräume
   – Mitbenutzung Waschküche/Trockenraum/Kellerabteil/Disponibel- oder Bastelraum
3. Die Untermiete beginnt am [ ] (Datum) und endet am [ ] (Datum) bzw. wird auf unbestimmte Zeit festgelegt.
4. Die Untermiete wird bewilligt für

   Name [ ] Vorname [ ]
   Geburtsdatum [ ] Nationalität [ ]
   mit festem Wohnsitz in [ ] Strasse [ ]
   PLZ [ ] Ort [ ]

   Sofern der Untermieter seinen Wohnsitz im Mietvertragsobjekt haben wird, ist dieser verpflichtet, sich bei der örtlichen Einwohnerkontrolle ordentlich anzumelden.

Das Wichtigste in Kürze

Herausgeber und Copyright
© Schweizerischer Verband der
Immobilienwirtschaft SVIT – www.svit.ch
Bewilligung zur Untervermietung einzelner
Räume im Mietobjekt – Version 1/08

5. Der Mieter verpflichtet sich im Weiteren :
   – dem Untermieter die Vertragsbestimmungen (Mietvertrag, Allgemeine Vertragsbestimmungen, Nachträge, Hausordnung, Waschküchenordnung usw.) zur Kenntnis zu bringen und diesen anzuhalten, die entsprechenden Bestimmungen vollumfänglich einzuhalten;
   – dem Untermieter vollumfängliche Sorgfaltspflicht aufzuerlegen, insbesondere was das Mietvertragsobjekt und dessen Zubehör betrifft;
   – den Untermieter anzuhalten, die auferlegte Versicherungspflicht für ihre Person ebenfalls zu erfüllen;
   – für eine geeignete Beschriftung besorgt zu sein.
6. Der Mieter haftet – soweit der Untermieter nicht direkt dazu verpflichtet oder haftbar gemacht werden kann – vollumfänglich für sämtliche Schäden, welche durch den Untermieter verursacht werden.
7. Dem Mieter ist es untersagt, durch die Untervermietung wesentliche materielle Vorteile zu erwirtschaften. So darf das Entgelt für das Überlassen von einzelnen Räumen und Zimmern keinesfalls das Mietzinsvolumen für das Mietvertragsobjekt erreichen oder gar übersteigen, sondern muss in einem vertretbaren, prozentualen Verhältnis zum Gesamtmietzins liegen. Der Vermieter ist jedoch berechtigt, diesbezügliche Überprüfungen beim Mieter zu verlangen, wobei die Beweispflicht beim Mieter liegt.
8. Für Untermieterparteien wird keine Heizkosten-, Warmwasserverbrauchs- und Nebenkostenabrechnung erstellt. Die Aufteilung solcher Kosten ist Sache des Mieters.
9. Soweit in den vorliegenden Bestimmungen nicht anders aufgeführt, gelten die Art. 253 ff. des Obligationenrechts subsidiär.
10. Das Untermietverhältnis darf in keinem Fall über das normale Mietverhältnis hinausgehen; so endet automatisch mit der Beendigung des Mietvertrages um das Mietvertragsobjekt auch das Untermietvertragsverhältnis. Es ist Sache des Mieters, die Untermieterschaft auf eine allfällige Auflösung des Mietvertrages bzw. eine Beendigung des Mietverhältnisses aufmerksam zu machen.
11. Der Vermieter führt mit der Untermietpartei keine Korrespondenz und der Mieter ist verpflichtet, zugehende Informationen des Vermieters an den Untermieter weiterzuleiten.

Datum

[_____]

Der Vermieter / Vertreter

[_____]

Datum

[_____]

Der Mieter

[_____]

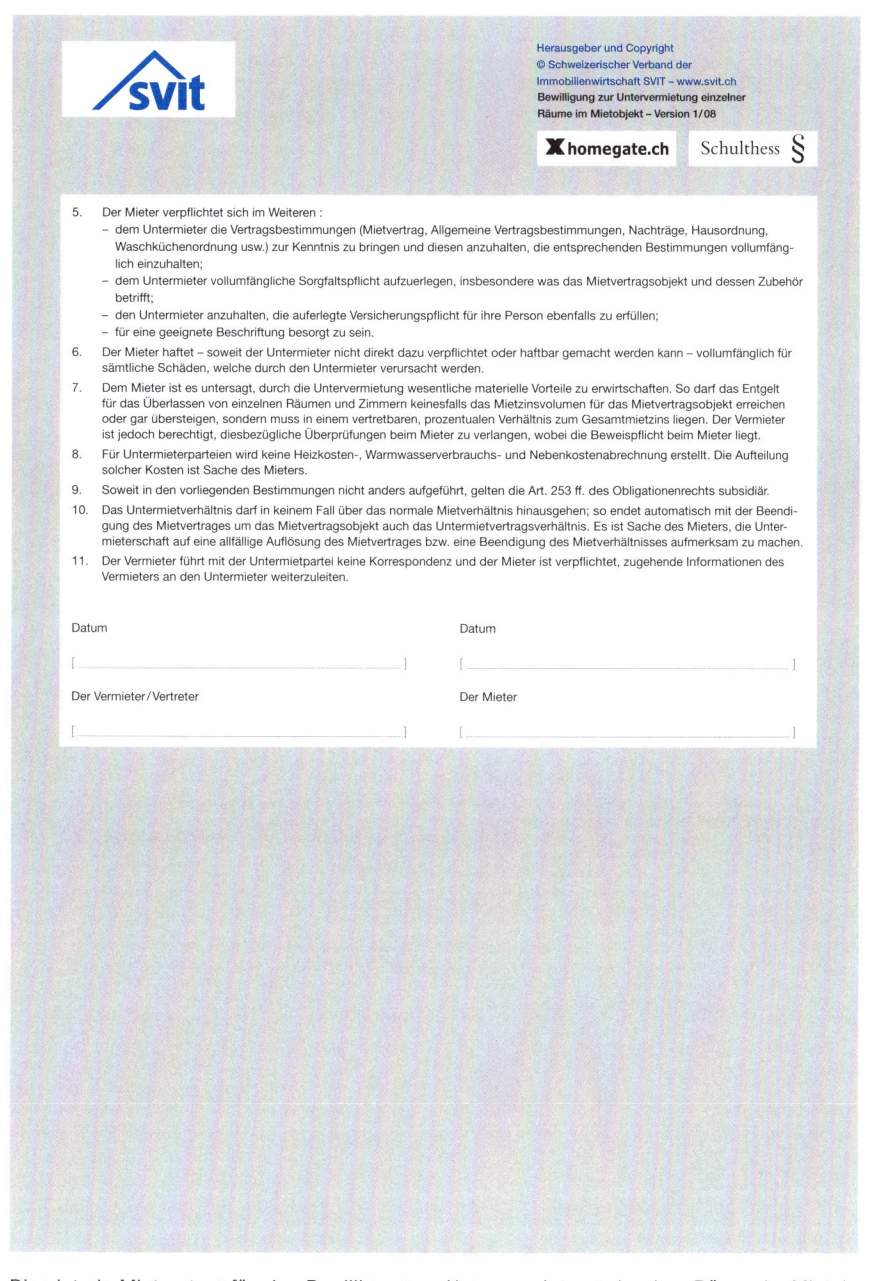

Dies ist ein Mietvertrag für eine Bewilligung zur Untervermietung einzelner Räume im Mietobjekt wie er im Kanton Zürich verwendet wird.

Kapitel 6: Nachträge zu den Mietverträgen

Vormerkung des Mietvertrages im Grundbuch

Herausgeber und Copyright
© Schweizerischer Verband der Immobilienwirtschaft SVIT – www.svit.ch
Vormerkung des Mietvertrages im Grundbuch – Version 1/08

Liegenschaft
Bezeichnung [ ]
Adresse [ ]
PLZ/Ort [ ]

Zusatzvertrag zum Mietvertrag vom
Datum [ ]

Vertreten durch
Name [ ]
Bezeichnung [ ]
Adresse [ ]
PLZ/Ort [ ]

Vermieter
Name [ ]
Bezeichnung [ ]
Adresse [ ]
PLZ/Ort [ ]

Mieter
Name [ ]
Bezeichnung [ ]
Adresse [ ]
PLZ/Ort [ ]

1. Gemäss Schweiz. Obligationenrecht Art. 261b kann bei der Miete an einem Grundstück (Haus, Wohnung usw.) verabredet werden, dass das Mietverhältnis im Grundbuch vorgemerkt wird.
2. Diese Vormerkung bewirkt, dass jeder neue Eigentümer dem Mieter gestatten muss, das Grundstück (Haus, Wohnung usw.) entsprechend dem Mietvertrag zu gebrauchen.
3. Die Kosten für die Vormerkung und die entsprechende Löschung im Grundbuch hat der Mieter zu tragen.
4. Die Eintragung/Vormerkung des Mietvertrages erfolgt über die vereinbarte feste Dauer des Mietverhältnisses, d.h. bis und mit am [ ] (Datum).
   (Erklärende Bemerkung:
   Gemäss Art. 71 Abs.2 der Verordnung betreffend das Grundbuch, GBV, muss die Vormerkung die Mindestvertragsdauer des Mietverhältnisses enthalten. Die Löschung der Vormerkung erfolgt nach Ablauf der Vormerkungsdauer von Amtes wegen.)

Datum
[ ]
Der Vermieter/Vertreter
[ ]

Datum
[ ]
Der Mieter
[ ]

Beilage:
– Original des Mietvertrages

Dies ist ein Mietvertrag für eine Vormerkung des Mietvertrages im Grundbuch wie er im Kanton Zürich verwendet wird.

Kommentierung zu Kapitel 6

1. Bemerkungen zu den Nachträgen zu den Mietverträgen

1.1 Begriff des Nachtrages

Mietverträge sind sog. Dauerschuldverhältnisse. Sie kennzeichnen sich dadurch, dass Vermieter und Mieter ihre Leistungen über einen längeren Zeitraum hinweg erbringen.[1] Aufgrund der andauernden Vertragsdauer kommt es immer wieder vor, dass sich die ursprünglichen Begleitumstände im Verlauf des Mietverhältnisses ändern. Dies erfordert regelmässig eine Anpassung des ursprünglich abgeschlossenen Mietvertrages an die neuen Gegebenheiten. Eine Abänderung eines bestehenden Vertrages in gegenseitigem Einvernehmen ist gestützt auf das Prinzip der Vertragsfreiheit jederzeit möglich.[2] Bei kleineren Änderungen reicht oft ein kurzer Abänderungsvertrag, mit dem der ursprüngliche Mietvertrag nachträglich angepasst wird. Man spricht in diesem Zusammenhang auch von *Nachtrag*. Sind die gewünschten Änderungen indes grösserer Natur, empfiehlt es sich aus Gründen der Übersichtlichkeit, den Vertrag gänzlich neu zu redigieren.

1.2 Nachtrag zu den Mietverträgen

Der Mietvertrag räumt dem Mieter das Recht zum vertragsgemässen Gebrauch der Mietsache ein (Art. 256 Abs. 1 OR). Was zum vertragsgemässen Gebrauch der Mietsache gehört, kann grundsätzlich vertraglich geregelt werden.[3] Die Mietverträge der Schweizer Immobilienwirtschaft schränken das Gebrauchsrecht in dem Sinne ein, als sie folgende Bereiche zwar nicht verbieten, aber von einer Bewilligung des Vermieters abhängig machen:

- Installation von privaten Apparaten (Geschirrspüler, Kühlgerät und Waschmaschine)
- Haustierhaltung
- Untermiete

Weil die Bewilligung seitens des Vermieters nur aus wichtigen Gründen verweigert werden kann, hält die genannte Einschränkung des Gebrauchsrechts vor mieterschutzrechtlichen Grundsätzen stand.[4] Die Bewilligung wird in Form eines Nachtrages zum Mietvertrag erteilt.

Ebenfalls in Form eines Nachtrages kann die Vormerkung des Mietvertrages im Grundbuch zu einem späteren Zeitpunkt vereinbart werden.

1.3 Form des Nachtrages

Sämtliche Mietverträge der Schweizer Immobilienwirtschaft unterstehen dem Schriftlichkeitsvorbehalt. Dies bedeutet, dass ein Mietvertrag sowie dessen Abänderungen oder Ergänzungen einer Form, namentlich der Schriftlichkeit, bedürfen. Zur Schriftlichkeit gehört, dass der Mietvertrag einschliesslich dessen späteren Abänderungen oder Ergänzungen schriftlich vorliegt und von den Parteien rechtsgültig unterzeichnet wird. Mit anderen Worten müssen sämtliche Nachträge von allen Vertragsparteien unterschrieben werden.[5] Im Übrigen ist bei der Vormerkung des Mietvertrages im Grundbuch bereits von Gesetzes wegen die Schriftform vorgeschrieben (Art. 78 Abs. 3 GBV).

2. Bewilligung für das Aufstellen eines Geschirrspülers

2.1 Bewilligungspflicht

> 1. Der Vermieter gestattet dem Mieter das Aufstellen und Installieren eines Geschirrspülers.

Die rechtliche Grundlage für die Bewilligungspflicht für das Aufstellen eines mietereigenen Geschirrspülers befindet sich in den AGB zum Mietvertrag für Wohnräume sowie in den AGB zum Mietvertrag für Nebenräume.[6] Damit ist die Verwendung von privaten Apparaten mit Wasseranschluss im Mietobjekt nur mit schriftlicher Zustimmung des Vermieters gestattet. Der Geschirrspüler wird dabei nur beispielhaft genannt. Der Geltungsbereich der Bewilligungspflicht erstreckt sich sowohl auf Wohn- als auch auf Nebenräume.

- Die Bewilligungspflicht für das Aufstellen eines Geschirrspülers wird im Mietvertrag vorgeschrieben.
- Die Bewilligungspflicht gilt nur bei Benutzung von privaten Geräten mit Wasseranschluss bei der Miete von Wohn- und Nebenräumen.

2.2 Installation des Geschirrspülers

> 2. Können bestehende Leitungen nicht benützt werden, so sind durch einen qualifizierten Sanitär-Installateur die für die Installation notwendigen Leitungen auf Kosten des Mieters zu erstellen.

Der Mietvertrag räumt dem Mieter das Recht ein, das Mietobjekt zu gebrauchen (Art. 253 OR). Das Gebrauchsrecht geht allerdings nicht so weit, dass die Mieträumlichkeiten seitens des Mieters geändert oder erneuert werden dürfen. Hierzu braucht es die schriftliche Zustimmung des Vermieters (Art. 260a Abs. 1 OR).

Kann der Geschirrspüler nicht ohne Weiteres an die bestehenden Leitungen angeschlossen werden, müssen die notwendigen Leitungen neu erstellt werden. Für diese Änderung bzw. Erneuerung der Mietsache erteilt der Vermieter mit vorliegender Klausel zusätzlich sein schriftliches Einverständnis, solche neuen Leitungen zu ziehen. Gleichzeitig wird vereinbart, dass der Mieter für die entstehenden Kosten aufzukommen hat. Diese Regelung ist v. a. bei Mietende von Bedeutung, da der Mieter hiermit auf seinen Entschädigungsanspruch verzichtet, soweit die erstellten Leitungen bei Beendigung des Mietverhältnisses überhaupt einen erheblichen Mehrwert darstellen sollten (vgl. Art. 260a Abs. 3 OR). Darüber hinaus wird bereits in den AGB zum Mietvertrag für Wohnräume sowie in den AGB zum Mietvertrag für Nebenräume festgehalten, dass der Mieter grundsätzlich keinen Entschädigungsanspruch gegenüber dem Vermieter hat.[7]

- Die Bewilligung des Vermieters für das Aufstellen eines Geschirrspülers erlaubt dem Mieter auch das Recht zur Erstellung von allfällig notwendigen Leitungen.
- Die diesbezüglich anfallenden Kosten gehen zulasten des Mieters.

2.3 Benützung des Geschirrspülers

> 3. Der Geschirrspüler ist so zu installieren, dass die übrigen Hausbewohner in keiner Weise in ihrer Ruhe gestört werden.

Der Mieter ist gesetzlich verpflichtet, Rücksicht zu nehmen gegenüber den Hausbewohnern und Nachbarn (Art. 257f Abs. 2 OR). Der Umfang dieser Pflicht ergibt sich überdies aus dem Nachbarrecht, wonach auch übermässige Einwirkungen auf Mitmieter zu unterlassen sind (vgl. Art. 684 ZGB). Im Zusammenhang mit einem Geschirrspüler geht es v. a. um Immissionen durch Lärm.[8] Ferner ist der Umfang der Pflicht zur Rücksichtnahme aufgrund der vertraglichen Vereinbarungen der Parteien über die Art der konkreten Gebrauchsüberlassung sowie dem ortsüblichen Gebrauch und den allgemeinen Anschauungen zu Sitte und Anstand zu ermitteln.[9]

Die Mietverträge der Schweizer Immobilienwirtschaft konkretisieren den Umfang der Pflicht zur Rücksichtnahme in der Hausordnung. Diese bildet integrierender Vertragsbestandteil der Mietverträge für Wohnräume und für Nebenräume. In Ziff. 1 der Hausordnung wird die Pflicht zur gegenseitigen Rücksichtnahme noch einmal bekräftigt. Eine Konkretisierung ist aus Ziff. 4 der Hausordnung ersichtlich, wonach eine nichtabschliessende Liste Tätigkeiten aufführt, die es zu unterlassen gilt. U. a. soll der Mieter zwischen 22.00 Uhr und 06.00 Uhr das starke Ein- und Auslaufenlassen von Wasser unterlassen, womit auch der Betrieb eines Geschirrspülers umfasst sein kann.

- Der Mieter ist gesetzlich und vertraglich verpflichtet, auf seine Nachbarn Rücksicht zu nehmen.

- Der Geschirrspüler ist so zu verwenden, dass Nachbarn durch den dabei entstehenden Lärm nicht übermässig gestört werden.

2.4 Haftung

> 4. Der Mieter haftet für alle aus der Installation und dem Betrieb des Geschirrspülers entstehenden Beschädigungen am Mietobjekt und für die entsprechenden Folgeschäden. Die Bewilligung kann daher vom Bestehen einer Haftpflichtversicherung zur Deckung von Mietersohäden abhängig gemacht werden.

Grundsätzlich haftet der Mieter für Schäden, die von ihm selbst, seinen Mitbewohnern, Angestellten, Gästen oder Haustieren während der Mietdauer verursacht worden sind. Für einen Schaden, der aus der späteren Installation oder dem Betrieb eines mietereigenen Geschirrspülers entsteht, ist daher der Mieter verantwortlich. Aus diesem Grund sollte sich der Mieter mit einer Privathaftpflichtversicherung finanziell absichern.[10]

- Der Mieter haftet für verschuldete Schäden während der Mietdauer.

- Zur finanziellen Absicherung des Mieters und indirekt des Vermieters sollte der Mieter zum Abschluss einer Privathaftpflichtversicherung angehalten werden.

2.5 Entschädigung

> 5. Sofern mit dem installierten Geschirrspüler Warmwasser gebraucht wird, hat der Mieter für den erhöhten Warmwasserverbrauch eine monatliche Pauschale von CHF [_____] (Betrag) zu entrichten.

Aufgrund der abschliessenden Regelung des Mietvertrages für Wohn- oder Nebenräume können ausser den besonders vereinbarten Nebenkosten grundsätzlich keine weiteren Kosten dem Mieter durch einseitige Vertragsänderung belastet werden. Unabhängig davon können aber mit dem Abschluss der Bewilligung für das Aufstellen eines Geschirrspülers die zusätzlichen Kosten für allfälligen Warmwassergebrauch in gegenseitigem Einvernehmen festgelegt werden.

- Entstehen mit dem Betrieb des Geschirrspülers neue Kosten für allfälligen Warmwassergebrauch, die nicht über die bisherige Nebenkostenvereinbarung abgerechnet werden können, so können diese im gegenseitigen Einvernehmen schriftlich festgehalten werden.

2.6 Beendigung Mietdauer

> 6. Auf Ende der Mietdauer ist der Geschirrspüler wieder zu entfernen und sofern der Apparat in der Küchenkombination eingebaut war, ist das betreffende Schrankelement in den ursprünglichen Zustand zurückzuversetzen.

Mit der Bewilligung für das Aufstellen eines Geschirrspülers erteilt der Vermieter seine Zustimmung, dass der Mieter den Geschirrspüler installieren und allenfalls in eine bestehende Küchenkombination einbauen darf. Mit vorliegender Klausel wird sichergestellt, dass der Mieter eine Pflicht zur Wiederherstellung des ursprünglichen Zustandes hat (vgl. Art. 260a Abs. 2 OR).[11]

- Nach Ablauf der Mietdauer muss der Mieter den ursprünglichen Zustand wiederherstellen, d.h. den Geschirrspüler entfernen und allenfalls ein Schrankelement wieder rückbauen.

2.7 Abtretung Geschirrspüler an Nachfolger

> 7. Das Abtreten des Geschirrspülers an einen Nachfolgemieter bedarf der Zustimmung des Vermieters, soweit den weiteren Betrieb betreffend. In diesem Falle hat der neue Mieter die gegenwärtige Vereinbarung durch eine schriftliche Erklärung zu übernehmen.

Die Bewilligung für das Aufstellen eines Geschirrspülers verpflichtet und berechtigt ausschliesslich die Parteien, welche die Bewilligung unterzeichnet haben. Bei einem Mieterwechsel muss die Bewilligung daher vom neuen Mieter übernommen werden, sofern der Betrieb des Geschirrspülers weiterhin erwünscht resp. geduldet wird.

Aus rechtlicher Sicht liegt bei der Übernahme der Bewilligung eine sog. Vertragsübernahme vor. Von ihr spricht man, wenn eine neue Partei in das ganze

Vertragsverhältnis mit dem Vermieter eintritt.[12] Die Vertragsübernahme ist im OR nicht allgemein geregelt. Es handelt sich um einen eigenständigen, dreiseitigen Vertrag, welcher der Zustimmung aller drei Beteiligten bedarf, d.h. des Vermieters, des bisherigen sowie des neuen Mieters.[13]

- Bei einem Mieterwechsel muss die Bewilligung vom neuen Mieter übernommen werden, damit ein privater Geschirrspüler weiterhin benützt werden darf.

- Voraussetzung ist eine Vertragsübernahme, die der Zustimmung des Vermieters, des alten und des neuen Mieters bedarf. Das Vertragsmuster sieht hierfür vor, dass ein neuer Mieter – bei Zustimmung des Vermieters und des bisherigen Mieters – die Bewilligung durch eine schriftliche Erklärung übernimmt.

- Der bisherige und der neue Mieter regeln untereinander, ob und in welchem Umfang eine Entschädigung für den Geschirrspüler geschuldet ist (z.B. aus Kaufvertrag). Möglich ist auch, dass der neue Mieter seinen eigenen Geschirrspüler verwendet.

2.8 Widerruf der Bewilligung

> 8. Ergeben sich aus dem Betrieb des Geschirrspülers Nachteile für die Mitbewohner oder den Bestand der Liegenschaft, so steht dem Vermieter das Recht zu, nach vorausgegangener, einmaliger schriftlicher Ermahnung die Bewilligung zu widerrufen, unter Einhaltung einer Frist von 30 Tagen.

Die Bewilligung für die Benutzung eines privaten Geschirrspülers ist unbefristet. Sie gilt deshalb so lange, bis sie widerrufen wird. Aus rechtlicher Sicht liegt beim Widerruf eine Kündigung vor, welche das unbefristete Dauerschuldverhältnis bez. der Weiterbenützung des Geschirrspülers auflöst.

Die Kündigung der Bewilligung ist vertraglich vorgesehen, wenn sich aus dem Betrieb des Geschirrspülers Nachteile für die Mitbewohner oder den Bestand der Liegenschaft ergeben. Vorstellbar ist in diesem Zusammenhang insbesondere ein Verstoss gegen Ziff. 3 der Bewilligung.[14] Der Vermieter hat im Falle eines Widerrufs den Mieter vorgängig schriftlich zu ermahnen und die Bewilligung gegebenenfalls unter Einhaltung einer dreissigtägigen Frist zu widerrufen. Neben dieser ordentlichen Kündigung besteht zudem die Möglichkeit, die Bewilligung jederzeit aus wichtigen Gründen ausserordentlich zu kündigen.[15]

- Die unbefristete Bewilligung kann seitens des Vermieters ordentlich widerrufen werden, wenn sich aus dem Betrieb des Geschirrspülers Nachteile für die Mitbewohner oder den Bestand der Liegenschaft ergeben.

Hierzu hat der Vermieter den Mieter vorgängig abzumahnen. Im Anschluss kann er die Bewilligung unter Einhaltung einer dreissigtägigen Frist widerrufen.

- Darüber hinaus kann die Bewilligung aus wichtigen Gründen jederzeit ausserordentlich widerrufen werden.

3. Bewilligung für das Aufstellen eines Kühlgerätes

3.1 Bewilligungspflicht

> 1. Der Vermieter gestattet dem Mieter das Aufstellen und Installieren eines Kühlgerätes
> [○] im Kellerabteil des Mieters   [○] im Vorkeller   [○] [_____]

Die rechtliche Grundlage für die Bewilligungspflicht für das Aufstellen eines privaten sprich mietereigenen Kühlgeräts befindet sich in den AGB zum Mietvertrag für Wohnräume sowie in den AGB zum Mietvertrag für Nebenräume.[16] So ist das Anschliessen von privaten Apparaten im Mietobjekt am Allgemeinstrom nur mit schriftlicher Zustimmung des Vermieters gestattet. Beispielhaft werden dabei die Tiefkühltruhe sowie die Kühltruhe aufgezählt. Der Geltungsbereich der Bewilligungspflicht erstreckt sich sowohl auf Wohn- als auch auf Nebenräume.

- Die Bewilligungspflicht für das Aufstellen eines privaten Kühlgeräts wird im Mietvertrag vorgeschrieben.
- Die Bewilligungspflicht gilt nur bei der Miete von Wohn- und Nebenräumen.
- Der Ort der Installation (Kellerabteil des Mieters, Vorkeller etc.) ist zu bezeichnen.

3.2 Installation des Kühlgeräts

> 2. Der Mieter verpflichtet sich zur fachgerechten Installation des Kühlgerätes. Die Installation darf nur durch einen konzessionierten Elektroinstallateur ausgeführt werden.

Der Mietvertrag räumt dem Mieter das Recht ein, das Mietobjekt zu gebrauchen (Art. 253 OR). Das Gebrauchsrecht geht allerdings nicht so weit, dass die Mieträumlichkeiten seitens des Mieters geändert oder erneuert werden dürfen. Hierzu braucht es die schriftliche Zustimmung des Vermieters (Art. 260a Abs. 1 OR).

Kann das Kühlgerät nicht ohne Weiteres an das Stromnetz angeschlossen werden, müssen die notwendigen Leitungen und Apparaturen installiert werden. Für diese Änderung bzw. Erneuerung der Mietsache erteilt der Vermieter mit vorliegender Klausel zusätzlich sein schriftliches Einverständnis, solche neuen Leitungen zu ziehen. Gleichzeitig wird vereinbart, dass sich der Mieter zur Installation verpflichtet; er hat daher auch die damit verbundenen Kosten zu tragen.[17]

Weiter wird festgelegt, dass die Installation nur durch einen konzessionierten Elektroinstallateur ausgeführt werden kann; d.h. der Elektroninstallateur muss über eine sog. Installationsbewilligung nach NIV verfügen. Das NIV regelt u. a. die Voraussetzungen für das Arbeiten an elektrischen Niederspannungsinstallationen (elektrische Installationen, Art. 1 Abs. 1 NIV). Wer elektrische Installationen durchführt, bedarf einer Installationsbewilligung des Starkstrominspektorates (ESTI).

- Die Bewilligung des Vermieters für das Aufstellen eines Kühlgeräts erlaubt dem Mieter auch das Recht zur Erstellung von Leitungen und Apparaturen, die für den Anschluss ans Stromnetz erforderlich sind.
- Die diesbezüglich anfallenden Kosten gehen zulasten des Mieters.
- Die Installation hat durch einen konzessionierten Elektroinstallateur zu erfolgen. Eine Liste aller konzessionierten Elektroinstallateuren befindet sich unter der Internetseite *aikb.esti.ch*.

3.3 Verzicht auf Entschädigungsanspruch

> 3. Beim Auszug des Mieters verbleibt die elektrische Installation ohne Kostenfolge für den Vermieter im Hause. Der Mieter verzichtet auf das Wegnahmerecht.

Weisen die installierten Leitungen und Apparaturen bei Beendigung des Mietverhältnisses einen Mehrwert auf, wäre der Mieter berechtigt, hierfür eine Entschädigung zu verlangen (vgl. Art. 260a Abs. 3 OR). Die gesetzliche Bestimmung ist jedoch dispositiver Natur. Mit anderen Worten ist die Klausel, wonach der Mieter auf eine diesbezügliche Entschädigung verzichtet, gültig.[18] Gleich verhält es sich mit der Verpflichtung des Mieters, eine allfällige elektrische Installation entschädigungslos im Mietobjekt zu belassen.[19] Darüber hinaus wird bereits in den AGB zum Mietvertrag für Wohnräume sowie in den AGB zum Mietvertrag für Nebenräume festgehalten, dass der Mieter grundsätzlich keinen Entschädigungsanspruch gegenüber dem Vermieter hat.[20]

- Mieter verzichtet rechtsgültig auf Entschädigungsanspruch und Wegnahmerecht.

3.4 Stromanschluss

> 4. Der Anschluss des Kühlgerätes erfolgt an den:
> [ ] Wohnungszähler   [ ] Allgemeinzähler   [ ] Allgemeinzähler mit Zwischenzähler

- Im Hinblick auf die Überwälzung der zusätzlichen Stromkosten auf den Mieter, die aus dem Betrieb des Kühlgeräts entstehen, muss definiert werden, an welchen Stromzähler das Kühlgerät angeschlossen wird.

3.5 Entschädigung

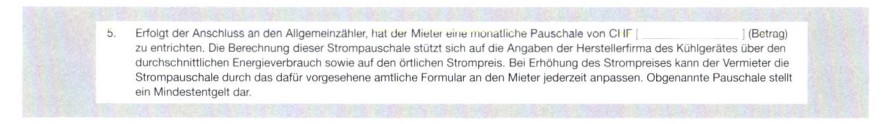

> 5. Erfolgt der Anschluss an den Allgemeinzähler, hat der Mieter eine monatliche Pauschale von CHF [   ] (Betrag) zu entrichten. Die Berechnung dieser Strompauschale stützt sich auf die Angaben der Herstellerfirma des Kühlgerätes über den durchschnittlichen Energieverbrauch sowie auf den örtlichen Strompreis. Bei Erhöhung des Strompreises kann der Vermieter die Strompauschale durch das dafür vorgesehene amtliche Formular an den Mieter jederzeit anpassen. Obgenannte Pauschale stellt ein Mindestentgelt dar.

Sofern das Kühlgerät an den Wohnungsstromzähler angeschlossen wird, werden die damit verbundenen Stromkosten direkt beim Mieter anfallen. Es handelt sich dabei um Verbraucherkosten, die keiner speziellen vertraglichen Regelung bedürfen.

Erfolgt der Anschluss hingegen an den Allgemeinstromzähler, so fallen die damit verbundenen Stromkosten zunächst einmal beim Vermieter an. Aufgrund der abschliessenden Regelung des Mietvertrages für Wohn- oder Nebenräume können dem Mieter ausser den vereinbarten Nebenkosten grundsätzlich keine weiteren Kosten belastet werden. Unabhängig davon können aber mit dem Abschluss der Bewilligung für das Aufstellen eines Kühlgeräts die Kosten für den zusätzlichen Stromverbrauch, der sich aus dem Anschluss an den Allgemeinstromzähler ergibt, in gegenseitigem Einvernehmen festgelegt werden.

- Ist das Kühlgerät an den Wohnungsstromzähler angeschlossen, trägt der Mieter die damit verbundenen Stromkosten direkt.
- Befindet sich das Kühlgerät am Allgemeinstromzähler, so müssen die damit verbundenen Stromkosten im gegenseitigen Einvernehmen durch die Unterzeichnung der Bewilligung geregelt werden; nur so dürfen sie dem Mieter verrechnet werden.

3.6 Haftung

> 6. Der Mieter haftet für alle sich aus der Installation und dem Betrieb des Kühlgerätes ergebenden Beschädigungen am Mietobjekt. Der Vermieter entschlägt sich jeder Haftung für Schäden, die am Kühlgerät oder an dessen Inhalt entstehen, sofern er beweist, dass ihn kein Verschulden trifft.

Grundsätzlich haftet der Mieter für Schäden, die von ihm selbst, seinen Mitbewohnern, Angestellten, Gästen oder Haustieren während der Mietdauer verursacht worden sind. Für einen Schaden, der aus der späteren Installation oder dem Betrieb eines mietereigenen Kühlgeräts entsteht, ist daher der Mieter verantwortlich. Aus diesem Grund sollte sich der Mieter mit einer Privathaftpflichtversicherung finanziell absichern.[21]

- Der Mieter haftet grundsätzlich für verschuldete Schäden während der Mietdauer.

- Zur finanziellen Absicherung des Mieters und indirekt des Vermieters sollte der Mieter zum Abschluss einer Privathaftpflichtversicherung angehalten werden.

3.7 Abtretung Kühlgerät an Nachfolger

> 7. Das Abtreten des Kühlgerätes an einen Nachfolger bedarf der Zustimmung des Vermieters, soweit den weiteren Betrieb betreffend. In diesem Falle hat der neue Mieter die gegenwärtige Vereinbarung durch eine schriftliche Erklärung zu übernehmen.

Die Bewilligung für das Aufstellen eines Kühlgeräts verpflichtet und berechtigt ausschliesslich die Parteien, welche die Bewilligung unterzeichnet haben. Bei einem Mieterwechsel muss die Bewilligung daher vom neuen Mieter übernommen werden, sofern der Betrieb des Kühlgeräts weiterhin erwünscht resp. geduldet wird.

Aus rechtlicher Sicht liegt bei der Übernahme der Bewilligung eine sog. Vertragsübernahme vor. Von ihr spricht man, wenn eine neue Partei in das ganze Vertragsverhältnis mit dem Vermieter eintritt.[22] Die Vertragsübernahme ist im OR nicht allgemein geregelt. Es handelt sich um einen eigenständigen, dreiseitigen Vertrag, welcher der Zustimmung aller drei Beteiligten bedarf, d. h. des Vermieters, des bisherigen sowie des neuen Mieters.[23]

- Bei einem Mieterwechsel muss die Bewilligung vom neuen Mieter übernommen werden, damit ein privates Kühlgerät weiterhin benützt werden darf.

- Voraussetzung ist eine Vertragsübernahme, die der Zustimmung des Vermieters, des alten und des neuen Mieters bedarf. Das Vertragsmuster sieht hierfür vor, dass ein neuer Mieter – bei Zustimmung des Vermieters und des bisherigen Mieters – die Bewilligung durch eine schriftliche Erklärung übernimmt.

- Der bisherige und der neue Mieter regeln untereinander, ob und in welchem Umfang eine Entschädigung für das Kühlgerät geschuldet ist (z.B. aus Kaufvertrag). Möglich ist auch, dass der neue Mieter sein eigenes Kühlgerät verwendet.

3.8 Widerruf der Bewilligung

> 8. Ergeben sich aus dem Betrieb des Kühlgerätes Nachteile für die Mitbewohner oder den Bestand der Liegenschaft, so steht dem Vermieter das Recht zu, nach vorausgegangener, einmaliger schriftlicher Ermahnung die Bewilligung zu widerrufen, unter Einhaltung einer Frist von 30 Tagen.

Die Bewilligung für das Aufstellen eines Kühlgeräts ist unbefristet. Sie gilt deshalb so lange, bis sie widerrufen wird. Aus rechtlicher Sicht liegt bei Widerruf eine Kündigung vor, welche das unbefristete Dauerschuldverhältnis bez. der Weiterbenützung des Kühlgeräts auflöst.

Die Kündigung der Bewilligung ist vertraglich vorgesehen, wenn sich aus dem Betrieb des Kühlgeräts Nachteile für die Mitbewohner oder den Bestand der Liegenschaft ergeben. Der Vermieter hat im Falle eines Widerrufs den Mieter vorgängig schriftlich zu ermahnen und die Bewilligung gegebenenfalls unter Einhaltung einer dreissigtägigen Frist zu widerrufen. Neben dieser ordentlichen Kündigung besteht zudem die Möglichkeit, die Bewilligung jederzeit aus wichtigen Gründen ausserordentlich zu kündigen.[24]

- Die unbefristete Bewilligung kann seitens des Vermieters ordentlich widerrufen werden, wenn sich aus dem Betrieb des Kühlgeräts Nachteile für die Mitbewohner oder den Bestand der Liegenschaft ergeben. Hierzu hat der Vermieter den Mieter vorgängig zu mahnen. Im Anschluss kann er die Bewilligung unter Einhaltung einer dreissigtägigen Frist widerrufen.

- Darüber hinaus kann die Bewilligung aus wichtigen Gründen jederzeit ausserordentlich widerrufen werden.

4. Bewilligung für das Aufstellen einer Waschmaschine

4.1 Bewilligungspflicht

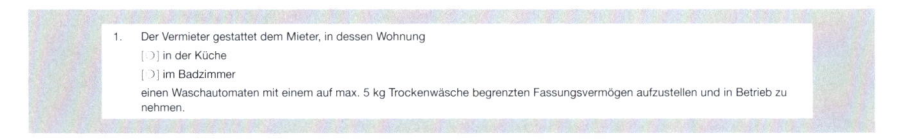

> 1. Der Vermieter gestattet dem Mieter, in dessen Wohnung
>   [○] in der Küche
>   [○] im Badzimmer
>   einen Waschautomaten mit einem auf max. 5 kg Trockenwäsche begrenzten Fassungsvermögen aufzustellen und in Betrieb zu nehmen.

Die rechtliche Grundlage für die Bewilligungspflicht für das Aufstellen einer Waschmaschine befindet sich in den AGB zum Mietvertrag für Wohnräume sowie in den AGB zum Mietvertrag für Nebenräume.[25] So ist die Verwendung von privaten Apparaten mit Wasseranschluss im Mietobjekt nur mit schriftlicher Zustimmung des Vermieters gestattet. Die Waschmaschine wird dabei beispielhaft aufgezählt. Der Geltungsbereich der Bewilligungspflicht erstreckt sich sowohl auf Wohn- als auch auf Nebenräume.

- Die Bewilligungspflicht für das Aufstellen einer Waschmaschine ist vertraglich im Mietvertrag verankert.
- Bewilligungspflicht nur bei der Miete von Wohn- und Nebenräumen.
- Der Ort der Installation (Küche oder Badzimmer) ist zu bezeichnen.

4.2 Behördliche Bewilligung

> 2. Das Einholen einer allfälligen behördlichen Bewilligung ist Sache des Mieters.

Der Mieter wird verpflichtet, allfällige behördliche Bewilligungen selbst einzuholen. Diese Pflicht bezieht sich nicht direkt auf den Betrieb der Waschmaschine. Hierfür ist soweit ersichtlich keine behördliche Bewilligung erforderlich. Hingegen bedarf es einer Baubewilligung, wenn bauliche Veränderungen vorgenommen werden (z.B. Verschieben einer inneren Trennwand).

- Der Betrieb einer Waschmaschine bedarf bei normalem Betrieb keiner behördlichen Bewilligung.
- Indes ist eine Baubewilligung einzuholen, wenn damit bauliche Veränderungen verbunden sind.

4.3 Installation der Waschmaschine

> 3. Können bestehende Leitungen nicht benützt werden, so sind durch den Mieter neue Leitungen auf eigene Kosten zu erstellen.

Der Mietvertrag räumt dem Mieter das Recht ein, das Mietobjekt zu gebrauchen (Art. 253 OR). Das Gebrauchsrecht geht allerdings nicht so weit, dass die Mieträumlichkeiten seitens des Mieters geändert oder erneuert werden dürfen. Hierzu braucht es die schriftliche Zustimmung des Vermieters (Art. 260a Abs. 1 OR).

Kann die Waschmaschine nicht ohne Weiteres an die bestehenden Leitungen angeschlossen werden, müssen die notwendigen Leitungen neu erstellt werden. Für diese Änderung bzw. Erneuerung der Mietsache erteilt der Vermieter mit vorliegender Klausel zusätzlich sein schriftliches Einverständnis, solche neuen Leitungen zu ziehen. Gleichzeitig wird vereinbart, dass der Mieter für die entstehenden Kosten aufzukommen hat. Diese Regelung ist v. a. bei Mietende von Bedeutung, da der Mieter hiermit auf seinen Entschädigungsanspruch verzichtet, soweit die erstellten Leitungen bei Beendigung des Mietverhältnisses überhaupt einen erheblichen Mehrwert darstellen sollten (vgl. Art. 260a Abs. 3 OR). Darüber hinaus wird bereits in den AGB zum Mietvertrag für Wohnräume sowie in den AGB zum Mietvertrag für Nebenräume festgehalten, dass der Mieter grundsätzlich keinen Entschädigungsanspruch gegenüber dem Vermieter hat.[26]

- Die Bewilligung des Vermieters für das Aufstellen einer Waschmaschine erlaubt dem Mieter auch das Recht zur Erstellung von allfällig notwendigen Leitungen.
- Die diesbezüglich anfallenden Kosten gehen zulasten des Mieters.

4.4 Benützung der Waschmaschine

> 4. Die Hausbewohner / Mieter allfällig angebauter Liegenschaften dürfen durch den Betrieb der Waschmaschine in keiner Weise belästigt oder gestört werden. Für die Benützung der Waschmaschine gelten die gleichen Zeiten wie für diejenige Anlage, die allen Mietern zugänglich ist.

Der Mieter ist gesetzlich verpflichtet, Rücksicht zu nehmen gegenüber den Hausbewohnern und Nachbarn (Art. 257f Abs. 2 OR). Der Umfang dieser Pflicht ergibt sich überdies aus dem Nachbarrecht, wonach auch übermässige Einwirkungen auf Mitmieter zu unterlassen sind (vgl. Art. 684 ZGB). Im Zusammenhang mit einer Waschmaschine geht es v. a. um Immissionen durch Lärm.[27] Ferner ist der Umfang der Pflicht zur Rücksichtnahme aufgrund der vertraglichen Vereinbarungen der Parteien über die Art der konkreten Gebrauchsüberlassung sowie dem ortsüblichen Gebrauch und den allgemeinen Anschauungen zu Sitte und Anstand zu ermitteln.[28]

Die Mietverträge der Schweizer Immobilienwirtschaft konkretisieren den Umfang der Pflicht zur Rücksichtnahme in der Hausordnung. Diese bildet integrierender Vertragsbestandteil der Mietverträge für Wohnräume und für Nebenräume. In Ziff. 1 der Hausordnung wird die Pflicht zur gegenseitigen Rücksichtnahme noch einmal bekräftigt. Eine Konkretisierung ist aus Ziff. 4 der Hausordnung ersichtlich, wonach eine nichtabschliessende Liste Tätigkeiten aufführt sind, die es zu unterlassen gilt. U. a. soll der Mieter zwischen 22.00 Uhr und 06.00 Uhr die Benützung von Waschmaschinen und Tumblern unterlassen.

- Der Mieter ist gesetzlich und vertraglich verpflichtet, auf seine Nachbarn Rücksicht zu nehmen.

- Die Waschmaschine ist so zu verwenden, dass Nachbarn durch den dabei entstehenden Lärm nicht übermässig gestört werden. Insbesondere hat der Mieter die Benützung der Waschmaschine zwischen 22.00 Uhr und 06.00 Uhr zu unterlassen.

4.5 Trocknen der Wäsche

> 5. Im Normalfall ist zum Trocknen der Wäsche die Wäschehänge oder der Trocknerraum zu benützen, wobei auf das Benützungsrecht dieser Einrichtung durch die anderen Hausbewohner Rücksicht zu nehmen ist. Die bestehende Wasch- und Trocknerraumordnung ist einzuhalten. Wäsche, welche auf dem Wohnungsbalkon getrocknet wird, darf vom Garten oder der Strasse aus nicht sichtbar sein. Wenn Wäsche in der Wohnung getrocknet wird, so ist für eine zusätzliche, regelmässige und gute Lüftung der Räumlichkeiten zu sorgen, um Schimmelbildung zu vermeiden.

Die Bewilligung für das Aufstellen einer Waschmaschine regelt in erster Linie die Benützung der Waschmaschine. Auf den Waschvorgang folgt üblicherweise das Trocknen der Wäsche. Hierzu appelliert das Formular an die Pflicht zur Rücksichtnahme gegenüber Nachbarn und verweist auf die bereits bestehende Wäsche- und Trocknerraumordnung.[29]

Darüber hinaus regelt die Mietbewilligung auch den Ort der Trocknung. Gemäss Ziff. 3 der Hausordnung zum Mietvertrag für Wohn- und Nebenräume darf Wäsche nur an den dafür vorgesehenen Orten (Estrich, Trockenraum oder Aufhängeplatz) aufgehängt werden. Im Sinne einer Ausnahmeregelung gestattet die Bewilligung auch das Trocknen der Wäsche auf dem Wohnungsbalkon, wobei die Wäsche vom Garten oder der Strasse aus nicht sichtbar sein sollte. Ein «südlicher Touch» ist mit anderen Worten nicht erwünscht. Weiter erlaubt die Bewilligung das Trocknen der Wäsche in der

Kommentierung zu Kapitel 6

Wohnung, sofern für eine zusätzliche, regelmässige und gute Lüftung der Räumlichkeiten gesorgt wird.

- Der Mieter hat beim Trocknen der Wäsche auf Nachbarn Rücksicht zu nehmen und die geltende Wasch- und Trocknerraumordnung zu beachten.
- Wäsche darf auf dem Wohnungsbalkon getrocknet werden, wobei ein «südlicher Touch» zu vermeiden ist. Weiter ist das Trocknen der Wäsche in der Wohnung erlaubt, sofern eine gute Lüftung gewährleistet ist.

4.6 Entschädigung

> 6. Sofern mit der installierten Waschmaschine Warmwasser gebraucht wird, hat der Mieter für den erhöhten Warmwasserverbrauch eine monatliche Pauschale von CHF [   ] (Betrag) zu entrichten. Durch die Belastung dieses Pauschalbetrages ändert sich jedoch weder der Verteilschlüssel noch die Abrechnungsart für die allgemeine Waschmaschinenbenützung in der Nebenkostenabrechnung. Der Mieter hat an die Allgemeinkosten für die Waschmaschinenbenützung seinen vollen Anteil nach Verteilschlüssel zu tragen.

Aufgrund der abschliessenden Regelung des Mietvertrages für Wohn- oder Nebenräume können ausser den besonders vereinbarten Nebenkosten grundsätzlich keine weiteren Kosten dem Mieter durch einseitige Vertragsänderung belastet werden. Unabhängig davon können aber mit dem Abschluss der Bewilligung für das Aufstellen einer Waschmaschine die zusätzlichen Kosten für allfälligen Warmwassergebrauch in gegenseitigem Einvernehmen festgelegt werden.

- Entstehen mit dem Betrieb der Waschmaschine neue Kosten für allfälligen Warmwassergebrauch, die nicht über die bisherigen Nebenkostenvereinbarung abgerechnet werden können, so können diese im gegenseitigen Einvernehmen schriftlich festgehalten werden.

4.7 Haftung

> 7. Der Mieter haftet für alle sich aus der Installation und dem Betrieb der Maschine ergebenden Beschädigungen am Mietobjekt und für die entsprechenden Folgeschäden.

Grundsätzlich haftet der Mieter für Schäden, die von ihm selbst, seinen Mitbewohnern, Angestellten, Gästen oder Haustieren während der Mietdauer verursacht worden sind. Für einen Schaden, der aus der späteren Installation oder dem Betrieb einer mietereigenen Waschmaschine entsteht, ist daher der Mieter verantwortlich. Aus diesem Grund sollte sich der Mieter mit einer Privathaftpflichtversicherung finanziell absichern.[30]

- Der Mieter haftet für verschuldete Schäden während der Mietdauer.
- Zur finanziellen Absicherung des Mieters und indirekt des Vermieters sollte der Mieter zum Abschluss einer Privathaftpflichtversicherung angehalten werden.

4.8 Beendigung Mietdauer

> 8. Auf Ende der Mietzeit sind Waschmaschine und Installationen wiederum zu entfernen und der betreffende Raum in den ursprünglichen Zustand zurückzusetzen.

Mit der Bewilligung für das Aufstellen einer Waschmaschine erteilt der Vermieter seine Zustimmung, dass der Mieter die Waschmaschine installieren und allenfalls hierzu benötigte Installationen durchführen darf. Mit vorliegender Klausel wird sichergestellt, dass der Mieter eine Pflicht zur Wiederherstellung des ursprünglichen Zustandes hat (vgl. Art. 260a Abs. 2 OR).[31]

- Nach Ablauf der Mietdauer muss der Mieter den ursprünglichen Zustand wiederherstellen, d.h. die Waschmaschine entfernen und den Ort der Installation in ursprünglichen Zustand zurückversetzen.

4.9 Abtretung Waschmaschine an Nachfolger

> 9. Das Abtreten der Waschmaschine und allfälliger Installationen an einen Nachfolgemieter bedarf der Zustimmung des Vermieters, soweit den weiteren Betrieb betreffend. In diesem Fall hat der neue Mieter die gegenwärtige Vereinbarung durch schriftliche Erklärung zu übernehmen.

Die Bewilligung für das Aufstellen einer Waschmaschine verpflichtet und berechtigt ausschliesslich die Parteien, welche die Bewilligung unterzeichnet haben. Bei einem Mieterwechsel muss die Bewilligung daher vom neuen Mieter übernommen werden, sofern der Betrieb der Waschmaschine weiterhin erwünscht resp. geduldet wird.

Aus rechtlicher Sicht liegt bei der Übernahme der Bewilligung eine sog. Vertragsübernahme vor. Von ihr spricht man, wenn eine neue Partei in das ganze Vertragsverhältnis mit dem Vermieter eintritt.[32] Die Vertragsübernahme ist im OR nicht allgemein geregelt. Es handelt sich um einen eigenständigen, dreiseitigen Vertrag, welcher der Zustimmung aller drei Beteiligten bedarf, d.h. des Vermieters, des bisherigen sowie des neuen Mieters.[33]

- Bei einem Mieterwechsel muss die Bewilligung vom neuen Mieter übernommen werden, damit eine private Waschmaschine weiterhin benützt werden darf.

- Voraussetzung ist eine Vertragsübernahme, die der Zustimmung des Vermieters, des alten und des neuen Mieters bedarf. Das Vertragsmuster sieht hierfür vor, dass ein neuer Mieter – bei Zustimmung des Vermieters und des bisherigen Mieters – die Bewilligung durch eine schriftliche Erklärung übernimmt.

- Der bisherige und der neue Mieter regeln untereinander, ob und in welchem Umfang eine Entschädigung für die Waschmaschine geschuldet ist (z.B. aus Kaufvertrag). Möglich ist auch, dass der neue Mieter seine eigene Waschmaschine verwendet.

4.10 Widerruf der Bewilligung

> 10. Das Nichteinhalten der vorstehenden Bestimmungen berechtigt den Vermieter, nach vorgängiger, einmaliger schriftlicher Ermahnung die Bewilligung zu widerrufen, dies unter Einhaltung einer Frist von 30 Tagen.

Die Bewilligung für die Benutzung einer privaten Waschmaschine ist unbefristet. Sie gilt deshalb so lange, bis sie widerrufen wird. Aus rechtlicher Sicht liegt beim Widerruf eine Kündigung vor, welche das unbefristete Dauerschuldverhältnis bez. der Weiterbenützung der Waschmaschine auflöst.

Die Kündigung der Bewilligung ist vertraglich vorgesehen, wenn sich aus dem Betrieb der Waschmaschine Nachteile für die Mitbewohner oder den Bestand der Liegenschaft ergeben. Vorstellbar ist in diesem Zusammenhang insbesondere ein Verstoss gegen Ziff. 4 und Ziff. 5 der Bewilligung.[34] Der Vermieter hat im Falle eines Widerrufs den Mieter vorgängig schriftlich zu ermahnen und die Bewilligung gegebenenfalls unter Einhaltung einer dreissigtägigen Frist zu widerrufen. Neben dieser ordentlichen Kündigung besteht zudem die Möglichkeit, die Bewilligung jederzeit aus wichtigen Gründen ausserordentlich zu kündigen.[35]

- Die unbefristete Bewilligung kann seitens des Vermieters ordentlich widerrufen werden, wenn sich aus dem Betrieb der Waschmaschine Nachteile für die Mitbewohner oder den Bestand der Liegenschaft ergeben. Hierzu hat der Vermieter den Mieter vorgängig abzumahnen. Im Anschluss kann er die Bewilligung unter Einhaltung einer dreissigtägigen Frist widerrufen.

- Darüber hinaus kann die Bewilligung aus wichtigen Gründen jederzeit ausserordentlich widerrufen werden.

5. Bewilligung zum Halten eines Haustieres

5.1 Bewilligungspflicht

> 1. Der Vermieter gestattet dem Mieter auf Zusehen hin [   ] als Haustier zu halten.

Der Geltungsbereich der Bewilligungspflicht für das Halten eines Haustieres erstreckt sich nur auf Wohnräume. Die rechtliche Grundlage für die Bewilligungspflicht befindet sich in den AGB zum Mietvertrag für Wohnräume.[36] So bedürfen das Halten von grösseren Haustieren (z.B. Katzen, Hasen, Hunde, Papageien, Reptilien) sowie das Aufstellen von Aquarien mit mehr als 300 Liter Fassung der schriftlichen Zustimmung des Vermieters. Hingegen dürfen Kleintiere wie Hamster, Kanarienvögel und Zierfische in den Wohnungen gehalten werden, ohne dass der Vermieter hierzu seine schriftliche Zustimmung gibt.[37]

Gemäss dem Vertragsmuster wird die Bewilligung «auf Zusehen hin» erteilt. Damit ist bereits der Entzug einer solchen erteilten Bewilligung angesprochen.[38]

Bei der Bezeichnung des zu bewilligenden Haustieres ist zu beachten, dass die Gerichte unklare oder missverständliche Formulierungen zuungunsten des Vermieters auslegen. Wenn beispielsweise ein «Hund» bewilligt wird, so wäre es dem Mieter überlassen, ob er einen Zwergpudel oder eine Dogge in seinen Haushalt aufnehmen möchte. Aus diesem Grund empfiehlt sich die exakte Bezeichnung des zu bewilligenden Haustieres.

- Die Bewilligungspflicht für das Halten eines Haustieres ist im Mietvertrag geregelt.

- Die Bewilligungspflicht besteht nur bei der Miete von Wohnräumen und beim Halten von grösseren Haustieren (z.B. Hunde). Für Kleintiere (z.B. Hamster) braucht es keine Bewilligung.

- Anzahl und Art des zu bewilligenden Haustieres sind genau zu bezeichnen, um spätere Missverständnisse zu vermeiden.

5.2 Tierhaltung

> 2. Dem Mieter obliegt die Pflicht, dafür zu sorgen, dass durch die Tierhaltung weder die Hausruhe gestört wird, noch irgendwelche Verunreinigungen erfolgen.

Der Mieter ist gesetzlich verpflichtet, Rücksicht zu nehmen gegenüber den anderen Hausbewohnern und Nachbarn (Art. 257f Abs. 2 OR). Der Umfang dieser Pflicht ergibt sich aus dem Nachbarrecht, wonach übermässige Einwirkungen auf Mitmieter zu unterlassen sind (vgl. Art. 684 ZGB). Im Zusammenhang mit dem Halten eines Haustieres geht es v. a. um Immissionen durch Lärm und üble Gerüche.[39] Ferner ist der Umfang der Pflicht zur Rücksichtnahme aus den vertraglichen Vereinbarungen der Parteien über die Art der konkreten Gebrauchsüberlassung sowie aus dem ortsüblichen Gebrauch und den allgemeinen Anschauungen zu Sitte und Anstand zu ermitteln.[40]

Die Mietverträge der Schweizer Immobilienwirtschaft konkretisieren den Umfang der Rücksichtspflicht in den AGB sowie in der Hausordnung. Diese bilden integrierender Vertragsbestandteil der Mietverträge für Wohnräume. In Ziff. 1 der Hausordnung wird die Pflicht zur gegenseitigen Rücksichtnahme noch einmal wiederholt. Eine Konkretisierung ist aus Ziff. 4 ersichtlich, wonach eine nichtabschliessende Liste Tätigkeiten aufführt, die es zu unterlassen gilt. U. a. soll der Mieter das unbeaufsichtigte Laufen lassen von Hunden, Katzen und anderen grösseren Haustieren unterlassen. Ferner ist der Mieter aufgrund Ziff. 11 der AGB verpflichtet, Tiere unter der Beachtung der Wohnhygiene artgerecht zu halten, allfällige Nagetiere dauernd im Käfig einzuschliessen und das Herumlaufen lassen der Haustiere in der Wohnung zu verhindern.

- Mieter ist gesetzlich und vertraglich verpflichtet, auf Nachbarn Rücksicht zu nehmen.
- Die Haustiere sind so zu halten, dass Nachbarn durch den dabei entstehenden Lärm und die auftretenden üblen Gerüche nicht übermässig gestört werden.

5.3 Ausführverbot der Haustiere

> 3. Das Ausführen der Haustiere auf dem Areal der Liegenschaft ist verboten.

In Ergänzung zu den bereits erwähnten Bestimmungen zur Tierhaltung gilt ein generelles Ausführverbot der Haustiere auf dem Areal der Liegenschaft.

- Haustiere dürfen auf dem Areal der Liegenschaft nicht ausgeführt werden.

5.4 Beendigung Mietdauer

> 4. Ist die Wohnung mit einem textilen Bodenbelag belegt, so verpflichtet sich der Mieter, bei seinem Wegzug sämtliche Beläge einer Tiefenreinigung (Sprühextraktionsverfahren) zu unterziehen. Diese Reinigung kann nur durch ein entsprechend spezialisiertes Reinigungsinstitut ausgeführt werden. Dem Vermieter ist bei der Wohnungsabgabe die entsprechende Ausführungsbestätigung des Institutes vorzulegen.

Der Mieter hat dem Vermieter die Mietsache am Mietende in dem Zustand zurückzugeben, der sich aus dem vertragsgemässen Gebrauch derselben ergibt (Art. 267 Abs. 1 OR). Die Qualität der Rückgabeleistung oder der Zustand der zurückzugebenden Mietsache richtet sich also danach, wie der Mieter die Mietsache gemäss Vertrag gebrauchen durfte.[41] So ist z.B. die Mietsache nur dann sorgfältig und fachgerecht gereinigt zurückzugeben, wenn ihre Reinigung zum vertraglichen Gebrauch gehört.[42]

Vor diesem Hintergrund wird der Mieter vertraglich verpflichtet, allfällige textile Bodenbeläge im Mietobjekt einer Tiefenreinigung zu unterziehen, wobei diese Reinigung nur von einem spezialisierten Reinigungsinstitut ausgeführt werden darf.

- Mieter hat Mietsache in dem Zustand zurückzugeben, der sich aus dem vertragsgemässen Gebrauch ergibt.
- Die Reinigung des Mietobjekts gehört nur dann zum vertragsgemässen Gebrauch, sofern dies vertraglich vereinbart wurde.
- Der Mieter kann vertraglich verpflichtet werden, textile Bodenbeläge durch ein auf Tiefenreinigung spezialisiertes Institut reinigen zu lassen.

5.5 Veränderungen an der Mietsache

> 5. Veränderungen an Balkonen und Gartensitzplätzen sind vorgängig mit der Verwaltung abzusprechen und bedürfen deren ausdrücklichen Zustimmung.

Der Mietvertrag räumt dem Mieter das Recht ein, das Mietobjekt zu gebrauchen (Art. 253 OR). Das Gebrauchsrecht geht allerdings nicht so weit, dass die Mieträumlichkeiten seitens des Mieters geändert oder erneuert werden dürfen. Hierzu braucht es die schriftliche Zustimmung des Vermieters (Art. 260a Abs. 1 OR).

In diesem Sinne ist der Vermieter um eine ausdrückliche Zustimmung zu ersuchen, sofern vom Mieter für das Halten eines Haustieres insbesondere bauliche Veränderungen an Balkonen oder Gartensitzplätzen gewünscht werden. Hierfür hat der Mieter gemäss den AGB zum Mietvertrag für Wohnräume keinen Entschädigungsanspruch gegenüber dem Vermieter.[43] Eine allfällige Entschädigung kann indes im Rahmen der Zustimmung des Vermieters vereinbart werden.

- Bauliche Veränderungen oder Erneuerungen an Mietsachen bedürfen der schriftlichen Zustimmung des Vermieters.
- Für weitere Abänderungen an Balkonen oder Gartensitzplätzen ist der Vermieter ebenfalls um die ausdrückliche Zustimmung zu bitten.
- Der Mieter hat für vorgenommene Abänderungen oder Erneuerung grundsätzlich (sofern nicht vereinbart) keinen Entschädigungsanspruch gegenüber dem Vermieter.

5.6 Katzenstreu

> 6. Katzenstreu ist mit dem Haushaltskehricht zu entsorgen und darf keinesfalls ins WC geworfen werden.

In Ergänzung zu den bereits erwähnten Bestimmungen zur Tierhaltung und mit Verweis auf die allgemeine Pflicht des Mieters, das Mietobjekt sorgfältig zu gebrauchen (Art. 257f. Abs. 1 OR), wird in der Musterbewilligung festgehalten, dass Katzenstreu mit dem Haushaltskehricht zu entsorgen ist und keinesfalls ins WC geworfen werden darf. Damit bekräftigt die Bewilligung Ziff. 4 der Hausordnung, wonach der Mieter es zu unterlassen hat, harte Gegenstände, Asche, Kehricht- und Kohleabfälle, hygienische Binden und Wegwerfwindeln, Katzenstreu usw. in das WC zu werfen.

- Katzenstreu ist mit dem Haushaltskehricht zu entsorgen; es darf nicht ins WC geworfen werden.

5.7 Kündigung der Bewilligung

> 7. Bei Nichteinhalten dieser Bestimmungen kann die Bewilligung zur Tierhaltung durch den Vermieter unter Einhalten einer Frist von zwei Monaten gekündigt werden, sofern eine einmalige schriftliche Ermahnung fruchtlos oder unbeachtet geblieben ist. Die Kündigung hat mit eingeschriebenem Brief zu erfolgen.

Die Bewilligung für das Halten eines Haustieres ist unbefristet. Sie gilt deshalb so lange, bis sie widerrufen wird. Aus rechtlicher Sicht liegt bei Widerruf eine Kündigung vor, welche das unbefristete Dauerschuldverhältnis bez. Halten des Haustieres auflöst.

Die Kündigung der Bewilligung ist vertraglich vorgesehen, wenn die Bestimmungen der Bewilligung nicht eingehalten werden. Der Vermieter hat im

Falle eines Widerrufs den Mieter vorgängig schriftlich zu ermahnen und die Bewilligung gegebenenfalls unter Einhaltung einer zweimonatigen Frist zu widerrufen. Neben dieser ordentlichen Kündigung besteht zudem die Möglichkeit, die Bewilligung jederzeit aus wichtigen Gründen ausserordentlich zu kündigen.[44]

- Die unbefristete Bewilligung kann seitens des Vermieters ordentlich widerrufen werden, wenn Bestimmungen der Bewilligung nicht eingehalten werden. Hierzu hat der Vermieter den Mieter vorgängig zu mahnen. Im Anschluss kann er die Bewilligung unter Einhaltung einer zweimonatigen Frist widerrufen.
- Darüber hinaus kann die Bewilligung aus wichtigen Gründen jederzeit ausserordentlich widerrufen werden.

5.8 Haftung

> 8. Da der Mieter für sämtliche aus der Tierhaltung entstehenden Schäden haftet, macht der Vermieter die Bewilligung vom Bestehen einer Haftpflichtversicherung mit Deckung von Mieterschäden abhängig. Der Mieter hat daher dem Vermieter eine Kopie der Police vorzulegen.

Grundsätzlich haftet der Mieter für Schäden, die von ihm selbst, seinen Mitbewohnern, Angestellten, Gästen oder Haustieren während der Mietdauer verursacht worden sind. Für einen Schaden, der aus der Haltung eines Haustieres entsteht, ist daher der Mieter verantwortlich. Aus diesem Grund wird die Bewilligung vom Abschluss einer entsprechenden Privathaftpflichtversicherung abhängig gemacht.[45]

- Mieter haftet grundsätzlich für verschuldete Schäden während Mietdauer.
- Zur finanziellen Absicherung des Mieters und indirekt des Vermieters muss der Mieter zum Abschluss einer Privathaftpflichtversicherung angehalten werden.

6. Bewilligung zur Untervermietung einzelner Räume im Mietobjekt

6.1 Bewilligungspflicht

> 1. Gestützt auf die Anfrage vom [_____] (Datum) zur Untervermietung einzelner Räume bzw. Zimmer im Mietobjekt gemäss Mietvertrag, erteilt der Vermieter die Bewilligung zur Untervermietung im Sinne der nachfolgenden Bestimmungen auf Zusehen hin.

Der Mieter ist grundsätzlich nicht verpflichtet, die Mietsache dauerhaft selbst zu gebrauchen.[46] Er kann daher sein Gebrauchsrecht an der Mietsache einem Dritten ganz oder teilweise mietvertraglich einräumen. Zwischen Hauptmieter (Untervermieter) und Drittem (Untermieter) kommt ein sog. Untermietvertrag zustande.

Das Zustandekommen der Untermiete ist abhängig von der Zustimmung des Vermieters. Die rechtliche Grundlage hierfür befindet sich im Gesetz (Art. 262 OR) und wird in den AGB zum Mietvertrag für Wohnräume, Geschäftsräume und Nebenräume bekräftigt.[47] So kann der Mieter die Mietsache nur mit der Zustimmung des Vermieters ganz oder teilweise untervermieten, wobei der Vermieter seine Zustimmung nur aus folgenden vier Gründen verweigern kann:

- Vertragswidriger Gebrauch durch den Untermieter;
- Weigerung des Mieters, die Bedingungen der Untermiete bekannt zu geben;
- Missbräuchliche Untervermietungs-Bedingungen;
- Wesentliche Nachteile für den Vermieter.

Sofern die genannten Verweigerungsgründe nicht vorliegen, hat der Mieter grundsätzlich das Recht, die Mietsache unterzuvermieten. In diesem Zusammenhang hat jedoch das Bundesgericht wiederholt festgehalten, dass sich ein Mieter nur dann auf das gesetzlich vorgesehene Recht zur Untervermietung berufen kann, wenn er beabsichtigt, das Mietobjekt in absehbarer Zeit tatsächlich wieder selbst zu bewohnen. Ansonsten würde das Institut der Untermiete in rechtsmissbräuchlicher Weise dazu benutzt, faktisch in Eigenregie einen Nachmieter einzusetzen.[48] Es ist weiter denkbar, dass die genannten Verweigerungsgründe nicht bereits im Zeitpunkt der Zustimmung vorhanden sind, sondern erst später eintreten können. Sofern der Mieter sich auf Mahnung hin weigert, den beanstandeten Verweigerungsgrund zu beseitigen, ist der Vermieter berechtigt, die erteilte Zustimmung zu widerrufen.[49] In diesem Sinne wird die Bewilligung gemäss der Musterbewilligung «auf Zusehen hin» erteilt. Da durch den allfälligen Widerruf der Zustimmung die Gebrauchsrechte des Mieters eingeschränkt werden, muss der Rückzug der Zustimmung auf amtlichem Formular bekannt gegeben und begründet werden.[50]

- Die Untermiete ist ein Mietverhältnis zwischen dem Hauptmieter und dem Untermieter. Es bedarf der Zustimmung des Vermieters.
- Der Vermieter darf seine Zustimmung nur aus vier gesetzlich definierten Gründen verweigern.
- Sofern Verweigerungsgründe später eintreten, kann Vermieter die Zustimmung nur per amtlichem Formular widerrufen.

6.2 Teilweise Untervermietung

> 2. Folgende Räume im Mietobjekt werden zur Untervermietung bewilligt (Nichtzutreffendes streichen bzw. Zutreffendes ausfüllen!)
> – [   ] (Zahl) Zimmer zur Benutzung als Wohn- und Schlafraum
> – Mitbenutzung Küche/Badezimmer und Toilettenanlage/Allgemeinräume
> – Mitbenutzung Waschküche/Trockenraum/Kellerabteil/Disponibel- oder Bastelraum

Vorliegende Musterbewilligung ist auf die teilweise Untervermietung ausgerichtet, d.h. auf die Untervermietung einzelner Räume im Mietobjekt.

- Räume, die zur Untermiete bewilligt werden sollen, sind exakt zu bezeichnen.

6.3 Dauer der Untermiete

> 3. Die Untermiete beginnt am [   ] (Datum) und endet am [   ] (Datum) bzw. wird auf unbestimmte Zeit festgelegt.

Die Zustimmung zur Untermiete wird gemäss vorliegender Musterbewilligung nicht generell erteilt; vielmehr bezieht sie sich auf ein konkretes Untermietverhältnis zwischen den konkret bezeichneten Parteien und bezüglich des konkreten Untermietgegenstandes. Die Zustimmung gilt dementsprechend so lange, wie das Haupt- und Untermietverhältnis besteht. Auch Letzteres kann entweder befristet oder unbefristet ausgestaltet werden.[51] In beiden Fällen kann aber das Untermietverhältnis nicht länger andauern als das Hauptmietverhältnis.[52]

- Der Beginn der Untermiete bestimmt den Zeitpunkt, an dem das Mietobjekt (einzelne Räume) übergeben wird (meist mit der Schlüsselübergabe als Übertragungssurrogat) und damit der Untermietvertrag zu laufen beginnt.

- Falls das Untermietverhältnis befristet abgeschlossen wird, ist die zeitliche Beschränkung der Mietdauer zu vermerken.

6.4 Untermieter

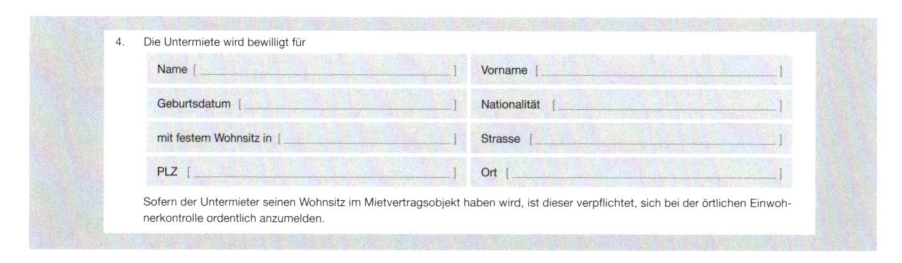

> 4. Die Untermiete wird bewilligt für
> Name [   ] Vorname [   ]
> Geburtsdatum [   ] Nationalität [   ]
> mit festem Wohnsitz in [   ] Strasse [   ]
> PLZ [   ] Ort [   ]
> Sofern der Untermieter seinen Wohnsitz im Mietvertragsobjekt haben wird, ist dieser verpflichtet, sich bei der örtlichen Einwohnerkontrolle ordentlich anzumelden.

Wie bereits erwähnt, bezieht sich die Zustimmung des Vermieters zur Untermiete auf ein bestimmtes Untermietverhältnis zwischen konkret bezeichneten Parteien.[53] Aus diesem Grund sind die Personalien des Untermieters genau und vollständig anzugeben.

- Personalien des Untermieters sind detailliert anzugeben.

- Begründet der Untermieter seinen Wohnsitz im Untermietobjekt, hat er sich bei der örtlichen Einwohnerkontrolle anzumelden.

6.5 Weitere Pflichten des Mieters

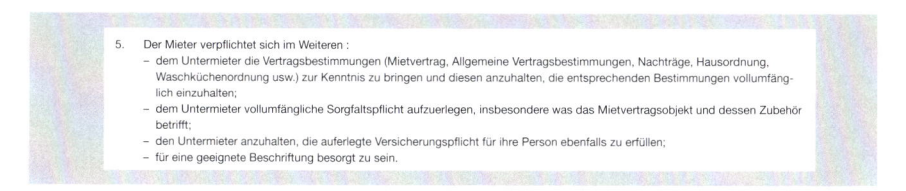

> 5. Der Mieter verpflichtet sich im Weiteren :
> – dem Untermieter die Vertragsbestimmungen (Mietvertrag, Allgemeine Vertragsbestimmungen, Nachträge, Hausordnung, Waschküchenordnung usw.) zur Kenntnis zu bringen und diesen anzuhalten, die entsprechenden Bestimmungen vollumfänglich einzuhalten;
> – dem Untermieter vollumfängliche Sorgfaltspflicht aufzuerlegen, insbesondere was das Mietvertragsobjekt und dessen Zubehör betrifft;
> – den Untermieter anzuhalten, die auferlegte Versicherungspflicht für ihre Person ebenfalls zu erfüllen;
> – für eine geeignete Beschriftung besorgt zu sein.

Den Mieter trifft eine besondere Haftung dafür, dass der Untermieter die Mietsache nicht anders gebraucht, als es ihm selbst gestattet ist (Art. 262 Abs. 3 OR). Mit anderen Worten muss der Mieter seine Pflichten aus dem Hauptmietverhältnis auch seinem Untermieter auferlegen, sonst wird er schadenersatzpflichtig.[54] Hierzu gehören u.a. Pflichten, die aus dem Hauptmietverhältnis inkl. Anhänge fliessen, z.B. die Pflicht zum Abschluss einer Haftpflichtversicherung oder die Pflicht zur Anfertigung eines Namensschildes.

- Der Mieter haftet dem Vermieter dafür, dass der Untermieter die Mietsache nicht anders gebraucht, als es ihm selbst gemäss Gesetz und Hauptmietvertrag gestattet ist.
- Vor diesem Hintergrund muss der Mieter seinen Untermieter anhalten, die Pflichten aus dem Hauptmietvertrag, insbesondere die Sorgfaltspflicht, zu wahren.

6.6 Haftung des Mieters

> 6. Der Mieter haftet – soweit der Untermieter nicht direkt dazu verpflichtet oder haftbar gemacht werden kann – vollumfänglich für sämtliche Schäden, welche durch den Untermieter verursacht werden.

Der Mieter haftet dem Vermieter für das Verhalten des Untermieters nach den Regeln über die Haftung für Hilfspersonen (Art. 101 OR). So hat der Mieter gegenüber dem Hauptvermieter z.B. für den Schaden einzustehen, wenn der Untermieter das Mietobjekt bei Beendigung des Hauptmietverhältnisses nicht oder zu spät verlässt.[55] Der Mieter kann sich von dieser Haftung nur befreien, wenn er nachweist, dass auch ihn selbst – hätte er anstelle des Untermieters gehandelt – kein Verschulden getroffen hätte.[56]

- Der Mieter haftet dem Vermieter für das Verhalten des Untermieters gemäss den Regeln über die Haftung für Hilfspersonen.

6.7 Missbräuchlicher Mietzins

> 7. Dem Mieter ist es untersagt, durch die Untervermietung wesentliche materielle Vorteile zu erwirtschaften. So darf das Entgelt für das Überlassen von einzelnen Räumen und Zimmern keinesfalls das Mietzinsvolumen für das Mietvertragsobjekt erreichen oder gar übersteigen, sondern muss in einem vertretbaren, prozentualen Verhältnis zum Gesamtmietzins liegen. Der Vermieter ist jedoch berechtigt, diesbezügliche Überprüfungen beim Mieter zu verlangen, wobei die Beweispflicht beim Mieter liegt.

Bedingungen der Untermiete, welche im Vergleich zu denjenigen des Hauptmietvertrages missbräuchlich sind, stellen einen Verweigerungsgrund dar (Art. 262 Abs. 2 lit. b OR).[57] Beim Begriff der missbräuchlichen Untermietbedingungen hatte der Gesetzgeber v. a. den missbräuchlichen Mietzins im Visier.[58] Ob ein missbräuchlicher Mietzins vorliegt, bestimmt sich nach der Relation zwischen dem Hauptmietzins und dem vereinbarten Untermietzins. Ein im Vergleich zum Hauptmietzins erhöhter Untermietzins rechtfertigt sich nur dann, wenn der Unterschied durch Leistungen des Mieters begründet ist (z.B. Möblierung).[59]

- Der Untermietzins darf nicht missbräuchlich sein, sondern muss – im Vergleich zum Hauptmietzins – in einem vertretbaren Rahmen liegen.

- Der Vermieter hat das Recht, jederzeit über den Stand der Bedingungen der Untermiete informiert zu werden.

6.8 Nebenkostenaufteilung

> 8. Für Untermieterparteien wird keine Heizkosten-, Warmwasserverbrauchs- und Nebenkostenabrechnung erstellt. Die Aufteilung solcher Kosten ist Sache des Mieters.

Vertragsparteien des Untermietvertrages sind der Untervermieter resp. der Hauptmieter sowie der Untermieter.[60] Der Hauptvermieter erteilt zwar mittels der vorliegenden Bewilligung die Zustimmung zur Untervermietung, ist aber selber nicht Vertragspartei des Untermietvertrages. Folgerichtig gehört die Aufteilung der Nebenkosten zwischen dem Hauptmieter und dem Untermieter ausschliesslich ins Vertragsverhältnis zwischen dem Untervermieter und dem Untermieter.

- Die Aufteilung der Nebenkosten betrifft das Vertragsverhältnis zwischen Untervermieter und Untermieter und muss entsprechend dort geregelt werden.

6.9 Geltung des Mietrechts

> 9. Soweit in den vorliegenden Bestimmungen nicht anders aufgeführt, gelten die Art. 253 ff. des Obligationenrechts subsidiär.

In rechtlicher Hinsicht wird der Hauptmieter bei der Untermiete zum Vermieter und der Untermieter zum Mieter. Mit anderen Worten besteht zwischen dem Untervermieter und dem Untermieter grundsätzlich ein «gewöhnlicher Mietvertrag» mit den entsprechenden Rechten und Pflichten gemäss den Bestimmungen nach Art. 253 ff. OR.[61]

- Die Untermiete ist rechtlich gesehen ein gewöhnlicher Mietvertrag, weshalb die Bestimmungen von Art. 253 ff. OR Anwendung finden.

6.10 Beendigung der Untermiete

> 10. Das Untermietverhältnis darf in keinem Fall über das normale Mietverhältnis hinausgehen; so endet automatisch mit der Beendigung des Mietvertrages um das Mietvertragsobjekt auch das Untermietvertragsverhältnis. Es ist Sache des Mieters, die Untermieterschaft auf eine allfällige Auflösung des Mietvertrages bzw. eine Beendigung des Mietverhältnisses aufmerksam zu machen.

Die Untermiete setzt die Existenz eines Hauptmietverhältnisses voraus. Deshalb kann die Untermiete nach Beendigung des Hauptmietverhältnisses nicht fortgesetzt werden.[62] Vor diesem Hintergrund hat der Mieter bei Kündigung des Hauptmietverhältnisses dafür besorgt zu sein, das Untermietverhältnis rechtzeitig zu kündigen. Ansonsten kann er gegenüber dem Untermieter schadenersatzpflichtig werden.[63]

- Die Untermiete ist rechtlich vom Bestand eines Hauptmietverhältnisses abhängig.

- Nach der Beendigung des Hauptmietverhältnisses ist die Fortsetzung des Untermietverhältnisses unmöglich. In diesem Fall hat der Mieter den Untermietvertrag rechtzeitig zu kündigen, um dem Untermieter gegenüber nicht schadenersatzpflichtig zu werden.

6.11 Korrespondenz

> 11. Der Vermieter führt mit der Untermietpartei keine Korrespondenz und der Mieter ist verpflichtet, zugehende Informationen des Vermieters an den Untermieter weiterzuleiten.

Zwischen dem Hauptvermieter und dem Untermieter besteht kein Vertragsverhältnis. Folgerichtig führt der Vermieter mit dem Untermieter grundsätzlich keine Korrespondenz. Es ist Sache des Mieters, wichtige Informationen an seinen Untermieter weiterzuleiten. In diesem Zusammenhang sei jedoch erwähnt, dass das Gesetz dem Hauptvermieter einen Anspruch gegenüber dem Untermieter auf Einhaltung des Gebrauchsrechts einräumt (Art. 262 Abs. 3 OR).

7. Vormerkung des Mietvertrages im Grundbuch

7.1 Abrede der Vormerkung

> 1. Gemäss Schweiz. Obligationenrecht Art. 261b kann bei der Miete an einem Grundstück (Haus, Wohnung usw.) verabredet werden, dass das Mietverhältnis im Grundbuch vorgemerkt wird.

Wenn eine vermietete Liegenschaft den Eigentümer wechselt, so gehen die Mietverträge auf den neuen Eigentümer über – «Kauf bricht Miete nicht» (Art. 261 Abs. 1 OR). Allerdings hat der neue Eigentümer unmittelbar nach der Eigentumsübertragung ein ausserordentliches Kündigungsrecht (Art. 261 Abs. 2 OR). Die Vormerkung des Mietvertrages im Grundbuch verschafft dem Mieter diesfalls die Sicherheit, dass sein Mietvertrag auch von einem späteren Erwerber der Liegenschaft respektiert werden muss.[64]

Die Abrede der Vormerkung ist eine Vereinbarung der Parteien darüber, dass der Mietvertrag vorgemerkt werden soll (Art. 261b Abs. 1 OR).[65] Sie bedarf der Schriftform (Art. 78 Abs. 3 GBV).

- Die Vormerkung sichert den Mieter ab vor einer ausserordentlichen Kündigung eines zukünftigen Erwerbers der Liegenschaft.
- Die Vormerkung muss von den Parteien schriftlich vereinbart werden.

7.2 Wirkung der Vormerkung

> 2. Diese Vormerkung bewirkt, dass jeder neue Eigentümer dem Mieter gestatten muss, das Grundstück (Haus, Wohnung usw.) entsprechend dem Mietvertrag zu gebrauchen.

Die Rechtsfolge der Vormerkung richtet sich nach Art. 261b Abs. 2 OR, wonach jeder neue Eigentümer dem Mieter gestatten muss, die Mietsache entsprechend dem Mietvertrag zu gebrauchen. Die Vormerkung richtet sich mithin gegenüber jeder Person, die später ein dingliches Recht an der Mietsache erwirbt. In rechtlicher Hinsicht begründet die Vormerkung deshalb eine sog. Realobligation.

Die Absicherung der Vormerkung erfährt eine einzige Ausnahme im Rahmen einer Zwangsvollstreckung, wenn die Liegenschaft in einem zweiten Aufruf ohne Vormerkung angeboten wird (Art. 142 SchKG).[66]

- Die Vormerkung bewirkt, dass jeder spätere Erwerber den Mietvertrag nicht vorzeitig kündigen kann.
- Ausnahme: Doppelaufruf der Liegenschaft im Rahmen einer Zwangsvollstreckung.

7.3 Kosten für die Vormerkung

> 3. Die Kosten für die Vormerkung und die entsprechende Löschung im Grundbuch hat der Mieter zu tragen.

Im Anschluss an die Unterzeichnung der Vereinbarung, den Mietvertrag vorzumerken, hat der Vermieter die Vormerkungsabrede beim Grundbuch zur Eintragung anzumelden.[67] Gemäss vorliegender Mustervereinbarung hat der Mieter für diese Eintragungskosten aufzukommen.

- Die Anmeldung der Eintragung der Vormerkung im Grundbuch ist Sache des Vermieters.
- Diesbezügliche Kosten hat jedoch der Mieter zu tragen.

7.4 Dauer

> 4. Die Eintragung/Vormerkung des Mietvertrages erfolgt über die vereinbarte feste Dauer des Mietverhältnisses, d.h. bis und mit am [   ] (Datum).
> (Erklärende Bemerkung:
> Gemäss Art. 71 Abs.2 der Verordnung betreffend das Grundbuch, GBV, muss die Vormerkung die Mindestvertragsdauer des Mietverhältnisses enthalten. Die Löschung der Vormerkung erfolgt nach Ablauf der Vormerkungsdauer von Amtes wegen.)

Die Vormerkungsabrede muss sich über die Vormerkungsdauer aussprechen (Art. 77 Abs. 1 GBV). Diese darf nicht länger sein, als das Mietverhältnis vertragsgemäss wenigstens dauern soll.[68] Aus diesem Grund können nur befristete und unecht befristete Mietverträge im Grundbuch vorgemerkt werden.[69] Räumt der Mietvertrag dem Mieter bei Ablauf einer Mindestdauer eine oder mehrere Optionen für eine weitere Mindestdauer ein, so ist die Vormerkung bis zum Ablauf der letzten Mindestdauer einzutragen.

Die Löschung der Vormerkung erfolgt von Amtes wegen mit dem Ablauf der Vormerkungsdauer (Art. 131 Abs. 3 GBV i.V.m. Art. 976 Ziff. 1 ZGB).

- Die Vormerkungsdauer muss angegeben werden. Sie darf nicht länger sein als das Mietverhältnis.
- Die Löschung der Vormerkung erfolgt von Amtes wegen.

1	SCHWENZER, N. 3.25.
2	SCHWENZER, N. 26.28.
3	BSK-WEBER, Art. 256, N. 3; LACHAT ET AL., S. 21; SVIT-Kommentar, Art. 257f, N. 13; ZK-HIGI, Art. 256, N. 17 f.; ZIHLMANN, S. 24.
4	Vgl. LACHAT ET AL., S. 21 ff.; ZK-HIGI, Art. 257f, N. 12 f.
5	BSK-SCHWENZER, Art. 12, N. 4.
6	Vgl. Kapitel 13: Allgemeine Bedingungen zum Mietvertrag für Wohnräume, Ziff. 8 Abs. 1; Kapitel 13: Allgemeine Bedingungen zum Mietvertrag für Nebenräume, Ziff. 8 Abs. 1.
7	Vgl. Kapitel 13: Allgemeine Bedingungen zum Mietvertrag für Wohnräume, Ziff. 7 Abs. 2; Kapitel 13: Allgemeine Bedingungen zum Mietvertrag für Nebenräume, Ziff. 7 Abs. 2.
8	Vgl. SVIT-Kommentar, Art. 257f, N. 26.
9	ZK-HIGI, Art. 257f N. 35.
10	Vgl. Kapitel 13: Allgemeine Bedingungen zum Mietvertrag für Wohnräume, Ziff. 18 Abs. 2; Kapitel 13: Allgemeine Bedingungen zum Mietvertrag für Nebenräume, Ziff. 18 Abs. 2.
11	LACHAT ET AL., S. 698.
12	GAUCH/SCHLUEP/SCHMID/EMMENEGGER, N. 3547.
13	CHK-BURRI/REETZ, Art. 175, N. 7; SCHWENZER, N. 92.04.
14	Vgl. oben Ziff. 2.3.
15	SCHWENZER, N. 3.27.
16	Vgl. Kapitel 13: Allgemeine Bedingungen zum Mietvertrag für Wohnräume, Ziff. 8 Abs. 2; Kapitel 13: Allgemeine Bedingungen zum Mietvertrag für Nebenräume, Ziff. 8 Abs. 2.
17	Vgl. nachfolgend Ziff. 3.3.
18	LACHAT ET AL., S. 703.
19	LACHAT ET AL., S. 705.
20	Vgl. Kapitel 13: Allgemeine Bedingungen zum Mietvertrag für Wohnräume, Ziff. 7 Abs. 2; Kapitel 13: Allgemeine Bedingungen zum Mietvertrag für Nebenräume, Ziff. 7 Abs. 2.
21	Vgl. Kapitel 13: Allgemeine Bedingungen zum Mietvertrag für Wohnräume, Ziff. 18 Abs. 2; Kapitel 13: Allgemeine Bedingungen zum Mietvertrag für Nebenräume, Ziff. 18 Abs. 2.
22	GAUCH/SCHLUEP/SCHMID/EMMENEGGER, N. 3547.
23	CHK-BURRI/REETZ, Art. 175, N. 7; SCHWENZER, N. 92.04.
24	SCHWENZER, N. 3.27.
25	Vgl. Kapitel 13: Allgemeine Bedingungen zum Mietvertrag für Wohnräume, Ziff. 8 Abs. 1; Kapitel 13: Allgemeine Bedingungen zum Mietvertrag für Nebenräume, Ziff. 8 Abs. 1.
26	Vgl. Kapitel 13: Allgemeine Bedingungen zum Mietvertrag für Wohnräume, Ziff. 7 Abs. 2; Kapitel 13: Allgemeine Bedingungen zum Mietvertrag für Nebenräume, Ziff. 7 Abs. 2.
27	Vgl. SVIT-Kommentar, Art. 257f, N. 26.
28	ZK-HIGI, Art. 257f, N. 35.
29	Vgl. Kapitel 13: Allgemeine Bedingungen zum Mietvertrag für Wohnräume, Hausordnung, Ziff. 3.
30	Vgl. Kapitel 13: Allgemeine Bedingungen zum Mietvertrag für Wohnräume, Ziff. 18 Abs. 2; Kapitel 13: Allgemeine Bedingungen zum Mietvertrag für Nebenräume, Ziff. 18 Abs. 2.
31	LACHAT ET AL., S. 698.
32	GAUCH/SCHLUEP/SCHMID/EMMENEGGER, N. 3547.
33	CHK-BURRI/REETZ, Art. 175, N. 7; SCHWENZER, N. 92.04.
34	Vgl. oben Ziff. 4.4 und Ziff. 4.5.
35	SCHWENZER, N. 3.27.
36	Vgl. Kapitel 13: Allgemeine Bedingungen zum Mietvertrag für Wohnräume, Ziff. 11 Abs. 2.
37	Vgl. Kapitel 13: Allgemeine Bedingungen zum Mietvertrag für Wohnräume, Ziff. 11 Abs. 1.

[38] Vgl. zum Ganzen Burkhalter/Grell, Jus-News 1/2010; Grell, Fälle Band II, Fall 10, S. 35; vgl. unten Ziff. 5.7 und Ziff. 5.8.
[39] Vgl. SVIT-Kommentar, Art. 257f, N. 26; Lachat et al., S. 24.
[40] ZK-Higi, Art. 257f, N. 35.
[41] ZK-Higi, Art. 267, N. 81.
[42] ZK-Higi, Art. 267, N. 90.
[43] Vgl. Kapitel 13: Allgemeine Bedingungen zum Mietvertrag für Wohnräume, Ziff. 7 Abs. 2.
[44] Schwenzer, N. 3.27.
[45] Vgl. Kapitel 13: Allgemeine Bedingungen zum Mietvertrag für Wohnräume, Ziff. 18 Abs. 2.
[46] ZK-Higi, Art. 262 N. 7.
[47] Vgl. Kapitel 13: Allgemeine Bedingungen zum Mietvertrag für Wohnräume, Ziff. 10; Kapitel 13: Allgemeine Bedingungen zum Mietvertrag für Geschäftsräume, Ziff. 11; Kapitel 13: Allgemeine Bedingungen zum Mietvertrag für Nebenräume, Ziff. 10.
[48] Vgl. BGE 138 III 59, E. 2.2; BGE 134 III 446 E. 2.4; Burkhalter/Grell, Jus-News, 12/2008; Burkhalter/Grell, Fälle Band I, Fall 15, S. 48.
[49] ZK-Higi, Art. 262, N. 37.
[50] SVIT-Kommentar, Art. 262, N. 31.
[51] ZK-Higi, Art. 262, N. 35.
[52] ZK-Higi, Art. 262, N. 19; Lachat et al., S. 476; vgl. unten Ziff. 6.11.
[53] Vgl. oben Ziff. 6.3
[54] SVIT-Kommentar, Art. 262, N. 34.
[55] Lachat et al., S. 479.
[56] BGE 117 II 67.
[57] Vgl. oben Ziff. 6.1.
[58] Lachat et al., S. 467; ZK-Higi, Art. 262, N. 42.
[59] Lachat et al., S. 468; ZK-Higi, Art. 262, N. 43.
[60] Vgl. oben Ziff. 6.1 und unten Ziff. 6.9.
[61] Lachat et al., S. 474; ZK-Higi, Art. 262, N. 9.
[62] ZK-Higi, Art. 262, N. 19.
[63] Lachat et al., S. 476.
[64] Lachat et al., S. 561; vgl. sogleich Ziff. 7.2.
[65] ZK- Higi, Art. 261b, N. 4 f.
[66] Lachat et al., S. 561 und 565; SVIT-Kommentar, Art. 261b N. 10.
[67] ZK- Higi, Art. 261b, N. 8.
[68] ZK- Higi, Art. 261b, N. 6.
[69] SVIT-Kommentar, Art. 261b, N. 5; vgl. Mietvertrag für Wohnräume, Ziff. 2.6.

Kapitel 7

Immobilien-Bewertungsauftrag

Kapitel 7: Immobilien-Bewertungsauftrag

Das Wichtigste in Kürze

Die Vornahme einer Bewertung ist naturgemäss eine Ermessensfrage. «Prognosen sind schwierig, besonders wenn sie die Zukunft betreffen», hat auch schon Mark Twain gesagt. Mit dem Ziel, die Bewertung möglichst objektiv zu gestalten, legt das vorliegende Vertragsmuster bestimmte Rechte und Pflichten fest (z.B. die Wahl einer Bewertungsmethode, umfassende Bereitstellung von relevanten Unterlagen etc.).

Für seine Tätigkeit erhält der Beauftragte ein Honorar, das teils pauschal, teils nach Aufwand geschuldet wird. Weiter erhält der Beauftrage eine Vollmacht, um bei öffentlichen Behörden bewertungsrelevante Informationen direkt einzufordern.

Der Immobilienbewertungsvertrag untersteht dem Auftragsrecht nach Art. 394 ff. OR und somit dem zwingenden, jederzeitigen Kündigungsrecht.

Abschliessend werden weitere wichtige im Vertragsmuster verwendete Begriffe, wie z.B. Vertraulichkeit, Schiedsgerichtsbarkeit etc. kommentiert.

Das Wichtigste in Kürze

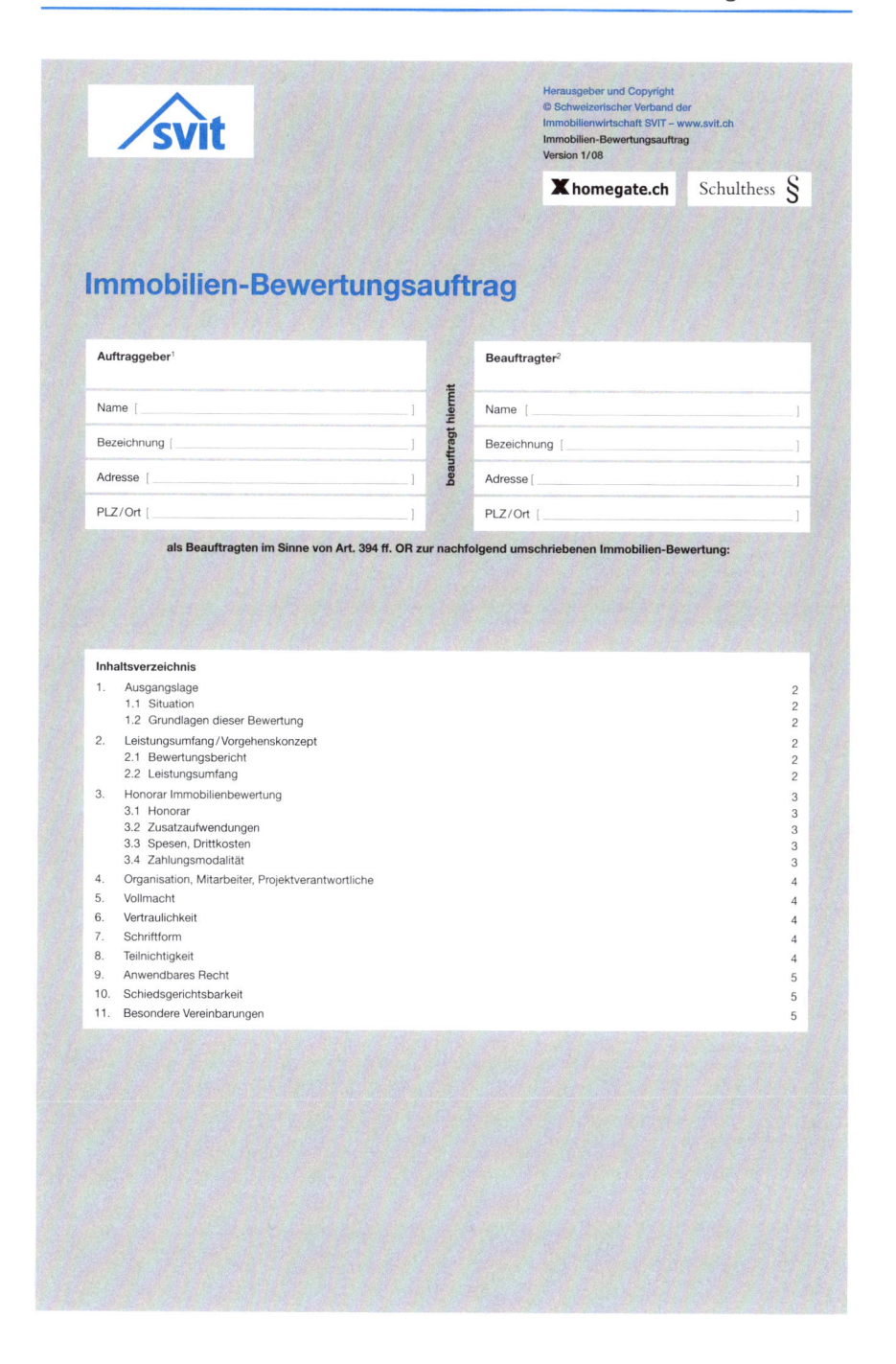

Herausgeber und Copyright
© Schweizerischer Verband der
Immobilienwirtschaft SVIT – www.svit.ch
Immobilien-Bewertungsauftrag
Version 1/08

homegate.ch Schulthess §

Immobilien-Bewertungsauftrag

Auftraggeber[1]

Name [ ]
Bezeichnung [ ]
Adresse [ ]
PLZ/Ort [ ]

beauftragt hiermit

Beauftragter[2]

Name [ ]
Bezeichnung [ ]
Adresse [ ]
PLZ/Ort [ ]

als Beauftragten im Sinne von Art. 394 ff. OR zur nachfolgend umschriebenen Immobilien-Bewertung:

Inhaltsverzeichnis

1.	Ausgangslage	2
	1.1 Situation	2
	1.2 Grundlagen dieser Bewertung	2
2.	Leistungsumfang/Vorgehenskonzept	2
	2.1 Bewertungsbericht	2
	2.2 Leistungsumfang	2
3.	Honorar Immobilienbewertung	3
	3.1 Honorar	3
	3.2 Zusatzaufwendungen	3
	3.3 Spesen, Drittkosten	3
	3.4 Zahlungsmodalität	3
4.	Organisation, Mitarbeiter, Projektverantwortliche	4
5.	Vollmacht	4
6.	Vertraulichkeit	4
7.	Schriftform	4
8.	Teilnichtigkeit	4
9.	Anwendbares Recht	5
10.	Schiedsgerichtsbarkeit	5
11.	Besondere Vereinbarungen	5

177

Kapitel 7: Immobilien-Bewertungsauftrag

svit

Herausgeber und Copyright
© Schweizerischer Verband der
Immobilienwirtschaft SVIT – www.svit.ch
Immobilien-Bewertungsauftrag
Version 1/08

homegate.ch   Schulthess §

1. Ausgangslage

1.1 Situation
[ ]
[ ]
[ ]
[ ]

1.2 Grundlagen dieser Bewertung
Der Auftraggeber verpflichtet sich, dem Beauftragten sämtliche für die Bewertung relevanten Informationen in der aktuellen Fassung zur Verfügung zu stellen, wie z.B.:
- aktueller Grundbuchauszug (wo notwendig mit Detailbelegen)
- aktueller Mieterspiegel mit Laufzeiten, Optionen, Hypozinsbasis und Kostenständen
- aktuelle Mietverträge (eventuell nur einzelne Mietverträge)
- Angaben über spezielle Vereinbarungen (Vergünstigungen, Nutzniessungen, Wohnrechte etc.)
- bei Stockwerk- oder Miteigentum: Protokolle der letzten 3–5 Eigentümerversammlungen, Nutzungs- und Verwaltungsreglement
- aktueller Gebäudeversicherungsausweis (enthaltend Versicherungssumme, Index, Baujahr und Bauvolumen)
- aktueller Situationsplan Mst. 1:500
- aktuelle Grundriss- und Schnittpläne der Liegenschaft Mst. 1:100
- Kubische Berechnung gemäss aktueller SIA-Norm oder Angaben gemäss Gebäudeversicherung
- Zusammenstellung der Nutzflächen (vermietbare Flächen)
- Liegenschaftsabrechnungen der letzten 3–5 Jahre gegliedert nach: Betriebskosten, Unterhaltskosten, Verwaltungskosten, Renovationskosten
- Hinweis über allfällige Altlasten
- sehr wichtig bei DCF: Angaben über geplante Investitionen in den nächsten Jahren (falls vorhanden)

2. Leistungsumfang / Vorgehenskonzept

2.1 Bewertungsbericht
Die Verkehrswertermittlung erfolgt ertrags- und marktwertorientiert, unter der Prämisse «Rendite-Anlageobjekt» mittels der DCF-Methode.

2.2 Leistungsumfang
Besichtigung der Objekte
Die Organisation der Besichtigung und die Orientierung der Mieter muss durch den Bewirtschafter oder den Eigentümer vorgenommen werden.

Beschaffung von Unterlagen
Bauordnungen, Zonen- und Ortspläne, allfällige weitere Verordnungen. Es wird davon ausgegangen, dass alle liegenschaftsrelevanten Unterlagen gemäss Ziffer 1.2. vom Auftraggeber zur Verfügung gestellt werden.

Analyse
Ermittlung der notwendigen Daten, Preise sowie Abklärungen mit Ämtern und Behörden etc., die für die Objektbeurteilung notwendig sind.

Wertbeurteilung
Erstellen des Bewertungsberichts mit den erforderlichen Berechnungen und Beschrieben. Der Bericht wird dem Auftraggeber in [ ]-facher Ausführung abgegeben.

Präsentation
Präsentation und Erläuterung der Bewertung anlässlich einer Besprechung beim Auftraggeber, sofern erwünscht.

Fristen und Termine
- Unterlagen gemäss Ziffer 1.2 an den Beauftragten bis [ ] (Datum) → wichtig, **vor** Besichtigung
- Besichtigung des Objektes am [ ] (Datum)
- Abgabe Bewertungsbericht bis am [ ] (Datum)
- Stichtag der Bewertung [ ] (Datum)

Das Wichtigste in Kürze

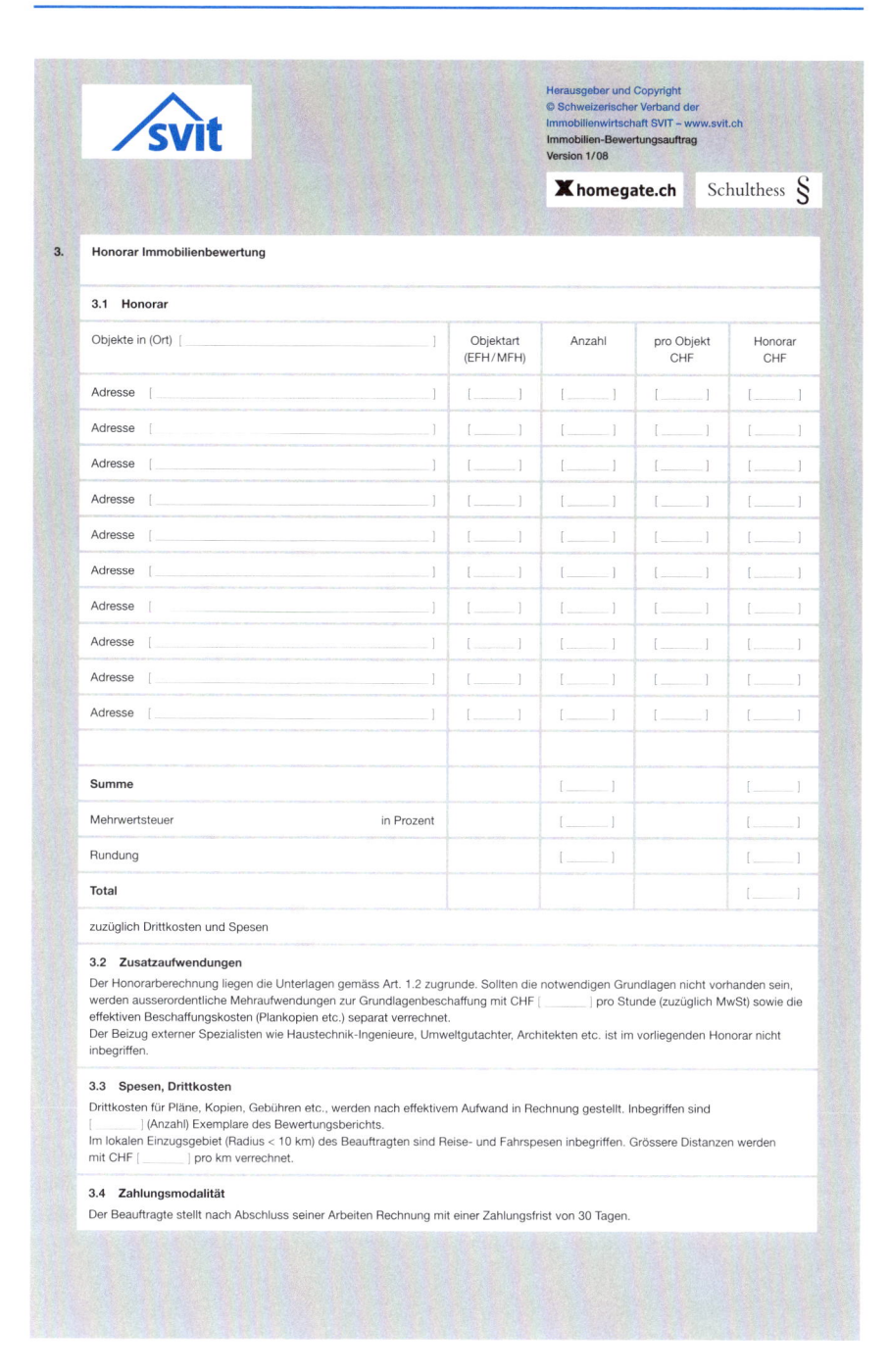

Herausgeber und Copyright
© Schweizerischer Verband der
Immobilienwirtschaft SVIT – www.svit.ch
Immobilien-Bewertungsauftrag
Version 1/08

X homegate.ch **Schulthess §**

3. Honorar Immobilienbewertung

3.1 Honorar

Objekte in (Ort) [_____]	Objektart (EFH/MFH)	Anzahl	pro Objekt CHF	Honorar CHF
Adresse [_____]	[____]	[____]	[____]	[____]
Adresse [_____]	[____]	[____]	[____]	[____]
Adresse [_____]	[____]	[____]	[____]	[____]
Adresse [_____]	[____]	[____]	[____]	[____]
Adresse [_____]	[____]	[____]	[____]	[____]
Adresse [_____]	[____]	[____]	[____]	[____]
Adresse [_____]	[____]	[____]	[____]	[____]
Adresse [_____]	[____]	[____]	[____]	[____]
Adresse [_____]	[____]	[____]	[____]	[____]
Adresse [_____]	[____]	[____]	[____]	[____]
Summe		[____]		[____]
Mehrwertsteuer in Prozent		[____]		[____]
Rundung		[____]		[____]
Total				[____]
zuzüglich Drittkosten und Spesen				

3.2 Zusatzaufwendungen

Der Honorarberechnung liegen die Unterlagen gemäss Art. 1.2 zugrunde. Sollten die notwendigen Grundlagen nicht vorhanden sein, werden ausserordentliche Mehraufwendungen zur Grundlagenbeschaffung mit CHF [_____] pro Stunde (zuzüglich MwSt) sowie die effektiven Beschaffungskosten (Plankopien etc.) separat verrechnet.
Der Beizug externer Spezialisten wie Haustechnik-Ingenieure, Umweltgutachter, Architekten etc. ist im vorliegenden Honorar nicht inbegriffen.

3.3 Spesen, Drittkosten

Drittkosten für Pläne, Kopien, Gebühren etc., werden nach effektivem Aufwand in Rechnung gestellt. Inbegriffen sind [_____] (Anzahl) Exemplare des Bewertungsberichts.
Im lokalen Einzugsgebiet (Radius < 10 km) des Beauftragten sind Reise- und Fahrspesen inbegriffen. Grössere Distanzen werden mit CHF [_____] pro km verrechnet.

3.4 Zahlungsmodalität

Der Beauftragte stellt nach Abschluss seiner Arbeiten Rechnung mit einer Zahlungsfrist von 30 Tagen.

Kapitel 7: Immobilien-Bewertungsauftrag

Herausgeber und Copyright
© Schweizerischer Verband der
Immobilienwirtschaft SVIT – www.svit.ch
Immobilien-Bewertungsauftrag
Version 1/08

homegate.ch   Schulthess §

4. Organisation, Mitarbeiter, Projektverantwortliche

Name	Funktion/Ausbildung	Einsatz
[_____]	[_____]	[_____]
[_____]	[_____]	[_____]
[_____]	[_____]	[_____]

5. Vollmacht

Der Beauftragte ist berechtigt, bei den Behörden und bei Privaten alle aus diesem Auftrag erforderlichen Abklärungen zu treffen und in alle Akten Einblick zu nehmen resp. diese zu beziehen. Dies trifft im besonderen auf die Akten im Grundbuch (Kaufvertrag, Dienstbarkeiten, Grundbuchauszug etc.), beim Kreisgeometer, beim Bau- und Umweltschutzamt, bei der Steuerverwaltung (nur die amtliche Bewertung betreffend) sowie bei der kantonalen Gebäudeversicherung zu.

Der Bevollmächtigte und seine Hilfspersonen sind berechtigt, die Schätzungsobjekte zu besichtigen und zu betreten sowie von der Verwaltung, dem Hauswart und den Mietern Auskünfte zu verlangen.

Schätzungsobjekte:

Objekte	Kat.-Nr.
Bezeichnung/Adresse [_____]	[_____]
Bezeichnung/Adresse [_____]	[_____]
Bezeichnung/Adresse [_____]	[_____]
Bezeichnung/Adresse [_____]	[_____]
Bezeichnung/Adresse [_____]	[_____]
Bezeichnung/Adresse [_____]	[_____]
Bezeichnung/Adresse [_____]	[_____]
Bezeichnung/Adresse [_____]	[_____]
Bezeichnung/Adresse [_____]	[_____]
Bezeichnung/Adresse [_____]	[_____]

6. Vertraulichkeit

Der Beauftragte verpflichtet sich, die im Rahmen der Auftragsabwicklung erhaltenen Informationen und Unterlagen streng vertraulich zu behandeln und diese gegenüber Drittpersonen weder zugänglich zu machen noch darüber zu berichten.

7. Schriftform

Jede Änderung und Ergänzung dieses Vertrages bedarf der Schriftform und der rechtsgültigen Unterzeichnung durch die Parteien. Mündliche Änderungen, Ergänzungen und Nebenabreden zu dieser Vereinbarung sind ungültig.

Das Wichtigste in Kürze

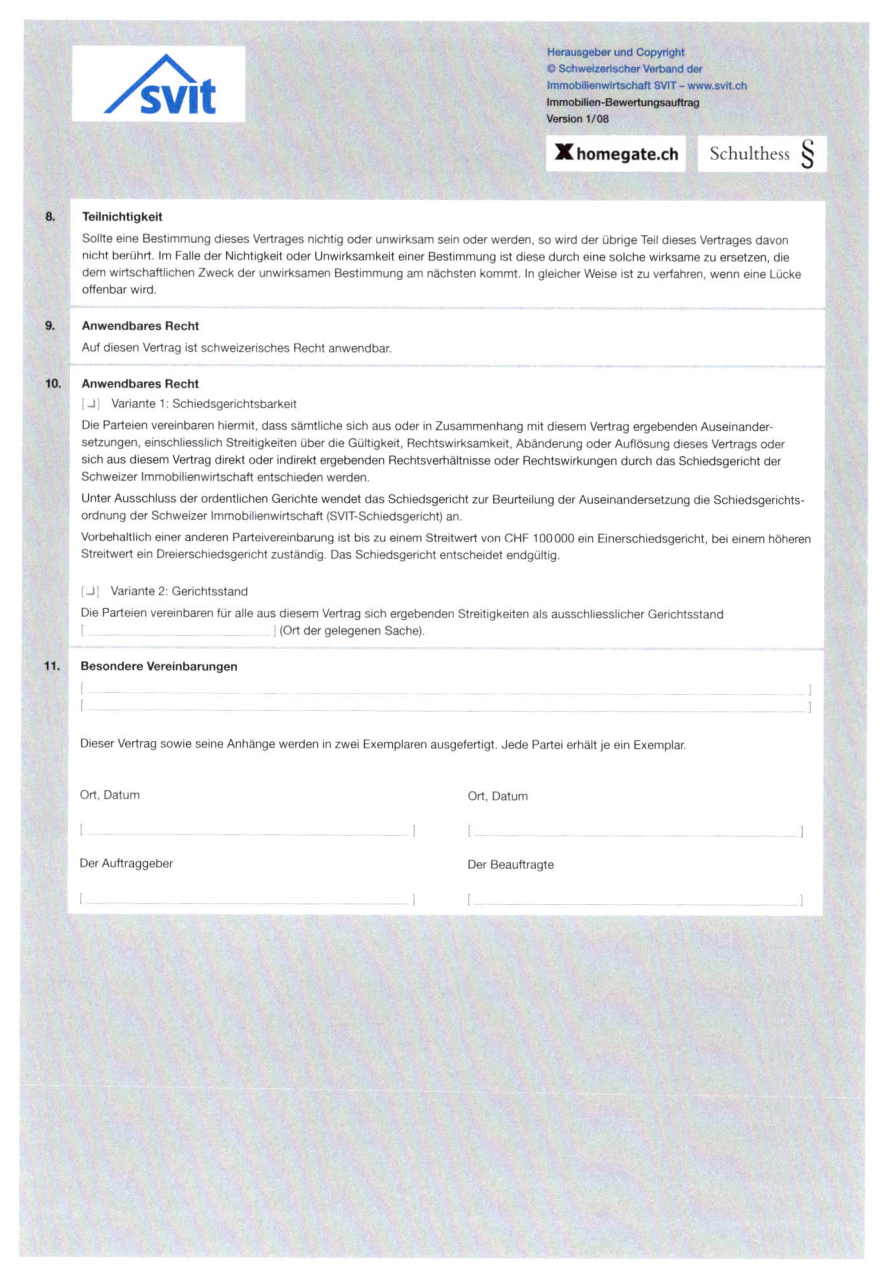

Herausgeber und Copyright
© Schweizerischer Verband der
Immobilienwirtschaft SVIT – www.svit.ch
Immobilien-Bewertungsauftrag
Version 1/08

homegate.ch **Schulthess §**

8. Teilnichtigkeit
Sollte eine Bestimmung dieses Vertrages nichtig oder unwirksam sein oder werden, so wird der übrige Teil dieses Vertrages davon nicht berührt. Im Falle der Nichtigkeit oder Unwirksamkeit einer Bestimmung ist diese durch eine solche wirksame zu ersetzen, die dem wirtschaftlichen Zweck der unwirksamen Bestimmung am nächsten kommt. In gleicher Weise ist zu verfahren, wenn eine Lücke offenbar wird.

9. Anwendbares Recht
Auf diesen Vertrag ist schweizerisches Recht anwendbar.

10. Anwendbares Recht
[ ] Variante 1: Schiedsgerichtsbarkeit

Die Parteien vereinbaren hiermit, dass sämtliche sich aus oder in Zusammenhang mit diesem Vertrag ergebenden Auseinandersetzungen, einschliesslich Streitigkeiten über die Gültigkeit, Rechtswirksamkeit, Abänderung oder Auflösung dieses Vertrags oder sich aus diesem Vertrag direkt oder indirekt ergebenden Rechtsverhältnisse oder Rechtswirkungen durch das Schiedsgericht der Schweizer Immobilienwirtschaft entschieden werden.

Unter Ausschluss der ordentlichen Gerichte wendet das Schiedsgericht zur Beurteilung der Auseinandersetzung die Schiedsgerichtsordnung der Schweizer Immobilienwirtschaft (SVIT-Schiedsgericht) an.

Vorbehaltlich einer anderen Parteivereinbarung ist bis zu einem Streitwert von CHF 100 000 ein Einerschiedsgericht, bei einem höheren Streitwert ein Dreierschiedsgericht zuständig. Das Schiedsgericht entscheidet endgültig.

[ ] Variante 2: Gerichtsstand

Die Parteien vereinbaren für alle aus diesem Vertrag sich ergebenden Streitigkeiten als ausschliesslicher Gerichtsstand
[_____] (Ort der gelegenen Sache).

11. Besondere Vereinbarungen
[_____]
[_____]

Dieser Vertrag sowie seine Anhänge werden in zwei Exemplaren ausgefertigt. Jede Partei erhält je ein Exemplar.

Ort, Datum   Ort, Datum
[_____]   [_____]

Der Auftraggeber   Der Beauftragte
[_____]   [_____]

Dies ist ein Mietvertrag für einen Immobilien-Bewertungsauftrag wie er im Kanton Zürich verwendet wird.

Kommentierung zu Kapitel 7

1. Bemerkungen zum Immobilien-Bewertungsauftrag

1.1 Begriff und Geltungsbereich

Der Immobilien-Bewertungsauftrag bezweckt die Schätzung des Wertes einer Immobilie. Der Beauftragte hält seine Ergebnisse in einem Gutachten fest. In juristischer Hinsicht wird deshalb auch allgemein vom *Gutachtervertrag* gesprochen.

Die Schätzung des Immobilienwertes ist naturgemäss eine Ermessensfrage. Das Resultat einer Schätzung kann deshalb nicht nach objektiven Kriterien als richtig oder falsch bewertet werden. Aus diesem Grund untersteht ein derartiger Gutachtervertrag dem Auftragsrecht (Art. 394 ff. OR) und nicht dem Werkvertragsrecht (Art. 363 ff. OR), wo der Unternehmer einen objektiv messbaren Erfolg schuldet.[1]

1.2 Interessenlage der Parteien

Während der Auftraggeber daran interessiert ist, dass er einen möglichst objektiven und unparteiischen Bewertungsbericht erhält, geht es dem Beauftragten darum, dass seine Arbeit entschädigt und sämtliche Auslagen und Spesen bezahlt werden.

1.3 Gestaltungsspielraum

Das Auftragsrecht gehört zum Privatrecht, das sich grundsätzlich am Prinzip der Vertragsfreiheit ausrichtet. Eine Ausnahme bildet jedoch das jederzeitige Widerrufsrecht gemäss Art. 404 OR, das zwingender Natur ist.

1.4 Form

Der Abschluss eines gültigen Immobilien-Bewertungsauftrag bedarf von Gesetzes wegen keiner besonderen Form (vgl. Art. 11 Abs. 1 OR und Art. 16 Abs. 1 OR). Aus Beweisgründen wird ein schriftlicher Vertragsabschluss jedoch empfohlen.

2. Zu den einzelnen Vertragsklauseln

2.0 Vertragsparteien

Beim Immobilien-Bewertungsauftrag stehen sich der Grundstückseigentümer als Auftraggeber und der Schätzungsexperte als Beauftragter gegenüber. Vertragspartei kann sowohl aufseiten des Auftraggebers wie auch aufseiten des Beauftragten jede rechts- und handlungsfähige natürliche oder juristische Person sein.[2]

- Als Beauftragte und Auftraggeber kommen natürliche und juristische Personen infrage.
- Stellen Vertragsparteien juristische Personen dar, können diese durch ihre zeichnungsberechtigten Personen verpflichtet werden. Die Internetseite www.zefix.ch gibt darüber Auskunft, wer zeichnungsberechtigt ist.

2.1 Ausgangslage

2.1.1 Situation

Diese Ziffer bietet Platz für Eingangsbemerkungen, z.B.:

- Hintergründe und Motive für die Immobilienbewertung
- Parteien im Kontext vorstellen
- Weitere

2.1.2 Grundlagen

Der Auftraggeber hat verschiedene, teils vertraglich vereinbarte Sorgfalts- und Treuepflichten. Dazu gehört auch die Informations- und Dokumentationspflicht. Bei Abschluss des Immobilien-Bewertungsauftrages hat der Auftraggeber dem Beauftragten sämtliche für die Vornahme der Bewertung relevanten Informationen zur Verfügung zu stellen. Dazu gehören insbesondere Dokumente und Angaben, welche die zu schätzende Liegenschaft betreffen (z.B. aktueller Grundbuchauszug, Mieterspiegel, aktuelle Mietverträge etc.). Die Informationspflicht dient einerseits der zielgerichteten Auftragserfüllung durch den Beauftragten. Andererseits wird im Vertragsmuster klargestellt, dass die Informationspflicht in die Verantwortung des Auftraggebers fällt (Leistungsabgrenzung). Die Informationspflicht dauert während der Laufzeit des Vertrages an; der Auftraggeber hat den Beauftragten dementsprechend über relevante Änderungen fortlaufend zu informieren.

- Die Informations- und Dokumentationspflicht gehört zu den Sorgfalts- und Treuepflichten des Auftraggebers.

- Die Informations- und Dokumentationspflicht verpflichtet den Auftraggeber, dem Beauftragten sämtliche Informationen zur Verfügung zu stellen, die für die Bewertung relevant sein könnten.

- Die Informations- und Dokumentationspflicht gilt bei spätestens Abschluss und während der gesamten Laufdauer des Vertrages.

2.2 Leistungsumfang/Vorgehenskonzept

> **Leistungsumfang/Vorgehenskonzept**
>
> **2.1 Bewertungsbericht**
> Die Verkehrswertermittlung erfolgt ertrags- und marktwertorientiert, unter der Prämisse «Rendite-Anlageobjekt» mittels der DCF-Methode.
>
> **2.2 Leistungsumfang**
> **Besichtigung der Objekte**
> Die Organisation der Besichtigung und die Orientierung der Mieter muss durch den Bewirtschafter oder den Eigentümer vorgenommen werden.
>
> **Beschaffung von Unterlagen**
> Bauordnungen, Zonen- und Ortspläne, allfällige weitere Verordnungen. Es wird davon ausgegangen, dass alle liegenschaftsrelevanten Unterlagen gemäss Ziffer 1.2. vom Auftraggeber zur Verfügung gestellt werden.
>
> **Analyse**
> Ermittlung der notwendigen Daten, Preise sowie Abklärungen mit Ämtern und Behörden etc., die für die Objektbeurteilung notwendig sind.
>
> **Wertbeurteilung**
> Erstellen des Bewertungsberichts mit den erforderlichen Berechnungen und Beschrieben. Der Bericht wird dem Auftraggeber in [_____]-facher Ausführung abgegeben.
>
> **Präsentation**
> Präsentation und Erläuterung der Bewertung anlässlich einer Besprechung beim Auftraggeber, sofern erwünscht.
>
> **Fristen und Termine**
> – Unterlagen gemäss Ziffer 1.2 an den Beauftragten bis [_____] (Datum) → wichtig, **vor** Besichtigung
> – Besichtigung des Objektes am [_____] (Datum)
> – Abgabe Bewertungsbericht bis am [_____] (Datum)
> – Stichtag der Bewertung [_____] (Datum)

2.2.1 Bewertungsbericht

Mit Abschluss eines Immobilien-Bewertungsauftrages verpflichtet sich der Beauftragte, einen sog. Bewertungsbericht (auch *Schätzungsbericht* oder *Gutachten* genannt) zu erstellen, der die Ergebnisse der Bewertung festhält.

Die Bewertung erfolgt nach der Discounted Cash Flow (DCF)-Methode, welche bei Ertragsobjekten üblich ist.[3] Die DCF-Methode folgt dem finanzmathematischen Konzept der Abzinsung *(discounting)* von Zahlungsströmen *(Cash Flow)* zur Ermittlung des Verkehrswertes der betreffenden Immobilie. Im Rahmen der Immobilienbewertung wird der Cash Flow (Mietzinseinnahmen abzüglich Bewirtschaftungskosten, Investitionen sowie Steuern) über eine bestimmte Periode (z.B. verbleibende Lebensdauer der Immobilie) in die Gegenwart diskontiert, woraus der Wert der Immobilie resultiert.

- Der Beauftragte hat die Pflicht, einen Bewertungsbericht zu erstellen.
- Die Bewertung soll nach der DCF-Methode erfolgen.
- Weiterführende Hinweise zur Vornahme der Bewertung in: Das Schweizerische Schätzerhandbuch, Hrsg.: SEK/SVIT + SVKG, 4. Auflage, Aarau 2012; Canonica Francesco, Die Immobilienbewertung, Schätzerwissen im Überblick, St. Gallen 2009.

2.2.2 Leistungsumfang

Die Pflicht zur Erstellung des Bewertungsberichtes wird durch den vertraglichen Leistungsumfang präzisiert. Dieser kann im Wesentlichen in sechs Hauptleistungsgruppen unterteilt werden:

- Besichtigung der Objekte: Die Objektbesichtigung dient v.a. dazu, dass sich der Beauftragte mit dem Bewertungsgegenstand und den Bedürfnissen des Auftraggebers vertraut machen kann.

- Beschaffung von Unterlagen: Die Beschaffung der Unterlagen gehört grundsätzlich in den Aufgabenbereich des Auftraggebers.[4] Fehlen für die Bewertung relevante Unterlagen, so kann der Beauftragte diese, soweit möglich, beschaffen, wofür er eine Aufwandentschädigung erhält.[5]

- Analyse: Aktenstudium aller relevanten Unterlagen im Hinblick auf die Bewertung.

- Wertbeurteilung: Vornahme der eigentlichen Bewertung und Festhalten der Bewertungsergebnisse im Bewertungsbericht.

- Präsentation: Auf Wunsch hat der Beauftragte die Bewertung zu präsentieren. Die Präsentation ist im Honorar inbegriffen.

- Fristen und Termine: Das Festlegen verbindlicher Fristen und Termine garantiert eine effiziente und zeitgerechte Bewertung.

2.3 Honorar Immobilienbewertung

3. Honorar Immobilienbewertung

3.1 Honorar

Objekte in (Ort) [ ]	Objektart (EFH/MFH)	Anzahl	pro Objekt CHF	Honorar CHF
Adresse [ ]	[ ]	[ ]	[ ]	[ ]
Adresse [ ]	[ ]	[ ]	[ ]	[ ]
Summe		[ ]		[ ]
Mehrwertsteuer in Prozent		[ ]		
Rundung		[ ]		[ ]
Total				[ ]
zuzüglich Drittkosten und Spesen				

Kommentierung zu Kapitel 7

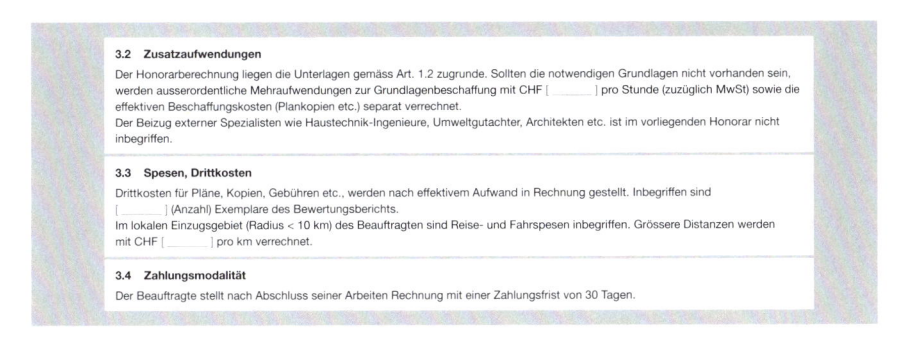

> **3.2 Zusatzaufwendungen**
> Der Honorarberechnung liegen die Unterlagen gemäss Art. 1.2 zugrunde. Sollten die notwendigen Grundlagen nicht vorhanden sein, werden ausserordentliche Mehraufwendungen zur Grundlagenbeschaffung mit CHF [＿＿＿] pro Stunde (zuzüglich MwSt) sowie die effektiven Beschaffungskosten (Plankopien etc.) separat verrechnet.
> Der Beizug externer Spezialisten wie Haustechnik-Ingenieure, Umweltgutachter, Architekten etc. ist im vorliegenden Honorar nicht inbegriffen.
>
> **3.3 Spesen, Drittkosten**
> Drittkosten für Pläne, Kopien, Gebühren etc., werden nach effektivem Aufwand in Rechnung gestellt. Inbegriffen sind [＿＿＿] (Anzahl) Exemplare des Bewertungsberichts.
> Im lokalen Einzugsgebiet (Radius < 10 km) des Beauftragten sind Reise- und Fahrspesen inbegriffen. Grössere Distanzen werden mit CHF [＿＿＿] pro km verrechnet.
>
> **3.4 Zahlungsmodalität**
> Der Beauftragte stellt nach Abschluss seiner Arbeiten Rechnung mit einer Zahlungsfrist von 30 Tagen.

Sämtliche gegen Entgelt erbrachte Bewirtschaftungsdienstleistungen unterliegen grundsätzlich der Mehrwertsteuer (Art. 18 Abs. 1 i. V. m. Art. 3 lit. e MWStG).[6]

Die Zusammensetzung des Honorars für die Immobilien-Bewertung kann wie folgt dargestellt werden:

- Grundhonorar: Pauschalbetrag (bezifferter Betrag pro Schätzobjekt) für die vertraglich vereinbarten Leistungen, d.h. die Vornahme der Bewertung gemäss Ziff. 2.2 des Mustervertrages.

- Zusatzaufwendungen: Diese Leistungen (insbesondere Beschaffung der allenfalls fehlenden, für die Bewertung relevanten Unterlagen) werden nach Stundenaufwand abgerechnet.

- Spesen, Drittkosten: Diese zusätzlichen Kosten werden separat nach effektivem Aufwand vergütet, wobei eine im Einzelnen festgelegte Anzahl von Originalkopien des Bewertungsberichtes im Honorar bereits inbegriffen ist.

- Zahlungsmodalität: 30 Tage nach Abschluss der Arbeiten, d.h. nach Abgabe des Bewertungsberichtes.

2.4 Organisation, Mitarbeiter, Projektverantwortliche

> **Organisation, Mitarbeiter, Projektverantwortliche**
>
> | Name | Funktion/Ausbildung | Einsatz |
> |---|---|---|
> | [＿＿＿] | [＿＿＿] | [＿＿＿] |
> | [＿＿＿] | [＿＿＿] | [＿＿＿] |

Zur Festlegung der Kompetenzen und Bezeichnung der konkreten Ansprechpartner beim Beauftragten empfiehlt es sich, die einzelnen Team-Mitglieder mit Name, Funktion und Einsatzgebiet kurz aufzuführen.

2.5 Vollmacht

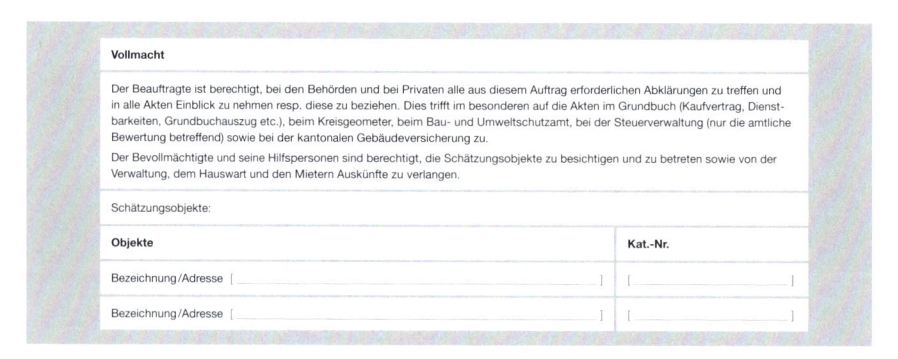

> **Vollmacht**
>
> Der Beauftragte ist berechtigt, bei den Behörden und bei Privaten alle aus diesem Auftrag erforderlichen Abklärungen zu treffen und in alle Akten Einblick zu nehmen resp. diese zu beziehen. Dies trifft im besonderen auf die Akten im Grundbuch (Kaufvertrag, Dienstbarkeiten, Grundbuchauszug etc.), beim Kreisgeometer, beim Bau- und Umweltschutzamt, bei der Steuerverwaltung (nur die amtliche Bewertung betreffend) sowie bei der kantonalen Gebäudeversicherung zu.
>
> Der Bevollmächtigte und seine Hilfspersonen sind berechtigt, die Schätzungsobjekte zu besichtigen und zu betreten sowie von der Verwaltung, dem Hauswart und den Mietern Auskünfte zu verlangen.
>
> Schätzungsobjekte:

Objekte	Kat.-Nr.
Bezeichnung/Adresse [ ]	[ ]
Bezeichnung/Adresse [ ]	[ ]

Der Immobilien-Bewertungsauftrag untersteht dem Auftragsrecht. Gemäss Art. 396 Abs. 2 OR ist im Auftrag auch die Ermächtigung zu denjenigen Rechtshandlungen enthalten, die zu dessen Ausführung gehören. Die Vertretungsermächtigung des Beauftragten für die hier im Einzelnen vertraglich vereinbarten Tätigkeiten ergibt sich somit bereits aus dem Auftragsrecht.

Darüber hinaus nimmt das vorliegende Vertragsmuster eine Konkretisierung der gesetzlichen Bevollmächtigung vor. Insbesondere erteilt der Auftraggeber dem Beauftragten die Vollmacht, sämtliche öffentlichen Register (z.B. das Grundbuch) einzusehen.

- Der Umfang der Vertretungsermächtigung ergibt sich zum einen aus dem Auftragsrecht, zum anderen aus dem Immobilien-Bewertungsauftrag.
- Vorliegendes Vertragsmuster sieht insbesondere eine Vollmacht zur Einsicht in alle öffentlichen Register vor.

2.6 Vertraulichkeit

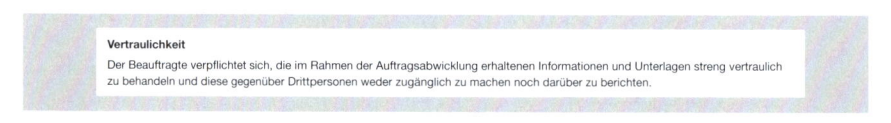

> **Vertraulichkeit**
>
> Der Beauftragte verpflichtet sich, die im Rahmen der Auftragsabwicklung erhaltenen Informationen und Unterlagen streng vertraulich zu behandeln und diese gegenüber Drittpersonen weder zugänglich zu machen noch darüber zu berichten.

Im Rahmen seines Immobilien-Bewertungsauftrages erhält der Beauftragte Einblick in zahlreiche Unterlagen, die nicht für die Öffentlichkeit bestimmt sind. Vor diesem Hintergrund rechtfertigt sich die vorliegende Vertraulichkeitsklausel.

2.7 Schriftform

> **Schriftform**
> Jede Änderung und Ergänzung dieses Vertrages bedarf der Schriftform und der rechtsgültigen Unterzeichnung durch die Parteien. Mündliche Änderungen, Ergänzungen und Nebenabreden zu dieser Vereinbarung sind ungültig.

Entsprechend dem allgemeinen Prinzip der Vertragsfreiheit statuiert das OR den Grundsatz der Formfreiheit.[7] Gemäss Art. 11 Abs. 1 und Art. 16 Abs. 2 OR bedürfen Verträge für deren Gültigkeit deshalb nur dann einer besonderen Form, wenn eine solche vom Gesetz ausdrücklich angeordnet ist oder wenn die Parteien eine besondere Form vereinbaren.

Vorliegende Vertragsklausel sieht vor, dass der Immobilien-Bewertungsauftrag sowie dessen Abänderungen oder Ergänzungen einer Form, namentlich der Schriftlichkeit bedürfen. Zur Schriftlichkeit gehört, dass der Immobilien-Bewertungsauftrag einschliesslich dessen Abänderungen oder Ergänzungen schriftlich vorliegen und von den Parteien unterzeichnet werden muss. Dieser Form- oder Schriftlichkeitsvorbehalt führt dazu, dass dem Immobilien-Bewertungsauftrag sowie dessen Abänderungen oder Ergänzungen keine Gültigkeit zukommt, wenn die Voraussetzungen der Schriftlichkeit nicht vorliegen.

- Grundsätzlich gilt bei Immobilien-Bewertungsaufträgen die Formfreiheit. Zur Vermeidung von Meinungsverschiedenheiten statuiert vorliegendes Vertragsmuster jedoch den sog. Schriftlichkeitsvorbehalt.
- Der Immobilien-Bewertungsauftrag (einschliesslich Abänderungen oder Ergänzungen) muss schriftlich vorliegen und von beiden Parteien unterzeichnet werden.

2.8 Teilnichtigkeit

> **Teilnichtigkeit**
> Sollte eine Bestimmung dieses Vertrages nichtig oder unwirksam sein oder werden, so wird der übrige Teil dieses Vertrages davon nicht berührt. Im Falle der Nichtigkeit oder Unwirksamkeit einer Bestimmung ist diese durch eine solche wirksame zu ersetzen, die dem wirtschaftlichen Zweck der unwirksamen Bestimmung am nächsten kommt. In gleicher Weise ist zu verfahren, wenn eine Lücke offenbar wird.

Ein Vertrag, der einen unmöglichen, widerrechtlichen oder sittenwidrigen Inhalt hat, ist nichtig (Art. 20 Abs. 1 OR). Betrifft der Mangel bloss einzelne Teile des Vertrages, so sind nur diese nichtig, der Rest bleibt jedoch wirksam *(Teilnichtigkeit)*. Diese Regel gilt allerdings nur, sofern die Parteien den Vertrag auch ohne den nichtigen Teil abgeschlossen hätten (Art. 20 Abs. 2 OR).[8] An dieser Stelle setzt vorliegende Bestimmung (sog. Salvatorische Klausel) ein. Sie besagt, dass die Nichtigkeit einzelner Bestimmungen die Wirksamkeit des Vertrages im Übrigen unberührt lässt. Sie hat mit anderen Worten zum Ziel, den Fortbestand des Immobilien-Bewertungsauftrages zu regeln.[9]

Zusätzlich zur Absicht, den Vertrag trotz Teilmängeln fortbestehen zu lassen, stellt vorliegende Klausel klar, dass die Parteien für nichtige Teile des Immobilien-Bewertungsauftrages eine Ersatzbestimmung zu suchen haben.[10] Diese soll dem wirtschaftlichen Zweck der nichtigen Bestimmung möglichst nahekommen.

- Salvatorische Klausel bezweckt den Fortbestand des Immobilien-Bewertungsauftrages bei nichtigen Bestimmungen eines ansonsten gültig abgeschlossenen Immoblien-Bewertungsauftrages.
- Nichtige Bestimmungen sind unwirksam und sind seitens der Parteien durch Ersatzbestimmungen zu ersetzen, die der ursprünglichen Bestimmung in wirtschaftlicher Hinsicht möglichst nahekommt. In gleicher Weise ist zu verfahren, wenn eine Vertragslücke festgestellt wird.

2.9 Anwendbares Recht

> **Anwendbares Recht**
> Auf diesen Vertrag ist schweizerisches Recht anwendbar.

Mit vorliegender Rechtswahlklausel bestimmen die Parteien, dass für sie ausschliesslich schweizerisches Recht anwendbar ist. Im Vordergrund stehen dabei die Bestimmungen des Auftragsrechts, sofern die Parteien – unter Vorbehalt der zwingenden Normen – nichts Abweichendes vereinbaren.

2.10 Schiedsgerichtsbarkeit

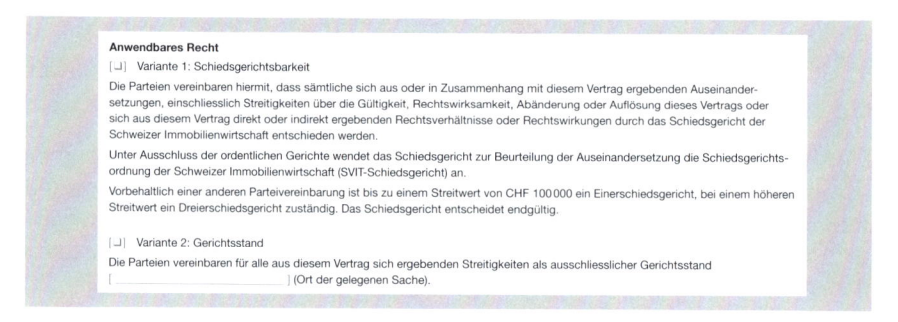

> **Anwendbares Recht**
> [⌑] Variante 1: Schiedsgerichtsbarkeit
> Die Parteien vereinbaren hiermit, dass sämtliche sich aus oder in Zusammenhang mit diesem Vertrag ergebenden Auseinandersetzungen, einschliesslich Streitigkeiten über die Gültigkeit, Rechtswirksamkeit, Abänderung oder Auflösung dieses Vertrags oder sich aus diesem Vertrag direkt oder indirekt ergebenden Rechtsverhältnisse oder Rechtswirkungen durch das Schiedsgericht der Schweizer Immobilienwirtschaft entschieden werden.
> Unter Ausschluss der ordentlichen Gerichte wendet das Schiedsgericht zur Beurteilung der Auseinandersetzung die Schiedsgerichtsordnung der Schweizer Immobilienwirtschaft (SVIT-Schiedsgericht) an.
> Vorbehaltlich einer anderen Parteivereinbarung ist bis zu einem Streitwert von CHF 100 000 ein Einerschiedsgericht, bei einem höheren Streitwert ein Dreierschiedsgericht zuständig. Das Schiedsgericht entscheidet endgültig.
>
> [⌑] Variante 2: Gerichtsstand
> Die Parteien vereinbaren für alle aus diesem Vertrag sich ergebenden Streitigkeiten als ausschliesslicher Gerichtsstand
> [_____] (Ort der gelegenen Sache).

Das Vertragsverhältnis zwischen dem Auftraggeber und dem Beauftragten untersteht dem Auftragsrecht. Ansprüche aus Auftragsrecht sind im Rahmen der Privat- und Parteiautonomie ohne Einschränkungen schiedsfähig.[11] Mit der sog. Schiedsabrede können sich die Parteien deshalb auf die Beurteilung einer Streitigkeit durch ein Schiedsgericht einigen.

Schiedsgerichte sind «halb-private» Gerichte.[12] Privat ist das Schiedsgericht insofern, als es nicht hoheitlich mittels Rechtserlass, sondern durch eine Vereinbarung der Parteien eingesetzt wird und die Schiedsrichter aufgrund ihrer Fachkompetenz von den Parteien bestimmt werden können (Schiedsabrede). Hingegen erwächst der Schiedsspruch wie das Urteil eines staatlichen Gerichts in Rechtskraft.[13]

Vorliegender Mustervertrag begründet die Zuständigkeit des Schiedsgerichts der Schweizer Immobilienwirtschaft (www.svit-schiedsgericht.ch), das im Jahre 2005 vom SVIT Schweiz initiiert wurde. Es ist auf immobilienrechtliche Fragen spezialisiert und steht sämtlichen Marktteilnehmern der Schweizer Immobilien- und Bauwirtschaft offen.[14]

Als Alternative steht es den Parteien auch offen, die ausschliessliche Zuständigkeit eines staatlichen Gerichts zu bestimmen (Art. 17 ZPO).

- Der Immobilien-Bewertungsauftrag ist schiedsfähig; mittels Schiedsabrede können die Parteien vereinbaren, dass Streitigkeiten durch ein Schiedsgericht beurteilt werden.

- Anstelle des Schiedsgerichts kann mit einer Gerichtsstandsklausel die Zuständigkeit eines bestimmten staatlichen Gerichts festgelegt werden.[15]

2.11 Besondere Vereinbarungen

Diese Ziffer bietet Platz für besondere Abmachungen, z.B.:

- Vereinbarung einer anderen Bewertungsmethode
- Weitere Vereinbarungen

Kapitel 7: Immobilien-Bewertungsauftrag

[1] Vgl. BGE 127 III 328, 330.
[2] Vgl. hierzu auch BSK-Weber, Art. 394, N. 4.
[3] SVIT-Kommentar zum Maklerrecht-Ginesta, S. 8, N. 14.
[4] Vgl. oben Ziff. 2.1.2.
[5] Vgl. unten Ziff. 2.3.
[6] Vgl. hierzu auch MWST-Branchen-Info 17 (Liegenschaftsverwaltung/Vermietung und Verkauf von Immobilien) unter http://www.estv.admin.ch/mwst/dokumentation.
[7] Schwenzer, 31.01.
[8] Vgl. Schwenzer, N. 32.39.
[9] Sog. *Salvatorische Klausel,* vgl. Schwenzer, N. 32.41.
[10] Sog. modifizierte Teilnichtigkeit, vgl. hierzu Gauch/Schluep/Schmid/Emmenegger, N. 703 ff.
[11] Burkhalter/Grell, S. 20 f.; SVIT-Kommentar zum Maklerrecht-Josi, S. 238, N. 18.
[12] Burkhalter/Grell, S. 1 f.
[13] Burkhalter/Grell, S. 49 f.; SVIT-Kommentar zum Maklerrecht-Josi, S. 231, N. 2.
[14] Burkhalter/Grell, S. 6 und 39.
[15] SVIT-Kommentar zum Maklerrecht-Reetz/Dias, S. 203, N. 19.

Kapitel 8

Erstvermietungsauftrag

Inhaltsverzeichnis
1. Auftragsdauer/Kündigung
2. Zielsetzung
3. Festsetzung der Mietzinse
4. Erstvermietungstätigkeiten
5. Honorar
6. Im Honorar nicht inbegriffene Leistungen
7. Budget
8. Vermietungsunterlagen/Vollmacht
9. Schriftform
10. Teilnichtigkeit
11. Anwendbares Recht
12. Schiedsgerichtsbarkeit
13. Besondere Vereinbarungen

Kapitel 8: Erstvermietungsauftrag

Das Wichtigste in Kürze

Der vorliegende Vermittlungs- resp. Maklervertrag hat die Erstvermietung eines neu erstellten Mietobjektes zum Gegenstand. Der Eigentümer und Vermieter erhofft sich auf diese Weise die Akquisition «guter» Mieter, ohne selbst den zeitaufwändigen Such- und Selektionsprozess zu haben.

Von der gesetzlichen Konzeption her hat der Makler keine Pflicht, für den Auftraggeber tätig zu werden. Hierzu wird der Makler jedoch besonders beauftragt, indem dem Makler gewisse Tätigkeitsgebiete auferlegt werden, die von der Vermietungsvorabklärung bis zum Abschluss des Mietvertrages gehen. Demgegenüber ergibt sich aber eine Tätigkeitspflicht des Maklers, wenn er als Exklusivmakler tätig wird.

Vom Prinzip her hat der Makler nur Anspruch auf eine Provision, wenn seine Tätigkeit dazu beiträgt, dass der Hauptvertrag (hier der Abschluss eines Mietvertrages) abgeschlossen wird. Der vorliegende Mustervertrag weicht davon insofern ab, als der Makler auch eine Provision erhält, wenn er nicht direkt den Abschluss vermittelt hat. Neben dieser Provisionsgarantie wird der Makler auch für getätigte Aufwendungen sowie für anfallende Drittkosten zusätzlich entschädigt.

Der Maklervertrag untersteht u.a. auch dem Auftragsrecht und somit dem zwingenden, jederzeitigen Kündigungsrecht.

Abschliessend werden weitere wichtige Begriffe kommentiert, wie z.B. Vollmacht, Informationspflichten des Auftraggebers, Festsetzung der Mietzinse etc.

Das Wichtigste in Kürze

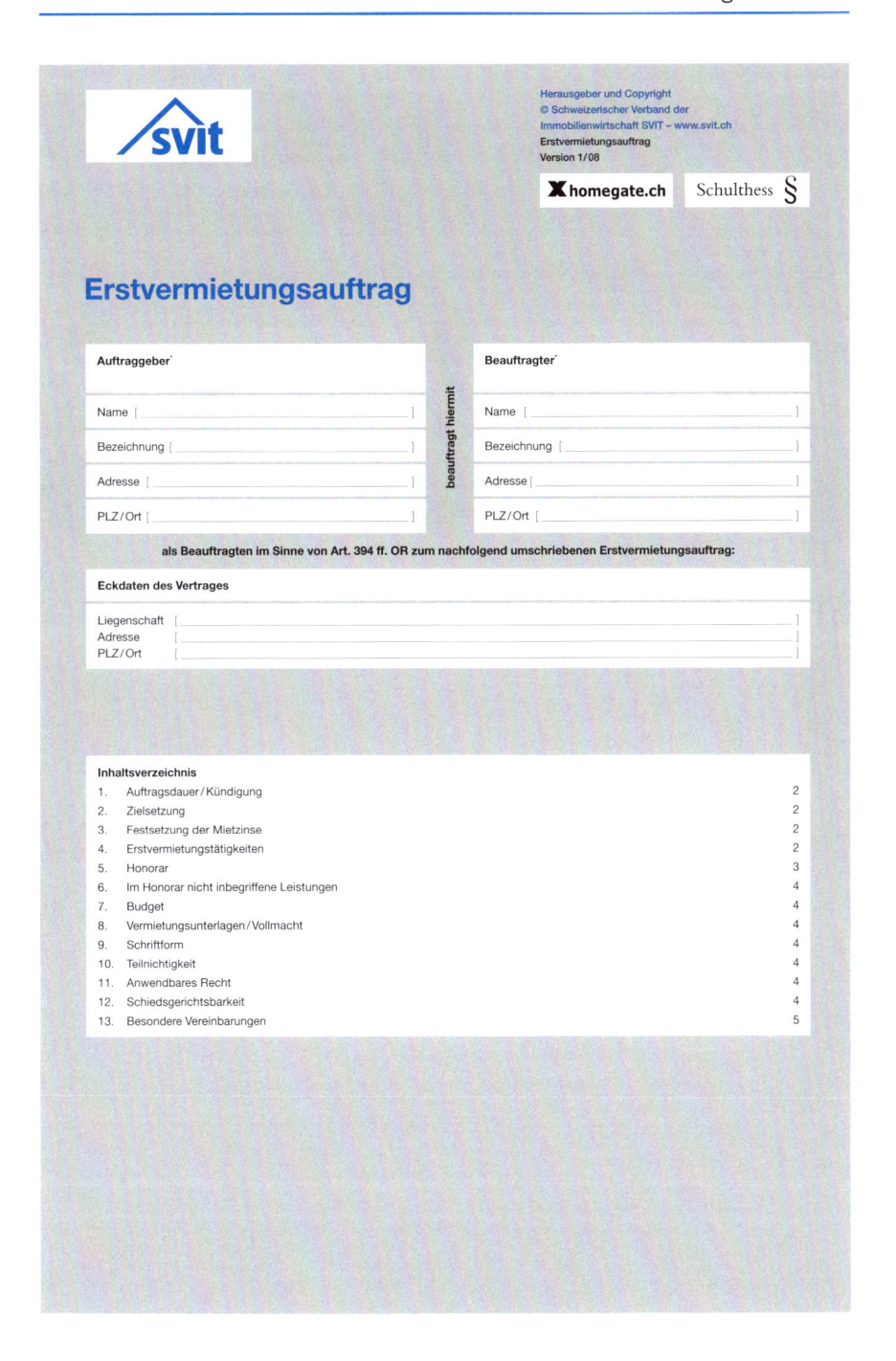

Herausgeber und Copyright
© Schweizerischer Verband der
Immobilienwirtschaft SVIT – www.svit.ch
Erstvermietungsauftrag
Version 1/08

Erstvermietungsauftrag

Auftraggeber

Name [   ]
Bezeichnung [   ]
Adresse [   ]
PLZ/Ort [   ]

beauftragt hiermit

Beauftragter

Name [   ]
Bezeichnung [   ]
Adresse [   ]
PLZ/Ort [   ]

als Beauftragten im Sinne von Art. 394 ff. OR zum nachfolgend umschriebenen Erstvermietungsauftrag:

Eckdaten des Vertrages

Liegenschaft [   ]
Adresse [   ]
PLZ/Ort [   ]

Inhaltsverzeichnis

1.	Auftragsdauer/Kündigung	2
2.	Zielsetzung	2
3.	Festsetzung der Mietzinse	2
4.	Erstvermietungstätigkeiten	2
5.	Honorar	3
6.	Im Honorar nicht inbegriffene Leistungen	4
7.	Budget	4
8.	Vermietungsunterlagen/Vollmacht	4
9.	Schriftform	4
10.	Teilnichtigkeit	4
11.	Anwendbares Recht	4
12.	Schiedsgerichtsbarkeit	4
13.	Besondere Vereinbarungen	5

195

Kapitel 8: Erstvermietungsauftrag

Herausgeber und Copyright
© Schweizerischer Verband der
Immobilienwirtschaft SVIT – www.svit.ch
Erstvermietungsauftrag
Version 1/08

homegate.ch **Schulthess §**

1. Auftragsdauer / Kündigung

Der Auftraggeber erteilt dem Beauftragten einen exklusiven Erstvermietungsauftrag. Die Verhandlungen mit sämtlichen Interessenten werden ausschliesslich vom Beauftragten nach Rücksprache mit dem Auftraggeber geführt. Er beginnt mit der Unterzeichnung des Vertrages und dauert bis 2 Monate nach Bezugsbereitschaft. Kommt während der Auftragsdauer keine Vermietung der Mietobjekte zustande, endet der Auftrag ohne Weiteres, sofern er nicht durch eine schriftliche Vereinbarung verlängert wird. Im Falle einer Vertragsverlängerung oder Vertragserneuerung sind die Bedingungen und Konditionen neu festzulegen.

Vorbehalten bleibt eine vorzeitige Auflösung gemäss Art. 404 OR oder eine temporäre Sistierung des Auftrages.

2. Zielsetzung

Die Eigentümerschaft verfolgt in der Vermietung der Objekte folgende Zielsetzungen:
- Vollvermietung der Liegenschaften auf den Bezugstermin, voraussichtlich auf [   ] (Datum).
- Erzielung des bestmöglichen Mietzinses (ca. CHF [   ]) gemäss separatem Objektverzeichnis (inkl. Garagen).
- Problem- und reibungsloser Übergang der Liegenschaften von der Erstvermietung zur ordentlichen Bewirtschaftung.

3. Festsetzung der Mietzinse

Als Grundlage für die Festsetzung der Mietzinse gelten die Bauprojektpläne vom [   ] (Datum), der Baubeschrieb vom [   ] (Datum) und Kostenberechnung vom [   ] (Datum).

4. Erstvermietungstätigkeiten

Der Beauftragte wird sich für die Vermietung einsetzen und die geeigneten Massnahmen treffen. Die nachstehenden Leistungen sind im Grundhonorar als Basisleistungen inbegriffen bzw. werden als Zusatzleistungen nach Aufwand verrechnet:

Basisleistungen	Zusatzleistungen	Beschrieb der Leistungen
		Vermietungsvorabklärungen
[ ]	[ ]	Besichtigung des Objektes
[ ]	[ ]	Studium aller relevanten Unterlagen und Rahmenbedingungen
[ ]	[ ]	Erste Nennung von realistischen Vermietungskonditionen von einfachen Objekten
[ ]	[ ]	Erste Nennung von realistischen Vermietungskonditionen von komplexen Objekten, Überbauungen, Neubauprojekten etc.
[ ]	[ ]	Offerte mit Dienstleistungsdispositiv
[ ]	[ ]	Besprechung mit Kunden über weiteres Vorgehen
		Vermietungsvorbereitungen
[ ]	[ ]	Ausarbeiten der Vermietungsdokumentation
[ ]	[ ]	Aufbereiten von Plänen und Daten für die Vermietungsdokumentation
[ ]	[ ]	Beraten bei Grundrissumgestaltungen und Ermitteln allfälliger Umbau- oder Renovationskosten
[ ]	[ ]	Erarbeiten des Werbekonzeptes
[ ]	[ ]	Ausarbeiten des Mediaplans
[ ]	[ ]	Gestalten und Texten der Inserate
[ ]	[ ]	Ausarbeiten und Erstellen des Werbebudgets

Das Wichtigste in Kürze

Herausgeber und Copyright
© Schweizerischer Verband der
Immobilienwirtschaft SVIT – www.svit.ch
Erstvermietungsauftrag
Version 1/08

homegate.ch — **Schulthess §**

Basisleistungen	Zusatzleistungen	Beschrieb der Leistungen
		Komplexe Vermietungsprojekte / Neubauprojekte
[ ]	[ ]	Marktanalyse erstellen
[ ]	[ ]	Definition des Nutzungsmixes
[ ]	[ ]	Grundrissgestaltung überprüfen und beraten
[ ]	[ ]	Detaillierte Mietpreisgestaltung erarbeiten
[ ]	[ ]	Marketing- und Werbekonzept erarbeiten
[ ]	[ ]	Ausarbeiten einer Verkaufs- und Vermietungsdokumentation
[ ]	[ ]	Aufbereiten von Plänen und Daten für die Vermietungsdokumentation
[ ]	[ ]	Mediaplan- und Werbebudget erstellen
		Vermietungsphase
[ ]	[ ]	Objekt gemäss Mediaplan anbieten
[ ]	[ ]	Besichtigungen vor Ort durchführen
[ ]	[ ]	Vermietungsgespräche mit den Objektinteressenten führen
[ ]	[ ]	Zusammenstellen eines detaillierten Dossiers für ernsthafte Interessenten (insbes. bei Geschäftsflächen)
[ ]	[ ]	Reporting gegenüber dem Auftraggeber über den Verlauf der Aktivitäten
[ ]	[ ]	Den Auftraggeber beraten über mögliche Massnahmen, um das Objekt schneller oder besser vermieten zu können
[ ]	[ ]	Ausarbeitung eines ersten Mietvertragsentwurfes, Vertragsbereinigung, Besprechung mit dem Mietinteressenten
[ ]	[ ]	Unterstützung der Parteien mit weiteren Dienstleistungen (z.B. Innenausbau, insbes. bei Geschäftsflächen)
[ ]	[ ]	Vertragsbereinigung, Organisation des Mietvertragsabschlusses
		Anschlussdienstleistungen
[ ]	[ ]	Renovationen und Umbauten durchführen, überwachen
[ ]	[ ]	Betreuen des Mieters während der Bauphase
[ ]	[ ]	Objektübergabe an den Mieter
[ ]	[ ]	Vormerkung des Mietvertrages ins Grundbuch
		Mehrsprachigkeit
[ ]	[ ]	Bearbeiten des Mandates in einer anderen Sprache ausserhalb der Auftragssprache

5. **Honorar**
   [ ] Als Entschädigung für seine Tätigkeit erhält der Beauftragte _____ % des ersten Netto-Jahresmietzinses zuzüglich _____ % MWST. Das Honorar wird periodisch abgerechnet.
   [ ] Das Grundhonorar für die Basisleistungen beträgt CHF _____ (Betrag). Die Zusatzleistungen gemäss diesem Vertrag werden nach Aufwand zusätzlich verrechnet. Die Zusatzleistungen des Beauftragten werden dem Auftraggeber nach Aufwand mit
   CHF _____ (Betrag) Stundenansatz periodisch in Rechnung gestellt.
   [ ] Mietinteressenten, welche vom Auftraggeber zugeführt werden und einen Mietvertrag abschliessen, werden nur mit _____ % Erfolgshonorar in Rechnung gestellt.

Kapitel 8: Erstvermietungsauftrag

Herausgeber und Copyright
© Schweizerischer Verband der
Immobilienwirtschaft SVIT – www.svit.ch
Erstvermietungsauftrag
Version 1/08

homegate.ch — Schulthess §

6. Im Honorar nicht inbegriffene Leistungen

Erstellen eines Kostenverteilers für Heiz- und Betriebskosten
Plankopien und Drucksachen
Auslagen für Insertionen
Internet-Einrichtung und -Betrieb
Einholen von Betreibungs- und Wirtschaftsauskünften über Mietinteressenten

7. Budget

Für die oben genannten Drittkosten muss mit einem Aufwand von CHF [_____] (Betrag) gerechnet werden. Für die Internet-Einrichtung wird eine Pauschale von CHF [_____] (Betrag) vereinbart. Sollte dieses Budget nicht ausreichen, so wird der Beauftragte den Auftraggeber hiervon rechtzeitig in Kenntnis setzen.

8. Vermietungsunterlagen / Vollmacht

Der Auftraggeber übergibt dem Beauftragten alle für die Vermietung notwendigen Unterlagen, insbesondere

Planunterlagen
Baubeschrieb
Katasterplankopie
Kostenberechnungen
Grundbuchauszug

Der Beauftragte ist berechtigt, das Grundbuch, die Pläne und alle weiteren öffentlichen Register einzusehen und Auszüge bzw. Kopien von diesen anfertigen zu lassen.

9. Schriftform

Jede Änderung und Ergänzung dieses Erstvermietungsauftrages bedarf der Schriftform und der rechtsgültigen Unterzeichnung durch die Parteien. Mündliche Änderungen, Ergänzungen und Nebenabreden zu dieser Vereinbarung sind ungültig.

10. Teilnichtigkeit

Sollte eine Bestimmung dieses Vertrages nichtig oder unwirksam sein oder werden, so wird der übrige Teil dieses Vertrages davon nicht berührt. Im Falle der Nichtigkeit oder Unwirksamkeit einer Bestimmung ist diese durch eine solche wirksame zu ersetzen, die dem wirtschaftlichen Zweck der unwirksamen Bestimmung am nächsten kommt. In gleicher Weise ist zu verfahren, wenn eine Lücke offenbar wird.

11. Anwendbares Recht

Auf den vorliegenden Vertrag ist ausschliesslich schweizerisches Recht anwendbar.

12. Schiedsgerichtsbarkeit

[❑] Variante 1: Schiedsgerichtsbarkeit

Die Parteien vereinbaren hiermit, dass sämtliche sich aus oder in Zusammenhang mit diesem Vertrag ergebenden Auseinandersetzungen, einschliesslich Streitigkeiten über die Gültigkeit, Rechtswirksamkeit, Abänderung oder Auflösung dieses Vertrags oder sich aus diesem Vertrag direkt oder indirekt ergebenden Rechtsverhältnisse oder Rechtswirkungen durch das Schiedsgericht der Schweizer Immobilienwirtschaft entschieden werden.

Unter Ausschluss der ordentlichen Gerichte wendet das Schiedsgericht zur Beurteilung der Auseinandersetzung die Schiedsgerichtsordnung der Schweizer Immobilienwirtschaft (SVIT-Schiedsgericht) an.

Vorbehaltlich einer anderen Parteivereinbarung ist bis zu einem Streitwert von CHF 100 000 ein Einerschiedsgericht, bei einem höheren Streitwert ein Dreierschiedsgericht zuständig. Das Schiedsgericht entscheidet endgültig.

[❑] Variante 2: Gerichtsstand

Die Parteien vereinbaren für alle aus diesem Vertrag sich ergebenden Streitigkeiten als ausschliesslicher Gerichtsstand [_____] (Ort der gelegenen Sache).

Das Wichtigste in Kürze

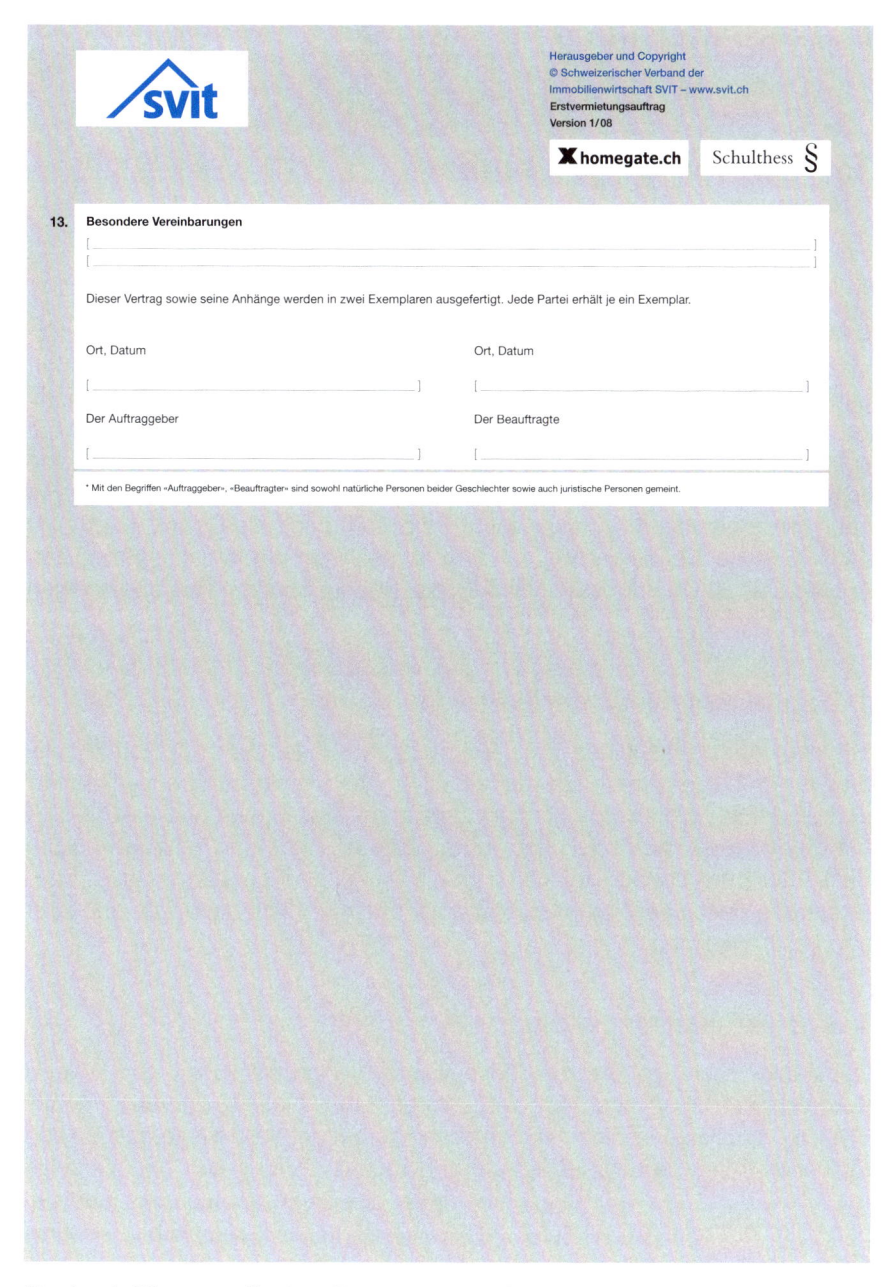

Dies ist ein Mietvertrag für einen Erstvermietungsauftrag wie er im Kanton Zürich verwendet wird.

Kommentierung zu Kapitel 8

1. Bemerkungen zum Erstvermietungsauftrag

1.1 Begriff und Geltungsbereich

Der Vermietungsauftrag betrifft die Vermittlung eines Mieters, der mit dem Vermieter (meist der Auftraggeber) einen Mietvertrag abschliesst. Damit fällt der Vermietungsauftrag aus juristischer Sicht unter die Bestimmungen des Maklerrechts (nachfolgend auch «Maklervertrag»).[1] Denkbar wäre auch die Bezeichnung als sog. «Miet-Maklervertrag».[2] Gegenstand des vorliegenden Vermietungsauftrages sind vorwiegend einzelne Wohnungen in oder ganze Neubauten; daher kommt die Betitelung als «Erstvermietungsauftrag».[3] Als Maklervertrag untersteht der Erstvermietungsauftrag den Art. 412–418 OR. Subsidiär finden die Bestimmungen des allgemeinen Auftrages Anwendung (Art. 412 Abs. 2 i. V. m. Art. 394 ff. OR).

1.2 Interessenlage der Parteien

Mit dem Abschluss eines Erstvermietungsauftrages wird die Erstvermietung einer Liegenschaft aus der üblichen Bewirtschaftung ausgegliedert und einem spezialisierten Makler übertragen. Der Eigentümer erhofft sich auf diese Weise die Akquisition «guter» Mieter, ohne den zeitaufwändigen Such- und Selektionsprozess zu haben.[4] Demgegenüber geht es dem Makler darum, dass seine Arbeit entschädigt und sämtliche Auslagen und Spesen bezahlt werden.

1.3 Gestaltungsspielraum

Das Maklerrecht gehört zum Privatrecht, das grundsätzlich vom Prinzip der Vertragsfreiheit bestimmt wird. Vorbehalten bleiben öffentlich-rechtliche bzw. spezialgesetzliche Vorschriften, die bei der Vertragsgestaltung von Maklerverträgen berücksichtigt werden müssen.[5] Aufgrund der subsidiären Anwendung des Auftragsrechtes findet des Weiteren auch das jederzeitige Widerrufsrecht Anwendung, das zwingender Natur ist, sprich vertraglich nicht abgeändert werden kann (Art. 412 Abs. 2 OR i.V.m. Art. 404 OR).

1.4 Form

Der Maklervertrag bedarf von Gesetzes wegen keiner besonderen Form (vgl. Art. 11 Abs. 1 OR und Art. 16 Abs. 1 OR). Aus Beweisgründen wird ein schriftlicher Vertragsabschluss jedoch empfohlen.[6]

2. Zu den einzelnen Vertragsklauseln

2.0 Vertragsparteien

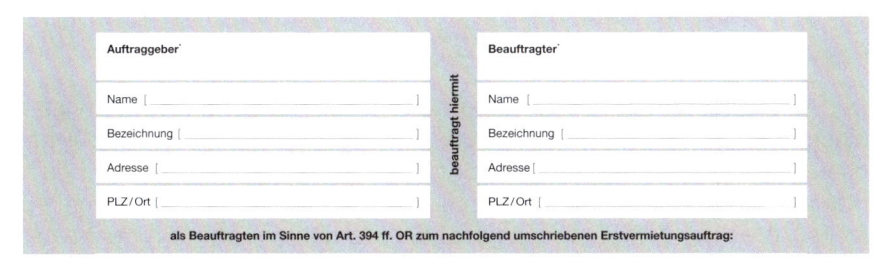

Auftraggeber*		Beauftragter*
Name [ ]	beauftragt hiermit	Name [ ]
Bezeichnung [ ]		Bezeichnung [ ]
Adresse [ ]		Adresse [ ]
PLZ/Ort [ ]		PLZ/Ort [ ]

als Beauftragten im Sinne von Art. 394 ff. OR zum nachfolgend umschriebenen Erstvermietungsauftrag:

Beim Maklervertrag stehen sich der Grundstückseigentümer als Auftraggeber und der Makler als Beauftragter gegenüber. Vertragspartei kann sowohl aufseiten des Auftraggebers wie auch aufseiten des Beauftragten jede rechts- und handlungsfähige natürliche oder juristische Person sein.[7]

- Als Beauftragte und Auftraggeber kommen natürliche und juristische Personen infrage.

- Stellen Vertragsparteien juristische Personen dar, können diese durch ihre zeichnungsberechtigten Personen verpflichtet werden. Die Internetseite www.zefix.ch gibt darüber Auskunft, wer zeichnungsberechtigt ist.

2.0 Eckdaten des Vertrages

Eckdaten des Vertrages	
Liegenschaft	[ ]
Adresse	[ ]
PLZ/Ort	[ ]

Die nachfolgenden Eckdaten stellen die zentralen Regelungspunkte des Vertrages dar:

- Liegenschaft/Ort: Es empfiehlt sich, die genaue Adresse oder Name des Mietobjektes («Residenz X») aufzuführen, allenfalls zusätzlich mit Parzellen- oder Haus- resp. Wohnungsnummer ergänzt. Hierzu gibt insbesondere ein Auszug aus dem Grundbuch Auskunft.[8]

2.1 Auftragsdauer/Kündigung

> **Auftragsdauer / Kündigung**
> Der Auftraggeber erteilt dem Beauftragten einen exklusiven Erstvermietungsauftrag. Die Verhandlungen mit sämtlichen Interessenten werden ausschliesslich vom Beauftragten nach Rücksprache mit dem Auftraggeber geführt. Er beginnt mit der Unterzeichnung des Vertrages und dauert bis 2 Monate nach Bezugsbereitschaft. Kommt während der Auftragsdauer keine Vermietung der Mietobjekte zustande, endet der Auftrag ohne Weiteres, sofern er nicht durch eine schriftliche Vereinbarung verlängert wird. Im Falle einer Vertragsverlängerung oder Vertragserneuerung sind die Bedingungen und Konditionen neu festzulegen.
> Vorbehalten bleibt eine vorzeitige Auflösung gemäss Art. 404 OR oder eine temporäre Sistierung des Auftrages.

Der Auftraggeber erteilt dem Beauftragten nach diesem Vertragsmuster einen *exklusiven* Erstvermietungsauftrag. Durch diese Ausschliesslichkeits- oder Exklusivitätsklausel verpflichtet sich der Auftraggeber gegenüber dem Makler, keine Dienste eines weiteren Vermittlers in Anspruch zu nehmen. Im Fall, dass der Auftraggeber selber Mieter akquiriert, profitiert der Mieter von einem (regelmässig reduzierten) Honoraranspruch.[9]

Dank der Exklusivitätsklausel wird der Makler nicht durch andere Makler konkurrenziert. Dies hilft ihm, seine Arbeit sorgfältig und zielorientiert auszuüben. Im Gegenzug wird er in die Verantwortung für den erfolgreichen Abschluss des Hauptvertrages eingebunden. Die herrschende Rechtsprechung nimmt diesbezüglich an, dass der Exklusivmakler eine Pflicht zum Tätigwerden hat.[10] An dieser Stelle sei erwähnt, dass der Makler gemäss vorliegendem Vertragsmuster – unabhängig von der exklusiven Mandatserteilung – eine Pflicht zum Tätigwerden hat. Diese Pflicht ergibt sich aus der vertraglich vereinbarten Liste von für den Auftraggeber zu erbringenden Tätigkeiten.[11]

Die Beendigung des vorliegenden Maklervertrages kann auf verschiedene Art und Weise geschehen:

- Vorliegender Maklervertrag ist als befristetes Vertragsverhältnis ausgestaltet. Es beginnt mit Unterzeichnung und endet zwei Monate nach der Bezugsbereitschaft.

- Aufgrund der subsidiären Anwendung des Auftragsrecht kann der Maklervertrag auch jederzeit widerrufen werden (Art. 412 Abs. 2 OR i.V.m. Art. 404 Abs. 1 OR).

- Den Parteien steht es auch offen, ihr Vertragsverhältnis jederzeit durch Übereinkunft aufzuheben oder zu verlängern.

2.2 Zielsetzung

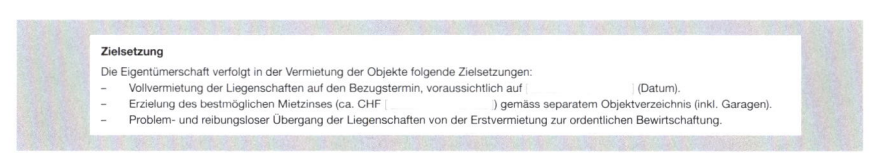

> **Zielsetzung**
> Die Eigentümerschaft verfolgt in der Vermietung der Objekte folgende Zielsetzungen:
> – Vollvermietung der Liegenschaften auf den Bezugstermin, voraussichtlich auf [   ] (Datum).
> – Erzielung des bestmöglichen Mietzinses (ca. CHF [   ]) gemäss separatem Objektverzeichnis (inkl. Garagen).
> – Problem- und reibungsloser Übergang der Liegenschaften von der Erstvermietung zur ordentlichen Bewirtschaftung.

Mit Abschluss eines Erstvermietungsauftrages erhofft sich der Eigentümer die rasche Akquisition «guter» Mieter. Entsprechend können die Ziele der Eigentümerschaft wie folgt präzisiert werden:

- Vollvermietung auf einen vor-/bestimmten Bezugstermin.
- Erzielung eines vordefinierten Mietzinses zur Finanzierung der Um-/Baukosten gemäss Businessplan.
- Nahtloser Übergang von der Erstvermietung zur ordentlichen Bewirtschaftung.

2.3 Festsetzung der Mietzinse

> **Festsetzung der Mietzinse**
> Als Grundlage für die Festsetzung der Mietzinse gelten die Bauprojektpläne vom [   ] (Datum), der Baubeschrieb vom [   ] (Datum) und Kostenberechnung vom [   ] (Datum).

Gegenstand des Erstvermietungsauftrages sind vorwiegend Neubauten, welche regelmässig vor Fertigstellung vermietet werden sollen (sog. *Vermietung ab Plan*). Deshalb ist es von elementarer Bedeutung, über präzise und verbindliche Pläne, Baubeschriebe sowie Kostenberechnungen zu verfügen, damit die Mietobjekte exakt definiert und die Mietzinse angemessen berechnet werden können.[12]

Kapitel 8: Erstvermietungsauftrag

2.4 Erstvermietungstätigkeiten

Erstvermietungstätigkeiten

Der Beauftragte wird sich für die Vermietung einsetzen und die geeigneten Massnahmen treffen. Die nachstehenden Leistungen sind im Grundhonorar als Basisleistungen inbegriffen bzw. werden als Zusatzleistungen nach Aufwand verrechnet:

Basisleistungen	Zusatzleistungen	Beschrieb der Leistungen
		Vermietungsvorabklärungen
[ ]	[ ]	Besichtigung des Objektes
[ ]	[ ]	Studium aller relevanten Unterlagen und Rahmenbedingungen
[ ]	[ ]	Erste Nennung von realistischen Vermietungskonditionen von einfachen Objekten
[ ]	[ ]	Erste Nennung von realistischen Vermietungskonditionen von komplexen Objekten, Überbauungen, Neubauprojekten etc.
[ ]	[ ]	Offerte mit Dienstleistungsdispositiv
[ ]	[ ]	Besprechung mit Kunden über weiteres Vorgehen
		Vermietungsvorbereitungen
[ ]	[ ]	Ausarbeiten der Vermietungsdokumentation
[ ]	[ ]	Aufbereiten von Plänen und Daten für die Vermietungsdokumentation
[ ]	[ ]	Beraten bei Grundrissumgestaltungen und Ermitteln allfälliger Umbau oder Renovationskosten
[ ]	[ ]	Erarbeiten des Werbekonzeptes
[ ]	[ ]	Ausarbeiten des Mediaplans
[ ]	[ ]	Gestalten und Texten der Inserate
[ ]	[ ]	Ausarbeiten und Erstellen des Werbebudgets
		Komplexe Vermietungsprojekte / Neubauprojekte
[ ]	[ ]	Marktanalyse erstellen
[ ]	[ ]	Definition des Nutzungsmixes
[ ]	[ ]	Grundrissgestaltung überprüfen und beraten
[ ]	[ ]	Detaillierte Mietpreisgestaltung erarbeiten
[ ]	[ ]	Marketing- und Werbekonzept erarbeiten
[ ]	[ ]	Ausarbeiten einer Verkaufs- und Vermietungsdokumentation
[ ]	[ ]	Aufbereiten von Plänen und Daten für die Vermietungsdokumentation
[ ]	[ ]	Mediaplan- und Werbebudget erstellen
		Vermietungsphase
[ ]	[ ]	Objekt gemäss Mediaplan anbieten
[ ]	[ ]	Besichtigungen vor Ort durchführen
[ ]	[ ]	Vermietungsgespräche mit den Objektinteressenten führen
[ ]	[ ]	Zusammenstellen eines detaillierten Dossiers für ernsthafte Interessenten (insbes. bei Geschäftsflächen)
[ ]	[ ]	Reporting gegenüber dem Auftraggeber über den Verlauf der Aktivitäten
[ ]	[ ]	Den Auftraggeber beraten über mögliche Massnahmen, um das Objekt schneller oder besser vermieten zu können
[ ]	[ ]	Ausarbeitung eines ersten Mietvertragsentwurfes, Vertragsbereinigung, Besprechung mit dem Mietinteressenten
[ ]	[ ]	Unterstützung der Parteien mit weiteren Dienstleistungen (z.B. Innenausbau, insbes. bei Geschäftsflächen)
[ ]	[ ]	Vertragsbereinigung, Organisation des Mietvertragsabschlusses
		Anschlussdienstleistungen
[ ]	[ ]	Renovationen und Umbauten durchführen, überwachen
[ ]	[ ]	Betreuen des Mieters während der Bauphase
[ ]	[ ]	Objektübergabe an den Mieter
[ ]	[ ]	Vormerkung des Mietvertrages ins Grundbuch
		Mehrsprachigkeit
[ ]	[ ]	Bearbeiten des Mandates in einer anderen Sprache ausserhalb der Auftragssprache

Der Makler hat grundsätzlich keine Pflicht, für den Auftraggeber tätig zu werden. Die gesetzliche Konzeption des Fehlens einer Handlungspflicht beruht auf der Annahme, dass die Erfolgsbedingtheit des Maklerlohnes genügend Anreiz zum Tätigwerden schafft. Diese Konzeption ist jedoch dispositiver Natur. Die Parteien können dem Makler vertraglich bestimmte Tätigkeitspflichten auferlegen.[13] Dementsprechend enthält der vorliegende Mustervertrag einen detaillierten Leistungsbeschrieb. Er listet alle in der Praxis üblichen Tätigkeitsgebiete des Maklers auf. Diese können im Wesentlichen in fünf Hauptleistungsgruppen unterteilt werden[14]:

- Vermietungsvorabklärungen: Diese dienen v.a. dem Kennenlernen des Mietobjektes. Der Makler soll sich mit dem Mietobjekt und den Bedürfnissen des Auftraggebers vertraut machen (Besichtigung, Aktenstudium Unterlagen, Nennung Vermietungskonditionen etc.).

- Vermietungsvorbereitungen: Der Makler beginnt mit vermietungsvorbereitenden Massnahmen (Durchführung Marktanalyse, Bestimmung Mieterzielgruppe und Entwicklung des Marketing- und Werbekonzepts etc.).

- Vermietungsphase: Primäres Ziel ist die optimale Vermietung der Liegenschaft, d.h. die Suche nach geeigneten Mietern (Anbieten des Vermietungsgegenstandes, Kommunikation mit Interessenten, Ausarbeiten und Bereinigung Mietvertrag, Organisation Mietvertragsabschluss etc.).

- Anschlussdienstleistungen: Zusätzliche Leistungen im Anschluss an die Liegenschaftsvermietung (Unterstützung bei Durchführen von Umbauten und Rennovationen, Objektübergabe etc.).

Innerhalb der erwähnten Hauptleistungsgruppen kann bei jeder einzelnen Tätigkeit ausgewählt werden, ob diese eine Basis- oder eine Zusatzleistung ist. Die Unterscheidung in Basis- und Zusatzleistungen ist massgebend für die Vergütung des Maklers:

- Basisleistungen: Diese Leistungen sind im Grundhonorar inbegriffen.

- Zusatzleistungen: Diese Leistungen werden separat nach Aufwand verrechnet.

2.5 Honorar

> **Honorar**
> [ ] Als Entschädigung für seine Tätigkeit erhält der Beauftragte   % des ersten Netto-Jahresmietzinses zuzüglich   %
>   MWST. Das Honorar wird periodisch abgerechnet.
> [ ] Das Grundhonorar für die Basisleistungen beträgt CHF   (Betrag). Die Zusatzleistungen gemäss diesem
>   Vertrag werden nach Aufwand zusätzlich verrechnet. Die Zusatzleistungen des Beauftragten werden dem Auftraggeber nach
>   Aufwand mit
>   CHF   (Betrag) Stundenansatz periodisch in Rechnung gestellt.
> [ ] Mietinteressenten, welche vom Auftraggeber zugeführt werden und einen Mietvertrag abschliessen, werden nur mit   %
>   Erfolgshonorar in Rechnung gestellt.

2.5.1 Provision

Als Entschädigung für seine Tätigkeit erhält der Beauftragte einen bestimmten Prozentsatz der ersten Netto-Jahresmiete. Dieses Erfolgshonorar (auch *Provision* genannt) stellt den eigentlichen Maklerlohn dar. Er ist unter folgenden drei Bedingungen geschuldet (Art. 413 Abs. 1 OR)[15]:

- Maklertätigkeit
- Zustandekommen des angestrebten Hauptvertrages
- Kausalzusammenhang zwischen diesen beiden Elementen

Die Bedingungen des Zustandekommens des Hauptvertrages sowie des Kausalzusammenhanges sind dispositiver Natur. Hingegen stellt die Maklertätigkeit als solche eine unabdingbare Voraussetzung für die erfolgreiche Geltendmachung eines Provisionsanspruches dar.[16]

Vorliegendes Vertragsmuster bleibt hinter der gesetzlichen Voraussetzung zurück und sichert dem Makler eine Provision zu, sofern er tätig geworden ist und der Hauptvertrag effektiv abgeschlossen werden konnte. Hingegen muss der Makler nicht kausal den Abschluss des Mietvertrages vermittelt haben.[17] Eine solche Vereinbarung bezeichnet man auch als *Provisionsgarantie*, welche von Lehre und Rechtsprechung als zulässig anerkannt wird.[18]

Die Provisionshöhe bei Maklerverträgen richtet sich grundsätzlich nach der vertraglichen Vereinbarung. Sie unterliegt allerdings gewissen Schranken. Diese ergeben sich einerseits aus bundes- oder kantonalrechtlichen Höchsttarifen (Art. 418 OR). Andererseits besteht im Bereich der Vermittlung von Grundstückskaufverträgen die Möglichkeit der richterlichen Herabsetzung eines überhöhten Maklerlohnes (Art. 417 OR).

Beim vorliegenden Mustervertrag stehen sich der Grundstückseigentümer als Auftraggeber und der Makler als Beauftragter gegenüber. Der Makler wird mit anderen Worten im Namen und auftrags des Eigentümers bzw.

Vermieters tätig. In diesem Bereich gibt es soweit ersichtlich derzeit keine bundes- oder kantonalrechtlichen Höchsttarife.[19] Deshalb ist einzig die besondere Vorschrift gemäss Art. 417 OR zu beachten, wonach die Provision durch ihre Angemessenheit begrenzt wird. Nach welchen Kriterien die Unverhältnismässigkeit zu beurteilen ist, geht aus Art. 417 OR nicht hervor. Nach herrschender Lehre und Rechtsprechung ist auf den wirtschaftlichen Wert der Maklerleistung abzustellen.[20] Bei unverhältnismässiger Höhe wird der Maklerlohn vom Richter entweder auf einen existierenden Tarif oder auf das durch andere Übung bestimmte Mass reduziert.[21] Marktüblich im Wohnbereich sind z.B. 8% der Netto-Jahresmiete.[22] Je nach Marktlage und konkretem Sachverhalt kann sich jedoch eine Anpassung nach oben oder unten aufdrängen.

2.5.2 Reduzierte Provision

Aufgrund der Exklusivität des Erstvermietungsauftrages verpflichtet sich der Auftraggeber gegenüber dem Makler, keine Dienste eines weiteren Vermittlers in Anspruch zu nehmen. Im Fall, dass der Auftraggeber selber Mieter akquiriert, profitiert der Mieter von einem prozentual reduzierten Erfolgshonorar.[23]

2.5.3 Entschädigung

Der Anspruch auf Maklerlohn entsteht erst mit dem rechtsgültigen Abschluss des zu vermittelten Geschäftes (Art. 413 Abs. 1 OR). Diese Erfolgsbedingtheit des Maklerlohnanspruches ist dispositiver Natur. Die Parteien können vertraglich vereinbaren, dass der Makler seine Aufwendungen auch ersetzt erhält, wenn der angestrebte Hauptvertrag nicht zustande kommt (Art. 413 Abs. 3 OR).[24] Eine solche Vereinbarung empfiehlt sich insbesondere in Fällen, wo der Makler mit erheblichen Vorbereitungsarbeiten beauftragt wird.[25] Dies ist im konkreten Mustervertrag der Fall.[26] Dementsprechend wird dem Makler eine Aufwandsvergütung wie folgt zugesichert:

- Grundhonorar: Pauschalbetrag für die vertraglich vereinbarten Basisleistungen.
- Zusatzleistungen: Diese Leistungen werden nach Stundenaufwand abgerechnet.

2.6 Im Honorar nicht inbegriffene Leistungen/2.7 Budget

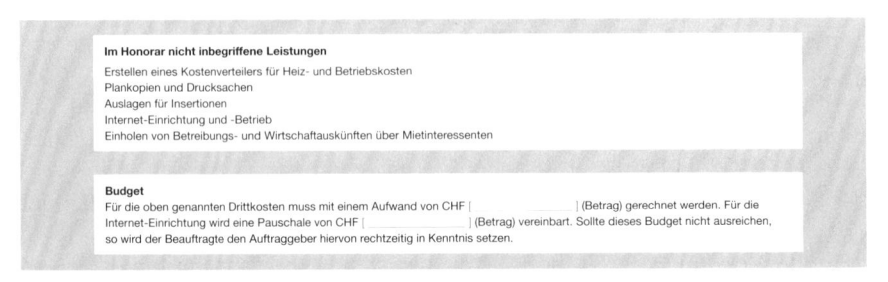

> **Im Honorar nicht inbegriffene Leistungen**
> Erstellen eines Kostenverteilers für Heiz- und Betriebskosten
> Plankopien und Drucksachen
> Auslagen für Insertionen
> Internet-Einrichtung und -Betrieb
> Einholen von Betreibungs- und Wirtschaftsauskünften über Mietinteressenten

> **Budget**
> Für die oben genannten Drittkosten muss mit einem Aufwand von CHF [   ] (Betrag) gerechnet werden. Für die Internet-Einrichtung wird eine Pauschale von CHF [   ] (Betrag) vereinbart. Sollte dieses Budget nicht ausreichen, so wird der Beauftragte den Auftraggeber hiervon rechtzeitig in Kenntnis setzen.

Aufgrund der Erfolgsbedingtheit des Maklerlohnes ist auch die Vergütung von Drittkosten separat zu vereinbaren.[27] Der vorliegende Mustervertrag sieht deshalb eine Liste von Leistungen und daraus entstehenden Drittkosten vor, welche unabhängig vom Zustandekommens des Hauptvertrages vergütet werden.

2.8 Vermietungsunterlagen/Vollmacht

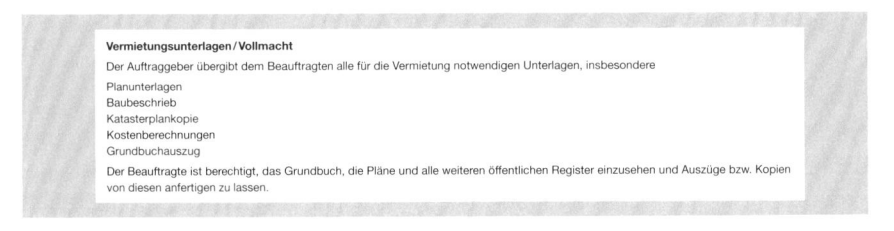

> **Vermietungsunterlagen/Vollmacht**
> Der Auftraggeber übergibt dem Beauftragten alle für die Vermietung notwendigen Unterlagen, insbesondere
> Planunterlagen
> Baubeschrieb
> Katasterplankopie
> Kostenberechnungen
> Grundbuchauszug
> Der Beauftragte ist berechtigt, das Grundbuch, die Pläne und alle weiteren öffentlichen Register einzusehen und Auszüge bzw. Kopien von diesen anfertigen zu lassen.

Der Auftraggeber hat verschiedene, teils vertraglich vereinbarte Sorgfalts- und Treuepflichten. Dazu gehört auch die Informations- und Dokumentationspflicht. Bei Abschluss des Maklervertrages hat der Auftraggeber dem Makler sämtliche für den Abschluss des Mietvertrages relevanten Informationen zur Verfügung zu stellen. Dazu gehören insbesondere Dokumente und Angaben, welche das Mietobjekt betreffen (z.B. Planunterlagen, Baubeschrieb, Katasterkopien, Kostenberechnungen, Grundbuchauszug etc.). Die Informationspflicht dient einerseits der zielgerichteten Auftragserfüllung durch den Makler.[28] Andererseits wird im Vertragsmuster klargestellt, dass die Informationspflicht in die Verantwortung des Auftraggebers fällt (Leistungsabgrenzung).[29] Die Informationspflicht dauert während der Laufzeit des Vertrages an; der Auftraggeber hat den Makler dementsprechend über relevante Änderungen fortlaufend zu informieren.

Der Maklervertrag steht im Allgemeinen unter den subsidiär anwendbaren Vorschriften über den einfachen Auftrag (Art. 412 Abs. 2 OR i. V. m.

Art. 394 ff. OR). Gemäss Art. 396 Abs. 2 OR ist im Auftrag auch die Ermächtigung zu den Rechtshandlungen enthalten, die zu dessen Ausführungen gehören. Die Vertretungsermächtigung des Maklers im Bereich der vertraglich vereinbarten Tätigkeitspflichten ergibt sich somit bereits aus dem Auftragsrecht.

Darüber hinaus nimmt das vorliegende Vertragsmuster eine Konkretisierung der gesetzlichen Bevollmächtigung vor. Insbesondere erteilt der Auftraggeber dem Makler die Vollmacht, sämtliche öffentlichen Register (z.B. das Grundbuch) einzusehen.

- Die Informations- und Dokumentationspflicht gehört zu den Sorgfalts- und Treuepflichten des Auftraggebers.
- Die Informations- und Dokumentationspflicht verpflichtet den Auftraggeber, dem Makler sämtliche Informationen zur Verfügung zu stellen, die für die Vermietung relevant sein könnten.
- Die Informations- und Dokumentationspflicht gilt bei Abschluss und während der gesamten Laufdauer des Vertrages.
- Der Umfang der Vollmacht ergibt sich zum einen aus dem Auftragsrecht, zum anderen aus dem Maklervertrag.
- Vorliegendes Vertragsmuster sieht insbesondere eine Vollmacht zur Einsicht in alle öffentlichen Register vor.

2.9 Schriftform

> **Schriftform**
> Jede Änderung und Ergänzung dieses Erstvermietungsauftrages bedarf der Schriftform und der rechtsgültigen Unterzeichnung durch die Parteien. Mündliche Änderungen, Ergänzungen und Nebenabreden zu dieser Vereinbarung sind ungültig.

Entsprechend dem allgemeinen Prinzip der Vertragsfreiheit statuiert das OR den Grundsatz der Formfreiheit.[30] Gemäss Art. 11 Abs. 1 und Art. 16 Abs. 2 OR bedürfen Verträge für deren Gültigkeit deshalb nur dann einer besonderen Form, wenn eine solche vom Gesetz ausdrücklich angeordnet ist oder wenn die Parteien eine Form vereinbaren.

Vorliegende Vertragsklausel sieht vor, dass der Maklervertrag sowie dessen Abänderungen oder Ergänzungen einer Form, namentlich der Schriftlichkeit bedürfen. Zur Schriftlichkeit gehört, dass der Maklervertrag einschliesslich dessen Abänderungen oder Ergänzungen schriftlich vorliegen und von den Parteien unterzeichnet werden muss. Dieser Form- oder Schriftlichkeitsvorbehalt führt dazu, dass dem Maklervertrag sowie dessen Abänderungen oder Ergänzungen keine Gültigkeit zukommt, wenn die Voraussetzungen der Schriftlichkeit nicht vorliegen.

- Grundsätzlich gilt bei Maklerverträgen die Formfreiheit. Zur Vermeidung von Meinungsverschiedenheiten statuiert vorliegendes Vertragsmuster jedoch den sog. Schriftlichkeitsvorbehalt.
- Der Maklervertrag (einschliesslich Abänderungen oder Ergänzungen) muss schriftlich vorliegen und von beiden Parteien unterzeichnet werden.

2.10 Teilnichtigkeit

> **Teilnichtigkeit**
> Sollte eine Bestimmung dieses Vertrages nichtig oder unwirksam sein oder werden, so wird der übrige Teil dieses Vertrages davon nicht berührt. Im Falle der Nichtigkeit oder Unwirksamkeit einer Bestimmung ist diese durch eine solche wirksame zu ersetzen, die dem wirtschaftlichen Zweck der unwirksamen Bestimmung am nächsten kommt. In gleicher Weise ist zu verfahren, wenn eine Lücke offenbar wird.

Ein Vertrag, der einen unmöglichen, widerrechtlichen oder sittenwidrigen Inhalt hat, ist nichtig (Art. 20 Abs. 1 OR). Betrifft der Mangel bloss einzelne Teile des Vertrages, so sind nur diese nichtig, der Rest bleibt jedoch wirksam *(Teilnichtigkeit)*. Diese Regel gilt allerdings nur, sofern die Parteien den Vertrag auch ohne den nichtigen Teil abgeschlossen hätten (Art. 20 Abs. 2 OR).[31] An dieser Stelle setzt vorliegende Bestimmung (sog. Salvatorische Klausel) ein. Sie besagt, dass die Nichtigkeit einzelner Bestimmungen die Wirksamkeit des Vertrages im Übrigen unberührt lässt. Sie hat mit anderen Worten zum Ziel, den Fortbestand des Maklervertrages zu regeln.[32]

Zusätzlich zur Absicht, den Vertrag trotz Teilmängeln fortbestehen zu lassen, stellt vorliegende Klausel klar, dass die Parteien für nichtige Teile des Maklervertrages eine Ersatzbestimmung zu suchen haben.[33] Diese soll dem wirtschaftlichen Zweck der nichtigen Bestimmung möglichst nahekommen.

- Salvatorische Klausel bezweckt den Fortbestand des Maklervertrages bei nichtigen Bestimmungen eines ansonsten gültig abgeschlossenen Maklervertrages.
- Nichtige Bestimmungen sind unwirksam und sind seitens der Parteien durch Ersatzbestimmungen zu ersetzen, die der ursprünglichen Bestimmung in wirtschaftlicher Hinsicht möglichst nahekommt. In gleicher Weise ist zu verfahren, wenn eine Vertragslücke festgestellt wird.

2.11 Anwendbares Recht

> **Anwendbares Recht**
> Auf den vorliegenden Vertrag ist ausschliesslich schweizerisches Recht anwendbar.

Mit vorliegender Rechtswahlklausel bestimmen die Parteien, dass für sie ausschliesslich schweizerisches Recht anwendbar ist. Im Vordergrund stehen dabei die Bestimmungen des Makler- und des Auftragsrechts, sofern die Parteien – unter Vorbehalt der zwingenden Normen – nichts Abweichendes vereinbaren.

2.12 Schiedsgerichtsbarkeit

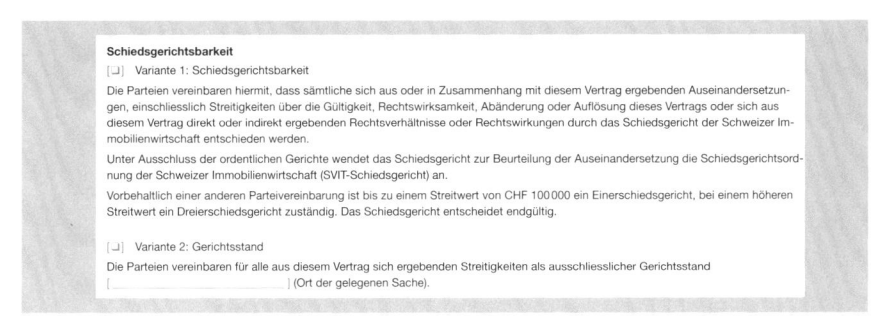

> **Schiedsgerichtsbarkeit**
> [ ] Variante 1: Schiedsgerichtsbarkeit
> Die Parteien vereinbaren hiermit, dass sämtliche sich aus oder in Zusammenhang mit diesem Vertrag ergebenden Auseinandersetzungen, einschliesslich Streitigkeiten über die Gültigkeit, Rechtswirksamkeit, Abänderung und Auflösung dieses Vertrags oder sich aus diesem Vertrag direkt oder indirekt ergebenden Rechtsverhältnisse oder Rechtswirkungen durch das Schiedsgericht der Schweizer Immobilienwirtschaft entschieden werden.
> Unter Ausschluss der ordentlichen Gerichte wendet das Schiedsgericht zur Beurteilung der Auseinandersetzung die Schiedsgerichtsordnung der Schweizer Immobilienwirtschaft (SVIT-Schiedsgericht) an.
> Vorbehaltlich einer anderen Parteivereinbarung ist bis zu einem Streitwert von CHF 100 000 ein Einerschiedsgericht, bei einem höheren Streitwert ein Dreierschiedsgericht zuständig. Das Schiedsgericht entscheidet endgültig.
>
> [ ] Variante 2: Gerichtsstand
> Die Parteien vereinbaren für alle aus diesem Vertrag sich ergebenden Streitigkeiten als ausschliesslicher Gerichtsstand
> [   ] (Ort der gelegenen Sache).

Das Vertragsverhältnis zwischen dem Auftraggeber und dem Makler untersteht dem Makler- sowie subsidiär dem Auftragsrecht. Ansprüche aus Auftragsrecht sind im Rahmen der Privat- und Parteiautonomie ohne Einschränkungen schiedsfähig.[34] Mit der sog. Schiedsabrede können sich die Parteien deshalb auf die Beurteilung einer Streitigkeit durch ein Schiedsgericht einigen.

Schiedsgerichte sind «halb-private» Gerichte.[35] Privat ist das Schiedsgericht insofern, als es nicht hoheitlich mittels Rechtserlass, sondern durch eine Vereinbarung der Parteien eingesetzt wird und die Schiedsrichter aufgrund ihrer Fachkompetenz von den Parteien bestimmt werden können (Schiedsabrede). Hingegen erwächst der Schiedsspruch wie das Urteil eines staatlichen Gerichts in Rechtskraft.[36]

Vorliegender Mustervertrag begründet die Zuständigkeit des Schiedsgerichts der Schweizer Immobilienwirtschaft (www.svit-schiedsgericht.ch), das im Jahre 2005 vom SVIT Schweiz initiiert wurde. Es ist auf immobilienrechtliche Fragen spezialisiert und steht sämtlichen Marktteilnehmern der Schweizer Immobilien- und Bauwirtschaft offen.[37]

Als Alternative steht es den Parteien auch offen, die ausschliessliche Zuständigkeit eines staatlichen Gerichts zu bestimmen (Art. 17 ZPO).

- Der Maklervertrag ist schiedsfähig; mittels Schiedsabrede können die Parteien vereinbaren, dass Streitigkeiten durch ein Schiedsgericht beurteilt werden.
- Anstelle des Schiedsgerichts kann mit einer Gerichtsstandsklausel die Zuständigkeit eines bestimmten staatlichen Gerichts bestimmt werden.[38]

2.13 Besondere Vereinbarungen

Besondere Vereinbarungen
[   ]
[   ]
Dieser Vertrag sowie seine Anhänge werden in zwei Exemplaren ausgefertigt. Jede Partei erhält je ein Exemplar.

Ort, Datum	Ort, Datum
[ ]	[ ]
Der Auftraggeber	Der Beauftragte
[ ]	[ ]

Diese Ziffer bietet Platz für besondere Abmachungen, z.B.:

- Zusätzliche Tätigkeitsgebiete
- Bonusregelung
- Weitere

1   Honsell, S. 350; SVIT-Kommentar zum Maklerrecht-Ginesta, S. 6; N. 7.
2   Streiff, S. 129.
3   Streiff, S. 129.
4   Streiff, S. 130.
5   SVIT-Kommentar zum Maklerrecht-Burkhalter, S. 29, N. 16.
6   Honsell, S. 352; SVIT-Kommentar zum Maklerrecht-Burkhalter, S. 25, N. 6.
7   Vgl. hierzu auch BSK-Weber, Art. 394, N. 4.
8   Zum Begriff der Liegenschaft vgl. Kapitel 1: Mietvertrag für Wohnräume, Ziff. 2.4.
9   Vgl. unten Ziff. 2.5; Streiff, S. 135.
10 Streiff, S. 127, N. 16; SVIT-Kommentar zum Maklerrecht-Burkhalter, S. 49, N. 48.
11 Vgl. unten Ziff. 2.3.
12 Vgl. auch unten Ziff. 2.8.
13 BSK-Ammann, Art. 412, N. 7; Honsell, S. 336; SVIT-Kommentar zum Maklerrecht-Burkhalter, S. 56, N. 44 f.
14 SVIT-Kommentar zum Maklerrecht-Ginesta, S. 7, N. 11 ff.
15 SVIT-Kommentar zum Maklerrecht-Burkhalter, S. 76, N. 7.
16 SVIT-Kommentar zum Maklerrecht-Burkhalter, S. 76, N. 8.
17 Vgl. aber nachfolgend Ziff. 2.5.2.
18 SVIT-Kommentar zum Maklerrecht-Burkhalter, S. 95, N. 42.
19 Vgl. Burkhalter/Grell, Jus-News 10/2010; Grell, Fälle Band II, Fall 21, S. 71.
20 BGer 4C.121/2005, Urteil vom 5. Juli 2005, E. 3; BSK-Ammann, Art. 418, N. 7; SVIT-Kommentar zum Maklerrecht-Burkhalter, S. 123, N. 12.
21 BSK-Ammann, Art. 418, N. 7; SVIT-Kommentar zum Maklerrecht-Burkhalter, S. 123, N. 12.
22 Streiff, S. 139, N. 9.
23 Vgl. unten Ziff. 2.5; Streiff, S. 135.
24 Streiff, S. 125, N. 9; SVIT-Kommentar zum Maklerrecht-Burkhalter, S. 100, N. 53.
25 BSK-Ammann, Art. 413, N. 15; Streiff, S. 139, N. 8.
26 Vgl. oben Ziff. Ziff. 2.4.
27 Vgl. oben Ziff. 2.5.1; SVIT-Kommentar zum Maklerrecht-Burkhalter, S. 27, N. 10.
28 Vgl. hierzu SVIT-Kommentar zum Maklerrecht-Burkhalter, S. 65, N. 62 f.
29 Streiff, S. 120 und 126, N. 11.
30 Schwenzer, 31.01.
31 Vgl. Schwenzer, N. 32.39.
32 Sog. *Salvatorische Klausel,* vgl. Schwenzer, N. 32.41.
33 Sog. modifizierte Teilnichtigkeit, vgl. hierzu Gauch/Schluep/Schmid/Emmenegger, N. 703 ff.
34 Burkhalter/Grell, S. 20 f.; SVIT-Kommentar zum Maklerrecht-Josi, S. 238, N. 18.
35 Burkhalter/Grell, S. 1 f.
36 Burkhalter/Grell, S. 49 f.; SVIT-Kommentar zum Maklerrecht-Josi, S. 231, N. 2.
37 Burkhalter/Grell, S. 6 und 39.
38 SVIT-Kommentar zum Maklerrecht-Reetz/Dias, S. 203, N. 19.

Kapitel 9

Verkaufsauftrag und Vollmacht

Kapitel 9: Verkaufsauftrag und Vollmacht

Das Wichtigste in Kürze

Der vorliegende Maklervertrag hat die Vermittlung eines Grundstückes zum Verkauf zum Gegenstand. Von der gesetzlichen Konzeption her hat der Makler keine Pflicht, tätig zu werden. Hierzu wird der Makler jedoch besonders beauftragt. Einerseits werden dem Makler gewisse Tätigkeiten auferlegt, die von der Verkaufsvorabklärung bis zum Abschluss gehen. Andererseits ergibt sich die Tätigkeitspflicht des Maklers aus seiner besonderen Stellung als Exklusivmakler.

Vom Prinzip her hat der Makler nur Anspruch auf Lohn, wenn seine Tätigkeit dazu beiträgt, dass der Hauptvertrag abgeschlossen wird. Das vorliegende Vertragsmuster weicht davon insofern ab, als der Makler auch eine Provision erhält, wenn er nicht direkt den Abschluss vermittelt hat oder der Abschluss sogar unterbleibt. Unabhängig von dieser Provisionsgarantie wird der Makler auch für getätigte Aufwendungen sowie für anfallende Drittkosten entschädigt.

Der Maklervertrag untersteht u.a. auch dem Auftragsrecht und somit dem zwingenden, jederzeitigen Kündigungsrecht. Deshalb legen wir besonderes Augenmerk darauf, wie diese gesetzliche Regel mit den vertraglich vereinbarten Kündigungsfristen vereinbart werden kann. In diesem Zusammenhang behandeln wir auch die Konventionalstrafe.

Abschliessend gehen wir auf weitere wichtige Begriffe ein, wie z.B. Vollmacht, Informationspflichten des Auftraggebers, Verkaufsrichtpreis etc.

Das Wichtigste in Kürze

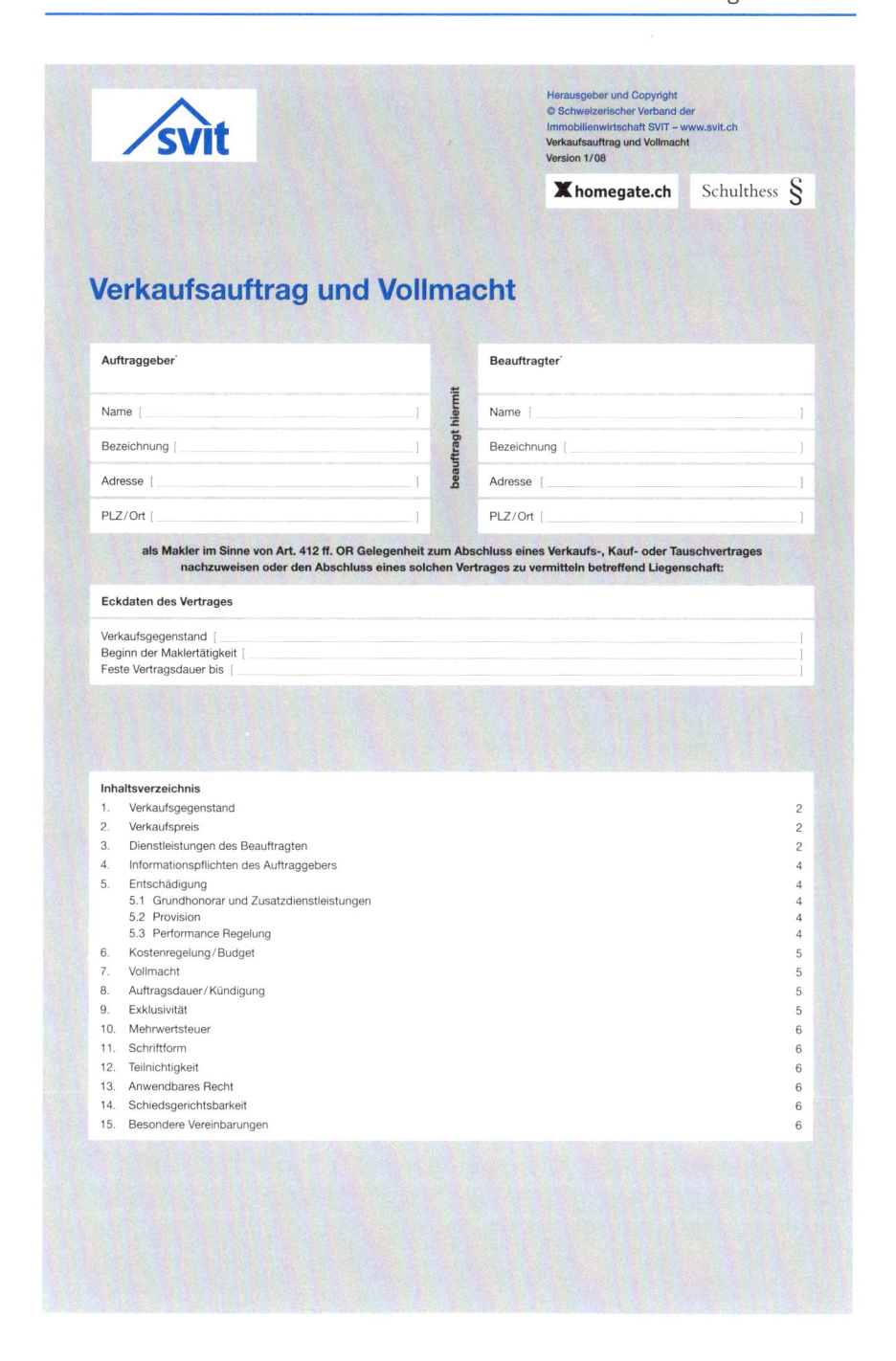

Herausgeber und Copyright
© Schweizerischer Verband der
Immobilienwirtschaft SVIT – www.svit.ch
Verkaufsauftrag und Vollmacht
Version 1/08

X homegate.ch Schulthess §

Verkaufsauftrag und Vollmacht

Auftraggeber

Name [   ]
Bezeichnung [   ]
Adresse [   ]
PLZ/Ort [   ]

beauftragt hiermit

Beauftragter

Name [   ]
Bezeichnung [   ]
Adresse [   ]
PLZ/Ort [   ]

als Makler im Sinne von Art. 412 ff. OR Gelegenheit zum Abschluss eines Verkaufs-, Kauf- oder Tauschvertrages nachzuweisen oder den Abschluss eines solchen Vertrages zu vermitteln betreffend Liegenschaft:

Eckdaten des Vertrages

Verkaufsgegenstand [   ]
Beginn der Maklertätigkeit [   ]
Feste Vertragsdauer bis [   ]

Inhaltsverzeichnis

1.	Verkaufsgegenstand	2
2.	Verkaufspreis	2
3.	Dienstleistungen des Beauftragten	2
4.	Informationspflichten des Auftraggebers	4
5.	Entschädigung	4
	5.1 Grundhonorar und Zusatzdienstleistungen	4
	5.2 Provision	4
	5.3 Performance Regelung	4
6.	Kostenregelung/Budget	5
7.	Vollmacht	5
8.	Auftragsdauer/Kündigung	5
9.	Exklusivität	5
10.	Mehrwertsteuer	6
11.	Schriftform	6
12.	Teilnichtigkeit	6
13.	Anwendbares Recht	6
14.	Schiedsgerichtsbarkeit	6
15.	Besondere Vereinbarungen	6

Kapitel 9: Verkaufsauftrag und Vollmacht

Herausgeber und Copyright
© Schweizerischer Verband der Immobilienwirtschaft SVIT – www.svit.ch
Verkaufsauftrag und Vollmacht
Version 1/08

X homegate.ch **Schulthess §**

1. Verkaufsgegenstand
Objektart: [   ]
Strasse: [   ]
Kat.-Nr.: [   ]
Ort: [   ]

2. Verkaufspreis
Der Verkaufsrichtpreis beträgt   CHF [   ]
Der Mindestpreis beträgt   CHF [   ]

Zeigt sich, nachdem das Objekt auf dem Markt angeboten wurde, dass aufgrund der Marktresonanz der Verkaufsrichtpreis korrigiert werden muss, wird der Beauftragte dem Auftraggeber einen begründeten Preiskorrekturvorschlag unterbreiten.

3. Dienstleistungen des Beauftragten
Der Beauftragte wird sich für den Verkauf einsetzen und die geeigneten Massnahmen treffen. Die nachstehenden Leistungen sind im Grundhonorar als Basisleistungen inbegriffen bzw. werden als Zusatzleistungen nach Aufwand verrechnet:

Basisleistungen	Zusatzleistungen	Beschrieb der Leistungen
		Verkaufsvorabklärungen
[ ]	[ ]	Besichtigung des Objektes
[ ]	[ ]	Studium aller relevanten Unterlagen und Rahmenbedingungen
[ ]	[ ]	Erste Nennung eines marktnahen Verkaufspreises bei Bestandesimmobilien
[ ]	[ ]	Offerte mit Dienstleistungsdispositiv
[ ]	[ ]	Besprechung mit Kunden über weiteres Vorgehen
[ ]	[ ]	Erste Nennung eines marktnahen Verkaufspreises bei komplexen Problemstellungen
[ ]	[ ]	Beraterdienstleistung (Verkauf von Überbauungen, Neubauprojekten usw.)
		Verkaufsvorbereitungen Bestandesimmobilien
[ ]	[ ]	Ausarbeiten des Verkaufsprospektes
[ ]	[ ]	Aufbereiten von Plänen und Daten für die Verkaufsdokumentation
[ ]	[ ]	Beraten bei Grundrissumgestaltungen und Ermitteln allfälliger Umbau- oder Renovationskosten
[ ]	[ ]	Erarbeiten des Werbekonzeptes
[ ]	[ ]	Ausarbeiten des Mediaplans
[ ]	[ ]	Gestalten und Texten der Inserate
[ ]	[ ]	Ausarbeiten und Erstellen des Werbebudgets

Das Wichtigste in Kürze

Herausgeber und Copyright
© Schweizerischer Verband der
Immobilienwirtschaft SVIT – www.svit.ch
Verkaufsauftrag und Vollmacht
Version 1/08

homegate.ch Schulthess §

Basisleistungen	Zusatzleistungen	Beschrieb der Leistungen
		Verkaufsvorbereitungen Neubauprojekte
[_]	[_]	Marktanalyse erstellen
[_]	[_]	Definition des Nutzungsmixes
[_]	[_]	Grundrissgestaltung überprüfen und beraten
[_]	[_]	Detaillierte Preisgestaltung erarbeiten
[_]	[_]	Marketing- und Werbekonzept erarbeiten
[_]	[_]	Ausarbeiten einer Verkaufs- und Projektdokumentation
[_]	[_]	Aufbereiten von Plänen und Daten für die Verkaufsdokumentation
[_]	[_]	Mediaplan- und Werbebudget erstellen
[_]	[_]	Begründung Stockwerkeigentum, Nutzungs- und Verwaltungsordnung
		Verkaufsphase
[_]	[_]	Objekt über verschiedene Marketingkanäle anbieten
[_]	[_]	Besichtigungen durchführen vor Ort
[_]	[_]	Verkaufsgespräche mit den Objektinteressenten führen
[_]	[_]	Zusammenstellen eines detaillierten Dossiers für ernsthafte Interessenten (Bankunterlagen)
[_]	[_]	Reporting gegenüber dem Auftraggeber über den Verlauf der Aktivitäten
[_]	[_]	Den Auftraggeber beraten über mögliche Massnahmen, um das Objekt schneller oder besser verkaufen zu können
		Abschlussphase
[_]	[_]	Ausarbeiten des Kaufvertragentwurfes (teilweise in Zusammenarbeit mit dem Notar/Notariat, Grundbuchamt etc.)
[_]	[_]	Vertragsbereinigung, Besprechung mit dem Kaufinteressenten
[_]	[_]	Vertragsbereinigung, -abschluss, Vorbereitung mit Notar/Notariat, Grundbuchamt etc.
[_]	[_]	Organisation Beurkundungstermin und Begleitung der Parteien zur Beurkundung
		Anschlussdienstleistungen
[_]	[_]	Finanzierung für den Käufer erarbeiten (Konzept)
[_]	[_]	Renovationen und Umbauten durchführen, überwachen
[_]	[_]	Grundstücksgewinnsteuer deklarieren und einreichen an das Steueramt
[_]	[_]	Käufer betreuen während des Baus (Käuferausbauten, etc.)
[_]	[_]	Objektübergabe an den Käufer
		Mehrsprachigkeit
[_]	[_]	Bearbeiten des Mandates in einer anderen Sprache ausserhalb der Auftragssprache

Die Verantwortung für das auf der Seite 1 genannte Objekt liegt in Bezug auf die Bewirtschaftung, den Unterhalt, die Herstellung von Wintertauglichkeit etc. vollumfänglich beim Auftraggeber. Der Beauftragte lehnt jede Haftung für Schäden am Vertragsobjekt ab.

Aus Datenschutzgründen bleiben sämtliche Kundendaten nach Beendigung des gegenwärtigen Vertrages beim Beauftragten.

Kapitel 9: Verkaufsauftrag und Vollmacht

Herausgeber und Copyright
© Schweizerischer Verband der
Immobilienwirtschaft SVIT – www.svit.ch
Verkaufsauftrag und Vollmacht
Version 1/08

4. Informationspflichten des Auftraggebers

Der Auftraggeber verpflichtet sich, dem Beauftragten sämtliche für den Verkauf relevanten Informationen in der aktuellen Fassung zur Verfügung zu stellen, wie z.B.:

– Detaillierter und aktueller Grundbuchauszug inkl. Dienstbarkeiten (nicht älter als 6 Monate)
– Angaben über die Finanzierung (Hypotheken, Laufzeit, Art der Hypothek usw.)
– Katasterplan
– Grundrisspläne
– Schätzungsanzeige der kant. Gebäudeversicherung
– Weitere Vereinbarungen wie Verwaltungsvertrag, Versicherungspolicen usw.
– Aufstellung über die in den letzten Jahren getätigten Investitionen
– Evt. Hausschlüssel

Sollten während der Vertragsdauer bei den verkaufsrelevanten Informationen Änderungen auftreten, so hat der Auftraggeber diese dem Beauftragten mitzuteilen. Der Auftraggeber verpflichtet sich, den Beauftragten über die Interessenten zu informieren, die mit ihm direkt Kontakt aufnehmen und leitet deren Adressen und Kontaktinformationen an den Beauftragten weiter.

5. Entschädigung

5.1 Grundhonorar und Zusatzleistungen

Das Grundhonorar für die Basisleistungen beträgt CHF [ ] (Betrag) Die Zusatzleistungen gemäss diesem Vertrag werden nach Aufwand zusätzlich verrechnet. Die Zusatzleistungen des Beauftragten werden dem Auftraggeber nach Aufwand mit CHF [ ] (Betrag) Stundenansatz periodisch in Rechnung gestellt. Bei einem erfolgreichen Abschluss der Transaktion werden sowohl das Grundhonorar wie auch die Zusatzleistungen an die vom Auftraggeber geschuldete Provision angerechnet.

5.2 Provision

Der Auftraggeber schuldet dem Beauftragten eine Provision von [ ]% des effektiv erzielten Verkaufspreises, wenn über obgenannten Verkaufsgegenstand während der Vertragsdauer ein Kauf- oder Tauschvertrag abgeschlossen oder ein Käufer nachgewiesen oder vermittelt wird. Die Höhe des Provisionsansatzes in % bleibt bei einer allfälligen Änderung des Verkaufsrichtpreises unverändert. Die Entschädigung ist zahlbar am Tage der öffentlichen Beurkundung des Kaufvertrages. Als Leistungsnachweis genügt das Vorweisen einer verbindlichen Kaufofferte im Umfang des vereinbarten Zielverkaufspreises. Die Provision ist auch dann geschuldet, wenn der Auftraggeber zu diesem Zeitpunkt nicht mehr verkaufen will oder die Transaktion mit einem andern Interessenten, der nicht durch den Beauftragten nachgewiesen oder vermittelt wurde, abschliesst.

Die Provision ist auch dann geschuldet, wenn der Beauftragte zuhanden des Auftraggebers eine schriftliche Kaufofferte in der Höhe des vereinbarten Kaufpreises vorweisen kann und die Transaktion aufgrund einer anders lautenden Weisung des Auftraggebers nicht abgeschlossen werden kann.

Falls innert zwei Jahren nach Auslaufen oder Auflösung dieses Verkaufsauftrages ein Verkauf mit einem Interessenten zustande kommt, mit dem der Beauftragte nachweislich verhandelt und die Liegenschaft angeboten hat, ist der Auftraggeber verpflichtet, dem Beauftragten die volle Provision zu entrichten.

5.3 Performance-Regelung

[ ] Variante 1

Gelingt es dem Beauftragten, einen höheren als den vereinbarten Verkaufspreis zu erzielen, der über den ursprünglich vereinbarten Verkaufsrichtpreis hinausgeht, so wird auf den Teil, der den Verkaufs- und Richtpreis übersteigt, dem Beauftragten eine zusätzliche Erfolgsprovision von [ ]% entrichtet.

[ ] Variante 2

Gelingt es dem Beauftragten, das Verkaufsobjekt bis spätestens am [ ] (Datum) zu veräussern, so erhält er eine zusätzliche Erfolgsprovision von [ ]% auf dem erzielten Kaufpreis.

Das Wichtigste in Kürze

Herausgeber und Copyright
© Schweizerischer Verband der
Immobilienwirtschaft SVIT – www.svit.ch
Verkaufsauftrag und Vollmacht
Version 1/08

6. Kostenregelung / Budget

Die folgenden Leistungen und daraus entstehende Drittkosten werden mit dem Auftraggeber im Aufwand oder pauschal abgerechnet, unabhängig davon, ob ein Verkaufsvertrag zustande kommt oder nicht. Der Beauftragte arbeitet gemäss dem nachstehenden Budget und berichtet regelmässig über den Stand der Arbeiten der Drittleistungen.

Drittleistungen sind insbesondere:	
Allgemeine Marketingmassnahmen	Budget / Kostendach in CHF
Inserate	[ ]
Internetauftritt	[ ]
Internetgebühren	[ ]
Kopier- / Druckkosten	[ ]
Erstellung von Verkaufstafeln	[ ]
Plakate	[ ]
Besondere Marketingmassnahmen	
Objektspezifische Aufwendungen	[ ]
Auftritt an Messen	[ ]
Bauliche Massnahmen	
Bauliche Massnahmen zur Verkaufsaufbereitung am Objekt	[ ]
Anwaltliche Massnahmen	
Beratungshonorare	[ ]
Anwaltshonorare	[ ]
Gesamttotal	[ ]

7. Vollmacht

Der Beauftragte wird bevollmächtigt, alle für das Zustandekommen des Geschäftes erforderlichen Arbeiten wie insbesondere Besichtigungen, Ausschreibung der Liegenschaft, Beschaffung von Liegenschaftsbeschreibungen und Grundbuchauszügen, Verhandlungen mit Interessenten, Behörden und Banken, Korrespondenz und dergleichen auszuführen.

8. Auftragsdauer / Kündigung

Dieser Verkaufsauftrag hat Gültigkeit für die Dauer von [ ] Monaten laufend ab Unterzeichnung dieses Vertrages. Er gilt als stillschweigend jeweils für weitere drei Monate erneuert, wenn nicht 1 Monat vor Ablauf der Vertragsdauer eine Kündigung mit eingeschriebenem Brief erfolgt.

Sollte der Auftrag während der vereinbarten Dauer seitens des Auftraggeber gekündigt werden, bezahlt dieser dem Beauftragten eine Pauschalentschädigung von ½% des vereinbarten Verkaufrichtpreises.

9. Exklusivität

Der Auftraggeber erteilt dem Beauftragen diesen Verkaufsauftrag exklusiv. Der Auftraggeber bestätigt, dass keine weiteren Verkaufsaufträge für obgenannte Liegenschaft bestehen und verpflichtet sich, auch keine weiteren Verkaufsaufträge abzuschliessen.

Kapitel 9: Verkaufsauftrag und Vollmacht

Herausgeber und Copyright
© Schweizerischer Verband der Immobilienwirtschaft SVIT – www.svit.ch
Verkaufsauftrag und Vollmacht
Version 1/08

homegate.ch Schulthess §

10. Mehrwertsteuer
Generell verstehen sich alle Provisionen und Entschädigungen zuzüglich der gesetzlich geschuldeten Mehrwertsteuer.

11. Schriftform
Jede Änderung und Ergänzung dieses Maklervertrages bedarf der Schriftform und der rechtsgültigen Unterzeichnung durch die Parteien. Mündliche Änderungen, Ergänzungen und Nebenabreden zu dieser Vereinbarung sind ungültig.

12. Teilnichtigkeit
Sollte eine Bestimmung dieses Vertrages nichtig oder unwirksam sein oder werden, so wird der übrige Teil dieses Vertrages davon nicht berührt. Im Falle der Nichtigkeit oder Unwirksamkeit einer Bestimmung ist diese durch eine solche wirksame zu ersetzen, die dem wirtschaftlichen Zweck der unwirksamen Bestimmung am nächsten kommt. In gleicher Weise ist zu verfahren, wenn eine Lücke offenbar wird.

13. Anwendbares Recht
Auf den vorliegenden Vertrag ist ausschliesslich schweizerisches Recht anwendbar.

14. Schiedsgerichtbarkeit
[ ] Variante 1: Schiedsgerichtbarkeit
Die Parteien vereinbaren hiermit, dass sämtliche sich aus oder in Zusammenhang mit diesem Vertrag ergebenden Auseinandersetzungen, einschliesslich Streitigkeiten über die Gültigkeit, Rechtswirksamkeit, Abänderung oder Auflösung dieses Vertrags oder sich aus diesem Vertrag direkt oder indirekt ergebenden Rechtsverhältnisse oder Rechtswirkungen durch das Schiedsgericht der Schweizer Immobilienwirtschaft entschieden werden.

Unter Ausschluss der ordentlichen Gerichte wendet das Schiedsgericht zur Beurteilung der Auseinandersetzung die Schiedsgerichtsordnung der Schweizer Immobilienwirtschaft (SVIT-Schiedsgericht) an.

Vorbehaltlich einer anderen Parteivereinbarung ist bis zu einem Streitwert von CHF 100 000 ein Einerschiedsgericht, bei einem höheren Streitwert ein Dreierschiedsgericht zuständig. Das Schiedsgericht entscheidet endgültig.

[ ] Variante 2: Gerichtsstand
Die Parteien vereinbaren für alle aus diesem Vertrag sich ergebenden Streitigkeiten als ausschliesslichen Gerichtsstand
[_____] (Ort der gelegenen Sache).

15. Besondere Vereinbarungen
[_____]
[_____]

Dieser Vertrag sowie seine Anhänge werden in zwei Exemplaren ausgefertigt. Jede Partei erhält je ein Exemplar.

Ort, Datum   Ort, Datum
[_____]   [_____]

Der Auftraggeber   Der Beauftragte
[_____]   [_____]

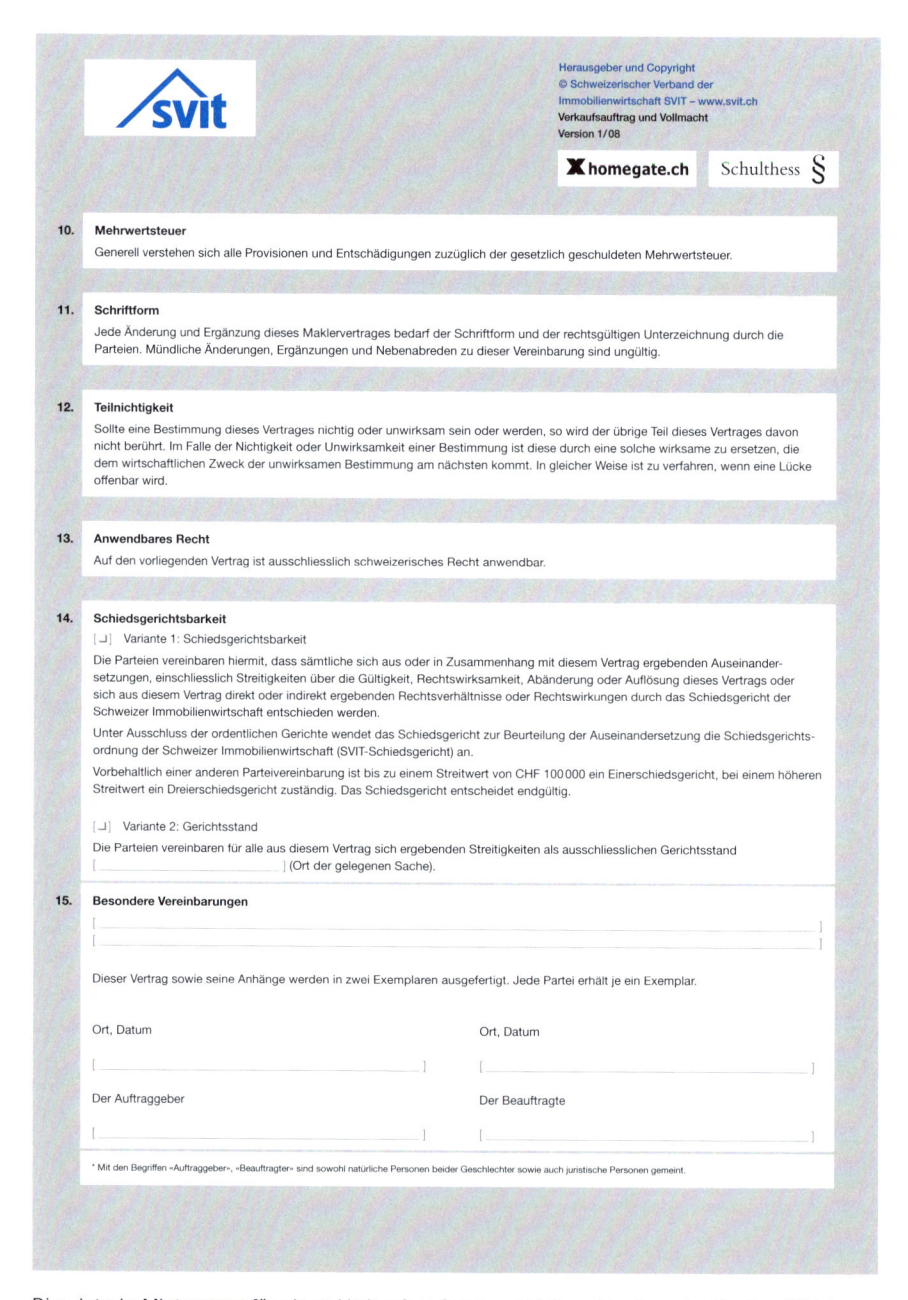

* Mit den Begriffen «Auftraggeber», «Beauftragter» sind sowohl natürliche Personen beider Geschlechter sowie auch juristische Personen gemeint.

Dies ist ein Mietvertrag für einen Verkaufsauftrag und Vollmacht wie er im Kanton Zürich verwendet wird.

Kommentierung zu Kapitel 9

1. Bemerkungen zum Verkaufsauftrag und Vollmacht

1.1 Begriff und Geltungsbereich

Der vorliegende Mustervertrag «Verkaufsauftrag und Vollmacht» kann rechtlich als Maklervertrag qualifiziert werden. Mit dem Abschluss eines Maklervertrages verspricht der Auftraggeber dem Makler eine Vergütung, wenn dessen Tätigkeit zum Abschluss eines Vertrages führt (Art. 412 Abs. 1 OR).[1] Der vorliegende Mustervertrag ist auf den Verkauf eines Grundstücks ausgerichtet. Darüber hinaus wird der Makler bevollmächtigt, alle Tätigkeiten, die für das Zustandekommen des Kaufvertrages erforderlich sind, auszuführen. Deshalb wird der vorliegende Mustervertrag als «Verkaufsauftrag und Vollmacht» bezeichnet. Der Maklervertrag ist in den Art. 412–418 OR geregelt. Subsidiär finden die Bestimmungen des allgemeinen Auftrages Anwendung (Art. 412 Abs. 2 i. V. m. Art. 394 ff. OR).

1.2 Interessenlage der Parteien

Der Verkauf eines Grundstücks ist regelmässig ein kapitalintensives Rechtsgeschäft, das insbesondere ein privater Eigentümer oft nur ein bis zweimal im Leben abschliesst. Dementsprechend ist er an einem seriösen und fachkundigen Makler interessiert, der den Grundstücksverkauf möglichst kostengünstig und professionell in die Wege leiten kann.[2] Demgegenüber hat der Makler das Interesse, dass seine Arbeit entschädigt und sämtliche Auslagen und Spesen bezahlt werden.

1.3 Gestaltungsspielraum

Das Maklerrecht gehört zum Privatrecht, das vom Prinzip der Vertragsfreiheit bestimmt wird. Vorbehalten bleiben öffentlich-rechtliche bzw. spezialgesetzliche Vorschriften, die bei der Vertragsgestaltung von Maklerverträgen berücksichtigt werden müssen.[3] Aufgrund der subsidiären Anwendung des Auftragsrechts findet des Weiteren auch das jederzeitige Widerrufsrecht Anwendung (Art. 412 Abs. 2 OR i.V.m. Art. 404 OR). Es ist zwingender Natur.[4]

1.4 Form

Der Maklervertrag bedarf von Gesetzes wegen keiner besonderen Form (vgl. Art. 11 Abs. 1 und Art. 16 Abs. 1 OR). Aus Beweisgründen wird ein schriftlicher Vertragsabschluss jedoch empfohlen.[5]

2. Zu den einzelnen Vertragsklauseln

2.0 Vertragsparteien

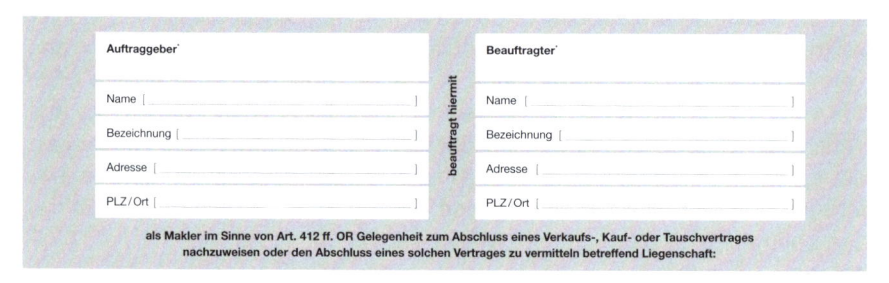

Beim Maklervertrag stehen sich der Grundstückseigentümer als Auftraggeber und der Makler als Beauftragter gegenüber. Vertragspartei kann sowohl aufseiten des Auftraggebers wie auch aufseiten des Beauftragten jede rechts- und handlungsfähige natürliche oder juristische Person sein.[6]

- Als Beauftragte und Auftraggeber kommen natürliche und juristische Personen infrage.
- Stellen Vertragsparteien juristische Personen dar, können sie durch ihre zeichnungsberechtigten Personen verpflichtet werden. Die Internetseite www.zefix.ch gibt darüber Auskunft, wer zeichnungsberechtigt ist.

2.0 Eckdaten des Vertrages

Die nachfolgenden Eckdaten stellen die zentralen Regelungspunkte des Vertrages dar:

- Es empfiehlt sich, die genaue Adresse oder Name des Mietobjekts («Residenz X») aufzuführen, allenfalls zusätzlich mit Parzellen- oder Haus- resp. Wohnungsnummer ergänzt. Hierzu gibt ein Auszug aus dem Grundbuch Auskunft.[7]
- Beginn der Maklertätigkeit: Die Maklertätigkeit beginnt am vereinbarten Zeitpunkt.
- Feste Vertragsauer bis: Vorliegender Maklervertrag ist als unbefristetes Vertragsverhältnis ausgestaltet.[8] Mit Angabe eines Datums kann bei «feste Vertragsdauer bis» eine sog. Mindestvertragslaufzeit vereinbart werden.

2.1 Verkaufsgegenstand

Verkaufsgegenstand
Objektart: [ ]
Strasse: [ ]
Kat.-Nr.: [ ]
Ort: [ ]

Verkaufsgegenstand ist die im Vertrag individuell bezeichnete Liegenschaft. Es empfiehlt sich, die Umschreibung der Liegenschaft möglichst genau vorzunehmen:

- Objektart: Einfamilienhaus, Mehrfamilienhaus, Eigentumswohnung etc.
- Strasse: Genaue Angabe der Strasse inkl. Hausnummer.
- Kat. Nr.: Aufführen der Katasternummer; hierzu gibt ein Auszug aus dem Grundbuch Auskunft.
- Ort: Angabe Postleitzahl und Ort.

2.2 Verkaufspreis

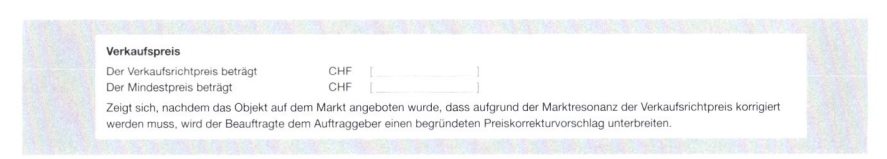

Verkaufspreis
Der Verkaufsrichtpreis beträgt   CHF [ ]
Der Mindestpreis beträgt   CHF [ ]
Zeigt sich, nachdem das Objekt auf dem Markt angeboten wurde, dass aufgrund der Marktresonanz der Verkaufsrichtpreis korrigiert werden muss, wird der Beauftragte dem Auftraggeber einen begründeten Preiskorrekturvorschlag unterbreiten.

Der effektiv erzielte und bei Grundstücken stets notwendige öffentlich beurkundete Verkaufspreis wirkt sich direkt auf die Höhe des Maklerlohnes aus. Dieser besteht regelmässig aus einem bestimmten Prozentsatz des Kaufpreises.[9] Um Missverständnisse und Auseinandersetzungen über die Höhe der Maklerprovision zu vermeiden, bilden der zu erwartende Verkaufspreis (sog. Verkaufsrichtpreis) sowie der Mindestpreis Vertragsinhalt des Maklervertrages.[10]

Die Nennung des Verkaufsrichtpreises gehört zu den Verkaufsvorabklärungen des Maklers. Der Makler soll sich mit dem Verkaufsgegenstand und den Bedürfnissen des Auftraggebers vertraut machen. In der Praxis wird der Maklervertrag meist erst nach Abschluss der Verkaufsvorabklärungen unterzeichnet.[11] Kommt es zum Abschluss des Maklervertrages, werden die bereits geleisteten Verkaufsvorabklärungen mit bei der Festsetzung eines angemessenen Grundhonorars berücksichtigt.[12]

Bei komplexen Transaktionen kann die Nennung des Verkaufspreises auch erst nach Abschluss des Maklervertrages erfolgen und als sog. Zusatzleistungen nach Aufwand verrechnet werden.[13] Denkbar ist auch, dass die Nennung des Verkaufspreises vom Maklervertrag ausgegliedert wird und im Rahmen eines separaten Immobilien-Bewertungsauftrages erfolgt.[14]

- Der effektiv erzielte und öffentlich beurkundete Verkaufspreis bestimmt die Höhe des Maklerlohnes.

- Der erwartende Verkaufspreis (Verkaufsrichtpreis) und der Mindestpreis bilden Gegenstand des Maklervertrages. So können Missverständnisse über die Höhe der geschuldeten Maklerprovision vermieden werden.

- Die Nennung des Verkaufspreises gehört zu den Verkaufsvorabklärungen des Maklers. Diese werden in der Praxis bei Abschluss des Maklervertrages im Rahmen des Grundhonorars berücksichtigt bzw. nach Abschluss des Maklervertrages gemäss Aufwand verrechnet.

- Als Alternative kann die Nennung des Verkaufspreises auch im Rahmen eines separaten Immobilien-Bewertungsauftrages erfolgen.

Kommentierung zu Kapitel 9

2.3 Dienstleistungen des Beauftragten

Dienstleistungen des Beauftragten
Der Beauftragte wird sich für den Verkauf einsetzen und die geeigneten Massnahmen treffen. Die nachstehenden Leistungen sind im Grundhonorar als Basisleistungen inbegriffen bzw. werden als Zusatzleistungen nach Aufwand verrechnet:

Basisleistungen	Zusatzleistungen	Beschrieb der Leistungen
		Verkaufsvorabklärungen
[ ]	[ ]	Besichtigung des Objektes
[ ]	[ ]	Studium aller relevanten Unterlagen und Rahmenbedingungen
[ ]	[ ]	Erste Nennung eines marktnahen Verkaufspreises bei Bestandesimmobilien
[ ]	[ ]	Offerte mit Dienstleistungsdispositiv
[ ]	[ ]	Besprechung mit Kunden über weiteres Vorgehen
[ ]	[ ]	Erste Nennung eines marktnahen Verkaufspreises bei komplexen Problemstellungen
[ ]	[ ]	Beraterdienstleistung (Verkauf von Überbauungen, Neubauprojekten usw.)
		Verkaufsvorbereitungen Bestandesimmobilien
[ ]	[ ]	Ausarbeiten des Verkaufsprospektes
[ ]	[ ]	Aufbereiten von Plänen und Daten für die Verkaufsdokumentation
[ ]	[ ]	Beraten bei Grundrissumgestaltungen und Ermitteln allfälliger Umbau- oder Renovationskosten
[ ]	[ ]	Erarbeiten des Werbekonzeptes
[ ]	[ ]	Ausarbeiten des Mediaplans
[ ]	[ ]	Gestalten und Texten der Inserate
[ ]	[ ]	Ausarbeiten und Erstellen des Werbebudgets
		Verkaufsvorbereitungen Neubauprojekte
[ ]	[ ]	Marktanalyse erstellen
[ ]	[ ]	Definition des Nutzungsmixes
[ ]	[ ]	Grundrissgestaltung überprüfen und beraten
[ ]	[ ]	Detaillierte Preisgestaltung erarbeiten
[ ]	[ ]	Marketing- und Werbekonzept erarbeiten
[ ]	[ ]	Ausarbeiten einer Verkaufs- und Projektdokumentation
[ ]	[ ]	Aufbereiten von Plänen und Daten für die Verkaufsdokumentation
[ ]	[ ]	Mediaplan- und Werbebudget erstellen
[ ]	[ ]	Begründung Stockwerkeigentum, Nutzungs- und Verwaltungsordnung
		Verkaufsphase
[ ]	[ ]	Objekt über verschiedene Marketingkanäle anbieten
[ ]	[ ]	Besichtigungen durchführen vor Ort
[ ]	[ ]	Verkaufsgespräche mit den Objektinteressenten führen
[ ]	[ ]	Zusammenstellen eines detaillierten Dossiers für ernsthafte Interessenten (Bankunterlagen)
[ ]	[ ]	Reporting gegenüber dem Auftraggeber über den Verlauf der Aktivitäten
[ ]	[ ]	Den Auftraggeber beraten über mögliche Massnahmen, um das Objekt schneller oder besser verkaufen zu können
		Abschlussphase
[ ]	[ ]	Ausarbeiten des Kaufvertragentwurfes (teilweise in Zusammenarbeit mit dem Notar/Notariat, Grundbuchamt etc.)
[ ]	[ ]	Vertragsbereinigung, Besprechung mit dem Kaufinteressenten
[ ]	[ ]	Vertragsbereinigung, -abschluss, Vorbereitung mit Notar/Notariat, Grundbuchamt etc.
[ ]	[ ]	Organisation Beurkundungstermin und Begleiten der Parteien zur Beurkundung

Kapitel 9: Verkaufsauftrag und Vollmacht

		Anschlussdienstleistungen
[ ]	[ ]	Finanzierung für den Käufer erarbeiten (Konzept)
[ ]	[ ]	Renovationen und Umbauten durchführen, überwachen
[ ]	[ ]	Grundstücksgewinnsteuer deklarieren und einreichen an das Steueramt
[ ]	[ ]	Käufer betreuen während des Baus (Käuferausbauten, etc.)
[ ]	[ ]	Objektübergabe an den Käufer
		Mehrsprachigkeit
[ ]	[ ]	Bearbeiten des Mandates in einer anderen Sprache ausserhalb der Auftragssprache

Die Verantwortung für das auf der Seite 1 genannte Objekt liegt in Bezug auf die Bewirtschaftung, den Unterhalt, die Herstellung von Wintertauglichkeit etc. vollumfänglich beim Auftraggeber. Der Beauftragte lehnt jede Haftung für Schäden am Vertragsobjekt ab.

Aus Datenschutzgründen bleiben sämtliche Kundendaten nach Beendigung des gegenwärtigen Vertrages beim Beauftragten.

Der Makler hat grundsätzlich keine Pflicht, für den Auftraggeber tätig zu werden. Die gesetzliche Konzeption des Fehlens einer Handlungspflicht beruht auf der Annahme, dass die gesetzlich vorgesehene Erfolgsbedingtheit des Maklerlohnes genügend Anreiz zum Tätigwerden schafft. Diese Konzeption ist jedoch dispositiver Natur. Die Parteien können dem Makler vertraglich bestimmte Tätigkeitspflichten auferlegen.[15] Dementsprechend enthält der vorliegende Mustervertrag einen detaillierten Leistungsbeschrieb. Er listet alle in der Praxis üblichen Tätigkeitsgebiete des Maklers auf. Diese können im Wesentlichen in fünf Hauptleistungsgruppen unterteilt werden[16]:

- Verkaufsvorabklärungen: Diese dienen v.a. dem Kennenlernen. Der Makler soll sich mit dem Verkaufsgegenstand und den Bedürfnissen des Auftraggebers vertraut machen (Besichtigung Verkaufsgegenstand, Zusammenstellung Unterlagen, Nennung Verkaufspreis etc.).

- Verkaufsvorbereitungen: Der Makler beginnt mit verkaufsvorbereitenden Massnahmen (Durchführung Marktanalyse, Bestimmung Käuferzielgruppe und Entwicklung des Marketing- und Werbekonzepts etc.).

- Verkaufsphase: Primäres Ziel ist die optimale Vermarktung der Liegenschaft, d.h. die Suche nach geeigneten Käufern (Anbieten des Verkaufsgegenstandes, Kommunikation mit Interessenten, Abklärung von Finanzierungsfragen etc.).

- Abschlussphase: Ziel ist der Übergang des Verkaufsgegenstandes auf den Käufer (Ausarbeiten und Bereinigung des Kaufvertrages in Zusammenarbeit mit Notariat, Organisation öffentliche Beurkundung des Kaufvertrages).

- Anschlussdienstleistungen: Zusätzliche Leistungen im Anschluss an den Liegenschaftsverkauf (Unterstützung bei Durchführen von Umbauten und Renovationen etc.).

Innerhalb der erwähnten Hauptleistungsgruppen kann bei jeder einzelnen Tätigkeit ausgewählt werden, ob diese eine Basis- oder eine Zusatzleistung ist. Die Unterscheidung in Basis- und Zusatzleistungen ist massgebend für die Vergütung des Maklers:

- Basisleistungen: Diese Leistungen sind im Grundhonorar inbegriffen.
- Zusatzleistungen: Diese Leistungen werden separat nach Aufwand verrechnet.

2.4 Informationspflichten des Auftraggebers

> **Informationspflichten des Auftraggebers**
> Der Auftraggeber verpflichtet sich, dem Beauftragten sämtliche für den Verkauf relevanten Informationen in der aktuellen Fassung zur Verfügung zu stellen, wie z.B.:
> - Detaillierter und aktueller Grundbuchauszug inkl. Dienstbarkeiten (nicht älter als 6 Monate)
> - Angaben über die Finanzierung (Hypotheken, Laufzeit, Art der Hypothek usw.)
> - Katasterplan
> - Grundrisspläne
> - Schätzungsanzeige der kant. Gebäudeversicherung
> - Weitere Vereinbarungen wie Verwaltungsvertrag, Versicherungspolicen usw.
> - Aufstellung über die in den letzten Jahren getätigten Investitionen
> - Evt. Hausschlüssel
>
> Sollten während der Vertragsdauer bei den verkaufsrelevanten Informationen Änderungen auftreten, so hat der Auftraggeber diese dem Beauftragten mitzuteilen. Der Auftraggeber verpflichtet sich, den Beauftragten über die Interessenten zu informieren, die mit ihm direkt Kontakt aufnehmen und leitet deren Adressen und Kontaktinformationen an den Beauftragten weiter.

Der Auftraggeber hat verschiedene, teils vertraglich vereinbarte Sorgfalts- und Treuepflichten. Dazu gehört auch die Informations- und Dokumentationspflicht. Bei Abschluss des Maklervertrages hat der Auftraggeber dem Makler sämtliche für den Abschluss des Kaufvertrages relevanten Informationen zur Verfügung zu stellen. Dazu gehören insbesondere Dokumente und Angaben, die den Verkaufsgegenstand betreffen (z.B. detaillierter Grundbuchauszug, Verwaltungsvertrag, Weiterleiten Interessenten, etc.). Die Informationspflicht dient einerseits der zielgerichteten Auftragserfüllung durch den Makler.[17] Andererseits wird im Vertragsmuster klargestellt, dass die Informationspflicht in die Verantwortung des Auftraggebers fällt (Leistungsabgrenzung).[18] Die Informationspflicht dauert während Laufzeit des Vertrages an; der Auftraggeber hat den Makler dementsprechend über verkaufsrelevante Änderungen fortlaufend zu informieren.

- Die Informations- und Dokumentationspflicht gehört zu den Sorgfalts- und Treuepflichten des Auftraggebers.
- Die Informations- und Dokumentationspflicht verpflichtet den Auftraggeber, dem Makler sämtliche Informationen zur Verfügung zu stellen, die für den Verkauf relevant sein könnten.
- Die Informations- und Dokumentationspflicht gilt bei Abschluss und während der gesamten Laufdauer des Vertrages.

2.5 Entschädigung

2.5.1 Grundhonorar und Zusatzleistungen

> **Entschädigung**
>
> **5.1 Grundhonorar und Zusatzleistungen**
> Das Grundhonorar für die Basisleistungen beträgt CHF [　　　　　] (Betrag) Die Zusatzleistungen gemäss diesem Vertrag werden nach Aufwand zusätzlich verrechnet. Die Zusatzleistungen des Beauftragten werden dem Auftraggeber nach Aufwand mit CHF [　　　　　] (Betrag) Stundenansatz periodisch in Rechnung gestellt. Bei einem erfolgreichen Abschluss der Transaktion werden sowohl das Grundhonorar wie auch die Zusatzleistungen an die vom Auftraggeber geschuldete Provision angerechnet.

Der Anspruch auf Maklerlohn entsteht erst mit dem rechtsgültigen Abschluss des zu vermittelten Geschäftes (Art. 413 Abs. 1 OR), bei Grundstücken erst mit dem Abschluss des öffentlichen beurkundeten Kaufvertrages beim Notar (Art. 216 Abs. 1 OR). Diese Erfolgsbedingtheit des Maklerlohnanspruches ist dispositiver Natur. Die Parteien können vertraglich vereinbaren, dass der Makler seine Aufwendungen auch ersetzt erhält, wenn der angestrebte Hauptvertrag nicht zustande kommt (Art. 413 Abs. 3 OR).[19] Eine solche Vereinbarung empfiehlt sich insbesondere in Fällen, wo dem Makler bestimmte Tätigkeitspflichten (Insertion, Erstellen einer Verkaufsdokumentation etc.) auferlegt werden.[20] Dies ist im konkreten Mustervertrag der Fall. Dementsprechend wird dem Makler eine Aufwandsvergütung wie folgt zugesichert:

- Grundhonorar: Pauschalbetrag für die vertraglich vereinbarten Basisleistungen.
- Zusatzleistungen: Diese Leistungen werden nach Stundenaufwand abgerechnet.
- Im Fall des Abschlusses des angestrebten Hauptvertrages werden Grundhonorar und Zusatzleistungen an die Provision angerechnet.

2.5.2 Provision

> **5.2 Provision**
> Der Auftraggeber schuldet dem Beauftragten eine Provision von [　　] % des effektiv erzielten Verkaufspreises, wenn über obgenannten Verkaufsgegenstand während der Vertragsdauer ein Kauf- oder Tauschvertrag abgeschlossen oder ein Käufer nachgewiesen oder vermittelt wird. Die Höhe des Provisionsansatzes in % bleibt bei einer allfälligen Änderung des Verkaufsrichtpreises unverändert. Die Entschädigung ist zahlbar am Tage der öffentlichen Beurkundung des Kaufvertrages. Als Leistungsnachweis genügt das Vorweisen einer verbindlichen Kaufofferte im Umfang des vereinbarten Zielverkaufspreises. Die Provision ist auch dann geschuldet, wenn der Auftraggeber zu diesem Zeitpunkt nicht mehr verkaufen will oder die Transaktion mit einem andern Interessenten, der nicht durch den Beauftragten nachgewiesen oder vermittelt wurde, abschliesst.
>
> Die Provision ist auch dann geschuldet, wenn der Beauftragte zuhanden des Auftraggebers eine schriftliche Kaufofferte in der Höhe des vereinbarten Kaufpreises vorweisen kann und die Transaktion aufgrund einer anders lautenden Weisung des Auftraggebers nicht abgeschlossen werden kann.
>
> Falls innert zwei Jahren nach Auslaufen oder Auflösung dieses Verkaufsauftrages ein Verkauf mit einem Interessenten zustande kommt, mit dem der Beauftragte nachweislich verhandelt und die Liegenschaft angeboten hat, ist der Auftraggeber verpflichtet, dem Beauftragten die volle Provision zu entrichten.

Die Provision stellt den eigentlichen Maklerlohn dar. Sie ist unter folgenden drei kumulativ Bedingungen geschuldet (Art. 413 Abs. 1 OR)[21]:

- Maklertätigkeit
- Zustandekommen des angestrebten Hauptvertrages
- Kausalzusammenhang zwischen diesen beiden Elementen

Die Bedingungen des Zustandekommens des Hauptvertrages sowie des Kausalzusammenhanges sind dispositiver Natur, d.h. sie können durch eine anderslaufende vertragliche Regelung der Parteien ersetzt werden. Hingegen stellt die Maklertätigkeit als solche eine unabdingbare Voraussetzung für die erfolgreiche Geltendmachung eines Provisionsanspruches dar.[22]

Vorliegendes Vertragsmuster bleibt hinter den gesetzlichen Voraussetzungen zurück und sieht die Provision bereits in folgenden beiden Fällen vor:

- Zustandekommen des angestrebten Hauptvertrages, wobei der Kausalzusammenhang zwischen Maklertätigkeit und Zustandekommen nicht gegeben sein muss oder
- Vermitteln oder Nachweis eines Käufers unabhängig vom Erfolg des Zustandekommens des Hauptvertrages aufgrund der konkreten Tätigkeit des Maklers.

Zusammenfassend wird dem Makler eine Provision zugesichert, selbst wenn er nicht kausal den Abschluss vermittelt hat oder ein Abschluss überhaupt unterbleibt. Diese Vereinbarung bezeichnet man auch als *Provisionsgarantie,* welche von Lehre und Rechtsprechung als zulässig anerkannt wird.[23]

Die Provisionshöhe bei Maklerverträgen richtet sich grundsätzlich nach der vertraglichen Vereinbarung. Sie unterliegt allerdings gewissen Schranken. Diese ergeben sich einerseits aus bundes- oder kantonalrechtlichen Höchsttarifen (Art. 418 OR). Andererseits besteht im Bereich der Vermittlung von Grundstückskaufverträgen die Möglichkeit der richterlichen Herabsetzung eines überhöhten Maklerlohnes (Art. 417 OR).

Das vorliegende Vertragsmuster ist auf den Verkauf eines Grundstücks ausgerichtet. In diesem Bereich gibt es soweit ersichtlich keine bundes- oder kantonalrechtlichen Höchsttarife. Deshalb ist einzig die besondere Vorschrift gemäss Art. 417 OR zu beachten, wonach die Provision durch ihre Angemessenheit begrenzt wird. Nach welchen Kriterien die Unverhältnismässigkeit zu beurteilen ist, geht aus Art. 417 OR nicht hervor. Nach herrschender Lehre und Rechtsprechung ist auf den wirtschaftlichen Wert der

Maklerleistung abzustellen.[24] Bei unverhältnismässiger Höhe wird der Maklerlohn entweder auf einen existierenden Tarif oder auf das durch andere Übung bestimmte Mass reduziert.[25] Konkret erachtet das Bundesgericht eine Provision von 3% nicht als übermässig hoch.[26] Auch wurde die Anwendung der ehemaligen Honorarempfehlungen des SVIT, Sektion Zürich, Ausgabe 1983, die für den Verkauf eines Mehrfamilien- oder Geschäftshauses bei einem Verkaufspreis von CHF 1–2 Mio. eine Maklerprovision von 2.5–3.5% vorsah, nicht beanstandet.[27]

- Bei der Vermittlung von Grundstücken kann die Höhe der Provision im Rahmen der Angemessenheit vertraglich frei vereinbart werden.
- Eine Provision zwischen 2.5% und 3.5% ist je nach Objekttyp und Schwierigkeit der Vermittlung nicht atypisch.

2.5.3 Performance Regelung

> **5.3 Performance-Regelung**
>
> [⌐] Variante 1
> Gelingt es dem Beauftragten, einen höheren als den vereinbarten Verkaufspreis zu erzielen, der über den ursprünglich vereinbarten Verkaufsrichtpreis hinausgeht, so wird auf dem Teil, der den Verkaufs- und Richtpreis übersteigt, dem Beauftragten eine zusätzliche Erfolgsprovision von [_____]% entrichtet.
>
> [⌐] Variante 2
> Gelingt es dem Beauftragten, das Verkaufsobjekt bis spätestens am [_____] (Datum) zu veräussern, so erhält er eine zusätzliche Erfolgsprovision von [_____]% auf dem erzielten Kaufpreis.

Die optionale Performance-Regelung gemäss vorliegendem Vertragsmuster soll für den erfolgreichen und effizienten Makler einen besonderen Anreiz schaffen:

- Höherer Verkaufspreis: Erzielt der Makler einen höheren Verkaufspreis als den vereinbarten Verkaufsrichtpreis, so wird ihm auf den darüber hinausgehenden Teil des Verkaufspreises eine zusätzliche Provision entrichtet.
- Rascher Verkauf: Gelingt dem Makler ein Verkauf des Objekts vor einem bestimmten Datum, so soll er auf den erzielten Verkaufspreis eine zusätzliche Provision enthalten.

2.6 Kostenregelung/Budget

Kostenregelung / Budget	
Die folgenden Leistungen und daraus entstehende Drittkosten werden mit dem Auftraggeber im Aufwand oder pauschal abgerechnet, unabhängig davon, ob ein Verkaufsvertrag zustande kommt oder nicht. Der Beauftragte arbeitet gemäss dem nachstehenden Budget und berichtet regelmässig über den Stand der Arbeiten der Drittleistungen.	
Drittleistungen sind insbesondere:	
Allgemeine Marketingmassnahmen	Budget / Kostendach in CHF
Inserate	[_____]
Internetauftritt	[_____]
Internetgebühren	[_____]
Kopier- / Druckkosten	[_____]
Erstellung von Verkaufstafeln	[_____]
Plakate	[_____]
Besondere Marketingmassnahmen	
Objektspezifische Aufwendungen	[_____]
Auftritt an Messen	[_____]
Bauliche Massnahmen	
Bauliche Massnahmen zur Verkaufsaufbereitung am Objekt	[_____]
Anwaltliche Massnahmen	
Beratungshonorare	[_____]
Anwaltshonorare	[_____]
Gesamttotal	[_____]

Aufgrund der grundsätzlichen Erfolgsbedingtheit des Maklerlohnes ist die Vergütung von Drittkosten separat zu vereinbaren.[28] Der vorliegende Mustervertrag sieht eine Liste von Leistungen und daraus entstehende Drittkosten vor, welche unabhängig vom Zustandekommen des Hauptvertrages dem Makler vergütet werden müssen.

2.7 Vollmacht

Vollmacht
Der Beauftragte wird bevollmächtigt, alle für das Zustandekommen des Geschäftes erforderlichen Arbeiten wie insbesondere Besichtigungen, Ausschreibung der Liegenschaft, Beschaffung von Liegenschaftsbeschreibungen und Grundbuchauszügen, Verhandlungen mit Interessenten, Behörden und Banken, Korrespondenz und dergleichen auszuführen.

Der Maklervertrag untersteht im Allgemeinen den subsidiär anwendbaren Vorschriften über den einfachen Auftrag (Art. 412 Abs. 2 OR i. V. m. Art. 394 ff. OR). Gemäss Art. 396 Abs. 2 OR ist im Auftrag auch die Ermächtigung zu den Rechtshandlungen enthalten, die zu dessen Ausführungen gehören. Die Vertretungsermächtigung des Maklers im Bereich der vertraglich vereinbarten Tätigkeitspflichten ergibt sich somit bereits aus dem Auftragsrecht.

Darüber hinaus nimmt das vorliegende Vertragsmuster eine Konkretisierung der gesetzlichen Bevollmächtigung vor. Insbesondere erteilt der Auftraggeber dem Makler eine Generalvollmacht. Das bedeutet, dass der Makler zur Vornahme sämtlicher Rechtsgeschäfte ermächtigt ist, die sich aus der Natur des Maklervertrages ergeben.

- Der Umfang der Vertretungsermächtigung ergibt sich zum einen aus dem Auftragsrecht, zum anderen aus dem Maklervertrag.
- Vorliegendes Vertragsmuster sieht eine Generalvollmacht vor.

2.8 Auftragsdauer/Kündigung

> **Auftragsdauer/Kündigung**
> Dieser Verkaufsauftrag hat Gültigkeit für die Dauer von [_____] Monaten laufend ab Unterzeichnung dieses Vertrages. Er gilt als stillschweigend jeweils für weitere drei Monate erneuert, wenn nicht 1 Monat vor Ablauf der Vertragsdauer eine Kündigung mit eingeschriebenem Brief erfolgt.
> Sollte der Auftrag während der vereinbarten Dauer seitens des Auftraggeber gekündigt werden, bezahlt dieser dem Beauftragten eine Pauschalentschädigung von ½% des vereinbarten Verkaufrichtpreises.

Die Beendigung des vorliegenden Maklervertrages kann auf verschiedene Art und Weise geschehen:

- Vorliegender Maklervertrag ist als unbefristetes Vertragsverhältnis ausgestaltet, wobei eine Mindestvertragslaufzeit vereinbart werden kann.[29] Folglich erlischt der Vertrag in jedem Fall durch eine frist- und formgerechte Kündigung.
- Der Maklervertrag endet durch seine Erfüllung, d.h. wenn der angestrebte Hauptvertrag zum Abschluss kommt.[30]
- Aufgrund der subsidiären Anwendung des Auftragsrechtes kann der Maklervertrag auch jederzeit widerrufen werden (Art. 412 Abs. 2 OR i.V.m. Art. 404 Abs. 1 OR). Wird ein Maklervertrag durch Widerruf vorzeitig beendet, stellt sich die Frage nach der Möglichkeit eines Schadenersatzanspruches infolge Kündigung zur Unzeit (Art. 404 Abs. 2 OR). In diesem Zusammenhang kann die vereinbarte Kündigungsregel als Indiz für einen Schadenersatzanspruch wegen Kündigung zur Unzeit herangezogen und die vereinbarte Höhe als pauschalierter Schadenersatz verstanden werden. Das vorliegende Vertragsmuster garantiert diesen Schadenersatzanspruch mit 0.5% des vereinbarten Verkaufsrichtpreises.[31]

- Den Parteien steht es auch offen, ihr Vertragsverhältnis jederzeit durch Übereinkunft auflösen.

2.9 Exklusivität

> **Exklusivität**
> Der Auftraggeber erteilt dem Beauftragen diesen Verkaufsauftrag exklusiv. Der Auftraggeber bestätigt, dass keine weiteren Verkaufsaufträge für obgenannte Liegenschaft bestehen und verpflichtet sich, auch keine weiteren Verkaufsaufträge abzuschliessen.

Durch die Ausschliesslichkeits- oder Exklusivitätsklausel verpflichtet sich der Auftraggeber gegenüber dem Makler, keine Dienste eines weiteren Vermittlers in Anspruch zu nehmen. Darüber hinaus ist der Auftraggeber gemäss Ziff. 4 des Vertragsmusters verpflichtet, den Makler über Interessenten, die mit ihm direkt Kontakt aufnehmen, zu informieren und deren Kontaktdaten an den Makler weiterzuleiten. Der Auftraggeber soll sich somit nicht selbst um den Abschluss bemühen. Der Makler verfügt mithin gemäss deutscher Terminologie über einen qualifizierten Alleinauftrag mit Verweisungsklausel.[32]

Dank der Exklusivitätsklausel wird der Makler nicht durch andere Makler konkurrenziert. Dies hilft ihm im Interesse des Auftraggebers, seine Arbeit sorgfältig, effizient und zielorientiert auszuüben. Im Gegenzug wird er in die Verantwortung für den erfolgreichen Abschluss des Hauptvertrages eingebunden. Die herrschende Rechtsprechung nimmt diesbezüglich an, dass der Exklusivmakler eine Pflicht zum Tätigwerden hat.[33] An dieser Stelle sei erwähnt, dass der Makler gemäss vorliegendem Vertragsmuster – unabhängig von der exklusiven Mandatserteilung – eine Pflicht zum Tätigwerden hat. Diese Pflicht ergibt sich aus der vertraglich vereinbarten Liste von für den Auftraggeber zu erbringenden Tätigkeiten.[34]

- Durch die Exklusivitätsklausel verpflichtet sich der Makler, aktiv zu werden und der Auftraggeber auf die Vergabe weiterer konkurrenzierender Maklermandate zu verzichten.

2.10 Mehrwertsteuer

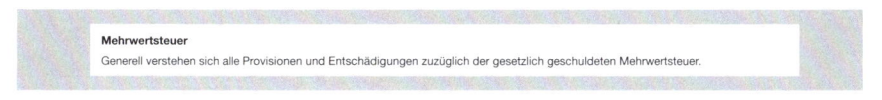

> **Mehrwertsteuer**
> Generell verstehen sich alle Provisionen und Entschädigungen zuzüglich der gesetzlich geschuldeten Mehrwertsteuer.

Sämtliche gegen Entgelt erbrachte Vermittlungsdienstleistungen unterliegen grundsätzlich der Mehrwertsteuer (Art. 18 Abs. 1 in Verbindung mit

Art. 3 lit. e MWStG). Im Vertragsmuster wird entsprechend festgehalten, dass sich die Provisionen und Vergütungen exkl. Mehrwertsteuer verstehen; die Mehrwertsteuer wird dem Auftraggeber zusätzlich in Rechnung gestellt.[35]

2.11 Schriftform

> **Schriftform**
> Jede Änderung und Ergänzung dieses Maklervertrages bedarf der Schriftform und der rechtsgültigen Unterzeichnung durch die Parteien. Mündliche Änderungen, Ergänzungen und Nebenabreden zu dieser Vereinbarung sind ungültig.

Entsprechend dem allgemeinen Prinzip der Vertragsfreiheit statuiert das OR den Grundsatz der Formfreiheit.[36] Gemäss Art. 11 Abs. 1 und Art. 16 Abs. 2 OR bedürfen Verträge für deren Gültigkeit deshalb nur dann einer besonderen Form, wenn eine solche vom Gesetz ausdrücklich angeordnet ist oder wenn die Parteien eine Form vereinbaren.

Vorliegende Vertragsklausel sieht vor, dass der Maklervertrag sowie dessen Abänderungen oder Ergänzungen einer Form, namentlich der Schriftlichkeit bedürfen. Zur Schriftlichkeit gehört, dass der Maklervertrag einschliesslich dessen Abänderungen oder Ergänzungen schriftlich vorliegen und von den Parteien unterzeichnet werden muss. Dieser Form- oder Schriftlichkeitsvorbehalt führt dazu, dass dem Maklervertrag sowie dessen Abänderungen oder Ergänzungen keine Gültigkeit zukommt, wenn die Voraussetzungen der Schriftlichkeit nicht vorliegen.

- Grundsätzlich gilt bei Maklerverträgen die Formfreiheit. Zur Vermeidung von Meinungsverschiedenheiten statuiert vorliegendes Vertragsmuster jedoch den sog. Schriftlichkeitsvorbehalt.
- Der Maklervertrag (einschliesslich Abänderungen oder Ergänzungen) muss schriftlich vorliegen und von beiden Parteien unterzeichnet werden.

2.12 Teilnichtigkeit

> **Teilnichtigkeit**
> Sollte eine Bestimmung dieses Vertrages nichtig oder unwirksam sein oder werden, so wird der übrige Teil dieses Vertrages davon nicht berührt. Im Falle der Nichtigkeit oder Unwirksamkeit einer Bestimmung ist diese durch eine solche wirksame zu ersetzen, die dem wirtschaftlichen Zweck der unwirksamen Bestimmung am nächsten kommt. In gleicher Weise ist zu verfahren, wenn eine Lücke offenbar wird.

Ein Vertrag, der einen unmöglichen, widerrechtlichen oder sittenwidrigen Inhalt hat, ist nichtig (Art. 20 Abs. 1 OR). Betrifft der Mangel bloss einzelne Teile des Vertrages, so sind nur diese nichtig, der Rest bleibt jedoch wirksam *(Teilnichtigkeit).* Diese Regel gilt allerdings nur, sofern die Parteien den Vertrag auch ohne den nichtigen Teil abgeschlossen hätten (Art. 20 Abs. 2 OR).[37] An dieser Stelle setzt vorliegende Bestimmung (sog. Salvatorische Klausel) ein. Sie besagt, dass die Nichtigkeit einzelner Bestimmungen die Wirksamkeit des Vertrages im Übrigen unberührt lässt. Sie hat mit anderen Worten zum Ziel, den Fortbestand des Maklervertrages zu regeln.[38]

Zusätzlich zur Absicht, den Vertrag trotz Teilmängeln fortbestehen zu lassen, stellt vorliegende Klausel klar, dass die Parteien für nichtige Teile des Maklervertrages eine Ersatzbestimmung zu suchen haben.[39] Diese soll dem wirtschaftlichen Zweck der nichtigen Bestimmung möglichst nahekommen.

- Salvatorische Klausel bezweckt den Fortbestand des Maklervertrages bei nichtigen Bestimmungen eines ansonsten gültig abgeschlossenen Maklervertrages.
- Nichtige Bestimmungen sind unwirksam und sind seitens der Parteien durch Ersatzbestimmungen zu ersetzen, die der ursprünglichen Bestimmung in wirtschaftlicher Hinsicht möglichst nahekommt. In gleicher Weise ist zu verfahren, wenn eine Vertragslücke festgestellt wird.

2.13 Anwendbares Recht

> **Anwendbares Recht**
> Auf den vorliegenden Vertrag ist ausschliesslich schweizerisches Recht anwendbar.

Mit vorliegender Rechtswahlklausel bestimmen die Parteien, dass für sie ausschliesslich schweizerisches Recht anwendbar ist. Im Vordergrund stehen dabei die Bestimmungen des Makler- und des Auftragsrechts, sofern die Parteien – unter Vorbehalt der zwingenden Normen – nichts Abweichendes vereinbaren.

2.14 Schiedsgerichtsbarkeit

> **Schiedsgerichtsbarkeit**
> [⌐] Variante 1: Schiedsgerichtsbarkeit
> Die Parteien vereinbaren hiermit, dass sämtliche sich aus oder in Zusammenhang mit diesem Vertrag ergebenden Auseinandersetzungen, einschliesslich Streitigkeiten über die Gültigkeit, Rechtswirksamkeit, Abänderung oder Auflösung dieses Vertrags oder sich aus diesem Vertrag direkt oder indirekt ergebenden Rechtsverhältnisse oder Rechtswirkungen durch das Schiedsgericht der Schweizer Immobilienwirtschaft entschieden werden.
> Unter Ausschluss der ordentlichen Gerichte wendet das Schiedsgericht zur Beurteilung der Auseinandersetzung die Schiedsgerichtsordnung der Schweizer Immobilienwirtschaft (SVIT-Schiedsgericht) an.
> Vorbehaltlich einer anderen Parteivereinbarung ist bis zu einem Streitwert von CHF 100 000 ein Einerschiedsgericht, bei einem höheren Streitwert ein Dreierschiedsgericht zuständig. Das Schiedsgericht entscheidet endgültig.
>
> [⌐] Variante 2: Gerichtsstand
> Die Parteien vereinbaren für alle aus diesem Vertrag sich ergebenden Streitigkeiten als ausschliesslichen Gerichtsstand
> [_____] (Ort der gelegenen Sache).

Das Vertragsverhältnis zwischen dem Auftraggeber und dem Makler untersteht dem Makler- sowie subsidiär dem Auftragsrecht. Ansprüche aus Auftragsrecht sind im Rahmen der Privat- und Parteiautonomie ohne Einschränkungen schiedsfähig.[40] Mit der sog. Schiedsabrede können sich die Parteien deshalb auf die Beurteilung einer Streitigkeit durch ein Schiedsgericht einigen.

Schiedsgerichte sind «halb-private» Gerichte.[41] Privat ist das Schiedsgericht insofern, als es nicht hoheitlich mittels Rechtserlass, sondern durch eine Vereinbarung der Parteien eingesetzt wird und die Schiedsrichter aufgrund ihrer Fachkompetenz von den Parteien bestimmt werden können (Schiedsabrede). Hingegen erwächst das Schiedsgerichtsurteil wie das Urteil eines staatlichen Gerichts in Rechtskraft.[42]

Vorliegendes Vertragsmuster begründet die Zuständigkeit des Schiedsgerichts der Schweizer Immobilienwirtschaft (www.svit-schiedsgericht.ch), das im Jahre 2005 vom SVIT Schweiz initiiert wurde. Es ist auf immobilienrechtliche Fragen spezialisiert und steht sämtlichen Marktteilnehmern der Schweizer Immobilien- und Bauwirtschaft offen.[43]

Als Alternative steht es den Parteien auch offen, die ausschliessliche Zuständigkeit eines staatlichen Gerichts zu bestimmen (Art. 17 ZPO).

- Der Maklervertrag ist schiedsfähig; mittels Schiedsabrede können die Parteien vereinbaren, dass Streitigkeiten durch ein Schiedsgericht beurteilt werden.

- Anstelle des Schiedsgerichts kann die Zuständigkeit eines staatlichen Gerichts bestimmt werden.[44]

2.15 Besondere Vereinbarungen

> **Besondere Vereinbarungen**
> [_____]
> [_____]
>
> Dieser Vertrag sowie seine Anhänge werden in zwei Exemplaren ausgefertigt. Jede Partei erhält je ein Exemplar.
>
> Ort, Datum   Ort, Datum
>
> [_____]   [_____]
>
> Der Auftraggeber   Der Beauftragte
>
> [_____]   [_____]

Diese Ziffer bietet Platz für besondere Abmachungen, z.B.:
- Festlegung zusätzlicher Tätigkeitsgebiete
- Weitere

Kapitel 9: Verkaufsauftrag und Vollmacht

1 BSK-Ammann, Art. 412, N. 1; SVIT-Kommentar zum Maklerrecht-Burkhalter, S. 22, N. 1.
2 SVIT-Kommentar zum Maklerrecht-Ginesta, S. 7; N. 10.
3 SVIT-Kommentar zum Maklerrecht-Burkhalter, S. 29, N. 16.
4 Vgl. unten Ziff. 2.8.
5 Honsell, S. 352; SVIT-Kommentar zum Maklerrecht-Burkhalter, S. 25, N. 6.
6 Vgl. hierzu auch BSK-Weber, Art. 394, N. 4.
7 Zum Begriff der Liegenschaft vgl. Kapitel 1: Mietvertrag für Wohnräume, Ziff. 2.4.
8 Vgl. unten Ziff. 2.8.
9 Vgl. unten Ziff. 2.5.2.; Honsell, S. 355.
10 SVIT-Kommentar zum Maklerrecht-Ginesta, S. 9, N. 16 f.
11 Vgl. hierzu SVIT-Kommentar zum Maklerrecht-Ginesta, S. 8, N. 12 ff.
12 Vgl. unten Ziff. 2.3 und Ziff. 2.5.1.
13 Vgl. unten Ziff. 2.3 und Ziff. 2.5.1.
14 Vgl. Kapitel 7: Immobilien-Bewertungsauftrag.
15 BSK-Ammann, Art. 412, N. 7; Honsell, S. 336; SVIT-Kommentar zum Maklerrecht-Burkhalter, S. 56, N. 44 f.
16 SVIT-Kommentar zum Maklerrecht-Ginesta, S. 7, N. 11 ff.
17 Vgl. hierzu SVIT-Kommentar zum Maklerrecht-Burkhalter, S. 65, N. 62 f.
18 Streiff, S. 120 und 126, N. 11.
19 Streiff, S. 125, N. 9; SVIT-Kommentar zum Maklerrecht-Burkhalter, S. 100, N. 53.
20 BSK-Ammann, Art. 413, N. 15.
21 SVIT-Kommentar zum Maklerrecht-Burkhalter, S. 76, N. 7.
22 SVIT-Kommentar zum Maklerrecht-Burkhalter, S. 76, N. 8.
23 SVIT-Kommentar zum Maklerrecht-Burkhalter, S. 95, N. 42.
24 BGer 4C.121/2005, Urteil vom 5. Juli 2005, E. 3; BSK-Ammann, Art. 418, N. 7; SVIT-Kommentar zum Maklerrecht-Burkhalter, S. 123, N. 12.
25 BSK-Ammann, Art. 418, N. 7; SVIT-Kommentar zum Maklerrecht-Burkhalter, S. 123, N. 12.
26 BGer 4C.121/2005, Urteil vom 5. Juli 2005, E. 4.2.2; Honsell, S. 355.
27 BGE 112 II 459 E. 1/2.
28 Vgl. oben Ziff. 2.5.1; SVIT-Kommentar zum Maklerrecht-Burkhalter, S. 27, N. 10.
29 Vgl. oben Ziff. 2.0, Eckdaten des Vertrages.
30 SVIT-Kommentar zum Maklerrecht-Burkhalter, S. 50, N. 33.
31 Vgl. hierzu Honsell, S. 352; SVIT-Kommentar zum Maklerrecht-Burkhalter, S. 50, N. 34 ff.
32 SVIT-Kommentar zum Maklerrecht-Burkhalter, S. 50, N. 50.
33 Streiff, S. 127, N. 16; SVIT-Kommentar zum Maklerrecht-Burkhalter, S. 49, N. 48.
34 Vgl. oben Ziff. 2.3.
35 Vgl. hierzu auch MWST-Branchen-Info 17 (Liegenschaftsverwaltung/Vermietung und Verkauf von Immobilien) unter http://www.estv.admin.ch/mwst/dokumentation.
36 Schwenzer, 31.01.
37 Vgl. Schwenzer, N. 32.39.
38 Sog. *Salvatorische Klausel,* vgl. Schwenzer, N. 32.41.
39 Sog. modifizierte Teilnichtigkeit, vgl. hierzu Gauch/Schluep/Schmid/Emmenegger, N. 703 ff.
40 Burkhalter/Grell, S. 20 f.; SVIT-Kommentar zum Maklerrecht-Josi, S. 238, N. 18.
41 Burkhalter/Grell, S. 1 f.
42 Burkhalter/Grell, S. 49 f.; SVIT-Kommentar zum Maklerrecht-Josi, S. 231, N. 2.
43 Burkhalter/Grell, S. 6 und 39.
44 SVIT-Kommentar zum Maklerrecht-Reetz/Dias, S. 203, N. 19.

Kapitel 10

Vertrag für die Bewirtschaftung von Liegenschaften

Kapitel 10: Vertrag für die Bewirtschaftung von Liegenschaften

Das Wichtigste in Kürze

Der vorliegende Mustervertrag hat die Bewirtschaftung von Mietobjekten zum Gegenstand. Die Aufgaben des Immobilienbewirtschafters können in die administrative Bewirtschaftung, die technische Bewirtschaftung sowie das Rechnungswesen gegliedert werden.

Für seine Tätigkeit erhält der Immobilienbewirtschafter ein Verwaltungshonorar, das teils pauschal, teils nach Aufwand geschuldet wird.

Damit der Immobilienbewirtschafter den Eigentümer überhaupt vertreten kann, bedarf es einer Vollmacht, die im vorliegenden Liegenschaftsverwaltungsvertrag näher konkretisiert wird.

Der Liegenschaftsverwaltungsvertrag untersteht dem Auftragsrecht und somit dem zwingenden, jederzeitigen Kündigungsrecht. Deshalb legen wir ein besonderes Augenmerk darauf, wie diese gesetzliche Regel mit den vertraglichen Kündigungsfristen vereinbart werden kann.

Abschliessend gehen wir auf weitere wichtige Begriffe ein, wie z.B. Abrechnungstermin, Kompetenzsumme etc.

Das Wichtigste in Kürze

Herausgeber und Copyright
© Schweizerischer Verband der
Immobilienwirtschaft SVIT – www.svit.ch
Vertrag für die Bewirtschaftung von
Liegenschaften – Version 1/08

homegate.ch   Schulthess §

Vertrag für die Bewirtschaftung von Liegenschaften

Auftraggeber

Name [   ]
Bezeichnung [   ]
Adresse [   ]
PLZ/Ort [   ]

beauftragt hiermit

Beauftragter

Name [   ]
Bezeichnung [   ]
Adresse [   ]
PLZ/Ort [   ]

mit der Bewirtschaftung der nachstehenden Liegenschaft/-en:

Eckdaten des Vertrages

Liegenschaft/Ort [   ]
Beginn der Verwaltungstätigkeit [ ]
Feste Vertragsdauer bis [   ]
Kompetenzsumme CHF [   ]
Abrechnungstermin [   ]
Konto [   ]
Besonderes [   ]

Inhaltsverzeichnis

1. Leistungsbeschrieb Bewirtschaftung ... 2
   1.1 Leistungsbeschrieb Generell ... 2
   1.2 Leistungsbeschrieb im Detail ... 2
       1.2.1 Übernahmearbeiten ... 2
       1.2.2 Sicherstellung der Liegenschaftenbetreuung ... 3
       1.2.3 Erweiterte Liegenschaftenbetreuung ... 3
       1.2.4 Ordentlicher Liegenschaftenunterhalt ... 3
       1.2.5 Begleitung ausserordentlicher Unterhalt ... 3
       1.2.6 Kontrollbesuche zur Prüfung des Zustandes der Liegenschaften ... 3
       1.2.7 Vertragsmanagement ... 3
       1.2.8 Betreuung der bestehenden Mieterschaft ... 4
       1.2.9 Weitervermietung von Wohnungen ... 4
       1.2.10 Wiedervermietung Geschäftsräume ... 4
       1.2.11 Abrechnungen ... 4
       1.2.12 Erweitertes Reporting Rechnungswesen ... 5
       1.2.13 Zahlungswesen (Kreditoren-/Debitorenbuchhaltung) ... 5
       1.2.14 Inkasso ... 5
       1.2.15 Betreibungsrechtliches Inkasso (SchKG) ... 5
       1.2.16 Reporting administrative Bewirtschaftung ... 5
       1.2.17 Optierte Liegenschaften ... 5
       1.2.18 Eigentümervertretung in rechtlichen Belangen ... 5
       1.2.19 Key Account ... 6
       1.2.20 Unterstützung Portfolio-Management ... 6
       1.2.21 Markenbewirtschaftungsbranding des Objektes ... 6
       1.2.22 Archivierung ... 6
       1.2.23 Aufbereitung von Unterlagen für Verkaufsaktivitäten ... 6
       1.2.24 Mehrsprachigkeit ... 6

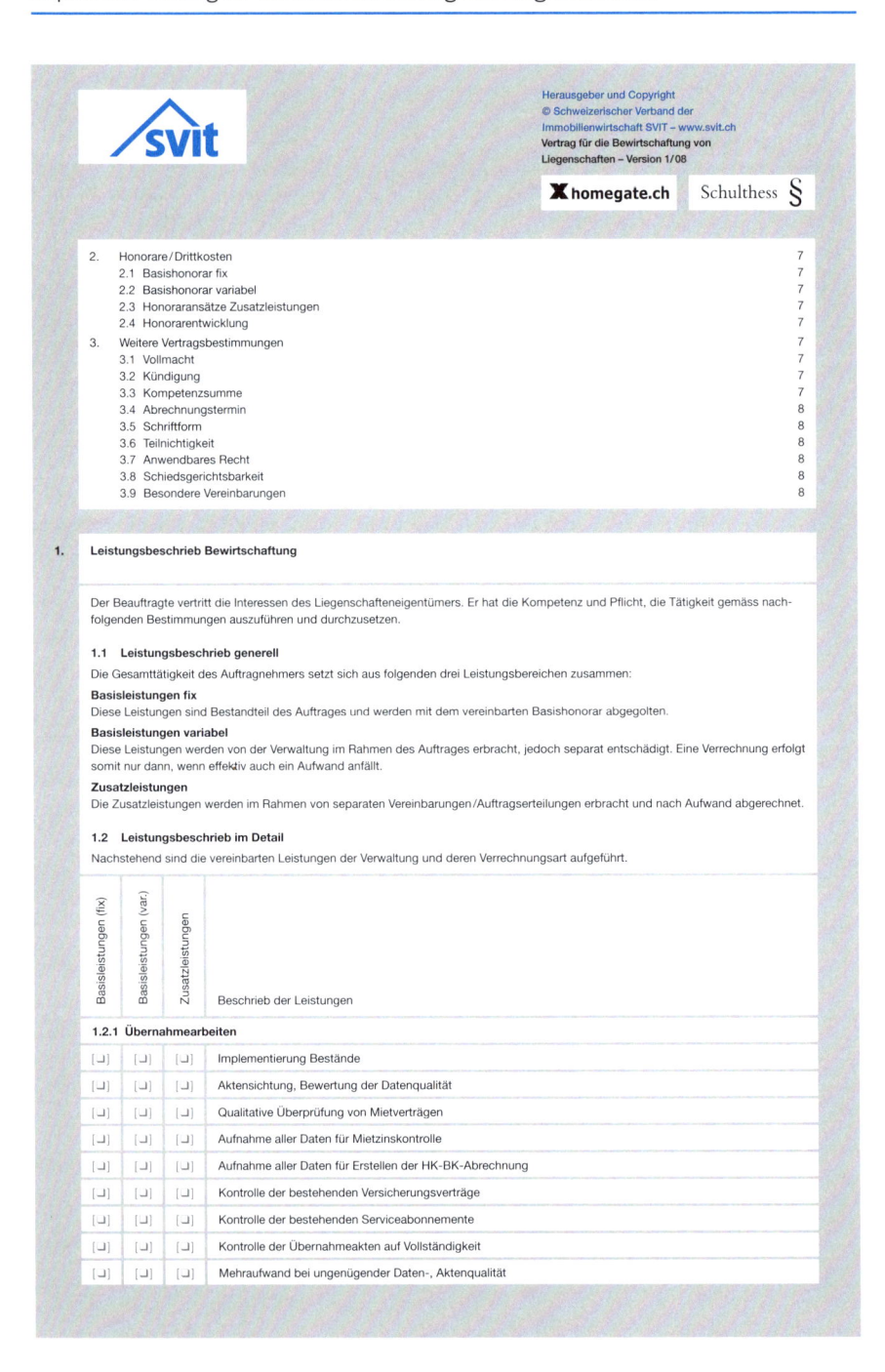

Kapitel 10: Vertrag für die Bewirtschaftung von Liegenschaften

Herausgeber und Copyright
© Schweizerischer Verband der
Immobilienwirtschaft SVIT – www.svit.ch
Vertrag für die Bewirtschaftung von
Liegenschaften – Version 1/08

homegate.ch   **Schulthess §**

2. Honorare/Drittkosten	7
2.1 Basishonorar fix	7
2.2 Basishonorar variabel	7
2.3 Honoraransätze Zusatzleistungen	7
2.4 Honorarentwicklung	7
3. Weitere Vertragsbestimmungen	7
3.1 Vollmacht	7
3.2 Kündigung	7
3.3 Kompetenzsumme	7
3.4 Abrechnungstermin	8
3.5 Schriftform	8
3.6 Teilnichtigkeit	8
3.7 Anwendbares Recht	8
3.8 Schiedsgerichtsbarkeit	8
3.9 Besondere Vereinbarungen	8

1. Leistungsbeschrieb Bewirtschaftung

Der Beauftragte vertritt die Interessen des Liegenschafteneigentümers. Er hat die Kompetenz und Pflicht, die Tätigkeit gemäss nachfolgenden Bestimmungen auszuführen und durchzusetzen.

1.1 Leistungsbeschrieb generell

Die Gesamttätigkeit des Auftragnehmers setzt sich aus folgenden drei Leistungsbereichen zusammen:

Basisleistungen fix
Diese Leistungen sind Bestandteil des Auftrages und werden mit dem vereinbarten Basishonorar abgegolten.

Basisleistungen variabel
Diese Leistungen werden von der Verwaltung im Rahmen des Auftrages erbracht, jedoch separat entschädigt. Eine Verrechnung erfolgt somit nur dann, wenn effektiv auch ein Aufwand anfällt.

Zusatzleistungen
Die Zusatzleistungen werden im Rahmen von separaten Vereinbarungen/Auftragserteilungen erbracht und nach Aufwand abgerechnet.

1.2 Leistungsbeschrieb im Detail

Nachstehend sind die vereinbarten Leistungen der Verwaltung und deren Verrechnungsart aufgeführt.

Basisleistungen (fix)	Basisleistungen (var.)	Zusatzleistungen	Beschrieb der Leistungen
1.2.1 Übernahmearbeiten			
[ ]	[ ]	[ ]	Implementierung Bestände
[ ]	[ ]	[ ]	Aktensichtung, Bewertung der Datenqualität
[ ]	[ ]	[ ]	Qualitative Überprüfung von Mietverträgen
[ ]	[ ]	[ ]	Aufnahme aller Daten für Mietzinskontrolle
[ ]	[ ]	[ ]	Aufnahme aller Daten für Erstellen der HK-BK-Abrechnung
[ ]	[ ]	[ ]	Kontrolle der bestehenden Versicherungsverträge
[ ]	[ ]	[ ]	Kontrolle der bestehenden Serviceabonnemente
[ ]	[ ]	[ ]	Kontrolle der Übernahmeakten auf Vollständigkeit
[ ]	[ ]	[ ]	Mehraufwand bei ungenügender Daten-, Aktenqualität

Das Wichtigste in Kürze

Herausgeber und Copyright
© Schweizerischer Verband der
Immobilienwirtschaft SVIT – www.svit.ch
Vertrag für die Bewirtschaftung von
Liegenschaften – Version 1/08

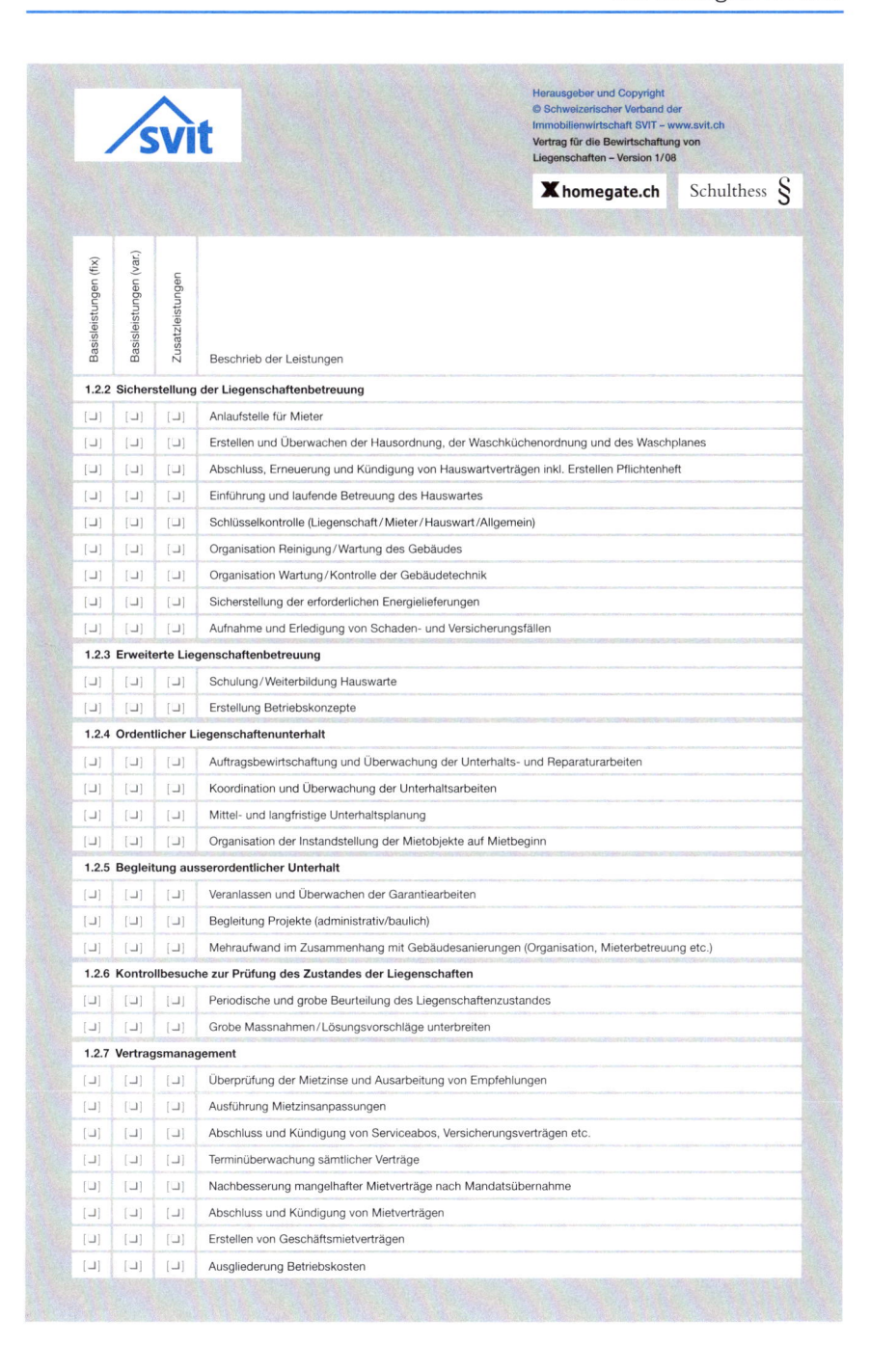

homegate.ch · Schulthess §

Basisleistungen (fix)	Basisleistungen (var.)	Zusatzleistungen	Beschrieb der Leistungen
			1.2.2 Sicherstellung der Liegenschaftenbetreuung
[_]	[_]	[_]	Anlaufstelle für Mieter
[_]	[_]	[_]	Erstellen und Überwachen der Hausordnung, der Waschküchenordnung und des Waschplanes
[_]	[_]	[_]	Abschluss, Erneuerung und Kündigung von Hauswartverträgen inkl. Erstellen Pflichtenheft
[_]	[_]	[_]	Einführung und laufende Betreuung des Hauswartes
[_]	[_]	[_]	Schlüsselkontrolle (Liegenschaft / Mieter / Hauswart / Allgemein)
[_]	[_]	[_]	Organisation Reinigung / Wartung des Gebäudes
[_]	[_]	[_]	Organisation Wartung / Kontrolle der Gebäudetechnik
[_]	[_]	[_]	Sicherstellung der erforderlichen Energielieferungen
[_]	[_]	[_]	Aufnahme und Erledigung von Schaden- und Versicherungsfällen
			1.2.3 Erweiterte Liegenschaftenbetreuung
[_]	[_]	[_]	Schulung / Weiterbildung Hauswarte
[_]	[_]	[_]	Erstellung Betriebskonzepte
			1.2.4 Ordentlicher Liegenschaftenunterhalt
[_]	[_]	[_]	Auftragsbewirtschaftung und Überwachung der Unterhalts- und Reparaturarbeiten
[_]	[_]	[_]	Koordination und Überwachung der Unterhaltsarbeiten
[_]	[_]	[_]	Mittel- und langfristige Unterhaltsplanung
[_]	[_]	[_]	Organisation der Instandstellung der Mietobjekte auf Mietbeginn
			1.2.5 Begleitung ausserordentlicher Unterhalt
[_]	[_]	[_]	Veranlassen und Überwachen der Garantiearbeiten
[_]	[_]	[_]	Begleitung Projekte (administrativ/baulich)
[_]	[_]	[_]	Mehraufwand im Zusammenhang mit Gebäudesanierungen (Organisation, Mieterbetreuung etc.)
			1.2.6 Kontrollbesuche zur Prüfung des Zustandes der Liegenschaften
[_]	[_]	[_]	Periodische und grobe Beurteilung des Liegenschaftszustandes
[_]	[_]	[_]	Grobe Massnahmen / Lösungsvorschläge unterbreiten
			1.2.7 Vertragsmanagement
[_]	[_]	[_]	Überprüfung der Mietzinse und Ausarbeitung von Empfehlungen
[_]	[_]	[_]	Ausführung Mietzinsanpassungen
[_]	[_]	[_]	Abschluss und Kündigung von Serviceabos, Versicherungsverträgen etc.
[_]	[_]	[_]	Terminüberwachung sämtlicher Verträge
[_]	[_]	[_]	Nachbesserung mangelhafter Mietverträge nach Mandatsübernahme
[_]	[_]	[_]	Abschluss und Kündigung von Mietverträgen
[_]	[_]	[_]	Erstellen von Geschäftsmietverträgen
[_]	[_]	[_]	Ausgliederung Betriebskosten

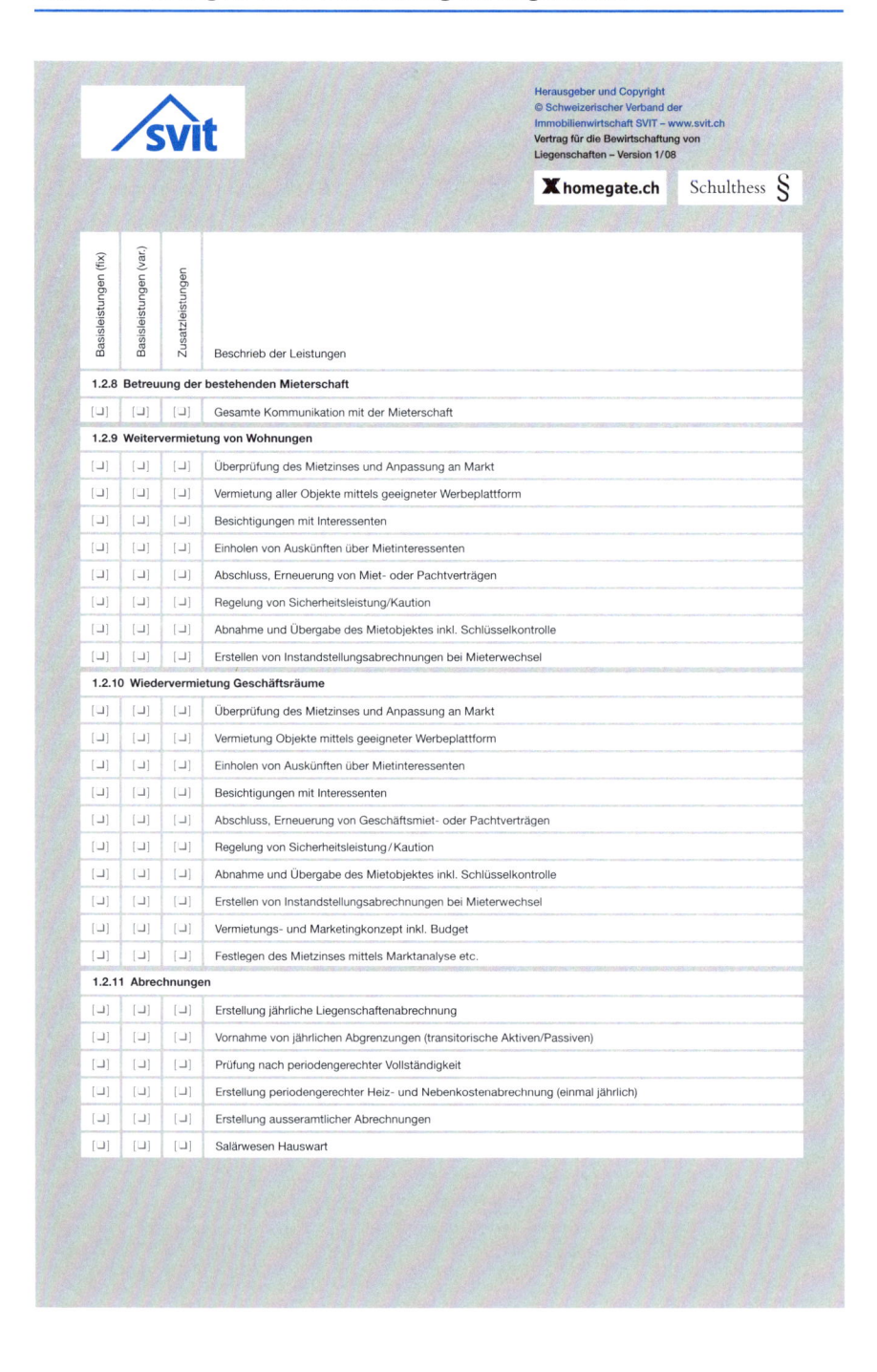

Kapitel 10: Vertrag für die Bewirtschaftung von Liegenschaften

Herausgeber und Copyright
© Schweizerischer Verband der
Immobilienwirtschaft SVIT – www.svit.ch
Vertrag für die Bewirtschaftung von
Liegenschaften – Version 1/08

homegate.ch   Schulthess §

Basisleistungen (fix)	Basisleistungen (var.)	Zusatzleistungen	Beschrieb der Leistungen
			1.2.8 Betreuung der bestehenden Mieterschaft
[_]	[_]	[_]	Gesamte Kommunikation mit der Mieterschaft
			1.2.9 Weitervermietung von Wohnungen
[_]	[_]	[_]	Überprüfung des Mietzinses und Anpassung an Markt
[_]	[_]	[_]	Vermietung aller Objekte mittels geeigneter Werbeplattform
[_]	[_]	[_]	Besichtigungen mit Interessenten
[_]	[_]	[_]	Einholen von Auskünften über Mietinteressenten
[_]	[_]	[_]	Abschluss, Erneuerung von Miet- oder Pachtverträgen
[_]	[_]	[_]	Regelung von Sicherheitsleistung/Kaution
[_]	[_]	[_]	Abnahme und Übergabe des Mietobjektes inkl. Schlüsselkontrolle
[_]	[_]	[_]	Erstellen von Instandstellungsabrechnungen bei Mieterwechsel
			1.2.10 Wiedervermietung Geschäftsräume
[_]	[_]	[_]	Überprüfung des Mietzinses und Anpassung an Markt
[_]	[_]	[_]	Vermietung Objekte mittels geeigneter Werbeplattform
[_]	[_]	[_]	Einholen von Auskünften über Mietinteressenten
[_]	[_]	[_]	Besichtigungen mit Interessenten
[_]	[_]	[_]	Abschluss, Erneuerung von Geschäftsmiet- oder Pachtverträgen
[_]	[_]	[_]	Regelung von Sicherheitsleistung/Kaution
[_]	[_]	[_]	Abnahme und Übergabe des Mietobjektes inkl. Schlüsselkontrolle
[_]	[_]	[_]	Erstellen von Instandstellungsabrechnungen bei Mieterwechsel
[_]	[_]	[_]	Vermietungs- und Marketingkonzept inkl. Budget
[_]	[_]	[_]	Festlegen des Mietzinses mittels Marktanalyse etc.
			1.2.11 Abrechnungen
[_]	[_]	[_]	Erstellung jährliche Liegenschaftenabrechnung
[_]	[_]	[_]	Vornahme von jährlichen Abgrenzungen (transitorische Aktiven/Passiven)
[_]	[_]	[_]	Prüfung nach periodengerechter Vollständigkeit
[_]	[_]	[_]	Erstellung periodengerechter Heiz- und Nebenkostenabrechnung (einmal jährlich)
[_]	[_]	[_]	Erstellung ausseramtlicher Abrechnungen
[_]	[_]	[_]	Salärwesen Hauswart

Das Wichtigste in Kürze

Herausgeber und Copyright
© Schweizerischer Verband der
Immobilienwirtschaft SVIT – www.svit.ch
Vertrag für die Bewirtschaftung von
Liegenschaften – Version 1/08

Basisleistungen (fix)	Basisleistungen (var.)	Zusatzleistungen	Beschrieb der Leistungen
			1.2.12 Erweitertes Reporting Rechnungswesen
[_]	[_]	[_]	Zusätzliche Liegenschaftsabrechnungen
[_]	[_]	[_]	Bilanz und Fibu
[_]	[_]	[_]	Kennzahlen
[_]	[_]	[_]	Spezialreports
			1.2.13 Zahlungswesen (Kreditoren- / Debitorenbuchhaltung)
[_]	[_]	[_]	Kontrolle und Bezahlung der Rechnungen
[_]	[_]	[_]	Weiterverrechnung von Reparatur- und Unterhaltsarbeiten, die gemäss Mietvertrag zulasten der Mieter und evtl. Dritten (Versicherung) gehen
[_]	[_]	[_]	Führen von Kreditoren- und Debitorenbuchhaltung
			1.2.14 Inkasso
[_]	[_]	[_]	Mietzinsinkasso bis und mit Kündigung gemäss OR 257d
[_]	[_]	[_]	Überwachung und Durchsetzen von Fristen und Terminen
			1.2.15 Betreibungsrechtliches Inkasso (SchKG)
[_]	[_]	[_]	Einfordern offener Debitorenposten mittels Rechtsweg
[_]	[_]	[_]	Vertretung Eigentümer bei Gerichtsverfahren (Rechtsöffnung, Feststellungsklagen etc.)
[_]	[_]	[_]	Bewirtschaftung von Verlustscheinen
			1.2.16 Reporting administrative Bewirtschaftung
[_]	[_]	[_]	Schriftlicher Bericht zur Jahresrechnung
[_]	[_]	[_]	Leerstandsstatistik
[_]	[_]	[_]	Prozessstatistik
[_]	[_]	[_]	Kennzahlen
[_]	[_]	[_]	Spezielle Reports und Schnittstellen
[_]	[_]	[_]	Statistische Erhebungen
[_]	[_]	[_]	Ermittlungen aufgrund neuer gesetzlicher, heute nicht bekannter Auflagen
[_]	[_]	[_]	Eigentümerspezifische Reports
			1.2.17 Optierte Liegenschaften
[_]	[_]	[_]	Umfassende Bewirtschaftung von optierten Liegenschaften
			1.2.18 Eigentümervertretung in rechtlichen Belangen
[_]	[_]	[_]	Vertretung des Eigentümers in Prozess- und Schlichtungsfällen, Verhandlung mit Behörden
[_]	[_]	[_]	Allgemeine Vertretung in Rechtsfragen (Vermittlung von Spezialisten für alle Rechtsfälle)

Kapitel 10: Vertrag für die Bewirtschaftung von Liegenschaften

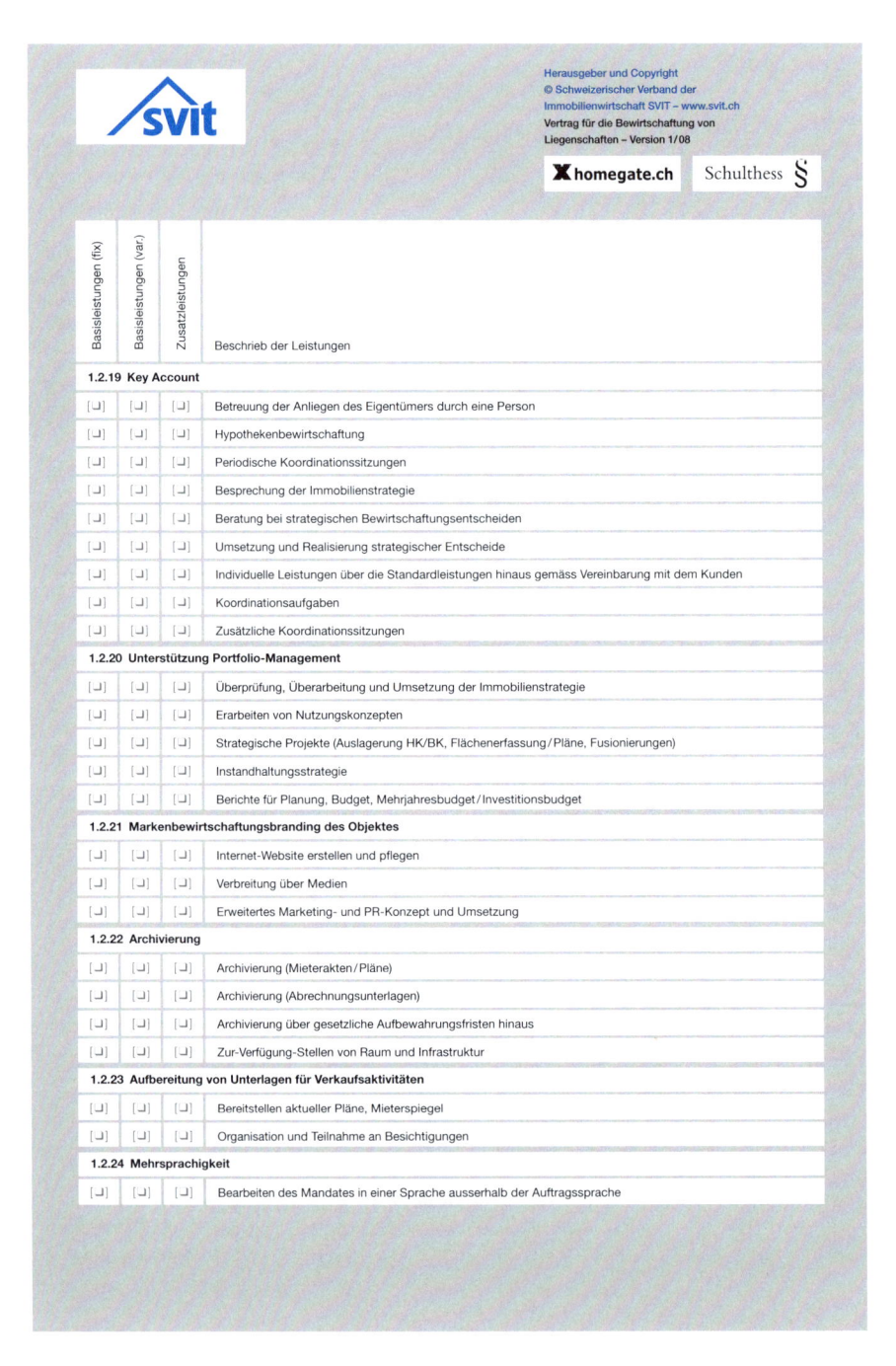

Herausgeber und Copyright
© Schweizerischer Verband der Immobilienwirtschaft SVIT – www.svit.ch
Vertrag für die Bewirtschaftung von Liegenschaften – Version 1/08

homegate.ch — Schulthess §

Basisleistungen (fix)	Basisleistungen (var.)	Zusatzleistungen	Beschrieb der Leistungen
			1.2.19 Key Account
[ ]	[ ]	[ ]	Betreuung der Anliegen des Eigentümers durch eine Person
[ ]	[ ]	[ ]	Hypothekenbewirtschaftung
[ ]	[ ]	[ ]	Periodische Koordinationssitzungen
[ ]	[ ]	[ ]	Besprechung der Immobilienstrategie
[ ]	[ ]	[ ]	Beratung bei strategischen Bewirtschaftungsentscheiden
[ ]	[ ]	[ ]	Umsetzung und Realisierung strategischer Entscheide
[ ]	[ ]	[ ]	Individuelle Leistungen über die Standardleistungen hinaus gemäss Vereinbarung mit dem Kunden
[ ]	[ ]	[ ]	Koordinationsaufgaben
[ ]	[ ]	[ ]	Zusätzliche Koordinationssitzungen
			1.2.20 Unterstützung Portfolio-Management
[ ]	[ ]	[ ]	Überprüfung, Überarbeitung und Umsetzung der Immobilienstrategie
[ ]	[ ]	[ ]	Erarbeiten von Nutzungskonzepten
[ ]	[ ]	[ ]	Strategische Projekte (Auslagerung HK/BK, Flächenerfassung/Pläne, Fusionierungen)
[ ]	[ ]	[ ]	Instandhaltungsstrategie
[ ]	[ ]	[ ]	Berichte für Planung, Budget, Mehrjahresbudget/Investitionsbudget
			1.2.21 Markenbewirtschaftungsbranding des Objektes
[ ]	[ ]	[ ]	Internet-Website erstellen und pflegen
[ ]	[ ]	[ ]	Verbreitung über Medien
[ ]	[ ]	[ ]	Erweitertes Marketing- und PR-Konzept und Umsetzung
			1.2.22 Archivierung
[ ]	[ ]	[ ]	Archivierung (Mieterakten/Pläne)
[ ]	[ ]	[ ]	Archivierung (Abrechnungsunterlagen)
[ ]	[ ]	[ ]	Archivierung über gesetzliche Aufbewahrungsfristen hinaus
[ ]	[ ]	[ ]	Zur-Verfügung-Stellen von Raum und Infrastruktur
			1.2.23 Aufbereitung von Unterlagen für Verkaufsaktivitäten
[ ]	[ ]	[ ]	Bereitstellen aktueller Pläne, Mieterspiegel
[ ]	[ ]	[ ]	Organisation und Teilnahme an Besichtigungen
			1.2.24 Mehrsprachigkeit
[ ]	[ ]	[ ]	Bearbeiten des Mandates in einer Sprache ausserhalb der Auftragssprache

Das Wichtigste in Kürze

Herausgeber und Copyright
© Schweizerischer Verband der
Immobilienwirtschaft SVIT – www.svit.ch
Vertrag für die Bewirtschaftung von
Liegenschaften – Version 1/08

homegate.ch   Schulthess §

2. Honorare / Drittkosten

Generell sind alle Honorare und die übrigen in Rechnung gestellten Dienstleistungen mehrwertsteuerpflichtig. Das aufgrund des jeweils gültigen Ansatzes berechnete Steuerbetreffnis wird dem Auftraggeber belastet.

Die Honorare werden dem Auftraggeber periodisch in Rechnung gestellt.

2.1 Basishonorar fix

Das Honorar beträgt pauschal CHF [_____] (Betrag) oder [_____]% der [❏] Jahresnettomiete/[❏] Jahresbruttomiete.

2.2 Basishonorar variabel

Die Pauschale für das Einrichten des Mandates bzw. für die Übernahmearbeiten beträgt CHF [_____] (Betrag).

Folgende Aufwände werden bei Bedarf wie folgt verrechnet:

Aufwand	Kosten in CHF	
Wiedervermietung Wohnobjekte	pro Objekt	[_____]
Generelle Mietzinsänderung	pro Objekt	[_____]
Betreibungsbegehren	pro Fall	[_____]
Retentionsbegehren	pro Fall	[_____]
Fortsetzungsbegehren	pro Fall	[_____]
Verwertungsbegehren	pro Fall	[_____]
Konkursbegehren	pro Fall	[_____]

2.3 Honoraransätze Zusatzleistungen

Für die Wiedervermietung von Geschäftsräumen wird ein Honorar von [_____]% der [❏] Jahresnettomiete/[❏] Jahresbruttomiete vereinbart.

Für die nach Stundenaufwand abzurechnenden Zusatzleistungen gelten folgende Ansätze:

Mandatsleiter	CHF	[_____]	pro Stunde
Bewirtschafter	CHF	[_____]	pro Stunde
Juniorbewirtschafter	CHF	[_____]	pro Stunde
Sachbearbeiter	CHF	[_____]	pro Stunde
Sekretariat	CHF	[_____]	pro Stunde

2.4 Honorarentwicklung

Die Honorare basieren auf dem Indexstand vom Landesindex der Konsumentenpreise, [_____] Punkte (Basis [_____]).
Sie können periodisch den Veränderungen des Landesindexes angepasst werden.

3. Weitere Vertragsbestimmungen

3.1 Vollmacht

Der Auftraggeber erteilt der Verwaltung Vollmacht mit Substitutionsrecht zur Durchführung aller sich aus dem vorliegenden Vertrag ergebenden Rechtshandlungen. Diese Vollmacht umfasst nebst der Vertretung gegenüber Behörden auch diejenige im mietrechtlichen Verfahren, im summarischen Verfahren (Rechtsöffnung, amtliche Zustellung von Kündigungen, Befehlsverfahren, nichtstreitige Rechtssachen) sowie im Beschwerdeverfahren gemäss Schuldbetreibungs- und Konkursrecht. Die Verwaltung wird explizit zum Abschluss von Vergleichen in mietrechtlichen Schlichtungsverfahren ermächtigt.

Die Verwaltung ist berechtigt, das Grundbuch, die Pläne und alle weiteren öffentlichen Register einzusehen und Auszüge bzw. Kopien von diesen anfertigen zu lassen.

3.2 Kündigung

Nach Ablauf der festen Vertragsdauer kann der Auftrag jeweils auf Ende eines Rechnungsjahres unter Einhaltung einer sechsmonatigen Kündigungsfrist aufgelöst werden. Die Kündigung hat mit eingeschriebenem Brief zu erfolgen.

Nach Beendigung des Bewirtschaftungsmandates hat der Beauftragte dem Auftraggeber oder seinem Vertreter sämtliche Unterlagen zu übergeben.

3.3 Kompetenzsumme

Die vereinbarte Kompetenzsumme bezieht sich auf einen einzelnen Auftrag. Diese kann jedoch in Notfällen, um Schäden zu vermeiden, im Ausnahmefall überschritten werden.

Kapitel 10: Vertrag für die Bewirtschaftung von Liegenschaften

> **Herausgeber und Copyright**
> © Schweizerischer Verband der Immobilienwirtschaft SVIT – www.svit.ch
> Vertrag für die Bewirtschaftung von Liegenschaften – Version 1/08
>
> **3.4 Abrechnungstermin**
> Der Auftraggeber erhält auf den vereinbarten Termin eine Verwaltungsabrechnung. Die Abrechnung gilt als genehmigt, sofern innert 30 Tagen nach Zustellung keine Beanstandung erfolgt.
>
> **3.5 Schriftform**
> Jede Änderung und Ergänzung dieses Bewirtschaftungsvertrages bedarf der Schriftform und der rechtsgültigen Unterzeichnung durch die Parteien. Mündliche Änderungen, Ergänzungen und Nebenabreden zu dieser Vereinbarung sind ungültig.
>
> **3.6 Teilnichtigkeit**
> Sollte eine Bestimmung dieses Vertrages nichtig oder unwirksam sein oder werden, so wird der übrige Teil dieses Vertrages davon nicht berührt. Im Falle der Nichtigkeit oder Unwirksamkeit einer Bestimmung ist diese durch eine solche wirksame zu ersetzen, die dem wirtschaftlichen Zweck der unwirksamen Bestimmung am nächsten kommt. In gleicher Weise ist zu verfahren, wenn eine Lücke offenbar wird.
>
> **3.7 Anwendbares Recht**
> Auf den vorliegenden Vertrag ist ausschliesslich schweizerisches Recht anwendbar.
>
> **3.8 Schiedsgerichtsbarkeit**
> [ ] Variante 1: Schiedsgerichtsbarkeit
> Die Parteien vereinbaren hiermit, dass sämtliche sich aus oder in Zusammenhang mit diesem Vertrag ergebenden Auseinandersetzungen, einschliesslich Streitigkeiten über die Gültigkeit, Rechtswirksamkeit, Abänderung oder Auflösung dieses Vertrags oder sich aus diesem Vertrag direkt oder indirekt ergebenden Rechtsverhältnisse oder Rechtswirkungen durch das Schiedsgericht der Schweizer Immobilienwirtschaft entschieden werden.
>
> Unter Ausschluss der ordentlichen Gerichte wendet das Schiedsgericht zur Beurteilung der Auseinandersetzung die Schiedsgerichtsordnung der Schweizer Immobilienwirtschaft (SVIT-Schiedsgericht) an.
>
> Vorbehaltlich einer anderen Parteivereinbarung ist bis zu einem Streitwert von CHF 100 000 ein Einerschiedsgericht, bei einem höheren Streitwert ein Dreierschiedsgericht zuständig. Das Schiedsgericht entscheidet endgültig.
>
> [ ] Variante 2: Gerichtsstand
> Die Parteien vereinbaren für alle aus diesem Vertrag sich ergebenden Streitigkeiten als ausschliesslichen Gerichtsstand
> [_____] (Ort der gelegenen Sache).
>
> **3.9 Besondere Vereinbarungen**
> [_____]
> [_____]
>
> Dieser Vertrag sowie seine Anhänge werden in zwei Exemplaren ausgefertigt. Jede Partei erhält je ein Exemplar.
>
> Ort, Datum   Ort, Datum
> [_____]   [_____]
>
> Der Auftraggeber   Der Beauftragte
> [_____]   [_____]
>
> * Mit den Begriffen «Auftraggeber», «Beauftragter» sind sowohl natürliche Personen beider Geschlechter sowie auch juristische Personen gemeint.

Dies ist ein Mietvertrag für einen Vertrag für die Bewirtschaftung von Liegenschaften wie er im Kanton Zürich verwendet wird.

Kommentierung zu Kapitel 10

1. Bemerkungen zum Vertrag für die Bewirtschaftung von Liegenschaften

1.1 Begriff und Geltungsbereich

Mit dem Abschluss eines Vertrages für die Bewirtschaftung von Liegenschaften (u.a. auch als Facility-Management-Vertrag bezeichnet, nachfolgend «Liegenschaftsverwaltungsvertrag») überträgt der Eigentümer die Bewirtschaftung seiner Liegenschaft an einen professionellen Dienstleister. Gegenstand des vorliegenden Mustervertrages ist die Verwaltung von Mietobjekten.[1] Da dieser Vertrag primär eine Arbeitsleistung zum Inhalt hat, steht der Liegenschaftsverwaltungsvertrag dem Auftrag nahe. Aus diesem Grund sind gemäss der bundesgerichtlichen Rechtsprechung grundsätzlich die Bestimmungen des einfachen Auftrages auf das Vertragsverhältnis anzuwenden.[2]

1.2 Interessenlage der Parteien

Bei der Verwaltung von Immobilienanlagen soll das investierte Kapital rentieren sowie ein Ausgleich der Betriebskosten stattfinden.[3] Dementsprechend möchte der Eigentümer die Bewirtschaftung seiner Liegenschaft möglichst kostengünstig auslagern. Demgegenüber geht es dem Immobilienbewirtschafter darum, dass seine Arbeit entschädigt und sämtliche Auslagen und Spesen bezahlt werden.

1.3 Gestaltungsspielraum

Das Auftragsrecht gehört zum Privatrecht, das sich grundsätzlich am Prinzip der Vertragsfreiheit ausrichtet. Eine Ausnahme bildet jedoch das jederzeitige Widerrufsrecht gemäss Art. 404 OR, das zwingender Natur ist und damit zu einer Inkohärenz im Bereich der vereinbarten Kündigungsmodalitäten führt.[4]

1.4 Form

Der Liegenschaftsverwaltungsvertrag bedarf von Gesetzes wegen keiner besonderen Form (vgl. Art. 11 Abs. 1 OR und Art. 16 Abs. 1 OR). In der Praxis entspricht jedoch die Schriftform der Verkehrssitte.[5]

2. Zu den einzelnen Vertragsklauseln

2.0 Vertragsparteien

Auftraggeber*		Beauftragter*
Name	beauftragt hiermit	Name
Bezeichnung		Bezeichnung
Adresse		Adresse
PLZ/Ort		PLZ/Ort

mit der Bewirtschaftung der nachstehenden Liegenschaft/-en:

Mit dem Abschluss eines Liegenschaftsverwaltungsvertrages verpflichtet sich der Immobilienbewirtschafter als Beauftragter, die Bewirtschaftung der im Vertrag genannten Liegenschaft(en) zu übernehmen. Der Eigentümer als Auftraggeber hat demgegenüber die Pflicht, dem Immobilienbewirtschafter für seine Arbeitsleistung ein Entgelt zu entrichten. Vertragspartei kann sowohl aufseiten des Auftraggebers wie auch aufseiten des Beauftragten jede rechts- und handlungsfähige natürliche oder juristische Person sein.[6]

- Als Beauftragte und Auftraggeber kommen natürliche und juristische Personen infrage.
- Stellen Vertragsparteien juristische Personen dar, können diese durch ihre zeichnungsberechtigten Personen verpflichtet werden. Die Internetseite www.zefix.ch gibt darüber Auskunft, wer zeichnungsberechtigt ist.

2.0 Eckdaten des Vertrages

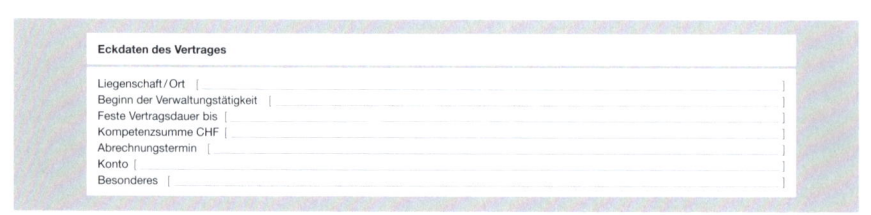

Eckdaten des Vertrages
- Liegenschaft / Ort
- Beginn der Verwaltungstätigkeit
- Feste Vertragsdauer bis
- Kompetenzsumme CHF
- Abrechnungstermin
- Konto
- Besonderes

Die nachfolgenden Eckdaten stellen die zentralen Regelungspunkte des Vertrages dar:

- Liegenschaft/Ort: Die bezeichnete Liegenschaft ist das zentrale Objekt des Liegenschaftsverwaltungsvertrages. Deshalb empfiehlt sich, die genaue Adresse der Liegenschaft aufzuführen, allenfalls zusätzlich mit Parzellen- oder Haus- resp. Wohnungsnummer ergänzt. Hierzu gibt ein Auszug aus dem Grundbuch Auskunft.[7]

- Beginn der Verwaltungstätigkeit: Die Bewirtschaftungstätigkeit beginnt am vereinbarten Zeitpunkt. Dieser kann zur klaren Abgrenzung der Verantwortlichkeit gegenüber einer allfälligen früheren Verwaltung wichtig werden.

- Feste Vertragsdauer bis: Vorliegender Liegenschaftsverwaltungsvertrag ist als unbefristetes Vertragsverhältnis ausgestaltet.[8] Mit der Angabe eines Datums kann bei «feste Vertragsdauer bis» eine sog. Mindestvertragslaufzeit vereinbart werden.

- Kompetenzsumme CHF: Im Umfang der vereinbarten Kompetenzsumme kann der Immobilienbewirtschafter ohne vorgängige Rücksprache mit dem Eigentümer Ausgaben tätigen.[9]

- Abrechnungstermin: Per Abrechnungstermin erhält der Auftraggeber eine Verwaltungsabrechnung. Häufig wird der 31. Dezember als Abrechnungstermin gewählt. Der Abrechnungstermin ist überdies Endtermin im Fall einer Kündigung.[10]

- Konto: Auf das bezeichnete Konto lässt der Immobilienbewirtschafter dem Eigentümer sämtliche Einnahmen, insbesondere die Mietzinsen aus der verwalteten Immobilie, zukommen. Desweiteren werden von diesem Konto sämtliche Auslagen zugunsten der verwalteten Immobilie getätigt. Der Immobilienbewirtschafter hat die ihm anvertrauten Vermögenswerte getrennt vom eigenen Vermögen aufzubewahren.[11]

- Besonderes: Hier können besonders wichtige Abmachungen getroffen werden.[12]

2.1 Leistungsbeschrieb Bewirtschaftung

2.1.1 Leistungsbeschrieb generell

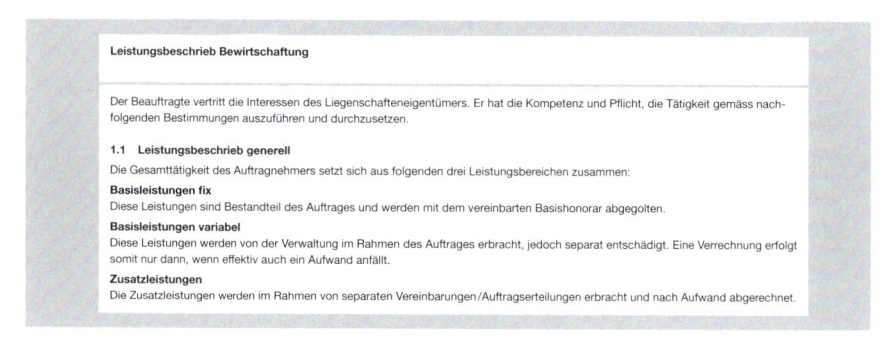

> **Leistungsbeschrieb Bewirtschaftung**
>
> Der Beauftragte vertritt die Interessen des Liegenschafteneigentümers. Er hat die Kompetenz und Pflicht, die Tätigkeit gemäss nachfolgenden Bestimmungen auszuführen und durchzusetzen.
>
> **1.1 Leistungsbeschrieb generell**
> Die Gesamttätigkeit des Auftragnehmers setzt sich aus folgenden drei Leistungsbereichen zusammen:
> **Basisleistungen fix**
> Diese Leistungen sind Bestandteil des Auftrages und werden mit dem vereinbarten Basishonorar abgegolten.
> **Basisleistungen variabel**
> Diese Leistungen werden von der Verwaltung im Rahmen des Auftrages erbracht, jedoch separat entschädigt. Eine Verrechnung erfolgt somit nur dann, wenn effektiv auch ein Aufwand anfällt.
> **Zusatzleistungen**
> Die Zusatzleistungen werden im Rahmen von separaten Vereinbarungen/Auftragserteilungen erbracht und nach Aufwand abgerechnet.

Der Liegenschaftsverwaltungsvertrag weist folgende Wesensmerkmale auf:

- Wahrung fremder Interessen: Der Immobilienbewirtschafter verpflichtet sich zur vertragsgemässen Ausführung des Bewirtschaftungsmandates; dabei vertritt er die wirtschaftlichen Interessen des Eigentümers (Art. 394 Abs. 1 OR).[13]

- Selbständigkeit: Der Immobilienbewirtschafter ist weder organisatorisch noch örtlich in den Betrieb des Eigentümers eingebunden; er ist vielmehr selbständig tätig.[14]

- Treuepflicht: Der Immobilienbewirtschafter haftet für getreue und sorgfältige Ausführung des ihm übertragenen Geschäftes (Art. 398 Abs. 2 OR).

Die vertragsgemässe Ausführung bzw. die charakteristische Vertragsleistung des Beauftragten im Liegenschaftsverwaltungsvertrag besteht in der Bewirtschaftungsleistung. Diese kann im Wesentlichen in drei Hauptleistungsgruppen unterteilt werden:[15]

- Administrative Bewirtschaftung: Mietangelegenheiten (Vermietung der zur Liegenschaft gehörenden Objekte, Mietzinsfestsetzung), Versicherung typischer Risiken.

- Technische Bewirtschaftung: Hauwartung (Hausordnung, Hauswartungsverträge etc.), Überwachung technischer Einrichtungen (Wartungsverträge, Betrieb Heizungsanlage), Unterhalt der Liegenschaft (Kontrollbesuche, Vergabe von Unterhaltsarbeiten, Garantieangelegenheiten etc.).

- Rechnungswesen: Kontrolle der Einnahmen (Mietzinsinkasso etc.), Kontrolle der Auslagen (Bezahlen von Rechnungen etc.), Finanzbuchhaltung (Heiz- und Betriebskostenbuchhaltung, Liegenschaftsbuchhaltung samt zugehöriger Abrechnung).

Innerhalb der erwähnten Hauptleistungsgruppen wird weiter unterschieden, ob die Bewirtschaftung ordentlich oder ausserordentlich ist[16]:

- Ordentliche Bewirtschaftung: Sämtliche Dienstleistungen, die sich aus der normalen Vermietung und dem Unterhalt der Liegenschaft ergeben. Üblicherweise handelt es sich um stets wiederkehrende administrative, technische und rechnerische Leistungen.
- Ausserordentliche Bewirtschaftung: Alle Tätigkeiten, die nicht in den Bereich der ordentlichen Bewirtschaftung fallen. Es handelt sich um Sonderleistungen, die oft nur einmal und nur nach ausdrücklicher Rücksprache mit dem Eigentümer erbracht werden.

Die Unterscheidung in ordentliche und ausserordentliche Bewirtschaftung ist massgebend für das Entgelt des Immobilienbewirtschafters. So wird die ordentliche Bewirtschaftung mit einer ordentlichen Verwaltungspauschale abgegolten. Demgegenüber erfolgt die Entschädigung für die ausserordentliche Bewirtschaftung separat und nach Aufwand.

Das vorliegende Vertragsmuster sieht folgende Lösung vor:

- Ordentliche Bewirtschaftung:
  - Basisleistungen fix: Bestandteil des Liegenschaftsverwaltungsvertrages; vom ordentlichen Basishonorar erfasst.
  - Basisleistungen variabel: Leistungen im Rahmen des Auftrages, die jedoch nur entschädigt werden, wenn der Aufwand effektiv anfällt.
- Ausserordentliche Bewirtschaftung: Zusatzleistungen, die nach Aufwand abgerechnet werden.

2.1.2 Leistungsbeschrieb im Detail

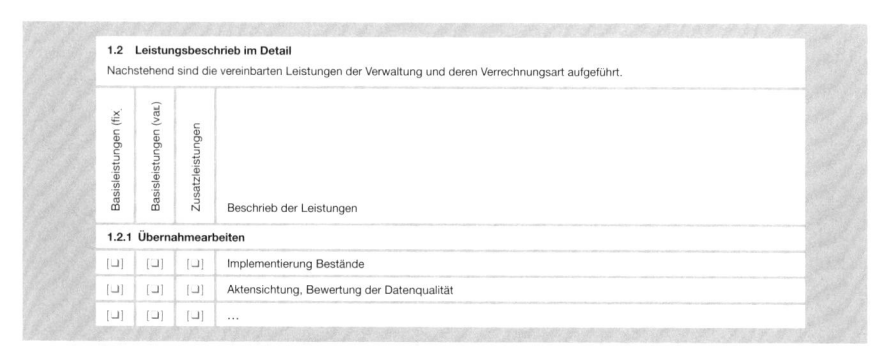

1.2			**Leistungsbeschrieb im Detail**
			Nachstehend sind die vereinbarten Leistungen der Verwaltung und deren Verrechnungsart aufgeführt.
Basisleistungen (fix)	Basisleistungen (var.)	Zusatzleistungen	Beschrieb der Leistungen
1.2.1			**Übernahmearbeiten**
[⌐]	[⌐]	[⌐]	Implementierung Bestände
[⌐]	[⌐]	[⌐]	Aktensichtung, Bewertung der Datenqualität
[⌐]	[⌐]	[⌐]	…

Der detaillierte Leistungsbeschrieb listet alle in der Praxis üblichen Tätigkeitsgebiete eines Immobilienbewirtschafters auf und definiert somit die vertragsgemässe Leistung. Bei jeder einzelnen Aufgabe kann ausgewählt werden, ob diese in die ordentliche oder ausserordentliche Bewirtschaftung fallen soll.

Mit der Wiedervermietung von Wohn- und Geschäftsräumen wird der Immobilienbewirtschafter beauftragt, einen Mietvertrag zu vermitteln. Dabei fällt die Wiedervermietung von Wohn- oder Geschäftsräumen aus juristischer Sicht in den Anwendungsbereich des Maklerrechts und wird dementsprechend auch als sog. *Maklerklausel* bezeichnet.[17]

2.2 Honorare/Drittkosten

Honorare/Drittkosten

Generell sind alle Honorare und die übrigen in Rechnung gestellten Dienstleistungen mehrwertsteuerpflichtig. Das aufgrund des jeweils gültigen Ansatzes berechnete Steuerbetreffnis wird dem Auftraggeber belastet.

Die Honorare werden dem Auftraggeber periodisch in Rechnung gestellt.

2.1 Basishonorar fix

Das Honorar beträgt pauschal CHF [   ] (Betrag) oder [   ]% der [⌐] Jahresnettomiete/[⌐] Jahresbruttomiete.

2.2 Basishonorar variabel

Die Pauschale für das Einrichten des Mandates bzw. für die Übernahmearbeiten beträgt CHF [   ] (Betrag).

Folgende Aufwände werden bei Bedarf wie folgt verrechnet:

Aufwand	Kosten in CHF	
Wiedervermietung Wohnobjekte	pro Objekt	[ ]
Generelle Mietzinsänderung	pro Objekt	[ ]
Betreibungsbegehren	pro Fall	[ ]
Retentionsbegehren	pro Fall	[ ]
Fortsetzungsbegehren	pro Fall	[ ]
Verwertungsbegehren	pro Fall	[ ]
Konkursbegehren	pro Fall	[ ]

> **2.3 Honoraransätze Zusatzleistungen**
> Für die Wiedervermietung von Geschäftsräumen wird ein Honorar von [_____]% der [ ] Jahresnettomiete/[ ] Jahresbruttomiete vereinbart.
> Für die nach Stundenaufwand abzurechnenden Zusatzleistungen gelten folgende Ansätze:
>
> | | | |
> |---|---|---|
> | Mandatsleiter | CHF | [_____] pro Stunde |
> | Bewirtschafter | CHF | [_____] pro Stunde |
> | Juniorbewirtschafter | CHF | [_____] pro Stunde |
> | Sachbearbeiter | CHF | [_____] pro Stunde |
> | Sekretariat | CHF | [_____] pro Stunde |
>
> **2.4 Honorarentwicklung**
> Die Honorare basieren auf dem Indexstand vom Landesindex der Konsumentenpreise, [_____] Punkte (Basis [_____]).
> Sie können periodisch den Veränderungen des Landesindexes angepasst werden.

Eingangs ist zu bemerken, dass sämtliche gegen Entgelt erbrachte Bewirtschaftungsdienstleistungen grundsätzlich der Mehrwertsteuer unterliegen (Art. 18 Abs. 1 i. V. m. Art. 3 lit. e MWStG). Im Vertragsmuster wird entsprechend festgehalten, dass sich die Beträge exkl. Mehrwertsteuer verstehen; die Mehrwertsteuer wird dem Eigentümer zusätzlich in Rechnung gestellt.[18]

Die Zusammensetzung des Verwaltungshonorars kann wie folgt dargestellt werden[19]:

- Ordentliche Bewirtschaftung:
  - Basishonorar fix: Pauschalbetrag (bezifferter Betrag oder in Prozent der Jahresbrutto- bzw. Jahresnettomiete) für die fixen Basisleistungen.
  - Basishonorar variabel: Pauschalbetrag für die einmalig zu erbringenden Übernahmearbeiten sowie Pauschalbeträge für die evtl. anfallenden variablen Basisleistungen.

- Ausserordentliche Bewirtschaftung:
  - Honoraransätze: Zusatzleistungen werden nach Stundenaufwand abgerechnet, wobei je nach Grad der notwendigen Fachkenntnis unterschiedliche Ansätze gelten. Bezüglich der Wiedervermietung von Geschäftsräumen kann für die Vermittlung eines neuen Mieters ein Pauschalbetrag vereinbart werden (in Prozent der Jahresbrutto- bzw. Jahresnettomiete).

Vorliegendes Vertragsmuster sieht vor, dass die vereinbarten Verwaltungshonorare dem Landesindex der Konsumentenpreise folgen und dementsprechend der Teuerung in periodischen Abständen angepasst werden können.

2.3 Weitere Vertragsbestimmungen

2.3.1 Vollmacht

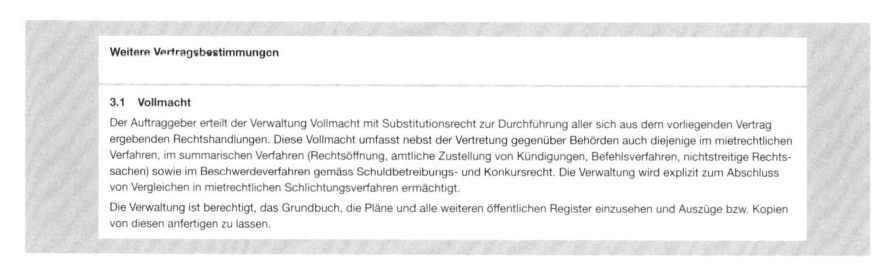

> **Weitere Vertragsbestimmungen**
>
> **3.1 Vollmacht**
> Der Auftraggeber erteilt der Verwaltung Vollmacht mit Substitutionsrecht zur Durchführung aller sich aus dem vorliegenden Vertrag ergebenden Rechtshandlungen. Diese Vollmacht umfasst nebst der Vertretung gegenüber Behörden auch diejenige im mietrechtlichen Verfahren, im summarischen Verfahren (Rechtsöffnung, amtliche Zustellung von Kündigungen, Befehlsverfahren, nichtstreitige Rechtssachen) sowie im Beschwerdeverfahren gemäss Schuldbetreibungs- und Konkursrecht. Die Verwaltung wird explizit zum Abschluss von Vergleichen in mietrechtlichen Schlichtungsverfahren ermächtigt.
>
> Die Verwaltung ist berechtigt, das Grundbuch, die Pläne und alle weiteren öffentlichen Register einzusehen und Auszüge bzw. Kopien von diesen anfertigen zu lassen.

Im Rahmen seiner Bewirtschaftungstätigkeit handelt der Immobilienbewirtschafter regelmässig nicht im eigenen, sondern im Namen des Eigentümers. Entsprechend tritt die Wirkung der vorgenommenen Rechtshandlung direkt beim Auftraggeber ein (Art. 32 Abs. 1 OR, *direkte Stellvertretung*).[20]

Denkbar ist aber auch, dass der Immobilienbewirtschafter zwar im Interesse des Eigentümers handelt, jedoch gegenüber aussen treuhänderisch im eigenen Namen tätig wird. Diesfalls ist der Immobilienbewirtschafter gegenüber dem Dritten vertraglich verpflichtet *(indirekte Stellvertretung)*.[21] Die indirekte Stellvertretung kommt insbesondere für Routinehandlungen der ordentlichen Verwaltung zum Zuge.[22]

Der Umfang der Vertretungsermächtigung ergibt sich einerseits aus den gesetzlichen Bestimmungen zum Auftragsrecht.[23] Gemäss Art. 396 Abs. 2 OR ist im erteilten Auftrage auch die Ermächtigung zu den Rechtshandlungen enthalten, die zu dessen Ausführungen gehören. Anderseits nimmt der Liegenschaftsverwaltungsvertrag eine Konkretisierung dieser gesetzlichen Bevollmächtigung vor.[24] Vorliegendes Vertragsmuster erteilt dem Immobilienbewirtschafter eine Generalvollmacht mit Substitutionsbefugnis. Das bedeutet, dass der Immobilienbewirtschafter zur Vornahme sämtlicher Rechtsgeschäfte ermächtigt ist, die sich aus der Natur der Liegenschaftsbewirtschaftung ergeben. Dank dem Substitutionsrecht kann der Immobilienbewirtschafter überdies einem Dritten (dem Untervertreter) die Befugnis erteilen, im Namen des Vertretenen, d.h. des Eigentümers, zu handeln. Auf diese Weise kann der Immobilienbewirtschafter z.B. einen Rechtsanwalt zur Bearbeitung eines Streitfalles beiziehen. Schliesslich ermächtigt das vorliegende Vertragsmuster den Immobilienbewirtschafter explizit zum Abschluss von Vergleichen, weil es nach Art. 396 Abs. 2 OR hierzu einer besonderen Bevollmächtigung bedarf.[25]

- Der Immobilienbewirtschafter handelt regelmässig im Namen des Eigentümers (direkte Stellvertretung). Für Routinehandlungen im Bereich der ordentlichen Verwaltung handelt der Immobilienbewirtschafter z.T. auch im eigenen Namen (indirekte Stellvertretung).
- Der Umfang der Vertretungsermächtigung ergibt sich zum einen aus dem gesetzlich geregelten Auftragsrecht, zum anderen aus dem Liegenschaftsverwaltungsvertrag. Vorliegendes Vertragsmuster sieht eine Generalvollmacht mit Substitutionsbefugnis vor und ermächtigt den Immobilienbewirtschafter explizit zum Abschluss von Vergleichen.

2.3.2 Kündigung

> **3.2 Kündigung**
> Nach Ablauf der festen Vertragsdauer kann der Auftrag jeweils auf Ende eines Rechnungsjahres unter Einhaltung einer sechsmonatigen Kündigungsfrist aufgelöst werden. Die Kündigung hat mit eingeschriebenem Brief zu erfolgen.
> Nach Beendigung des Bewirtschaftungsmandates hat der Beauftragte dem Auftraggeber oder seinem Vertreter sämtliche Unterlagen zu übergeben.

Der Liegenschaftsverwaltungsvertrag untersteht nach herrschender Rechtsprechung des Bundesgerichts dem Auftragsrecht und damit auch zwingend dem jederzeitigen Widerrufs- und Kündigungsrecht gemäss Art. 404 Abs. 1 OR.[26]

In der Praxis sehen jedoch die meisten Liegenschaftsverträge eine Kündigungsregelung vor. Die Diskrepanz zur erwähnten Rechtsprechung lässt sich wie folgt erklären und rechtfertigen:

Einerseits wird in der Lehre z.T. die Ansicht vertreten, dass der Liegenschaftsverwaltungsvertrag im Bereich der ordentlichen Verwaltungshandlungen wegen dessen Dauerhaftigkeit ein atypischer Auftrag sei und damit als eigenständiger Dienstleistungsvertrag «sui generis» qualifiziert werden könne. Im Kontext des heute im Obligationenrecht gesetzlich geregelten Agenturvertrages, einem «ehemaligen» Vertrag «sui generis», müsse die Vereinbarung von Kündigungsfristen deshalb auch beim Liegenschaftsverwaltungsvertrag als zulässig erachtet werden. Demgegenüber gelte für die ausserordentliche Liegenschaftsverwaltung normales Auftragsrecht, womit diesbezüglich auch das jederzeitige zwingende Widerrufsrecht zur Anwendung komme.[27]

Andererseits besteht in der Lehre auch die Auffassung, dass bei Liegenschaftsverwaltungsverträgen zwar das jederzeitige Kündigungsrecht im Sinne von Art. 404 Abs. 1 OR gelte. Wird dieses Recht seitens einer Partei jedoch ausgeübt, verstösst sie gegen die vereinbarte Kündigungsregelung, womit eine Vertragsauflösung zur Unzeit vorliege (Art. 404 Abs. 2 OR). Die zurücktretende Partei wäre diesfalls zum Ersatz des der anderen Partei verursachten Schadens verpflichtet.[28]

Für diese von der Lehre vertretene differenzierte Ansicht spricht die Tatsache, dass sich das Bundesgericht schon mehrfach dahingehend geäussert hat, dass Art. 404 OR nicht auf Dauerschuldverhältnisse passe.[29] Wie das Bundesgericht künftig und mit Bezug auf den Widerruf von Liegenschaftsverwaltungsverträgen entscheiden wird, bleibt abzuwarten.

- Nach der heutigen Rechtsprechung des Bundesgerichts untersteht der Liegenschaftsverwaltungsvertrag dem Auftragsrecht und damit dem jederzeitigen Kündigungsrecht.
- Nichtsdestotrotz sieht vorliegendes Vertragsmuster – wie in der Praxis üblich und in der Lehre vertreten – eine Kündigungsmodalität vor, wonach der Auftrag nach Ablauf der festen Vertragsdauer erst auf das Ende eines Rechnungsjahres (Abrechnungstermin) unter Einhaltung einer sechsmonatigen Frist aufgelöst werden kann.
- Diese Kündigungsmöglichkeit steht unter dem Vorbehalt, dass eine sofortige Auflösung gemäss Art. 404 OR vor einem Gericht geschützt würde. Diesfalls ist die zurücktretende Partei jedoch zum Ersatz des der anderen Partei verursachten Schadens verpflichtet.
- Im Übrigen kann der Liegenschaftsverwaltungsvertrag jederzeit aus wichtigen Gründen ausserordentlich gekündigt werden.[30]

2.3.3 Kompetenzsumme

> **3.3 Kompetenzsumme**
> Die vereinbarte Kompetenzsumme bezieht sich auf einen einzelnen Auftrag. Diese kann jedoch in Notfällen, um Schäden zu vermeiden, im Ausnahmefall überschritten werden.

Die Kompetenzsumme (auch die Verwaltungssumme genannt) stellt die Summe dar, über die der Immobilienbewirtschafter im Rahmen seiner Verwaltungstätigkeit verfügen kann, ohne sich zuvor für die Ausgabebewilligung an den Eigentümer wenden zu müssen.[31]

Für Verwaltungshandlungen, welche die Kompetenzsumme überschreiten, ist dementsprechend die vorgängige Rücksprache mit dem Eigentümer erforderlich. Davon ausgenommen sind aber Notfälle, in denen sich das direkte Vorgehen im Interesse der Liegenschaft und des Eigentümers rechtfertigt. In diesem Zusammenhang hat der Immobilienbewirtschafter eine ähnliche Stellung wie der Miteigentümer, der das unveräusserliche Recht hat, selbst dringliche Massnahmen zu ergreifen, um die Sache vor einem drohenden oder wachsenden Schaden zu bewahren (Art. 647 Abs. 2 Ziff. 2 ZGB).[32]

- Im Umfang der vereinbarten Kompetenzsumme kann der Immobilienbewirtschafter ohne vorgängige Rücksprache mit dem Eigentümer Ausgaben für die verwaltete Liegenschaft tätigen.

- Im Notfall und soweit notwendig kann der Immobilienbewirtschafter die vereinbarte Kompetenzsumme auch überschreiten.

2.3.4 Abrechnungstermin

> **3.4 Abrechnungstermin**
> Der Auftraggeber erhält auf den vereinbarten Termin eine Verwaltungsabrechnung. Die Abrechnung gilt als genehmigt, sofern innert 30 Tagen nach Zustellung keine Beanstandung erfolgt.

Nach Art. 400 Abs. 1 OR ist der Beauftragte verpflichtet, auf Verlangen jederzeit über seine Geschäftsführung Rechenschaft abzulegen. Diese Rechenschaftspflicht beinhaltet einerseits die Pflicht, über die Sachlage zu berichten, d.h. die gegenwärtige Situation klar, präzise und unzweideutig mit Bezug auf die bisherige und voraussichtliche Entwicklung zu schildern.[33] Andererseits muss der Immobilienbewirtschafter jederzeit in der Lage sein, alle Belege seiner Bewirtschaftungstätigkeit zumindest in chronologischer Weise vorzuweisen.[34]

Der Immobilienbewirtschafter hat seine Rechenschaftspflicht von sich aus oder auf Anfrage des Eigentümers wahrzunehmen.[35] Vorliegendes Vertragsmuster verpflichtet den Immobilienbewirtschafter, die Verwaltungsabrechnung ohne weitere Aufforderung auf jeden Abrechnungstermin zu erstellen. Häufig wird der 31. Dezember als Abrechnungstermin gewählt. Der Abrechnungstermin ist überdies der Endtermin im Fall einer Vertragsauflösung.[36]

Ohne Beanstandung des Eigentümers innerhalb von 30 Tagen gilt die Verwaltungsabrechnung als genehmigt. Aufgrund dieser Genehmigungsfiktion sollte der Eigentümer die Verwaltungsabrechnung nach Erhalt sorgfältig prüfen. Die dreissigtägige Frist beginnt mit Zustellung der Verwaltungsabrechnung.

- Die Rechenschaftspflicht beinhaltet die Pflicht, jederzeit und soweit angebracht, auch ohne Aufforderung des Auftraggebers, über die Sachlage zu berichten und Belege vorzuweisen.

- Vertraglich wird vereinbart, dass der Immobilienbewirtschafter seine Rechenschaftspflicht von sich aus per Abrechnungstermin (häufig 31. Dezember) wahrzunehmen hat.
- Innerhalb von 30 Tagen nach Erhalt der Verwaltungsabrechnung gilt diese als genehmigt, was einer sorgfältigen Prüfung durch den Eigentümer bedarf.

2.3.5 Schriftform

> **3.5 Schriftform**
> Jede Änderung und Ergänzung dieses Bewirtschaftungsvertrages bedarf der Schriftform und der rechtsgültigen Unterzeichnung durch die Parteien. Mündliche Änderungen, Ergänzungen und Nebenabreden zu dieser Vereinbarung sind ungültig.

Entsprechend dem allgemeinen Prinzip der Vertragsfreiheit statuiert das OR den Grundsatz der Formfreiheit.[37] Gemäss Art. 11 Abs. 1 und Art. 16 Abs. 2 OR bedürfen Verträge für deren Gültigkeit deshalb nur dann einer besonderen Form, wenn eine solche vom Gesetz ausdrücklich angeordnet ist oder wenn die Parteien eine besondere Form vereinbaren.

Vorliegende Vertragsklausel sieht vor, dass der Liegenschaftsverwaltungsvertrag sowie dessen Abänderungen oder Ergänzungen einer Form, namentlich der Schriftlichkeit bedürfen. Zur Schriftlichkeit gehört, dass der Liegenschaftsverwaltungsvertrag einschliesslich dessen Abänderungen oder Ergänzungen schriftlich vorliegen und von den Parteien unterzeichnet werden muss. Dieser Form- oder Schriftlichkeitsvorbehalt führt dazu, dass dem Liegenschaftsverwaltungsvertrag sowie dessen Abänderungen oder Ergänzungen keine Gültigkeit zukommt, wenn die Voraussetzungen der Schriftlichkeit nicht vorliegen.

- Grundsätzlich gilt bei Liegenschaftsverwaltungsverträgen die Formfreiheit. Zur Vermeidung von Meinungsverschiedenheiten statuiert vorliegendes Vertragsmuster jedoch den sog. Schriftlichkeitsvorbehalt.
- Der Liegenschaftsverwaltungsvertrag (einschliesslich Abänderungen oder Ergänzungen) muss schriftlich vorliegen und von beiden Parteien unterzeichnet werden.

2.3.6 Teilnichtigkeit

> **3.6 Teilnichtigkeit**
> Sollte eine Bestimmung dieses Vertrages nichtig oder unwirksam sein oder werden, so wird der übrige Teil dieses Vertrages davon nicht berührt. Im Falle der Nichtigkeit oder Unwirksamkeit einer Bestimmung ist diese durch eine solche wirksame zu ersetzen, die dem wirtschaftlichen Zweck der unwirksamen Bestimmung am nächsten kommt. In gleicher Weise ist zu verfahren, wenn eine Lücke offenbar wird.

Ein Vertrag, der einen unmöglichen, widerrechtlichen oder sittenwidrigen Inhalt hat, ist nichtig (Art. 20 Abs. 1 OR). Betrifft der Mangel bloss einzelne Teile des Vertrages, so sind nur diese nichtig, der Rest bleibt jedoch wirksam *(Teilnichtigkeit).* Diese Regel gilt allerdings nur, sofern die Parteien den Vertrag auch ohne den nichtigen Teil abgeschlossen hätten (Art. 20 Abs. 2 OR).[38] An dieser Stelle setzt vorliegende Bestimmung (sog. Salvatorische Klausel) ein. Sie besagt, dass die Nichtigkeit einzelner Bestimmungen die Wirksamkeit des Vertrages im Übrigen unberührt lässt. Sie hat mit anderen Worten zum Ziel, den Fortbestand des Liegenschaftsverwaltungsvertrages zu regeln.[39]

Zusätzlich zur Absicht, den Vertrag trotz Teilmängeln fortbestehen zu lassen, stellt vorliegende Klausel klar, dass die Parteien für nichtige Teile des Liegenschaftsverwaltungsvertrages eine Ersatzbestimmung zu suchen haben.[40] Diese soll dem wirtschaftlichen Zweck der nichtigen Bestimmung möglichst nahekommen.

- Salvatorische Klausel bezweckt den Fortbestand des Liegenschaftsverwaltungsvertrages bei nichtigen Bestimmungen eines ansonsten gültig abgeschlossenen Liegenschaftsverwaltungsvertrages.
- Nichtige Bestimmungen sind unwirksam und sind seitens der Parteien durch Ersatzbestimmungen zu ersetzen, die der ursprünglichen Bestimmung in wirtschaftlicher Hinsicht möglichst nahekommt. In gleicher Weise ist zu verfahren, wenn eine Vertragslücke festgestellt wird.

2.3.7 Anwendbares Recht

> **3.7 Anwendbares Recht**
> Auf den vorliegenden Vertrag ist ausschliesslich schweizerisches Recht anwendbar.

Mit vorliegender Rechtswahlklausel bestimmen die Parteien, dass für sie ausschliesslich Schweizer Recht anwendbar ist. Im Vordergrund stehen dabei die Bestimmungen des Auftragsrechts, sofern die Parteien – unter Vorbehalt der zwingenden Normen – nichts Abweichendes vereinbaren.

2.3.8 Schiedsgerichtsbarkeit

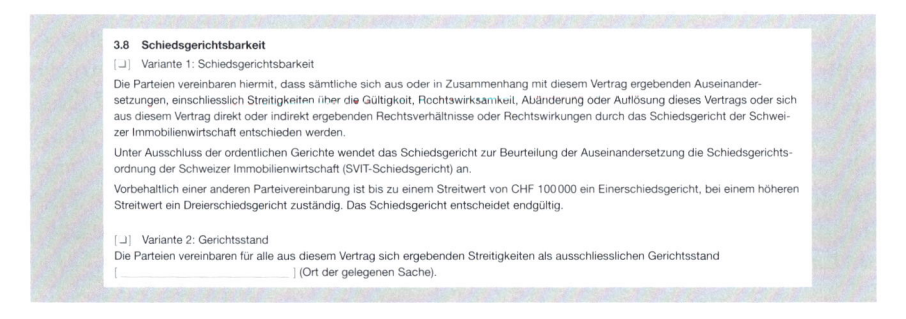

> **3.8 Schiedsgerichtsbarkeit**
>
> [⌐] Variante 1: Schiedsgerichtsbarkeit
>
> Die Parteien vereinbaren hiermit, dass sämtliche sich aus oder in Zusammenhang mit diesem Vertrag ergebenden Auseinandersetzungen, einschliesslich Streitigkeiten über die Gültigkeit, Rechtswirksamkeit, Abänderung oder Auflösung dieses Vertrags oder sich aus diesem Vertrag direkt oder indirekt ergebenden Rechtsverhältnisse oder Rechtswirkungen durch das Schiedsgericht der Schweizer Immobilienwirtschaft entschieden werden.
>
> Unter Ausschluss der ordentlichen Gerichte wendet das Schiedsgericht zur Beurteilung der Auseinandersetzung die Schiedsgerichtsordnung der Schweizer Immobilienwirtschaft (SVIT-Schiedsgericht) an.
>
> Vorbehaltlich einer anderen Parteivereinbarung ist bis zu einem Streitwert von CHF 100 000 ein Einerschiedsgericht, bei einem höheren Streitwert ein Dreierschiedsgericht zuständig. Das Schiedsgericht entscheidet endgültig.
>
> [⌐] Variante 2: Gerichtsstand
> Die Parteien vereinbaren für alle aus diesem Vertrag sich ergebenden Streitigkeiten als ausschliesslichen Gerichtsstand
> [_____] (Ort der gelegenen Sache).

Das Vertragsverhältnis zwischen dem Immobilienbewirtschafter und dem Eigentümer untersteht dem Auftragsrecht. Ansprüche aus Auftragsrecht sind im Rahmen der Privat- und Parteiautonomie ohne Einschränkungen schiedsfähig.[41] Mit der sog. Schiedsabrede können sich die Parteien deshalb auf die Beurteilung einer Streitigkeit durch ein Schiedsgericht einigen.

Schiedsgerichte sind «halb-private» Gerichte.[42] Privat ist das Schiedsgericht insofern, als es nicht hoheitlich mittels Rechtserlass, sondern durch eine Vereinbarung der Parteien eingesetzt wird und die Schiedsrichter aufgrund ihrer Fachkompetenz von den Parteien bestimmt werden können (Schiedsabrede). Hingegen erwächst der Schiedsspruch wie das Urteil eines staatlichen Gerichts in Rechtskraft.[43]

Vorliegender Mustervertrag begründet die Zuständigkeit des Schiedsgerichts der Schweizer Immobilienwirtschaft (www.svit-schiedsgericht.ch), das im Jahre 2005 vom SVIT Schweiz initiiert wurde. Es ist auf immobilienrechtliche Fragen spezialisiert und steht sämtlichen Marktteilnehmern der Schweizer Immobilien- und Bauwirtschaft offen.[44]

Als Alternative steht es den Parteien auch offen, die ausschliessliche Zuständigkeit eines staatlichen Gerichts zu bestimmen (Art. 17 ZPO).

- Der Liegenschaftsverwaltungsvertrag ist schiedsfähig; mittels Schiedsabrede können die Parteien vereinbaren, dass Streitigkeiten durch ein Schiedsgericht beurteilt werden.

- Anstelle des Schiedsgerichts kann mit einer Gerichtsstandsklausel die Zuständigkeit eines bestimmten staatlichen Gerichts bestimmt werden. Dabei empfiehlt sich ein Gerichtsstand am Ort der gelegenen Liegenschaft oder am Sitz bzw. Wohnsitz einer der Vertragsparteien.

2.3.9 Besondere Vereinbarungen

> **3.9 Besondere Vereinbarungen**
> [_____]
> [_____]
>
> Dieser Vertrag sowie seine Anhänge werden in zwei Exemplaren ausgefertigt. Jede Partei erhält je ein Exemplar.
>
> Ort, Datum   Ort, Datum
> [_____]   [_____]
>
> Der Auftraggeber   Der Beauftragte
> [_____]   [_____]

Diese Ziffer bietet Platz für besondere Abmachungen, z.B.:

- Bereithalten der Dokumentation zur Liegenschaft (Kaufverträge, Baupläne etc.)
- Weitere spezielle Vereinbarungen

Kapitel 10: Vertrag für die Bewirtschaftung von Liegenschaften

[1] Vgl. Kapitel 11: Vertrag für die Bewirtschaftung von Liegenschaften im Mit-/Stockwerkeigentum.
[2] BGE 106 II 157 ff.
[3] FISCHER, S. 398.
[4] Vgl. unten Ziff. 2.3.2.
[5] MONTAVON, N. 406.
[6] BSK-WEBER, Art. 394, N. 4.
[7] Zum Begriff der Liegenschaft vgl. Kapitel 1: Mietvertrag für Wohnräume, Ziff. 2.4.
[8] Vgl. unten Ziff. 2.3.3.
[9] Vgl. unten Ziff. 2.3.3.
[10] Vgl. unten Ziff. 2.3.2 und 2.3.4.
[11] Vgl. Art. 7 der Standesregeln des SVIT Schweiz (revidierte Fassung vom 25. Oktober 2007, abrufbar unter: http://www.svit.ch/de/svit-schweiz/portrait/standesregeln.html).
[12] Vgl. unten Ziff. 2.3.9.
[13] MONTAVON, N. 331.
[14] BSK-WEBER, Art. 394, N. 27; MONTAVON, N. 331.
[15] FISCHER, S. 398 und 410.
[16] FISCHER, S. 399.
[17] Vgl. Kapitel 8: Erstvermietungsauftrag; STREIFF, S. 129 ff.
[18] Vgl. hierzu auch MWST-Branchen-Info 17 (Liegenschaftsverwaltung/Vermietung und Verkauf von Immobilien) unter http://www.estv.admin.ch/mwst/dokumentation.
[19] Vgl. oben Ziff. 2.1.1.
[20] Vgl. SCHWENZER, N. 40.04 u. N. 41.09.
[21] Vgl. SCHWENZER, N. 40.04.
[22] Vgl. oben Ziff. 2.1.1; MONTAVON, N. 457.
[23] MONTAVON, N. 462 f.
[24] MONTAVON, N. 461.
[25] Vgl. hierzu Art. 204 Abs. 3 ZPO, wonach die Liegenschaftsverwaltung zur Vertretung zugelassen wird, sofern diese zum Abschluss eines Vergleiches schriftlich ermächtigt wurde.
[26] BGE 106 II 157 ff.; GAUCH, SJZ 101 (2005), S. 523.
[27] Vgl. hierzu FISCHER, S. 399 f.; GAUCH, SJZ 101 (2005), S. 520 f.; MONTAVON, N. 373.
[28] MONTAVON, N. 703 f.
[29] GAUCH, SJZ 101 (2005), S. 523.
[30] MONTAVON, N. 739 f.
[31] MONTAVON, N. 222.
[32] MONTAVON, N. 471.
[33] MONTAVON, N. 530 f.
[34] MONTAVON, N. 535 f.
[35] MONTAVON, N. 533.
[36] Vgl. oben Ziff. 2.3.2.
[37] SCHWENZER, 31.01.
[38] Vgl. SCHWENZER, N. 32.39.
[39] Sog. *Salvatorische Klausel,* vgl. SCHWENZER, N. 32.41.
[40] Sog. modifizierte Teilnichtigkeit, vgl. hierzu GAUCH/SCHLUEP/SCHMID/EMMENEGGER, N. 703 ff.
[41] BURKHALTER/GRELL, S. 28 und 32.
[42] BURKHALTER/GRELL, S. 1 f.
[43] BURKHALTER/GRELL, S. 49 f.
[44] BURKHALTER/GRELL, S. 6 und 39.

Kapitel 11

Vertrag für die Bewirtschaftung von Liegenschaften im Mit-/Stockwerkeigentum

Kapitel 11: Vertrag für die Bewirtschaftung von Liegenschaften im Eigentum

Das Wichtigste in Kürze

Der vorliegende Mustervertrag hat die Bewirtschaftung von Liegenschaften im Mit- oder Stockwerkeigentum zum Gegenstand. Die Aufgaben des Immobilienbewirtschafters können in die administrative Bewirtschaftung, die technische Bewirtschaftung sowie das Rechnungswesen gegliedert werden.

Für seine Tätigkeit erhält der Immobilienbewirtschafter ein Verwaltungshonorar, das teils pauschal, teils nach Aufwand geschuldet wird.

Damit der Immobilienbewirtschafter die Mit- bzw. Stockwerkeigentümergemeinschaft überhaupt vertreten kann, bedarf es einer Vollmacht, die im vorliegenden Liegenschaftsverwaltungsvertrag näher konkretisiert wird.

Der Liegenschaftsverwaltungsvertrag untersteht dem Auftragsrecht und somit dem zwingenden, jederzeitigen Kündigungsrecht. Deshalb legen wir ein besonderes Augenmerk darauf, wie diese gesetzliche Regel mit den vertraglichen Kündigungsfristen vereinbart werden kann.

Abschliessend gehen wir auf weitere wichtige Begriffe ein, wie z.B. Abrechnungstermin, Kompetenzsumme etc.

Das Wichtigste in Kürze

Herausgeber und Copyright
© Schweizerischer Verband der
Immobilienwirtschaft SVIT – www.svit.ch
Vertrag für die Bewirtschaftung von
Liegenschaften im Mit-/Stockwerkeigentum

homegate.ch Schulthess §

Vertrag für die Bewirtschaftung von Liegenschaften im Mit-/Stockwerkeigentum

Auftraggeber

Name [   ]
Bezeichnung [   ]
Adresse [   ]
PLZ/Ort [   ]

beauftragt hiermit

Beauftragter

Name [   ]
Bezeichnung [   ]
Adresse [   ]
PLZ/Ort [   ]

mit der Bewirtschaftung der nachstehenden Liegenschaft/-en:

Eckdaten des Vertrages

Liegenschaft/Ort [   ]
Beginn der Verwaltungstätigkeit [   ]
Feste Vertragsdauer bis [   ]
Kompetenzsumme CHF [   ]
Abrechnungstermin [   ]
Konto [   ]
Besonderes [   ]

Inhaltsverzeichnis

1. Umfang des Verwaltungsvertrages/Leistungsbeschrieb — 2
   1.1 Übernahmearbeiten — 2
   1.2 Administrative Bewirtschaftung — 3
      1.2.1 Versammlung/Beschlüsse — 3
      1.2.2 Vertretung — 3
      1.2.3 Terminbewirtschaftung — 3
      1.2.4 Diverse Zusatzleistungen administrative Bewirtschaftung — 3
   1.3 Technische Bewirtschaftung — 4
      1.3.1 Hauswartung — 4
      1.3.2 Bewirtschaftung von Betriebsinstallationen — 4
      1.3.3 Unterhalts- und Reparaturarbeiten — 4
      1.3.4 Diverse Zusatzleistungen technische Bewirtschaftung — 4
   1.4 Rechnungswesen — 4
      1.4.1 Einnahmen — 4
      1.4.2 Ausgaben — 4
      1.4.3 Finanzbuchhaltung — 4
      1.4.4 Diverse Zusatzleistungen Rechnungswesen — 5
   1.5 Drittkosten — 5
   1.6 Archivierung — 5
   1.7 Mehrsprachigkeit — 5

Kapitel 11: Vertrag für die Bewirtschaftung von Liegenschaften im Eigentum

Herausgeber und Copyright
© Schweizerischer Verband der Immobilienwirtschaft SVIT – www.svit.ch
Vertrag für die Bewirtschaftung von Liegenschaften im Mit-/Stockwerkeigentum

homegate.ch **Schulthess §**

2.	Honorare / Drittkosten	5
	2.1 Basishonorar fix	5
	2.2 Basishonorar variabel	5
	2.3 Honoraransatz Zusatzleistungen	6
	2.4 Honorarentwicklung	6
3.	Weitere Vertragsbestimmungen	6
	3.1 Vollmacht	6
	3.2 Kündigung	6
	3.3 Kompetenzsumme	6
	3.4 Abrechnungstermin	6
	3.5 Schriftform	6
	3.6 Teilnichtigkeit	6
	3.7 Anwendbares Recht	6
	3.8 Schiedsgerichtsbarkeit	7
	3.9 Besondere Vereinbarungen	7

1. Umfang des Verwaltungsvertrages / Leistungsbeschrieb

Der Beauftragte vertritt die Stockwerkeigentümergemeinschaft nach aussen. Er vollzieht alle Handlungen der gemeinschaftlichen Verwaltung nach den Vorschriften des Gesetzes (Art. 712 lit. a. ff. ZGB) und des Reglements sowie unter Beachtung der Beschlüsse der Eigentümerversammlungen.

Die Gesamttätigkeit des Auftragnehmers setzt sich aus folgenden drei Leistungsbereichen zusammen:

Basisleistungen fix
Diese Leistungen sind Bestandteil des Auftrages und werden mit dem vereinbarten Basishonorar abgegolten.

Basisleistungen variabel
Diese Leistungen werden von der Verwaltung im Rahmen des Auftrages erbracht, jedoch separat entschädigt. Eine Verrechnung erfolgt somit nur dann, wenn effektiv auch ein Aufwand anfällt.

Zusatzleistungen
Die Zusatzleistungen werden im Rahmen von separaten Vereinbarungen/Auftragserteilungen erbracht und nach Aufwand abgerechnet.

Basisleistungen (fix)	Basisleistungen (var.)	Zusatzleistungen	Beschrieb der Leistungen
1.1			**Übernahmearbeiten**
[_]	[_]	[_]	Aktensichtung, Bewertung der Datenqualität
[_]	[_]	[_]	Aufnahme aller Daten für die Erstellung der Heiz- / Betriebskosten-Abrechnung
[_]	[_]	[_]	Kontrolle der bestehenden Versicherungsverträge und Serviceabonnemente
[_]	[_]	[_]	Kontrolle der Übernahmeakten auf Vollständigkeit
[_]	[_]	[_]	Kontrolle der Hauswartakten samt Personalversicherungen
[_]	[_]	[_]	Implementierung der Bestände in EDV-System
[_]	[_]	[_]	Mehraufwand bei ungenügender Daten- und / oder Aktenqualität

Das Wichtigste in Kürze

Herausgeber und Copyright
© Schweizerischer Verband der
Immobilienwirtschaft SVIT – www.svit.ch
Vertrag für die Bewirtschaftung von
Liegenschaften im Mit-/Stockwerkeigentum

svit

X homegate.ch   Schulthess §

Basisleistungen (fix)	Basisleistungen (var.)	Zusatzleistungen	Beschrieb der Leistungen
			1.2 Administrative Bewirtschaftung
			1.2.1 Versammlung / Beschlüsse
[ ]	[ ]	[ ]	Einberufung und Leitung einer Eigentümerversammlung pro Jahr
[ ]	[ ]	[ ]	Führen der Beschlussprotokolle
[ ]	[ ]	[ ]	Führen einer Liste der verwaltungsrelevanten Beschlüsse der Eigentümerversammlung
[ ]	[ ]	[ ]	Ausführen und Koordinieren der Beschlüsse der Gemeinschaft (bis max. CHF [ ] Betrag/Wert pro Beschluss) gemäss vereinbarter Kompetenzsumme oder im Rahmen des bewilligten Budgets
[ ]	[ ]	[ ]	Vorlage des Jahresbudgets
[ ]	[ ]	[ ]	Aufbewahren der Begründungsunterlagen, Reglemente, Nutzungsordnungen, Bücher, Protokolle, Pläne und Liegenschaftenakten
			1.2.2 Vertretung
[ ]	[ ]	[ ]	Vertretung des Auftraggebers in allen Angelegenheiten der gemeinschaftlichen Verwaltung gegenüber Mietern, Nachbarn und Behörden
			1.2.3 Terminbewirtschaftung
[ ]	[ ]	[ ]	Abschluss, Erneuerung und Kündigung von Versicherungsverträgen, Überprüfung und Anpassung des Deckungsumfanges
[ ]	[ ]	[ ]	Abschluss, Erneuerung und Kündigung von Serviceverträgen für Anlagen und Einrichtungen, Überprüfung und Anpassung des Leistungsumfanges
[ ]	[ ]	[ ]	Überwachung von Ausschreibungen
			1.2.4 Diverse Zusatzleistungen administrative Bewirtschaftung
[ ]	[ ]	[ ]	Aufwand für nachbarrechtliche Auseinandersetzungen
[ ]	[ ]	[ ]	Nachführen der Änderungen von Reglement und Nutzungsordnungen
[ ]	[ ]	[ ]	Baurechtliche Abklärungen
[ ]	[ ]	[ ]	Vertretung und / oder Mithilfe bei ordentlichen Gerichtsverfahren
[ ]	[ ]	[ ]	Statistische Erhebungen, Beschaffung von Kennzahlen und dergleichen
[ ]	[ ]	[ ]	Ermittlungen aufgrund neuer gesetzlicher, bei Mandatsantritt nicht bekannter Auflagen
[ ]	[ ]	[ ]	Vermietung und Verwaltung gemeinsamer Objekte
[ ]	[ ]	[ ]	Mehrjahresbudget / Investitionsplanung
[ ]	[ ]	[ ]	Finanzierungen
[ ]	[ ]	[ ]	Schlüsselkontrolle
[ ]	[ ]	[ ]	Durchführung von ausserordentlichen Eigentümerversammlungen

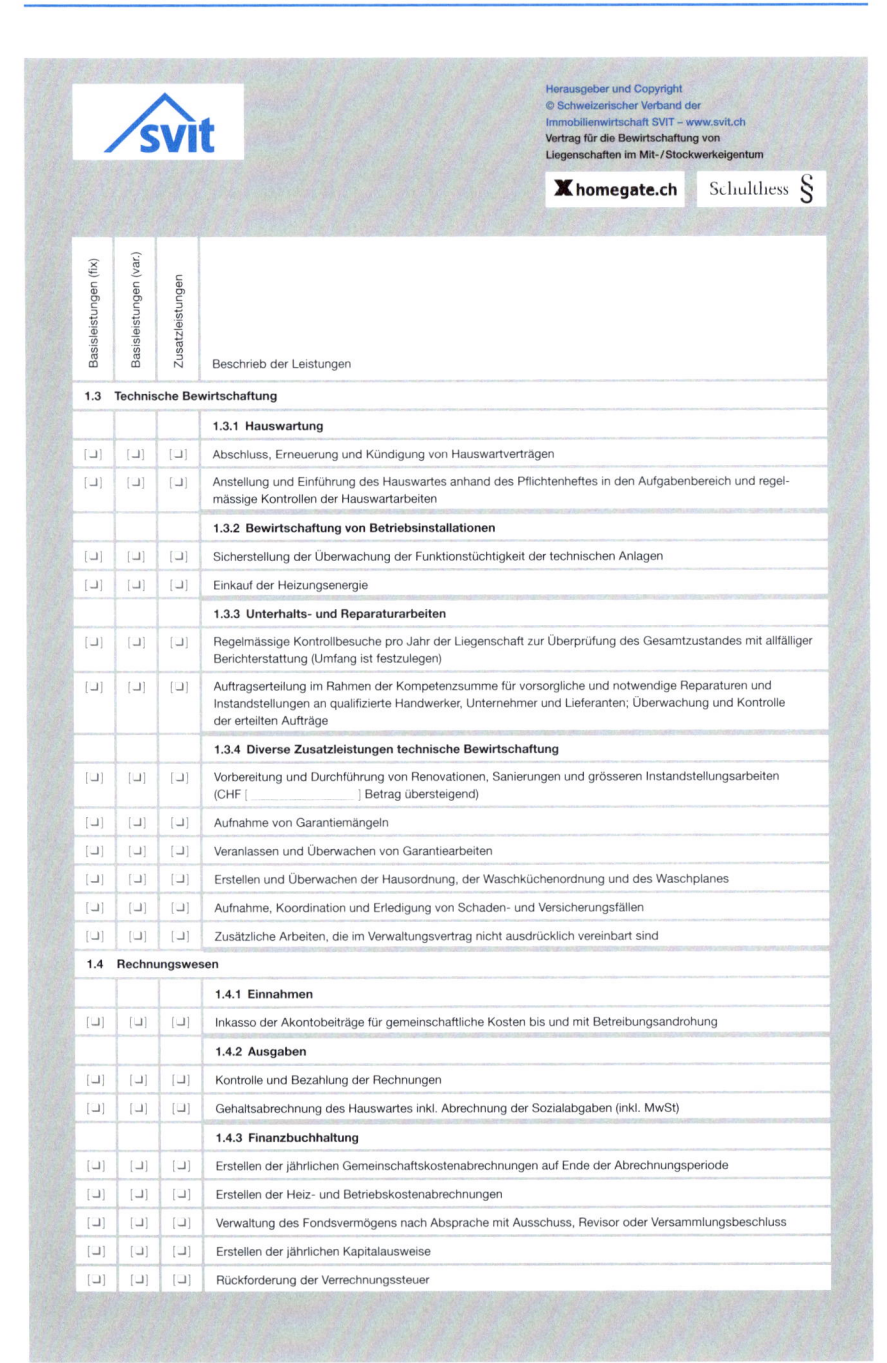

Kapitel 11: Vertrag für die Bewirtschaftung von Liegenschaften im Eigentum

Herausgeber und Copyright
© Schweizerischer Verband der Immobilienwirtschaft SVIT – www.svit.ch
Vertrag für die Bewirtschaftung von Liegenschaften im Mit-/Stockwerkeigentum

homegate.ch — Schulthess §

Basisleistungen (fix)	Basisleistungen (var.)	Zusatzleistungen	Beschrieb der Leistungen
1.3			**Technische Bewirtschaftung**
			1.3.1 Hauswartung
[ ]	[ ]	[ ]	Abschluss, Erneuerung und Kündigung von Hauswartverträgen
[ ]	[ ]	[ ]	Anstellung und Einführung des Hauswartes anhand des Pflichtenheftes in den Aufgabenbereich und regelmässige Kontrollen der Hauswartarbeiten
			1.3.2 Bewirtschaftung von Betriebsinstallationen
[ ]	[ ]	[ ]	Sicherstellung der Überwachung der Funktionstüchtigkeit der technischen Anlagen
[ ]	[ ]	[ ]	Einkauf der Heizungsenergie
			1.3.3 Unterhalts- und Reparaturarbeiten
[ ]	[ ]	[ ]	Regelmässige Kontrollbesuche pro Jahr der Liegenschaft zur Überprüfung des Gesamtzustandes mit allfälliger Berichterstattung (Umfang ist festzulegen)
[ ]	[ ]	[ ]	Auftragserteilung im Rahmen der Kompetenzsumme für vorsorgliche und notwendige Reparaturen und Instandstellungen an qualifizierte Handwerker, Unternehmer und Lieferanten; Überwachung und Kontrolle der erteilten Aufträge
			1.3.4 Diverse Zusatzleistungen technische Bewirtschaftung
[ ]	[ ]	[ ]	Vorbereitung und Durchführung von Renovationen, Sanierungen und grösseren Instandstellungsarbeiten (CHF [_____] Betrag übersteigend)
[ ]	[ ]	[ ]	Aufnahme von Garantiemängeln
[ ]	[ ]	[ ]	Veranlassen und Überwachen von Garantiearbeiten
[ ]	[ ]	[ ]	Erstellen und Überwachen der Hausordnung, der Waschküchenordnung und des Waschplanes
[ ]	[ ]	[ ]	Aufnahme, Koordination und Erledigung von Schaden- und Versicherungsfällen
[ ]	[ ]	[ ]	Zusätzliche Arbeiten, die im Verwaltungsvertrag nicht ausdrücklich vereinbart sind
1.4			**Rechnungswesen**
			1.4.1 Einnahmen
[ ]	[ ]	[ ]	Inkasso der Akontobeiträge für gemeinschaftliche Kosten bis und mit Betreibungsandrohung
			1.4.2 Ausgaben
[ ]	[ ]	[ ]	Kontrolle und Bezahlung der Rechnungen
[ ]	[ ]	[ ]	Gehaltsabrechnung des Hauswartes inkl. Abrechnung der Sozialabgaben (inkl. MwSt)
			1.4.3 Finanzbuchhaltung
[ ]	[ ]	[ ]	Erstellen der jährlichen Gemeinschaftskostenabrechnungen auf Ende der Abrechnungsperiode
[ ]	[ ]	[ ]	Erstellen der Heiz- und Betriebskostenabrechnungen
[ ]	[ ]	[ ]	Verwaltung des Fondsvermögens nach Absprache mit Ausschuss, Revisor oder Versammlungsbeschluss
[ ]	[ ]	[ ]	Erstellen der jährlichen Kapitalausweise
[ ]	[ ]	[ ]	Rückforderung der Verrechnungssteuer

Das Wichtigste in Kürze

Herausgeber und Copyright
© Schweizerischer Verband der
Immobilienwirtschaft SVIT – www.svit.ch
Vertrag für die Bewirtschaftung von
Liegenschaften im Mit-/Stockwerkeigentum

Basisleistungen (fix)	Basisleistungen (var.)	Zusatzleistungen	Beschrieb der Leistungen
			1.4.4 Diverse Zusatzleistungen Rechnungswesen
[ ]	[ ]	[ ]	Einleitung allfälliger rechtlicher Schritte bei Nichteingang von Beitragszahlungen ab Stufe Betreibungseinleitung
[ ]	[ ]	[ ]	Eintragung gesetzlicher Pfandrechte zur Sicherung von Beitragsforderungen
[ ]	[ ]	[ ]	Abwehr von Drittansprüchen (Bauhandwerkerpfandrecht usw.)
[ ]	[ ]	[ ]	Bearbeitungsgebühr für individuelle Heizkostenabrechnungen
1.5	**Drittkosten**		
[ ]	[ ]	[ ]	Werbe- und Insertionskosten, Post- und Bankspesen, Porti und Telefon, Betreibungsspesen, Gerichtsgebühren und Anwaltshonorare, Formulare, Vervielfältigungen und Kopien, Vermietungstafeln und dergleichen
1.6	**Archivierung**		
[ ]	[ ]	[ ]	Archivierung (Pläne etc.)
[ ]	[ ]	[ ]	Archivierung (Abrechnungsunterlagen)
[ ]	[ ]	[ ]	Archivierung über gesetzliche Aufbewahrungsfristen hinaus
[ ]	[ ]	[ ]	Zur-Verfügung-Stellen von Raum und Infrastruktur
1.7	**Mehrsprachigkeit**		
[ ]	[ ]	[ ]	Bearbeiten des Mandates in einer Sprache ausserhalb der Auftragssprache

2. Honorare/Drittkosten

Generell sind alle Honorare und die übrigen in Rechnung gestellten Dienstleistungen mehrwertsteuerpflichtig. Das aufgrund des jeweils gültigen Ansatzes berechnete Steuerbetreffnis wird dem Auftraggeber belastet.

Die Honorare werden dem Auftraggeber periodisch in Rechnung gestellt.

2.1 Basishonorar fix

Das Honorar beträgt pauschal CHF [_____] (Betrag).

2.2 Basishonorar variabel

Die Pauschale für das Einrichten des Mandates bzw. für die Übernahmearbeiten beträgt pauschal CHF [_____] (Betrag).

Folgende Aufwände werden bei Bedarf wie folgt verrechnet:

Aufwand	Kosten in CHF	
Betreibungsbegehren	pro Fall	[_____]
Retentionsbegehren	pro Fall	[_____]
Fortsetzungsbegehren	pro Fall	[_____]
Verwertungsbegehren	pro Fall	[_____]
Konkursbegehren	pro Fall	[_____]

Kapitel 11: Vertrag für die Bewirtschaftung von Liegenschaften im Eigentum

Herausgeber und Copyright
© Schweizerischer Verband der
Immobilienwirtschaft SVIT – www.svit.ch
Vertrag für die Bewirtschaftung von
Liegenschaften im Mit-/Stockwerkeigentum

homegate.ch   **Schulthess §**

2.3 Honoraransatz Zusatzleistungen
Für die nach Stundenaufwand abzurechnenden Zusatzleistungen gelten folgende Ansätze exkl. MwSt:

Mandatsleiter	CHF	[_____] pro Stunde
Bewirtschafter	CHF	[_____] pro Stunde
Juniorbewirtschafter	CHF	[_____] pro Stunde
Sachbearbeiter	CHF	[_____] pro Stunde
Sekretariat	CHF	[_____] pro Stunde

2.4 Honorarentwicklung
Die Honorare basieren auf dem Indexstand vom Landesindex der Konsumentenpreise, [_____] Punkte (Basis [_____]). Sie können periodisch den Veränderungen des Landesindexes angepasst werden.

3. Weitere Vertragsbestimmungen

3.1 Vollmacht
Die Stockwerk- / Miteigentümergemeinschaft erteilt der Beauftragten Vollmacht mit Substitutionsrecht zur Durchführung aller sich aus dem vorliegenden Vertrag ergebenden Rechtshandlungen. Die Vollmacht umfasst auch das Vorgehen gegen Stockwerk-/ Miteigentümer und die Prozessführung für die Einbringung von Zahlungsausständen im Rahmen dieses Verwaltungsmandates.

Der Beauftragte ist berechtigt, das Grundbuch, die Pläne und alle weiteren öffentlichen Register einzusehen und Auszüge von diesen anfertigen zu lassen.

3.2 Kündigung
Nach Ablauf der festen Vertragsdauer kann der Auftrag jeweils auf Ende eines Rechnungsjahres unter Einhaltung einer sechsmonatigen Kündigungsfrist aufgelöst werden. Die Kündigung hat mit eingeschriebenem Brief zu erfolgen.

Nach Beendigung des Bewirtschaftungsmandates hat der Beauftragte dem Auftraggeber oder seinem Vertreter sämtliche Unterlagen zu übergeben.

3.3 Kompetenzsumme
Die vereinbarte Kompetenzsumme bezieht sich auf einen einzelnen Auftrag. Diese kann jedoch in Notfällen, um Schäden zu vermeiden, im Ausnahmefall überschritten werden.

3.4 Abrechnungstermin
Der Auftraggeber erhält auf den vereinbarten Termin eine Verwaltungsabrechnung. Die Abrechnung gilt als genehmigt, sofern innert 30 Tagen nach Zustellung keine Beanstandung erfolgt.

3.5 Schriftform
Jede Änderung und Ergänzung dieses Bewirtschaftungsvertrages bedarf der Schriftform und der rechtsgültigen Unterzeichnung durch die Parteien. Mündliche Änderungen, Ergänzungen und Nebenabreden zu dieser Vereinbarung sind ungültig.

3.6 Teilnichtigkeit
Sollte eine Bestimmung dieses Vertrages nichtig oder unwirksam sein oder werden, so wird der übrige Teil dieses Vertrages davon nicht berührt. Im Falle der Nichtigkeit oder Unwirksamkeit einer Bestimmung ist diese durch eine solche Wirksame zu ersetzen, die dem wirtschaftlichen Zweck der unwirksamen Bestimmung am nächsten kommt. In gleicher Weise ist zu verfahren, wenn eine Lücke offenbar wird.

3.7 Anwendbares Recht
Soweit dieser Vertrag nichts anderes vorsieht, gelten zwischen den Parteien die Bestimmungen von Art. 394 ff. des Schweizerischen Obligationenrechtes über den einfachen Auftrag.

Das Wichtigste in Kürze

Herausgeber und Copyright
© Schweizerischer Verband der Immobilienwirtschaft SVIT – www.svit.ch
Vertrag für die Bewirtschaftung von Liegenschaften im Mit-/Stockwerkeigentum

3.8 Schiedsgerichtsbarkeit

[ ] Variante 1: Schiedsgerichtsbarkeit

Die Parteien vereinbaren hiermit, dass sämtliche sich aus oder in Zusammenhang mit diesem Vertrag ergebenden Auseinandersetzungen, einschliesslich Streitigkeiten über die Gültigkeit, Rechtswirksamkeit, Abänderung oder Auflösung dieses Vertrags oder sich aus diesem Vertrag direkt oder indirekt ergebenden Rechtsverhältnisse oder Rechtswirkungen durch das Schiedsgericht der Schweizer Immobilienwirtschaft entschieden werden.

Unter Ausschluss der ordentlichen Gerichte wendet das Schiedsgericht zur Beurteilung der Auseinandersetzung die Schiedsgerichtsordnung der Schweizer Immobilienwirtschaft (SVIT-Schiedsgericht) an.

Vorbehaltlich einer anderen Parteivereinbarung ist bis zu einem Streitwert von CHF 100 000 ein Einerschiedsgericht, bei einem höheren Streitwert ein Dreierschiedsgericht zuständig. Das Schiedsgericht entscheidet endgültig.

[ ] Variante 2: Gerichtsstand
Die Parteien vereinbaren für alle aus diesem Vertrag sich ergebenden Streitigkeiten als ausschliesslichen Gerichtsstand
[_____] (Ort der gelegenen Sache).

3.9 Besondere Vereinbarungen

[_____]
[_____]

Dieser Vertrag sowie seine Anhänge werden in zwei Exemplaren ausgefertigt. Jede Partei erhält je ein Exemplar.

Ort, Datum   Ort, Datum

[_____]   [_____]

Der Auftraggeber   Der Beauftragte

[_____]   [_____]

* Mit den Begriffen «Auftraggeber», «Beauftragter» sind sowohl natürliche Personen beider Geschlechter sowie auch juristische Personen gemeint.

Dies ist ein Mietvertrag für einen Vertrag für die Bewirtschaftung von Liegenschaften im Mit-/Stockwerkeigentum wie er im Kanton Zürich verwendet wird.

Kommentierung zu Kapitel 11

1. Bemerkungen zum Vertrag für die Bewirtschaftung von Liegenschaften im Mit-/Stockwerkeigentum

1.1 Begriff und Geltungsbereich

Mit dem Abschluss eines Vertrages für die Bewirtschaftung von Liegenschaften im Mit-/Stockwerkeigentum (u.a. auch als Facility-Management-Vertrag bezeichnet, nachfolgend «Liegenschaftsverwaltungsvertrag») überträgt die Mit- bzw. Stockwerkeigentümergemeinschaft die Bewirtschaftung der betreffenden Liegenschaft an einen professionellen Dienstleister. Gegenstand des vorliegenden Liegenschaftsverwaltungsvertrages ist die Verwaltung von Wohn- oder Geschäftsräumen im Mit- oder Stockwerkeigentum.[1] Als Vertrag auf Arbeitsleistung steht der Liegenschaftsverwaltungsvertrag dem Auftrag nahe. Aus diesem Grund sind gemäss der bundesgerichtlichen Rechtsprechung grundsätzlich die Bestimmungen des einfachen Auftrages auf das Vertragsverhältnis anzuwenden.[2]

1.2 Interessenlage der Parteien

Bei der Verwaltung von Mit- bzw. Stockwerkeigentum steht der Ausgleich der Betriebs- und Unterhaltskosten, gegebenenfalls der Rennovationskosten im Vordergrund.[3] Dementsprechend möchte die Mit- bzw. Stockwerkeigentümergemeinschaft die Bewirtschaftung der betreffenden Liegenschaft möglichst kostengünstig bei gleichzeitig möglichst hoher Leistungsqualität an einen Dritten auslagern. Demgegenüber geht es dem Immobilienbewirtschafter darum, dass seine Arbeit gewinnbringend entschädigt und sämtliche Auslagen, Spesen und Materialkosten vom Auftraggeber bezahlt werden.

1.3 Gestaltungsspielraum

Das Auftragsrecht gehört zum Privatrecht, das sich grundsätzlich am Prinzip der Vertragsfreiheit ausrichtet. Eine Ausnahme bildet jedoch das jederzeitige Widerrufsrecht gemäss Art. 404 OR, das zwingender Natur ist und damit zu einer Inkohärenz im Bereich der vereinbarten Kündigungsmodalitäten führt.[4]

1.4 Form

Der Liegenschaftsverwaltungsvertrag bedarf von Gesetzes wegen keiner besonderen Form (vgl. Art. 11 Abs. 1 OR und Art. 16 Abs. 1 OR). In der Praxis entspricht jedoch die Schriftform der Verkehrssitte.[5]

2. Zu den einzelnen Vertragsklauseln

2.0 Vertragsparteien

Auftraggeber*		Beauftragter*
Name [ ]		Name [ ]
Bezeichnung [ ]	beauftragt hiermit	Bezeichnung [ ]
Adresse [ ]		Adresse [ ]
PLZ/Ort [ ]		PLZ/Ort [ ]

mit der Bewirtschaftung der nachstehenden Liegenschaft/-en:

Mit Abschluss des Liegenschaftsverwaltungsvertrages verpflichtet sich der Immobilienbewirtschafter als Beauftragter, die Bewirtschaftung einer Liegenschaft zu übernehmen. Die Mit- bzw. Stockwerkeigentümergemeinschaft als Auftraggeberin hat demgegenüber die Pflicht, dem Immobilienbewirtschafter für seine Arbeitsleistung ein Entgelt zu bezahlen. Vertragspartei aufseiten des Beauftragten kann jede rechts- und handlungsfähige natürliche oder juristische Person sein.[6] Aufseiten der Auftraggeberin steht die Mit- bzw. Stockwerkeigentümergemeinschaft, bestehend aus ihren einzelnen Mit- bzw. Stockwerkeigentümern; diese können sowohl natürliche oder juristische Personen sein.

- Als Beauftragte und Auftraggeber kommen natürliche und juristische Personen infrage.

- Stellen Vertragsparteien juristische Personen dar, können diese durch ihre zeichnungsberechtigten Personen verpflichtet werden. Die Internetseite www.zefix.ch gibt darüber Auskunft, wer zeichnungsberechtigt ist.

2.0 Eckdaten des Vertrages

```
Eckdaten des Vertrages
  Liegenschaft / Ort  |
  Beginn der Verwaltungstätigkeit  |
  Feste Vertragsdauer bis  |
  Kompetenzsumme CHF  |
  Abrechnungstermin  |
  Konto  |
  Besonderes  |
```

Die nachfolgenden Eckdaten stellen die zentralen Regelungspunkte des Vertrages dar:

- Liegenschaft/Ort: Es empfiehlt sich, die genaue Adresse oder Name der Liegenschaft («Residenz X») aufzuführen, allenfalls zusätzlich mit Parzellen- oder Haus- resp. Wohnungsnummer ergänzt. Hierzu gibt insbesondere ein Auszug aus dem Grundbuch Auskunft.[7]

- Beginn der Verwaltungstätigkeit: Die Bewirtschaftungstätigkeit beginnt am vereinbarten Zeitpunkt. Dieser kann zur klaren Abgrenzung der Verantwortlichkeit gegenüber einer allfälligen früheren Verwaltung herangezogen werden.

- Feste Vertragsdauer bis: Vorliegender Liegenschaftsverwaltungsvertrag ist als unbefristetes Vertragsverhältnis ausgestaltet.[8] Mit Festsetzung eines Datums kann bei «feste Vertragsdauer bis» eine sog. Mindestvertragslaufzeit vereinbart werden.

- Kompetenzsumme CHF: Im Umfang der vereinbarten Kompetenzsumme kann der Immobilienbewirtschafter ohne vorgängige Rücksprache mit der Mit- bzw. Stockwerkeigentümergemeinschaft Ausgaben tätigen.[9]

- Abrechnungstermin: Per Abrechnungstermin erhält der Auftraggeber eine Verwaltungsabrechnung. Häufig wird der 31. Dezember als Abrechnungstermin gewählt. Der Abrechnungstermin ist überdies Endtermin im Fall einer Kündigung.[10]

- Konto: Auf das bezeichnete Konto lässt sich der Immobilienbewirtschafter sämtliche Einnahmen zukommen. Des Weiteren werden von diesem Konto sämtliche Auslagen in Zusammenhang mit der verwalteten Liegenschaft getätigt. Der Immobilienbewirtschafter hat die ihm anvertrauten Vermögenswerte getrennt vom eigenen Vermögen aufzubewahren.[11]

- Besonderes: Hier können besonders wichtige Abmachungen getroffen werden.[12]

2.1 Umfang des Verwaltungsvertrages/Leistungsbeschrieb

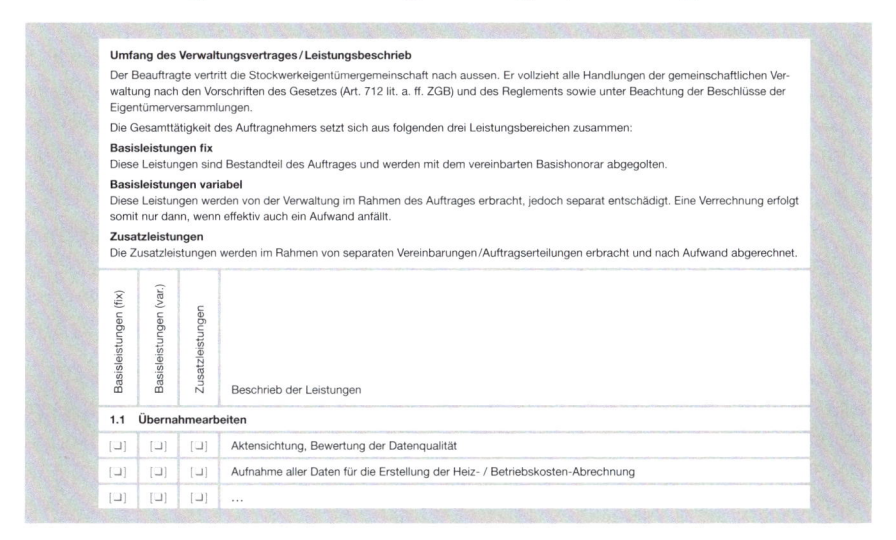

> **Umfang des Verwaltungsvertrages / Leistungsbeschrieb**
>
> Der Beauftragte vertritt die Stockwerkeigentümergemeinschaft nach aussen. Er vollzieht alle Handlungen der gemeinschaftlichen Verwaltung nach den Vorschriften des Gesetzes (Art. 712 lit. a. ff. ZGB) und des Reglements sowie unter Beachtung der Beschlüsse der Eigentümerversammlungen.
>
> Die Gesamttätigkeit des Auftragnehmers setzt sich aus folgenden drei Leistungsbereichen zusammen:
>
> **Basisleistungen fix**
> Diese Leistungen sind Bestandteil des Auftrages und werden mit dem vereinbarten Basishonorar abgegolten.
>
> **Basisleistungen variabel**
> Diese Leistungen werden von der Verwaltung im Rahmen des Auftrages erbracht, jedoch separat entschädigt. Eine Verrechnung erfolgt somit nur dann, wenn effektiv auch ein Aufwand anfällt.
>
> **Zusatzleistungen**
> Die Zusatzleistungen werden im Rahmen von separaten Vereinbarungen/Auftragserteilungen erbracht und nach Aufwand abgerechnet.

Basisleistungen (fix)	Basisleistungen (var.)	Zusatzleistungen	Beschrieb der Leistungen
1.1			**Übernahmearbeiten**
[ ]	[ ]	[ ]	Aktensichtung, Bewertung der Datenqualität
[ ]	[ ]	[ ]	Aufnahme aller Daten für die Erstellung der Heiz- / Betriebskosten-Abrechnung
[ ]	[ ]	[ ]	…

Der Beauftragte vertritt kraft des abgeschlossenen Vertrages die Gemeinschaft der Mit- bzw. Stockwerkeigentümer bei allen vertraglich vereinbarten Dienstleistungen.[13]

Die vertragsgemässe Ausführung bzw. die charakteristische Vertragsleistung beim Liegenschaftsverwaltungsvertrag besteht in der Bewirtschaftungsleistung. Diese kann im Wesentlichen in drei Hauptleistungsgruppen unterteilt werden:[14]

- Administrative Bewirtschaftung: Organisation der Eigentümerversammlungen, Vertretung der Mit- bzw. Stockwerkeigentümergemeinschaft, Terminbewirtschaftung (Abschluss Versicherungs- und Serviceverträge etc.).

- Technische Bewirtschaftung: Hauwartung (Hausordnung, Hauswartungsverträge etc.), Überwachung der technischen Einrichtungen (Wartungsverträge, Betrieb Heizungsanlage etc.), Unterhalt der Liegenschaft (Kontrollbesuche, Vergabe von Unterhaltsarbeiten, Garantieangelegenheiten etc.).

- Rechnungswesen: Kontrolle Einnahmen (Inkasso und Mahnung Akontobeiträge), Kontrolle Auslagen (Bezahlen von Rechnungen etc.), Finanzbuchhaltung (Heiz- und Betriebskostenbuchhaltung, Liegenschaftsbuchhaltung).

Innerhalb der erwähnten Hauptleistungsgruppen wird weiter unterschieden, ob die Bewirtschaftung ordentlich oder ausserordentlich ist[15]:

- Ordentliche Bewirtschaftung: Sämtliche Dienstleistungen, die sich aus der normalen Vermietung und dem Unterhalt der Liegenschaft ergeben. Üblicherweise handelt es sich um immer wiederkehrende administrative, technische und buchhalterische Leistungen.
- Ausserordentliche Bewirtschaftung: Alle Tätigkeiten, die nicht in den Bereich der üblichen Dienstleitungen einer Liegenschaftsbewirtschaftung fallen. Es handelt sich um Sonderleistungen, die oft nur einmal und nur nach ausdrücklicher Rücksprache mit der Auftraggeberin erbracht werden.

Die Unterscheidung in ordentliche und ausserordentliche Bewirtschaftung ist massgebend für die Art und Höhe der Entschädigung des Immobilienbewirtschafters. So wird die ordentliche Bewirtschaftung mit einer ordentlichen Verwaltungspauschale abgegolten. Demgegenüber erfolgt die Entschädigung für die ausserordentliche Bewirtschaftung separat und nach Aufwand.

Das vorliegende Vertragsmuster sieht folgende Lösung vor:

- Ordentliche Bewirtschaftung:
  - Basisleistungen fix: Bestandteil des Liegenschaftsverwaltungsvertrages; vom ordentlichen Basishonorar erfasst.
  - Basisleistungen variabel: Leistungen im Rahmen des Auftrages, die jedoch nur entschädigt werden, wenn der Aufwand effektiv anfällt.
- Ausserordentliche Bewirtschaftung: Zusatzleistungen, die nach Aufwand abgerechnet werden.

Der detaillierte Leistungsbeschrieb listet alle in der Praxis üblichen Tätigkeitsgebiete des Immobilienbewirtschafters auf und definiert somit die vertragsgemässe Leistung. Bei jeder einzelnen Aufgabe kann ausgewählt werden, ob diese in die ordentliche oder ausserordentliche Bewirtschaftung fällt oder ganz gestrichen werden soll.

2.2 Honorare/Drittkosten

Honorare/Drittkosten
Generell sind alle Honorare und die übrigen in Rechnung gestellten Dienstleistungen mehrwertsteuerpflichtig. Das aufgrund des jeweils gültigen Ansatzes berechnete Steuerbetreffnis wird dem Auftraggeber belastet.
Die Honorare werden dem Auftraggeber periodisch in Rechnung gestellt.

2.1 Basishonorar fix
Das Honorar beträgt pauschal CHF [_____] (Betrag).

2.2 Basishonorar variabel
Die Pauschale für das Einrichten des Mandates bzw. für die Übernahmearbeiten beträgt pauschal CHF [_____] (Betrag).
Folgende Aufwände werden bei Bedarf wie folgt verrechnet:

Aufwand		Kosten in CHF
Betreibungsbegehren	pro Fall	[_____]
Retentionsbegehren	pro Fall	[_____]
Fortsetzungsbegehren	pro Fall	[_____]
Verwertungsbegehren	pro Fall	[_____]
Konkursbegehren	pro Fall	[_____]

2.3 Honoraransatz Zusatzleistungen
Für die nach Stundenaufwand abzurechnenden Zusatzleistungen gelten folgende Ansätze exkl. MwSt:

Mandatsleiter	CHF	[_____] pro Stunde
Bewirtschafter	CHF	[_____] pro Stunde
Juniorbewirtschafter	CHF	[_____] pro Stunde
Sachbearbeiter	CHF	[_____] pro Stunde
Sekretariat	CHF	[_____] pro Stunde

2.4 Honorarentwicklung
Die Honorare basieren auf dem Indexstand vom Landesindex der Konsumentenpreise, [_____] Punkte (Basis [_____]).
Sie können periodisch den Veränderungen des Landesindexes angepasst werden.

Eingangs ist zu bemerken, dass sämtliche gegen Entgelt erbrachte Bewirtschaftungsdienstleistungen grundsätzlich der Mehrwertsteuer unterliegen (Art. 18 Abs. 1 i. V. m. Art. 3 lit. e MWStG). Im Vertragsmuster wird dementsprechend festgehalten, dass sich die Beträge exkl. Mehrwertsteuer verstehen; die Mehrwertsteuer wird der Auftraggeberin zusätzlich in Rechnung gestellt.[16]

Die Zusammensetzung des Verwaltungshonorars kann wie folgt dargestellt werden[17]:

- Ordentliche Bewirtschaftung:
  - Basishonorar fix: Pauschalbetrag (bezifferter Betrag) für die fixen Basisleistungen.
  - Basishonorar variabel: Pauschalbetrag für die einmalig zu erbringenden Übernahmearbeiten sowie Pauschalbeträge für die evtl. anfallenden variablen Basisleistungen.

- Ausserordentliche Bewirtschaftung:
  - Honoraransätze: Zusatzleistungen werden nach Stundenaufwand abgerechnet, wobei je nach Grad der Fachkenntnis und der Komplexität der gewünschten Leistungen unterschiedliche Ansätze gelten.

Vorliegendes Vertragsmuster sieht vor, dass die vereinbarten Verwaltungshonorare dem Landesindex der Konsumentenpreise folgen und dementsprechend der Teuerung in periodischen Abständen angepasst werden können.

2.3 Weitere Vertragsbestimmungen

2.3.1 Vollmacht

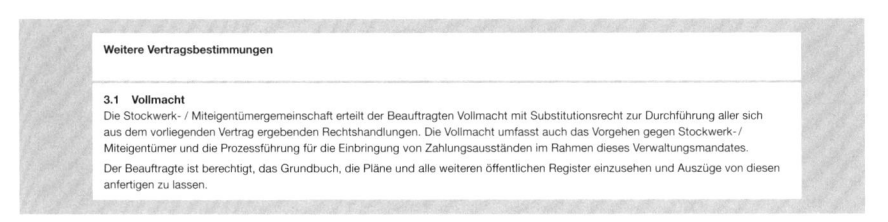

> **Weitere Vertragsbestimmungen**
>
> **3.1 Vollmacht**
> Die Stockwerk- / Miteigentümergemeinschaft erteilt der Beauftragten Vollmacht mit Substitutionsrecht zur Durchführung aller sich aus dem vorliegenden Vertrag ergebenden Rechtshandlungen. Die Vollmacht umfasst auch das Vorgehen gegen Stockwerk-/ Miteigentümer und die Prozessführung für die Einbringung von Zahlungsausständen im Rahmen dieses Verwaltungsmandates.
> Der Beauftragte ist berechtigt, das Grundbuch, die Pläne und alle weiteren öffentlichen Register einzusehen und Auszüge von diesen anfertigen zu lassen.

Im Rahmen seiner Bewirtschaftungstätigkeit handelt der Immobilienbewirtschafter regelmässig nicht im eigenen, sondern im Namen der Mit- bzw. Stockwerkeigentümergemeinschaft. Entsprechend tritt die Wirkung der vorgenommenen Rechtshandlung direkt für die Auftraggeberin ein (Art. 32 Abs. 1 OR, *direkte Stellvertretung*).[18]

Denkbar ist aber auch, dass der Immobilienbewirtschafter zwar im Interesse der Mit- bzw. Stockwerkeigentümergemeinschaft handelt, jedoch gegenüber aussen treuhänderisch im eigenem Namen tätig wird. Diesfalls ist der Immobilienbewirtschafter gegenüber dem Dritten vertraglich verpflichtet *(indirekte Stellvertretung)*.[19] Die indirekte Stellvertretung kommt insbesondere für Routinehandlungen der ordentlichen Verwaltung zum Zuge.[20]

Der Umfang der Vertretungsermächtigung ergibt sich einerseits aus den gesetzlichen Bestimmungen zum Auftragsrecht.[21] Gemäss Art. 396 Abs. 2 OR ist im erteilten Auftrag auch die Ermächtigung zu denjenigen Rechtshandlungen enthalten, die zu dessen Ausführungen gehören. Andererseits nimmt der Liegenschaftsverwaltungsvertrag eine Konkretisierung dieser gesetzlichen Bevollmächtigung vor.[22] Vorliegendes Vertragsmuster erteilt dem Immobilienbewirtschafter eine Generalvollmacht mit Substitutionsbefugnis. Das bedeutet, dass der Immobilienbewirtschafter zur Vornahme sämtlicher Rechtsgeschäfte ermächtigt ist, die sich aus der Natur der Liegenschaftsbewirtschaftung ergeben. Dank dem Substitutionsrecht kann der Immobilienbewirtschafter überdies einem Dritten (dem Untervertreter) die Befugnis erteilen, im Namen des Vertretenen, d.h. der Mit- bzw. Stockwerkeigentümergemeinschaft zu handeln. Auf diese Weise kann der Immobilienbewirtschafter z.B. einen Rechtsanwalt zur Bearbeitung eines Streitfalles beiziehen, in dem die Mit- bwz. Stockwerkeigentümergemeinschaft Partei ist.

- Der Immobilienbewirtschafter handelt regelmässig im Namen der Mit- bzw. Stockwerkeigentümergemeinschaft (direkte Stellvertretung). Für Routinehandlungen im Bereich der ordentlichen Verwaltung handelt der Immobilienbewirtschafter z.T. auch im eigenen Namen (indirekte Stellvertretung).
- Der Umfang der Vertretungsermächtigung ergibt sich zum einen direkt aus dem Auftragsrecht, zum anderen aus dem individuell abgeschlossenen Liegenschaftsverwaltungsvertrag. Vorliegendes Vertragsmuster sieht eine Generalvollmacht mit Substitutionsbefugnis vor.

2.3.2 Kündigung

> **3.2 Kündigung**
> Nach Ablauf der festen Vertragsdauer kann der Auftrag jeweils auf Ende eines Rechnungsjahres unter Einhaltung einer sechsmonatigen Kündigungsfrist aufgelöst werden. Die Kündigung hat mit eingeschriebenem Brief zu erfolgen.
> Nach Beendigung des Bewirtschaftungsmandates hat der Beauftragte dem Auftraggeber oder seinem Vertreter sämtliche Unterlagen zu übergeben.

Der Liegenschaftsverwaltungsvertrag untersteht nach herrschender Rechtsprechung des Bundesgerichts dem Auftragsrecht und damit auch zwingend dem jederzeitigen Widerrufs- und Kündigungsrecht gemäss Art. 404 Abs. 1 OR.[23]

In der Praxis sehen jedoch die meisten Liegenschaftsverträge eine Kündigungsregelung vor. Die Diskrepanz zur erwähnten Rechtsprechung lässt sich wie folgt erklären und rechtfertigen:

Einerseits wird in der Lehre z.T. die Ansicht vertreten, dass der Liegenschaftsverwaltungsvertrag im Bereich der ordentlichen Verwaltungshandlungen wegen dessen Dauerhaftigkeit ein atypischer Auftrag sei und damit als Dienstleistungsvertrag «sui generis» qualifiziert werden könne. Im Kontext des heute im Obligationenrecht gesetzlich geregelten Agenturvertrages, einem «ehemaligen» Vertrag «sui generis», müsse die Vereinbarung von Kündigungsfristen deshalb auch beim Liegenschaftsverwaltungsvertrag als zulässig erachtet werden. Demgegenüber gelte für die ausserordentliche Liegenschaftsverwaltung normales Auftragsrecht, womit diesbezüglich auch das jederzeitige zwingende Widerrufsrecht zur Anwendung komme.[24]

Andererseits besteht in der Lehre auch die Auffassung, dass bei Liegenschaftsverwaltungsverträgen zwar das jederzeitige Kündigungsrecht im Sinne von Art. 404 Abs. 1 OR gelte. Wird dieses Recht seitens einer Partei jedoch ausgeübt, verstösst dieses gegen die vereinbarte Kündigungsregel, womit eine Kündigung zur Unzeit vorliege (Art. 404 Abs. 2 OR). Die zurücktretende Partei wäre diesfalls zum Ersatz des der anderen Partei verursachten Schadens verpflichtet.[25]

Für diese von der Lehre vertretene differenzierte Ansicht spricht die Tatsache, dass sich das Bundesgericht schon mehrfach dahingehend geäussert hat, dass Art. 404 OR nicht auf Dauerschuldverhältnisse passe.[26] Wie das Bundesgericht künftig und mit Bezug auf den Widerruf von Liegenschaftsverwaltungsverträgen entscheiden wird, bleibt abzuwarten.

Abschliessend bleibt zu erwähnen, dass die Kündigung des vorliegenden Liegenschaftsverwaltungsvertrages einzig die schuldrechtliche Seite der Geschäftsbeziehung betrifft. Das Rechtsverhältnis zwischen Immobilienbewirtschafter und Stockwerkeigentümergemeinschaft weist zusätzlich ein organschaftliches Element auf in dem Sinne, als der Immobilienbewirtschafter durch Beschluss der Stockwerkeigentümerschaft bestellt wurde (Art. 712q ZGB). Soll die Zusammenarbeit mit dem Immobilienbewirtschafter beendet werden, bedarf es – nebst der schuldrechtlichen Kündigung – einer organschaftlichen Abberufung durch die Stockwerkeigentümergemeinschaft (Art. 712r ZGB). Diese ist jederzeit möglich unter Vorbehalt allfälliger Entschädigungsansprüche (Art. 712r Abs. 1 ZGB). Damit verweist Art. 712r Abs. 1 ZGB auf das Auftragsrecht, wonach eine Kündigung zur Unzeit Schadenersatzfolgen nach sich zieht.[27] Zusammenfassend sind die schuldrechtliche Kündigung und die organschaftliche Abberufung somit aufeinander abgestimmt.

- Nach der heutigen Rechtsprechung des Bundesgerichts untersteht der Liegenschaftsverwaltungsvertrag dem Auftragsrecht und damit dem jederzeitigen Kündigungsrecht.

- Nichtsdestotrotz vereinbart vorliegendes Vertragsmuster – wie in der Praxis üblich und in der Lehre vertreten – eine Kündigungsmodalität, wonach der Auftrag nach Ablauf der festen Vertragsdauer erst unter Einhaltung einer sechsmonatigen Frist auf das Ende eines Rechnungsjahres (Abrechnungstermin) aufgelöst werden kann.

- Diese Kündigungsmöglichkeit steht unter dem Vorbehalt, dass eine sofortige Auflösung gemäss Art. 404 OR vor Gericht geschützt würde. Diesfalls wäre die zurücktretende Partei zum Ersatz des der anderen Partei verursachten Schadens verpflichtet.

- Ein weiterer Vorbehalt ergibt sich aus der Möglichkeit, den Liegenschaftsverwaltungsvertrag jederzeit aus wichtigen Gründen ausserordentlich zu kündigen.[28]

- Nebst der Kündigung bedarf es beim Immobilienbewirtschafter einer Stockwerkeigentümergemeinschaft einer formellen Abberufung durch die Stockwerkeigentümerversammlung.

2.3.3 Kompetenzsumme

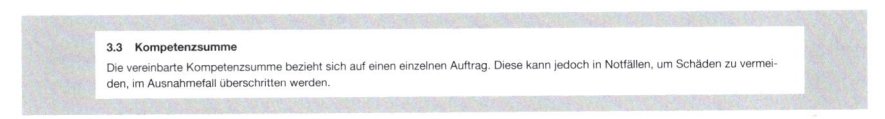

> **3.3 Kompetenzsumme**
> Die vereinbarte Kompetenzsumme bezieht sich auf einen einzelnen Auftrag. Diese kann jedoch in Notfällen, um Schäden zu vermeiden, im Ausnahmefall überschritten werden.

Die Kompetenzsumme (auch die Verwaltungssumme genannt) stellt die Summe dar, über die der Immobilienbewirtschafter im Rahmen der vereinbarten Liegenschaftsverwaltung verfügen kann, ohne sich für die Genehmigung solcher Handlungen an die Mit- bzw. Stockwerkeigentümergemeinschaft wenden zu müssen.[29]

Für Verwaltungshandlungen, welche die Kompetenzsumme überschreiten, ist dementsprechend die vorgängige Rücksprache mit der Mit- bzw. Stockwerkeigentümergemeinschaft erforderlich. Davon ausgenommen sind Notfälle, in denen sich das Vorgehen im Interesse der Liegenschaft und der Mit- bzw. Stockwerkeigentümergemeinschaft rechtfertigt. In diesem Zusammenhang hat der Immobilienbewirtschafter eine ähnliche Stellung wie der Miteigentümer, der das unveräusserliche Recht hat, selbst dringliche Massnahmen zu ergreifen, um die Sache vor einem drohenden oder wachsenden Schaden zu bewahren (Art. 647 Abs. 2 Ziff. 2 ZGB).[30]

- Im Umfang der vereinbarten Kompetenzsumme kann der Immobilienbewirtschafter ohne vorgängige Rücksprache mit der Mit- bzw. Stockwerkeigentümergemeinschaft Ausgaben tätigen.
- Im Notfall kann der Immobilienbewirtschafter die vereinbarte Kompetenzsumme auch überschreiten.

2.3.4 Abrechnungstermin

> **3.4 Abrechnungstermin**
> Der Auftraggeber erhält auf den vereinbarten Termin eine Verwaltungsabrechnung. Die Abrechnung gilt als genehmigt, sofern innert 30 Tagen nach Zustellung keine Beanstandung erfolgt.

Nach Art. 400 Abs. 1 OR ist der Beauftragte verpflichtet, auf Verlangen jederzeit über seine Geschäftsführung Rechenschaft abzulegen. Diese Rechenschaftspflicht beinhaltet einerseits die Pflicht, über die Sachlage zu berichten, d.h. die gegenwärtige Situation klar, präzise und unzweideutig mit

Bezug auf die bisherige und voraussichtliche Entwicklung zu schildern.[31] Andererseits muss der Immobilienbewirtschafter jederzeit in der Lage sein, alle Belege seiner Bewirtschaftungstätigkeit zumindest in chronologischer Weise vorzuweisen.[32]

Der Immobilienbewirtschafter hat seine Rechenschaftspflicht von sich aus oder auf Anfrage der Mit- bzw. Stockwerkeigentümergemeinschaft wahrzunehmen.[33] Vorliegendes Vertragsmuster verpflichtet den Immobilienbewirtschafter, die Verwaltungsabrechnung ohne weitere Aufforderung auf jeden Abrechnungstermin zu erstellen. Häufig wird der 31. Dezember als Abrechnungstermin gewählt. Der Abrechnungstermin ist überdies Endtermin im Fall einer Vertragsauflösung.[34]

Ohne Beanstandung der Mit- bzw. Stockwerkeigentümergemeinschaft innerhalb von 30 Tagen gilt die Verwaltungsabrechnung als genehmigt. Aufgrund dieser Genehmigungsfiktion sollte die Mit- bzw. Stockwerkeigentümergemeinschaft die Verwaltungsabrechnung sorgfältig und zeitnah prüfen. Die dreissigtägige Frist beginnt mit Zustellung der Verwaltungsabrechnung.

- Die Rechenschaftspflicht des Immobilienbewirtschafters beinhaltet die Pflicht, über die Sachlage zu berichten und Belege vorzuweisen.
- Vertraglich wird vereinbart, dass der Immobilienbewirtschafter seine Rechenschaftspflicht von sich aus per Abrechnungstermin (häufig 31. Dezember) wahrzunehmen hat.
- Innerhalb von 30 Tagen nach Erhalt der Verwaltungsabrechnung gilt diese als genehmigt, was einer sorgfältigen und zeitnahen Prüfung durch die Mit- bzw. Stockwerkeigentümergemeinschaft bedarf.

2.3.5 Schriftform

> **3.5 Schriftform**
> Jede Änderung und Ergänzung dieses Bewirtschaftungsvertrages bedarf der Schriftform und der rechtsgültigen Unterzeichnung durch die Parteien. Mündliche Änderungen, Ergänzungen und Nebenabreden zu dieser Vereinbarung sind ungültig.

Entsprechend dem allgemeinen Prinzip der Vertragsfreiheit statuiert das OR den Grundsatz der Formfreiheit.[35] Gemäss Art. 11 Abs. 1 und Art. 16 Abs. 2 OR bedürfen Verträge für deren Gültigkeit deshalb nur dann einer besonderen Form, wenn eine solche vom Gesetz ausdrücklich angeordnet ist oder wenn die Parteien eine besondere Form vereinbaren.

Vorliegende Vertragsklausel sieht vor, dass der Liegenschaftsverwaltungsvertrag sowie dessen Abänderungen oder Ergänzungen einer Form, namentlich der Schriftlichkeit bedürfen. Zur Schriftlichkeit gehört, dass der Liegenschaftsverwaltungsvertrag einschliesslich dessen Abänderungen oder Ergänzungen schriftlich vorliegen und von den Parteien unterzeichnet werden muss. Dieser Form- oder Schriftlichkeitsvorbehalt führt dazu, dass dem Liegenschaftsverwaltungsvertrag sowie dessen Abänderungen oder Ergänzungen keine Gültigkeit zukommt, wenn die Voraussetzungen der Schriftlichkeit nicht vorliegen.

- Grundsätzlich gilt bei Liegenschaftsverwaltungsverträgen die Formfreiheit. Zur Vermeidung von Meinungsverschiedenheiten statuiert vorliegendes Vertragsmuster jedoch den sog. Schriftlichkeitsvorbehalt.

- Der Liegenschaftsverwaltungsvertrag (einschliesslich Abänderungen oder Ergänzungen) muss schriftlich vorliegen und von beiden Parteien unterzeichnet werden.

2.3.6 Teilnichtigkeit

> **3.6 Teilnichtigkeit**
> Sollte eine Bestimmung dieses Vertrages nichtig oder unwirksam sein oder werden, so wird der übrige Teil dieses Vertrages davon nicht berührt. Im Falle der Nichtigkeit oder Unwirksamkeit einer Bestimmung ist diese durch eine solche Wirksame zu ersetzen, die dem wirtschaftlichen Zweck der unwirksamen Bestimmung am nächsten kommt. In gleicher Weise ist zu verfahren, wenn eine Lücke offenbar wird.

Ein Vertrag, der einen unmöglichen, widerrechtlichen oder sittenwidrigen Inhalt hat, ist nichtig (Art. 20 Abs. 1 OR). Betrifft der Mangel bloss einzelne Teile des Vertrages, so sind nur diese nichtig, der Rest bleibt jedoch wirksam *(Teilnichtigkeit)*. Diese Regel gilt allerdings nur, sofern die Parteien den Vertrag auch ohne den nichtigen Teil abgeschlossen hätten (Art. 20 Abs. 2 OR).[36] An dieser Stelle setzt vorliegende Bestimmung (sog. Salvatorische Klausel) ein. Sie besagt, dass die Nichtigkeit einzelner Bestimmungen die Wirksamkeit des Vertrages im Übrigen unberührt lässt. Sie hat mit anderen Worten zum Ziel, den Fortbestand des Liegenschaftsverwaltungsvertrages zu regeln.[37]

Zusätzlich zur Absicht, den Vertrag trotz Teilmängeln fortbestehen zu lassen, stellt vorliegende Klausel klar, dass die Parteien für nichtige Teile des Liegenschaftsverwaltungsvertrages eine Ersatzbestimmung zu suchen haben.[38] Diese soll dem wirtschaftlichen Zweck der nichtigen Bestimmung möglichst nahekommen.

- Salvatorische Klausel bezweckt den Fortbestand des Liegenschaftsverwaltungsvertrages bei nichtigen Bestimmungen eines ansonsten gültig abgeschlossenen Liegenschaftsverwaltungsvertrages.

- Nichtige Bestimmungen sind unwirksam und sind seitens der Parteien durch Ersatzbestimmungen zu ersetzen, die der ursprünglichen Bestimmung in wirtschaftlicher Hinsicht möglichst nahekommt. In gleicher Weise ist zu verfahren, wenn eine Vertragslücke festgestellt wird.

2.3.7 Anwendbares Recht

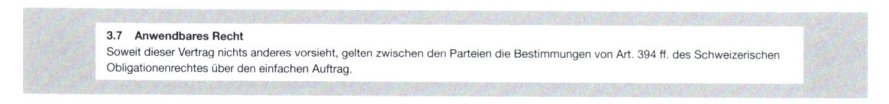

> **3.7 Anwendbares Recht**
> Soweit dieser Vertrag nichts anderes vorsieht, gelten zwischen den Parteien die Bestimmungen von Art. 394 ff. des Schweizerischen Obligationenrechtes über den einfachen Auftrag.

Mit vorliegender Rechtswahlklausel bestimmen die Parteien, dass für sie ausschliesslich schweizerisches Recht anwendbar ist. Im Vordergrund stehen dabei die Bestimmungen des Auftragsrechts, sofern die Parteien – unter Vorbehalt der zwingenden Normen – nichts Abweichendes vereinbaren.

2.3.8 Schiedsgerichtsbarkeit

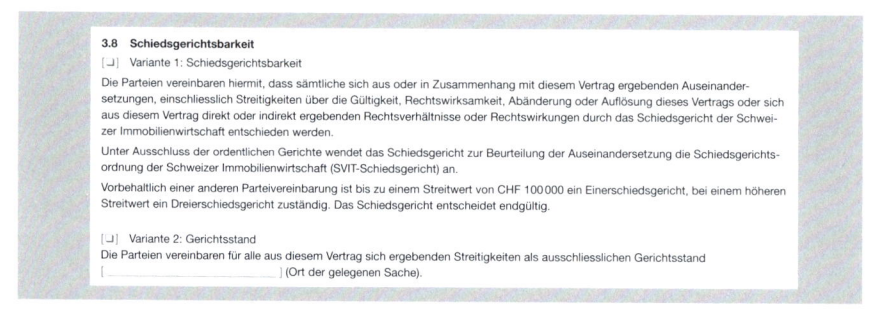

> **3.8 Schiedsgerichtsbarkeit**
> [ ] Variante 1: Schiedsgerichtsbarkeit
> Die Parteien vereinbaren hiermit, dass sämtliche sich aus oder in Zusammenhang mit diesem Vertrag ergebenden Auseinandersetzungen, einschliesslich Streitigkeiten über die Gültigkeit, Rechtswirksamkeit, Abänderung oder Auflösung dieses Vertrags oder sich aus diesem Vertrag direkt oder indirekt ergebenden Rechtsverhältnisse oder Rechtswirkungen durch das Schiedsgericht der Schweizer Immobilienwirtschaft entschieden werden.
> Unter Ausschluss der ordentlichen Gerichte wendet das Schiedsgericht zur Beurteilung der Auseinandersetzung die Schiedsgerichtsordnung der Schweizer Immobilienwirtschaft (SVIT-Schiedsgericht) an.
> Vorbehaltlich einer anderen Parteivereinbarung ist bis zu einem Streitwert von CHF 100 000 ein Einerschiedsgericht, bei einem höheren Streitwert ein Dreierschiedsgericht zuständig. Das Schiedsgericht entscheidet endgültig.
>
> [ ] Variante 2: Gerichtsstand
> Die Parteien vereinbaren für alle aus diesem Vertrag sich ergebenden Streitigkeiten als ausschliesslichen Gerichtsstand
> [_____] (Ort der gelegenen Sache).

Das Vertragsverhältnis zwischen dem Immobilienbewirtschafter und der Mit- bzw. Stockwerkeigentümergemeinschaft untersteht dem Auftragsrecht. Ansprüche aus Auftragsrecht sind im Rahmen der Privat- und Parteiautonomie ohne Einschränkungen schiedsfähig.[39] Mit der sog. Schiedsabrede können sich die Parteien deshalb auf die Beurteilung einer Streitigkeit durch ein Schiedsgericht einigen.

Schiedsgerichte sind «halb-private» Gerichte.[40] Privat ist das Schiedsgericht insofern, als es nicht hoheitlich mittels Rechtserlass, sondern durch eine Vereinbarung der Parteien eingesetzt wird und die Schiedsrichter aufgrund ihrer Fachkompetenz von den Parteien bestimmt werden können (Schiedsabrede). Hingegen erwächst der Schiedsspruch wie das Urteil eines staatlichen Gerichts in Rechtskraft.[41]

Vorliegender Mustervertrag begründet die Zuständigkeit des Schiedsgerichts der Schweizer Immobilienwirtschaft (www.svit-schiedsgericht.ch), das im Jahre 2005 vom SVIT Schweiz initiiert wurde. Es ist auf immobilienrechtliche Fragen spezialisiert und steht sämtlichen Marktteilnehmern der Schweizer Immobilien- und Bauwirtschaft offen.[42]

Als Alternative steht es den Parteien auch offen, die ausschliessliche Zuständigkeit eines staatlichen Gerichts zu bestimmen (Art. 17 ZPO).

- Der Liegenschaftsverwaltungsvertrag ist schiedsfähig; mittels Schiedsabrede können die Parteien vereinbaren, dass Streitigkeiten durch ein Schiedsgericht beurteilt werden.
- Anstelle des Schiedsgerichts kann mit einer Gerichtsstandsklausel die Zuständigkeit eines bestimmten staatlichen Gerichts bestimmt werden. Dabei empfiehlt sich ein Gerichtsstand am Ort der gelegenen Liegenschaft oder am Sitz bzw. Wohnsitz einer der Vertragsparteien.

2.3.9 Besondere Vereinbarungen

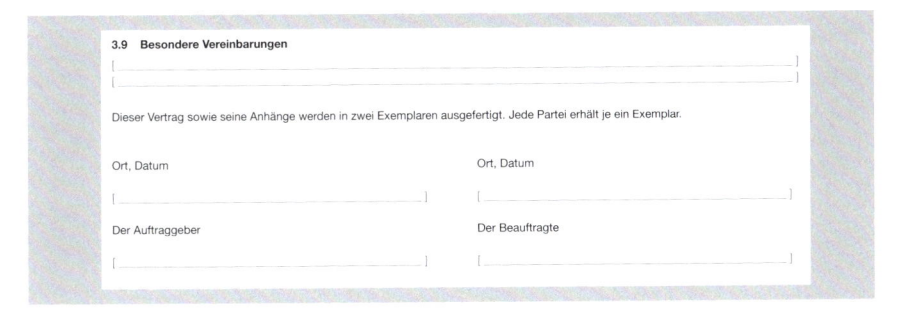

Diese Ziffer bietet Platz für besondere Abmachungen, z.B.:

- Bereithalten der Dokumentation zur Liegenschaft (Kaufverträge, Baupläne etc.)
- Weitere spezielle Vereinbarungen

Kapitel 11: Vertrag für die Bewirtschaftung von Liegenschaften im Eigentum

1 Vgl. Kapitel 11: Vertrag für die Bewirtschaftung von Liegenschaften im Mit-/Stockwerkeigentum.
2 BGE 106 II 157 ff.
3 Fischer, S. 398.
4 Vgl. unten Ziff. 2.3.2.
5 Montavon, N. 406.
6 BSK-Weber, Art. 394, N. 4.
7 Zum Begriff der Liegenschaft vgl. Kapitel 1: Mietvertrag für Wohnräume, Ziff. 2.4.
8 Vgl. unten Ziff. 2.3.3.
9 Vgl. unten Ziff. 2.3.3.
10 Vgl. unten Ziff. 2.3.2 und 2.3.4.
11 Vgl. Art. 7 der Standesregeln des SVIT Schweiz (revidierte Fassung vom 25. Oktober 2007, abrufbar unter: http://www.svit.ch/de/svit-schweiz/portrait/standesregeln.html).
12 Vgl. unten Ziff. 2.3.9.
13 Montavon, N. 263.
14 Fischer, S. 398 und 410.
15 Fischer, S. 399.
16 Vgl. hierzu auch MWST-Branchen-Info 17 (Liegenschaftsverwaltung/Vermietung und Verkauf von Immobilien) unter http://www.estv.admin.ch/mwst/dokumentation.
17 Vgl. oben Ziff. 2.1.1.
18 Vgl. Schwenzer, N. 40.04 u. N. 41.09.
19 Vgl. Schwenzer, N. 40.04.
20 Vgl. oben Ziff. 2.1.1; Montavon, N. 457.
21 Montavon, N. 462 f.
22 Montavon, N. 461.
23 BGE 106 II 157 ff.; Gauch, SJZ 101 (2005), S. 523.
24 Vgl. hierzu Fischer, S. 399 f.; Gauch, SJZ 101 (2005), S. 520 f.; Montavon, N. 373.
25 Montavon, N. 703 f.
26 Gauch, SJZ 101 (2005), S. 523.
27 BSK-Bösch, Art. 712r, N. 11.
28 Montavon, N. 739 f.
29 Montavon, N. 222.
30 Montavon, N. 471.
31 Montavon, N. 530 f.
32 Montavon, N. 535 f.
33 Montavon, N. 533.
34 Vgl. oben Ziff. 2.3.2.
35 Schwenzer, 31.01.
36 Vgl. Schwenzer, N. 32.39.
37 Sog. *Salvatorische Klausel,* vgl. Schwenzer, N. 32.41.
38 Sog. modifizierte Teilnichtigkeit, vgl. hierzu Gauch/Schluep/Schmid/Emmenegger, N. 703 ff.
39 Burkhalter/Grell, S. 28 und 32.
40 Burkhalter/Grell, S. 1 f.
41 Burkhalter/Grell, S. 49 f.
42 Burkhalter/Grell, S. 6 und 39.

Kapitel 12

Allgemeine Dokumente zur Liegenschaftsverwaltung

Kapitel 12: Allgemeine Dokumente zur Liegenschaftsverwaltung

Das Wichtigste in Kürze

Die administrative Bewirtschaftung der Liegenschaft umfasst u.a. Mietangelegenheiten. Sie stellen die wohl arbeitsintensivste Tätigkeit dar. Die Schlüsselquittung sowie die Checkliste für die Wohnungsrückgabe sollen insbesondere die Ab- und Rücknahme von Mietobjekten erleichtern.

Die technische Bewirtschaftung der Liegenschaft erfordert regelmässig den Beizug von Hilfspersonal. Im Vordergrund steht die Einstellung eines Hauswarts. Das Pflichtenheft für Hauswarte hat zum Ziel, den Abschluss von Hauswartsverträgen zu erleichtern.

Kapitel 12: Allgemeine Dokumente zur Liegenschaftsverwaltung

Herausgeber und Copyright
© Schweizerischer Verband der Immobilienwirtschaft SVIT – www.svit.ch
Schlüsselquittung
Version 1/08

homegate.ch Schulthess §

Schlüsselquittung

Liegenschaft	[ ]
Adresse	[ ]
PLZ/Ort	[ ]
Name/Vorname	[ ]
Adresse	[ ]
PLZ/Ort	[ ]

Abgegebene Schlüssel

Anzahl	Schlüssel-Nr./Bezeichnung	Bemerkung
[ ]	[ ]	[ ]
[ ]	[ ]	[ ]
[ ]	[ ]	[ ]
[ ]	[ ]	[ ]
[ ]	[ ]	[ ]
[ ]	[ ]	[ ]

Durch Unterschrift bestätigt der erwähnte Mieter, dass die aufgeführten Schlüssel an ihn übergeben wurden. Gleichzeitig bestätigt er, von folgenden Anordnungen Kenntnis genommen zu haben:

Zusätzliche Schlüssel dürfen nur mit schriftlicher Erlaubnis des Vermieters angefertigt werden und sind diesem beim Auszug ohne Entschädigung zu überlassen.

Sollten Schlüssel abhanden kommen oder das Vorhandensein nachgemachter Schlüssel festgestellt werden, so behält sich die Verwaltung/der Eigentümer ausdrücklich vor, Zylinder und Schlüssel auf Kosten des fehlbaren Mieters zu ersetzen. Im Übrigen wird auf die Bestimmungen des Mietvertrages verwiesen.

Ort	Datum
[ ]	[ ]
Der Mieter	Der Vermieter
[ ]	[ ]

Dies ist ein Vertrag für die Schlüsselquittung wie er im Kanton Zürich verwendet wird.

Kapitel 12: Allgemeine Dokumente zur Liegenschaftsverwaltung

Herausgeber und Copyright
© Schweizerischer Verband der
Immobilienwirtschaft SVIT – www.svit.ch
Checkliste für die Wohnungsrückgabe
Version 1/08

homegate.ch   Schulthess §

Checkliste für die Wohnungsrückgabe

Vermieter	[ ]
Adresse	[ ]
PLZ / Ort	[ ]

In gutem Zustand abzugeben sind:

– Rollladen	Aufzugsgurte, die nicht mehr in gutem Zustand sind, müssen ersetzt werden	[ ]
– Wasserhähne	Dichtungen, Hahnoberteile, Griffe	[ ]
– Abläufe	entstopfen	[ ]
– Kochplatten	ohne Risse, nicht gewölbt, Funktionskontrolle	[ ]
– Gasherd	Brennerpilze und Brennerrost	[ ]
– Kuchenblech	fleckenlos (andernfalls ersetzen)	[ ]
– Gitterrost	fleckenlos (andernfalls ersetzen)	[ ]
– Dampfabzug	Filtermatten oder Kohleaktivfilter sind zu ersetzen	[ ]
– Elektrische Installationen	Sicherungen, Neonröhren, Starter, Lampengläser, Glühbirnen, Steckdosen, Schalter und TV-Anschlüsse	[ ]
– Sanitär (Badezimmer)	Brause und Duschschlauch (falls defekt, ersetzen)	[ ]
– Cheminée	ist durch den Kaminfeger zu reinigen (Quittung vorlegen)	[ ]

Individuelle Ergänzungen
[ ]
[ ]

Auf Vollständigkeit zu kontrollieren sind:

– Kühlschrank	z.B. Eiswürfelfach / Eierablage / Glastablare etc.	vorhanden	[ ]
	Innenbeleuchtung	intakt	[ ]
	Türinnenseite	intakt, ohne Risse	[ ]
– Backofen	Innenbeleuchtung (sofern vorhanden)	intakt	[ ]
	Kontroll-Lampen	intakt	[ ]
	Kuchenblech, Gitterrost, Grillzubehör	vorhanden	[ ]
– Schränke	Tablarhalter, Tablare, Kleiderstangen	vorhanden	[ ]
– Türen	Schlüssel zu allen Türschlössern (inkl. Keller und Estrich)	vorhanden	[ ]

Kapitel 12: Allgemeine Dokumente zur Liegenschaftsverwaltung

Herausgeber und Copyright
© Schweizerischer Verband der
Immobilienwirtschaft SVIT – www.svit.ch
Checkliste für die Wohnungsrückgabe
Version 1/08

– Fuss-, Abschluss- und Schwellenleisten	intakt	[⌐]
– Zahngläser, Seifenschale etc. in gleichwertiger Ausführung	vorhanden	[⌐]
– Gebrauchsanweisung für Kühlschrank, Herd, Geschirrspüler etc.	vorhanden	[⌐]

Individuelle Ergänzungen
[   ]
[   ]

Zu entfernen sind: (sofern diese nicht ausdrücklich vom neuen Mieter übernommen werden):

– Kleber, Selbstklebefolien und selbstklebende Haken	[⌐]
– Schrankpapier	[⌐]
– eigene Installationen	[⌐]
– eigene Tapeten	[⌐]
– Nägel, Dübel und Schrauben (Löcher sind fachmännisch zu verschliessen)	[⌐]

Zu entkalken sind:

– sämtliche Wasserhähne, inkl. demontierbare Reduzierdüsen beim Auslauf	[⌐]
– Zahngläser / Seifenschalen	[⌐]
– Chromstahl und Edelstahlabschlüsse bei Waschbecken, Badewanne etc.	[⌐]
– Stöpsel und Abläufe der Waschbecken (Küche, Bad, WC, Dusche)	[⌐]
– Duschschlauch und Brause	[⌐]
– WC-Spülkasten	[⌐]

Individuelle Ergänzungen
[   ]
[   ]

Tipps für die Reinigung

– Kochherd	– Im Backofen können in der Regel die Einbauten einfach demontiert werden (Betriebsanleitung konsultieren) – Regulierknöpfe am Armaturenbrett können herausgezogen werden – Backofentüren stirnseits auch auf Gelenkseite reinigen – Kochherdplatten nicht einfetten – Glaskeramik mit Spezialmittel reinigen
– Geschirrspüler	– nach Gebrauchsanweisung entkalken
– Waschmaschine/Tumbler	– Service wenn vertraglich vereinbart

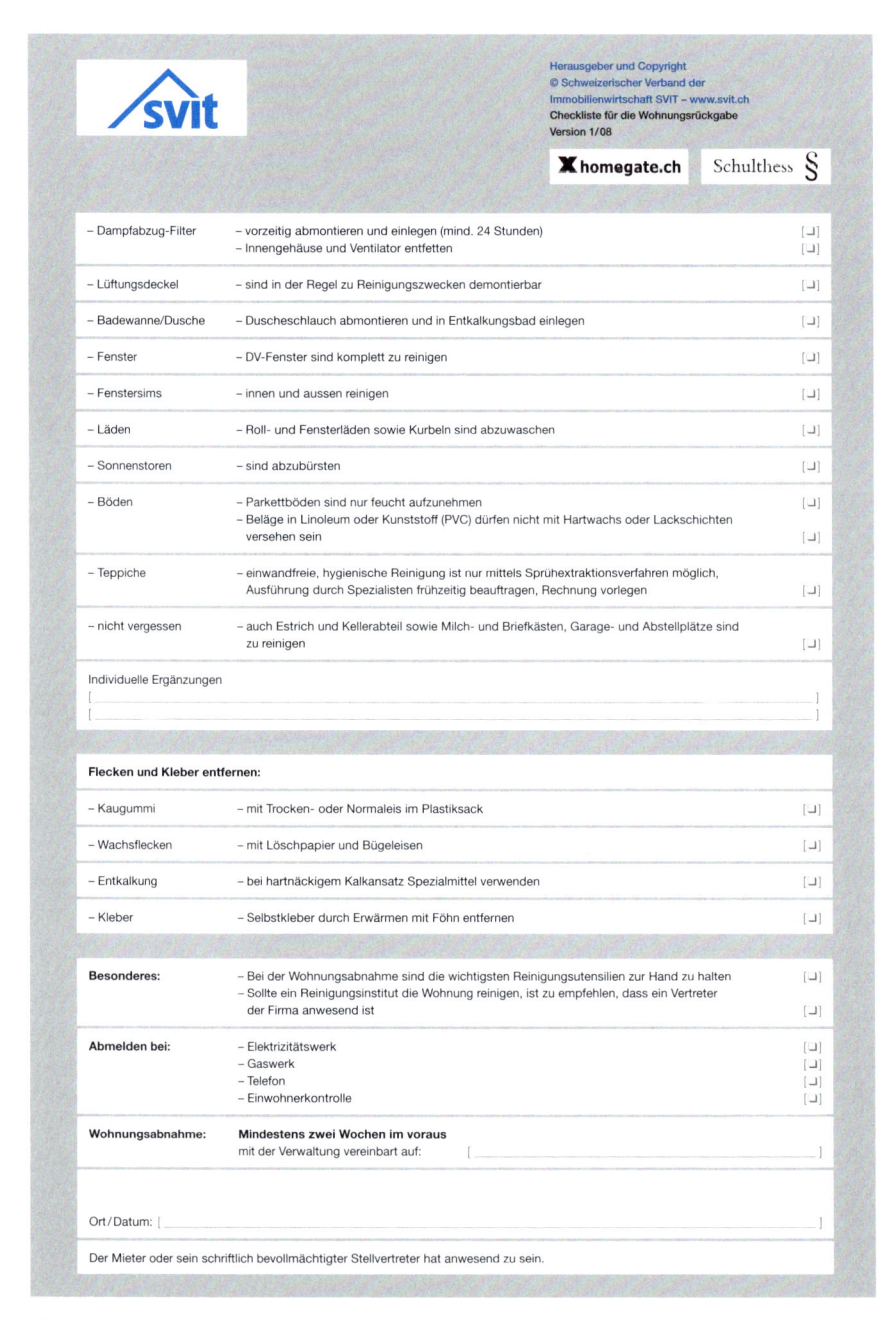

Kapitel 12: Allgemeine Dokumente zur Liegenschaftsverwaltung

Herausgeber und Copyright
© Schweizerischer Verband der Immobilienwirtschaft SVIT – www.svit.ch
Checkliste für die Wohnungsrückgabe
Version 1/08

– Dampfabzug-Filter	– vorzeitig abmontieren und einlegen (mind. 24 Stunden) – Innengehäuse und Ventilator entfetten	[ ] [ ]
– Lüftungsdeckel	– sind in der Regel zu Reinigungszwecken demontierbar	[ ]
– Badewanne/Dusche	– Duscheschlauch abmontieren und in Entkalkungsbad einlegen	[ ]
– Fenster	– DV-Fenster sind komplett zu reinigen	[ ]
– Fenstersims	– innen und aussen reinigen	[ ]
– Läden	– Roll- und Fensterläden sowie Kurbeln sind abzuwaschen	[ ]
– Sonnenstoren	– sind abzubürsten	[ ]
– Böden	– Parkettböden sind nur feucht aufzunehmen – Beläge in Linoleum oder Kunststoff (PVC) dürfen nicht mit Hartwachs oder Lackschichten versehen sein	[ ] [ ]
– Teppiche	– einwandfreie, hygienische Reinigung ist nur mittels Sprühextraktionsverfahren möglich, Ausführung durch Spezialisten frühzeitig beauftragen, Rechnung vorlegen	[ ]
– nicht vergessen	– auch Estrich und Kellerabteil sowie Milch- und Briefkästen, Garage- und Abstellplätze sind zu reinigen	[ ]

Individuelle Ergänzungen
[   ]
[   ]

Flecken und Kleber entfernen:

– Kaugummi	– mit Trocken- oder Normaleis im Plastiksack	[ ]
– Wachsflecken	– mit Löschpapier und Bügeleisen	[ ]
– Entkalkung	– bei hartnäckigem Kalkansatz Spezialmittel verwenden	[ ]
– Kleber	– Selbstkleber durch Erwärmen mit Föhn entfernen	[ ]

Besonderes:	– Bei der Wohnungsabnahme sind die wichtigsten Reinigungsutensilien zur Hand zu halten – Sollte ein Reinigungsinstitut die Wohnung reinigen, ist zu empfehlen, dass ein Vertreter der Firma anwesend ist	[ ] [ ]
Abmelden bei:	– Elektrizitätswerk – Gaswerk – Telefon – Einwohnerkontrolle	[ ] [ ] [ ] [ ]
Wohnungsabnahme:	**Mindestens zwei Wochen im voraus** mit der Verwaltung vereinbart auf: [ ]	

Ort/Datum: [   ]

Der Mieter oder sein schriftlich bevollmächtigter Stellvertreter hat anwesend zu sein.

Dies ist eine Checkliste für die Wohnungsrückgabe wie sie im Kanton Zürich verwendet wird.

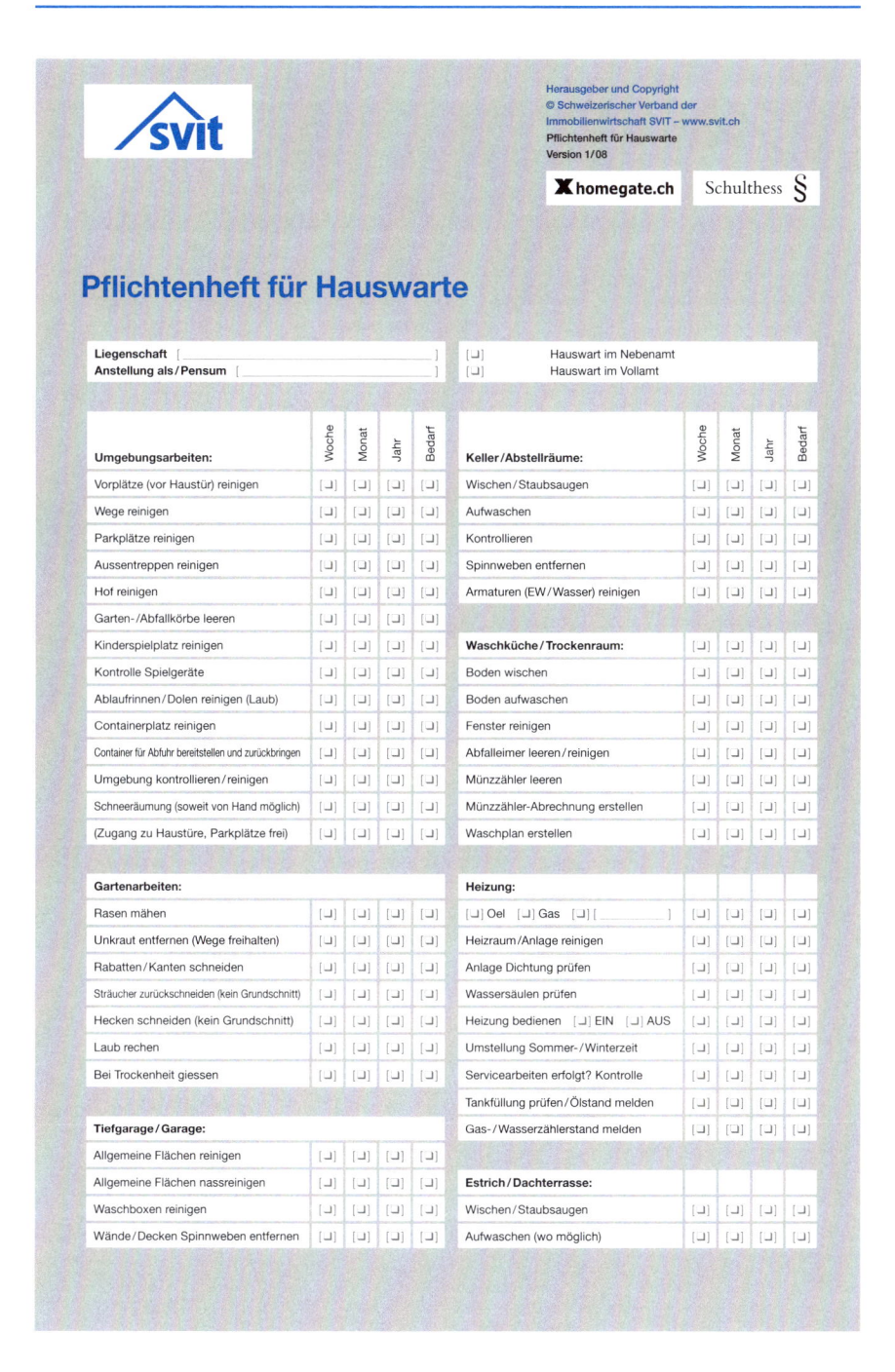

Kapitel 12: Allgemeine Dokumente zur Liegenschaftsverwaltung

Herausgeber und Copyright
© Schweizerischer Verband der Immobilienwirtschaft SVIT – www.svit.ch
Pflichtenheft für Hauswarte
Version 1/08

homegate.ch   Schulthess §

Pflichtenheft für Hauswarte

Liegenschaft [　　　　　　　　　　　]   [ ] Hauswart im Nebenamt
Anstellung als / Pensum [　　　　　　　]   [ ] Hauswart im Vollamt

Umgebungsarbeiten:	Woche	Monat	Jahr	Bedarf	Keller / Abstellräume:	Woche	Monat	Jahr	Bedarf
Vorplätze (vor Haustür) reinigen	[ ]	[ ]	[ ]	[ ]	Wischen / Staubsaugen	[ ]	[ ]	[ ]	[ ]
Wege reinigen	[ ]	[ ]	[ ]	[ ]	Aufwaschen	[ ]	[ ]	[ ]	[ ]
Parkplätze reinigen	[ ]	[ ]	[ ]	[ ]	Kontrollieren	[ ]	[ ]	[ ]	[ ]
Aussentreppen reinigen	[ ]	[ ]	[ ]	[ ]	Spinnweben entfernen	[ ]	[ ]	[ ]	[ ]
Hof reinigen	[ ]	[ ]	[ ]	[ ]	Armaturen (EW / Wasser) reinigen	[ ]	[ ]	[ ]	[ ]
Garten- / Abfallkörbe leeren	[ ]	[ ]	[ ]	[ ]					
Kinderspielplatz reinigen	[ ]	[ ]	[ ]	[ ]	**Waschküche / Trockenraum:**	[ ]	[ ]	[ ]	[ ]
Kontrolle Spielgeräte	[ ]	[ ]	[ ]	[ ]	Boden wischen	[ ]	[ ]	[ ]	[ ]
Ablaufrinnen / Dolen reinigen (Laub)	[ ]	[ ]	[ ]	[ ]	Boden aufwaschen	[ ]	[ ]	[ ]	[ ]
Containerplatz reinigen	[ ]	[ ]	[ ]	[ ]	Fenster reinigen	[ ]	[ ]	[ ]	[ ]
Container für Abfuhr bereitstellen und zurückbringen	[ ]	[ ]	[ ]	[ ]	Abfalleimer leeren / reinigen	[ ]	[ ]	[ ]	[ ]
Umgebung kontrollieren / reinigen	[ ]	[ ]	[ ]	[ ]	Münzzähler leeren	[ ]	[ ]	[ ]	[ ]
Schneeräumung (soweit von Hand möglich)	[ ]	[ ]	[ ]	[ ]	Münzzähler-Abrechnung erstellen	[ ]	[ ]	[ ]	[ ]
(Zugang zu Haustüre, Parkplätze frei)	[ ]	[ ]	[ ]	[ ]	Waschplan erstellen	[ ]	[ ]	[ ]	[ ]
Gartenarbeiten:					**Heizung:**				
Rasen mähen	[ ]	[ ]	[ ]	[ ]	[ ] Oel [ ] Gas [ ] [　　]	[ ]	[ ]	[ ]	[ ]
Unkraut entfernen (Wege freihalten)	[ ]	[ ]	[ ]	[ ]	Heizraum / Anlage reinigen	[ ]	[ ]	[ ]	[ ]
Rabatten / Kanten schneiden	[ ]	[ ]	[ ]	[ ]	Anlage Dichtung prüfen	[ ]	[ ]	[ ]	[ ]
Sträucher zurückschneiden (kein Grundschnitt)	[ ]	[ ]	[ ]	[ ]	Wassersäulen prüfen	[ ]	[ ]	[ ]	[ ]
Hecken schneiden (kein Grundschnitt)	[ ]	[ ]	[ ]	[ ]	Heizung bedienen [ ] EIN [ ] AUS	[ ]	[ ]	[ ]	[ ]
Laub rechen	[ ]	[ ]	[ ]	[ ]	Umstellung Sommer- / Winterzeit	[ ]	[ ]	[ ]	[ ]
Bei Trockenheit giessen	[ ]	[ ]	[ ]	[ ]	Servicearbeiten erfolgt? Kontrolle	[ ]	[ ]	[ ]	[ ]
					Tankfüllung prüfen / Ölstand melden	[ ]	[ ]	[ ]	[ ]
Tiefgarage / Garage:					Gas- / Wasserzählerstand melden	[ ]	[ ]	[ ]	[ ]
Allgemeine Flächen reinigen	[ ]	[ ]	[ ]	[ ]					
Allgemeine Flächen nassreinigen	[ ]	[ ]	[ ]	[ ]	**Estrich / Dachterrasse:**				
Waschboxen reinigen	[ ]	[ ]	[ ]	[ ]	Wischen / Staubsaugen	[ ]	[ ]	[ ]	[ ]
Wände / Decken Spinnweben entfernen	[ ]	[ ]	[ ]	[ ]	Aufwaschen (wo möglich)	[ ]	[ ]	[ ]	[ ]

Kapitel 12: Allgemeine Dokumente zur Liegenschaftsverwaltung

Herausgeber und Copyright
© Schweizerischer Verband der Immobilienwirtschaft SVIT – www.svit.ch
Pflichtenheft für Hauswarte
Version 1/08

homegate.ch | Schulthess §

Arbeit					Arbeit				
Zugang Treppenhaus reinigen	[ ]	[ ]	[ ]	[ ]	Spinnweben entfernen	[ ]	[ ]	[ ]	[ ]
Zu- und Wegfahrt reinigen	[ ]	[ ]	[ ]	[ ]	Allgemeine Kontrolle	[ ]	[ ]	[ ]	[ ]
Lüftung: Funktionskontrolle	[ ]	[ ]	[ ]	[ ]					
Rampenheizung kontrollieren	[ ]	[ ]	[ ]	[ ]	**Diverse Arbeiten:**	[ ]	[ ]	[ ]	[ ]
Automatisches Tor: Funktionskontrolle	[ ]	[ ]	[ ]	[ ]	Aussenwasserleitungen entleeren/füllen	[ ]	[ ]	[ ]	[ ]
					Grundwasserpumpe kontrollieren	[ ]	[ ]	[ ]	[ ]
Treppenhaus inkl. Eingangsbereich:	[ ]	[ ]	[ ]	[ ]	Beleuchtung allgemein kontrollieren	[ ]	[ ]	[ ]	[ ]
Briefkästen reinigen	[ ]	[ ]	[ ]	[ ]	Beleuchtungskörper reinigen	[ ]	[ ]	[ ]	[ ]
Alte Werbung/Zeitungen entfernen	[ ]	[ ]	[ ]	[ ]	Schaltuhren einstellen (Sommer-/Winterzeit)	[ ]	[ ]	[ ]	[ ]
Haustüren (inkl. Glas) reinigen	[ ]	[ ]	[ ]	[ ]	Flachdach kontrollieren	[ ]	[ ]	[ ]	[ ]
Treppenhaus/Vorplätze/Stufen:	[ ]	[ ]	[ ]	[ ]	Türschliesser/-schlösser kontrollieren und einstellen	[ ]	[ ]	[ ]	[ ]
– Staubsaugen	[ ]	[ ]	[ ]	[ ]	Elektrokasten reinigen	[ ]	[ ]	[ ]	[ ]
– Wischen	[ ]	[ ]	[ ]	[ ]	Lichtschächte reinigen	[ ]	[ ]	[ ]	[ ]
– Feuchtwischen	[ ]	[ ]	[ ]	[ ]	Fensterreinigung allgemein	[ ]	[ ]	[ ]	[ ]
Laubengänge reinigen	[ ]	[ ]	[ ]	[ ]	Hauswartraum reinigen	[ ]	[ ]	[ ]	[ ]
Fussmatten reinigen	[ ]	[ ]	[ ]	[ ]	Türen allgemeiner Bereich reinigen	[ ]	[ ]	[ ]	[ ]
Treppengeländer reinigen	[ ]	[ ]	[ ]	[ ]	Wartung Maschinenpark gemäss sep. Inventarliste	[ ]	[ ]	[ ]	[ ]
Lift: Türen/Boden kontrollieren/reinigen	[ ]	[ ]	[ ]	[ ]	(evtl. Beizug Servicestelle)	[ ]	[ ]	[ ]	[ ]
Fenster reinigen	[ ]	[ ]	[ ]	[ ]	Rapporte an Verwaltung einreichen	[ ]	[ ]	[ ]	[ ]
Spinnweben entfernen	[ ]	[ ]	[ ]	[ ]	Unterstützung Wiedervermietung allgemein	[ ]	[ ]	[ ]	[ ]
Abfallkübel leeren/reinigen	[ ]	[ ]	[ ]	[ ]	Begleitung bei Abnahme von Mietobjekten	[ ]	[ ]	[ ]	[ ]
[_____]	[ ]	[ ]	[ ]	[ ]	[_____]	[ ]	[ ]	[ ]	[ ]
[_____]	[ ]	[ ]	[ ]	[ ]	[_____]	[ ]	[ ]	[ ]	[ ]
[_____]	[ ]	[ ]	[ ]	[ ]	[_____]	[ ]	[ ]	[ ]	[ ]
[_____]	[ ]	[ ]	[ ]	[ ]	[_____]	[ ]	[ ]	[ ]	[ ]

Individuelle Ergänzungen
[_____]
[_____]

Datum   Visum
[_____]   [_____]

Dies ist ein Pflichtenheft für Hauswarte wie es im Kanton Zürich verwendet wird.

Kapitel 13

Allgemeine Geschäftsbedingungen

Kapitel 13: Allgemeine Geschäftsbedingungen

Herausgeber und Copyright
© Schweizerischer Verband der
Immobilienwirtschaft SVIT – www.svit.ch
Allgemeine Bedingungen zum Mietvertrag
für Wohnräume – Version 1/08

Allgemeine Bedingungen zum Mietvertrag für Wohnräume

Einfachheitshalber wird auf die weiblichen Formen «Mieterin, Vermieterin» etc. verzichtet und stattdessen «Mieter, Vermieter» etc. als Oberbegriff verwendet.

1. Übergabe

Der Vermieter übergibt dem Mieter das Mietobjekt zum vereinbarten Zeitpunkt in einem zum vorausgesetzten Gebrauch tauglichen und sauberen Zustand. Ein Anspruch auf Neuwertigkeit besteht nicht.

Die Übergabe findet, sofern nichts anderes vereinbart wurde, am Tag des Mietbeginns ab 12.00 Uhr statt. Fällt dieser Termin auf einen Samstag, Sonntag oder gesetzlichen Ruhe- oder Feiertag, verschiebt sich die Übergabe auf den darauf folgenden lokalen Werktag.

Anlässlich der Übergabe wird ein Übergabeprotokoll erstellt. Nachträglich festgestellte Mängel hat der Mieter **innert 14 Tagen** seit der Übergabe dem Vermieter schriftlich anzuzeigen. Unterbleiben entsprechende Anzeigen, wird angenommen, die Mietsache sei in protokolliertem Zustand übergeben worden.

Der Mieter übernimmt die Kosten für die Anfertigung einheitlicher Namensschilder an Sonnerie, Briefkasten, Lift, Wohnungstüre usw.

Können Instandstellungsarbeiten aus zeitlichen Gründen erst nach Mietantritt ausgeführt werden, so hat der Mieter diese zu dulden. Der Vermieter hat jedoch auf die Interessen des Mieters gebührend Rücksicht zu nehmen.

2. Schlüssel

Bei der Übergabe des Mietobjektes wird ein Schlüsselverzeichnis erstellt.

Zusätzliche Schlüssel dürfen nur mit schriftlicher Erlaubnis des Vermieters angefertigt werden und sind diesem beim Auszug ohne Entschädigung zu überlassen.

Bei einem Schlüsselverlust ist der Vermieter berechtigt, die betreffenden Schlösser und Schlüssel auf Kosten des Mieters ersetzen oder abändern zu lassen. Bei geschütztem Schliessplan kann auch die Schliessanlage des Gebäudes auf Kosten des Mieters ersetzt werden.

3. Gebrauch des Mietobjektes

Der Mieter gebraucht die Mietsache ausschliesslich zum vertraglich vereinbarten Zweck. Jede Änderung, insbesondere die Erhöhung der vertraglich vereinbarten Anzahl erwachsener Personen, bedarf der schriftlichen Zustimmung des Vermieters.

Der Mieter ist verpflichtet, auf die übrigen Hausbewohner Rücksicht zu nehmen, das Mietobjekt mit Sorgfalt zu gebrauchen und vor Schaden zu bewahren. Das Mietobjekt ist regelmässig zu lüften; d.h. mehrfach täglich kurz und stossweise. Während der Heizperiode darf die Heizung in keinem Raum vollständig abgestellt werden. Für Schäden, die auf eine unsorgfältige und vertragswidrige Benutzung zurückzuführen sind, ist der Mieter schadenersatzpflichtig.

4. Unterhalt des Mietobjektes

A. Unterhaltspflicht des Vermieters

Der Vermieter ist verpflichtet, das Mietobjekt in gebrauchsfähigem Zustand zu erhalten und Mängel zu beheben. Vorbehalten bleibt die Behebung kleinerer Mängel, die dem Mieter obliegt (siehe unten Abs. B). Vom Vermieter zu behebende Mängel hat der Mieter sofort schriftlich zu melden und dürfen nicht eigenmächtig in Auftrag gegeben werden. Unterlässt der Mieter dies, haftet er für allen dadurch entstehenden Schaden.

Bei plötzlich auftretenden Mängeln, welche einen Notfall darstellen und keinen Aufschub zulassen, ist der Mieter gehalten, sofort den Hauswart oder den Vermieter bzw. dessen Vertreter zu informieren und bei deren Abwesenheit, soweit möglich und zumutbar, selber die unbedingt notwendigen Vorkehrungen zur Abwendung von Folgeschäden zu treffen oder treffen zu lassen. Im Unterlassungsfall haftet er für Folgeschäden.

Für die Sacherhaltung notwendige Arbeiten hat der Mieter jederzeit zu dulden. Der Vermieter hat dem Mieter die Arbeiten rechtzeitig anzuzeigen und auf die Interessen des Mieters Rücksicht zu nehmen. Verweigert der Mieter den Handwerkern den Zugang zum Mietobjekt, kann er für allfällige Mehrkosten und Folgeschäden haftbar gemacht werden.

Kapitel 13: Allgemeine Geschäftsbedingungen

Herausgeber und Copyright
© Schweizerischer Verband der
Immobilienwirtschaft SVIT – www.svit.ch
Allgemeine Bedingungen zum Mietvertrag
für Wohnräume – Version 1/08

X homegate.ch   Schulthess §

B. Unterhaltspflicht des Mieters

Der Mieter ist verpflichtet, das Mietobjekt regelmässig zu reinigen, insbesondere auch Fenster, Fensterrahmen, Rollläden, Storen und Jalousien sowie Balkone, Terrassen etc. bis zu den Abläufen.

Die Pflege der zum Mietobjekt gehörenden Bepflanzungen auf Gartensitzplätzen, Balkonen und Terrassen ist Sache des Mieters. Er hat insbesondere auch übermässigen Pflanzenwuchs zu verhindern.

Der Mieter ist verpflichtet, zerbrochene Fensterscheiben gleichwertig zu ersetzen, sofern der Bruch nicht nachweisbar von einem Dritten verursacht worden ist oder ein Spannungsriss vorliegt.

Der Mieter ist verpflichtet, Sonnenstorenstoffe zu reinigen bzw. gleichwertig zu ersetzen, wenn sie verunreinigt oder beschädigt sind, weil sie bei schlechter Witterung ausgestellt wurden.

Dem Mieter obliegen sodann die kleinen, für den gewöhnlichen Gebrauch der Mietsache erforderlichen Ausbesserungen. Diese kleinen Unterhaltsarbeiten sind fachmännisch auszuführen.

Zum **kleinen Unterhalt** gehören, unabhängig vom allfälligen Rechnungsbetrag, insbesondere

- das Instandhalten der Installationen, Armaturen und Apparate in Küche und Bad (Ersetzen von defekten Kuchenblechen und Rosten, Kühlschrankeinrichtungen, Geschirrspülereinrichtungen, Spiegel, Schlauch und Brause der Dusche, WC-Brille und Deckel, Zahngläser und Seifenschalen, Ablaufverschlüsse von Badewanne und Lavabo, Dichtungen bei Wasserhahnen, Spülkasten, Geschirrspüler, Backofen, Kühlschrank, Keramikkochfelder, Kochplatten und Brenner bei Gasherden, etc.);
- das Ersetzen von elektrischen Schaltern, Steckdosen, zur Wohnung gehörenden Sicherungen, Lampen und -abdeckungen;
- das Ersetzen von Rollladen- und Sonnenstorengurten bzw. -kurbeln, Schnüren oder Bändern an Zugjalousien usw.;
- das Ölen und Instandhalten von Tür- und Schrankscharnieren und -schlössern;
- das regelmässige Entkalken von Wohnungsboilern, Entrussen von Cheminées und Einzelofenanlagen, Entstopfen von Abwasserleitungen bis zur Hauptleitung;
- **sowie alle weiteren kleineren Reparaturen und Instandstellungen, welche im Einzelfall 1% des Jahres-Netto-Mietzinses nicht übersteigen.**

5. Zahlungsrückstand

Bei Zahlungsrückstand des Mieters wird eine Mahnfrist von 30 Tagen angesetzt, innert welcher der Rückstand zu bezahlen ist. Mit der Mahnung kann dem Mieter angedroht werden, dass bei Nichtbeachtung der Zahlungsaufforderung das Mietverhältnis unter Einhaltung von einer 30-tägigen Frist (Art. 257d OR) auf das folgende Monatsende gekündigt werden kann. Die Einleitung von zusätzlichen betreibungsrechtlichen Schritten bleibt vorbehalten.

6. Erneuerungsarbeiten und bauliche Änderungen durch den Vermieter

Erneuerungen und Änderungen am Mietobjekt sind ohne Zustimmung des Mieters nur zulässig, wenn sie für den Mieter zumutbar sind und das Mietverhältnis nicht gekündigt ist. Solche Arbeiten sind auch während einer Erstreckung ohne Zustimmung des Mieters zulässig. Vorbehalten bleiben die Mietzinsherabsetzungs- und Schadenersatzansprüche des Mieters.

Umbauten, Renovationen und Neuinstallationen, insbesondere erhebliche Eingriffe, welche den Gebrauch des Mietobjektes beeinträchtigen oder eine Vertragsänderung (zum Beispiel Mietzinserhöhung) zur Folge haben, sind dem Mieter rechtzeitig anzukündigen.

Der Mieter hat den Handwerkern und Lieferanten bis zur Vollendung der Bauarbeiten sowie zur Behebung der Garantiemängel den Zutritt zu seinem Mietobjekt zu gewährleisten.

Bei den Arbeiten ist auf die Mieter gebührend Rücksicht zu nehmen. Während Sonn- und Feiertagen, sowie in der Regel zu den üblichen Ruhestunden, dürfen keine Arbeiten durchgeführt werden.

7. Änderungen durch den Mieter

Erneuerungen und Änderungen in und am Mietobjekt bedürfen vorgängig der schriftlichen Zustimmung des Vermieters. Dasselbe gilt für das Anbringen von Einrichtungen und Vorrichtungen ausserhalb des Mietobjektes (z.B. Storen, Aushängeschilder, Plakate, Schaukästen, Antennen, Parabolspiegel u.Ä.) sowie die Änderung bestehender Einrichtungen und Vorrichtungen.

Stellen durch den Vermieter schriftlich genehmigte und vom Mieter veranlasste und bezahlte Erneuerungen und Änderungen am Mietobjekt nach Beendigung des Mietverhältnisses einen erheblichen Mehrwert dar, kann der Vermieter diese durch finanzielle Abgeltung des Mehrwertes übernehmen. Es besteht jedoch grundsätzlich kein Ersatzanspruch gegenüber dem Vermieter. Auf Verlangen des Vermieters muss der ursprüngliche Zustand auf Kosten des Mieters wieder hergestellt werden, sofern dies schriftlich vereinbart wird.

Der Unterhalt und Ersatz aller vom Mieter getätigten Veränderungen liegt während der Mietdauer bei ihm. Durch die Veränderung entstehende Mehrkosten, beispielsweise eine Mehrprämie der Gebäudeversicherung, sind vom Mieter zu tragen.

Bei grösseren Änderungen am Mietobjekt hat der Mieter vor Beginn der Arbeiten einen Betrag sicher zu stellen (Sperrkonto, Bankgarantie etc.), welcher den zu erwartenden Gesamtkosten entspricht. Stellt der Mieter die entsprechende Summe nicht sicher und meldet ein Bauhandwerker ein Bauhandwerkerpfandrecht an, so ist der Mieter zur sofortigen Sicherstellung verpflichtet. Bei Ausbleiben der Ablösung eines Bauhandwerkerpfandrechtes innert Monatsfrist ist der Vermieter berechtigt, das Mietverhältnis ausserordentlich zu kündigen.

Kapitel 13: Allgemeine Geschäftsbedingungen

Herausgeber und Copyright
© Schweizerischer Verband der
Immobilienwirtschaft SVIT – www.svit.ch
Allgemeine Bedingungen zum Mietvertrag
für Wohnräume – Version 1/08

8. Private Apparate

Die Verwendung von privaten Apparaten mit Wasseranschluss in der Wohnung (Waschmaschinen, Tumbler, Geschirrspüler usw.) ist nur mit schriftlicher Zustimmung des Vermieters gestattet. Die Installation hat ausschliesslich durch konzessionierte Installateure zu erfolgen.

Das Anschliessen von privaten Apparaten (Tiefkühlschränke, Kühltruhen etc.) im Keller- oder Estrichabteil am Allgemeinstrom ist nur mit schriftlicher Zustimmung des Vermieters gestattet. Die Installation hat zudem ausschliesslich durch einen konzessionierten Installateur zu erfolgen.

Der Vermieter ist in diesen Fällen berechtigt, dem Mieter zusätzlich zur vereinbarten Miete eine monatliche Pauschale für Wasser bzw. Strom zu verrechnen.

9. Besichtigungs- und Zutrittsrecht des Vermieters

Der Vermieter oder dessen Vertreter sind berechtigt, unter **48-stündiger** Voranzeige, Besichtigungen durchzuführen, die zur Wahrung des Eigentumsrechts und zwecks Vornahme der ihnen obliegenden Reparaturen und Renovationen notwendig sind. Diese sind ferner berechtigt, für Verkaufs- oder Vermietungsverhandlungen mit Interessenten die Räumlichkeiten in der Zeit von Montag bis Freitag zwischen 8.00 und 17.00 Uhr und am Samstagvormittag zu besichtigen. Die Besichtigungen sind auf das Notwendige zu beschränken.

Beabsichtigt der Mieter das Mietobjekt für längere Zeit (mehr als 3 Wochen) unbenützt zu lassen, so ist er verpflichtet, eine Person zu bezeichnen, welche die Schlüssel zur Verfügung hält. Bei kurzer Abwesenheit genügt die Hinterlegung des Schlüssels im Hause.

10. Untermiete

Der Mieter darf das Mietobjekt nur mit schriftlicher Zustimmung des Vermieters ganz oder teilweise untervermieten.

Der Vermieter kann die Zustimmung nur verweigern, wenn:
– der Mieter sich weigert, dem Vermieter die Bedingungen der Untermiete bekannt zu geben;
– die Bedingungen der Untermiete im Vergleich zu denjenigen des Hauptmietvertrags missbräuchlich sind;
– dem Vermieter aus der Untermiete wesentliche Nachteile entstehen.

Der Mieter hat dem Vermieter **vorgängig** die beabsichtigten Vertragskonditionen und die Personalien des Untermieters bekannt zu geben. Dem Vermieter ist nach Zustandekommen des Untermietvertrages eine entsprechende Kopie zuzustellen. Änderungen dieser Konditionen während der Vertragsdauer, sind dem Vermieter unverzüglich mitzuteilen.

Der Mieter haftet dem Vermieter dafür, dass der Untermieter das Mietobjekt nicht anders gebraucht, als es ihm selbst gestattet ist. Der Vermieter kann den Untermieter unmittelbar dazu anhalten.

Die unentgeltliche Überlassung des Mietobjekts an einen Dritten bedarf ebenfalls der schriftlichen Zustimmung des Vermieters.

11. Haustiere

Kleintiere wie Hamster, Kanarienvögel und Zierfische dürfen in den Wohnungen gehalten werden, soweit sich die Anzahl in den üblichen Grenzen hält. Der Mieter verpflichtet sich, Tiere unter Beachtung der Wohnhygiene artgerecht zu halten. Nagetiere müssen dauernd im Käfig gehalten werden; das Herumlaufenlassen im Mietobjekt ist nicht gestattet.

Das Halten von grösseren Haustieren (z.B. Katzen, Hasen, Hunden, Papageien, Reptilien) sowie das Aufstellen von Aquarien mit mehr als 300 Liter Fassung bedarf der schriftlichen Zustimmung des Vermieters.

Eine solche Bewilligung kann aus wichtigen Gründen und nach einmaliger schriftlicher Abmahnung unter Einhaltung einer Frist von 2 Monaten widerrufen werden.

Für den Fall der Tierhaltung verpflichtet sich der Mieter, eine Versicherung abzuschliessen, welche durch die entsprechenden Tiere verursachte Schäden deckt. Dies gilt auch für Wasserschäden bei Aquarien.

12. Mietzinsanpassungen und andere Vertragsänderungen

A. Unbefristete Verträge

Der Vermieter kann Mietzinsanpassungen und andere einseitige Vertragsänderungen zulasten des Mieters auf jeden Kündigungstermin vornehmen. Er muss dem Mieter die entsprechende Anpassung **mindestens zehn Tage** vor Beginn der Kündigungsfrist in der dafür vorgeschriebenen Form mitteilen und begründen (Art. 269d OR).

B. Verträge mit Mindestdauer/Befristete Verträge

Ist der Mietvertrag auf eine Dauer von mindestens fünf Jahren abgeschlossen oder während mindestens fünf Jahren seitens Vermieter unkündbar, gilt der Mietzins als indexiert. Der Mietzins kann demnach einmal jährlich gemäss folgender Formel an den Landesindex der Konsumentenpreise angepasst werden.

$$\text{Mietzinsänderung in \%} = \frac{\text{neuer Index} - \text{alter Index} \times 100}{\text{alter Index}}$$

Mietzinserhöhungen für Mehrleistungen des Vermieters können auch während der festen Vertragsdauer geltend gemacht werden. Dasselbe gilt für die Einführung neuer Nebenkosten sowie für die Anpassung von Nebenkostenpauschalen oder -akontozahlungen.

Anpassungen des Mietzinses oder der Nebenkosten sind dem Mieter unter Einhaltung einer **30-tägigen Frist** auf ein Monatsende in der dafür vorgeschriebenen Form zu eröffnen.

Kapitel 13: Allgemeine Geschäftsbedingungen

Herausgeber und Copyright
© Schweizerischer Verband der
Immobilienwirtschaft SVIT – www.svit.ch
Allgemeine Bedingungen zum Mietvertrag
für Wohnräume – Version 1/08

homegate.ch   Schulthess §

13. Nebenkosten

A. Allgemeines

Nebenkosten sind das Entgelt für öffentliche Abgaben sowie tatsächliche Aufwendungen des Vermieters oder eines Dritten, die mit dem Gebrauch der Mietsache zusammenhängen, wie Heizungs-, Warmwasser- und Betriebskosten.

Nebenkosten, welche dem Mieter direkt von einem Werk, einem Amt oder einem Lieferanten (inkl. Kabelnetze) in Rechnung gestellt worden sind, sind durch den Mieter direkt zu bezahlen, auch wenn solche nicht im Mietvertrag aufgeführt sind. Im Übrigen sind Nebenkosten nur geschuldet, soweit sie **ausdrücklich vereinbart** wurden, ansonsten sind die diesbezüglichen Aufwendungen im Nettomietzins enthalten.

Werden Nebenkosten separat erhoben, hat der Mieter das Recht, beim Vermieter in die entsprechenden Belege Einsicht zu nehmen (es erfolgt ausdrücklich kein Versand der Belege).

B. Pauschalbeträge

Pauschalbeträge für Nebenkosten haben dem mutmasslichen Aufwand zu entsprechen. Dabei muss auf die Durchschnittswerte dreier Jahre abgestellt werden. Eine Abrechnung wird nicht erstellt.

C. Akontobeiträge

Im Voraus wird vom Mieter für die Nebenkosten ein festgelegter Akontobeitrag bezahlt, über welchen nach Ablauf der Rechnungsperiode abgerechnet wird. Nachforderungen und Rückerstattungen sind innert 30 Tagen nach Anerkennung der Abrechnung zu bezahlen.

D. Abrechnung

Die Nebenkosten sind vom Vermieter jeweils per vertraglich festgelegtem Stichtag abzurechnen.

Die Abrechnung über vertraglich vereinbarte Nebenkosten gilt als genehmigt, sofern der Mieter nicht innert 30 Tagen seit Erhalt dagegen schriftlich Einsprache beim Vermieter erhebt. Verlangt der Mieter Einsicht in die Belege, so kann er diese innert den darauf folgenden 30 Tagen einsehen. Die Einsprachefrist von 30 Tagen beginnt in diesem Fall an dem Tag, an welchem er die sachdienlichen Belege eingesehen hat, spätestens aber mit Ablauf der Einsichtsfrist.

Verlässt der Mieter während der Rechnungsperiode das Mietobjekt, so hat er keinen Anspruch auf Erstellung einer Zwischenabrechnung. Er erhält die nach branchenüblichen Usanzen pro rata erstellte Abrechnung nach dem vertraglich vereinbarten Abrechnungsstichtag.

E. Verteilung der Nebenkosten

Die Verteilung der Nebenkosten erfolgt nach einem liegenschaftsspezifischen Verteilschlüssel.

Die Heizungs- und Warmwasserkosten für nicht vermietete Wohn- und Geschäftsräume trägt der Vermieter. Sind keine Geräte zur Erfassung des Wärmeverbrauchs der einzelnen Verbraucher installiert und wurden nicht vermietete Wohn- und Geschäftsräume nachweisbar nur soweit geheizt, als dies zur Verhinderung von Frostschäden notwendig ist, muss der Vermieter nur einen Teil der Heizungskosten übernehmen, die nach dem normalen Verteilschlüssel auf Wohn- und Geschäftsräume entfallen. Dieser Teil beträgt in der Regel $1/3$ für Zwei- bis Dreifamilienhäuser, $1/2$ für Vier- bis Achtfamilienhäuser, $2/3$ für grössere Gebäude sowie für Büro- und Geschäftshäuser.

Für die durch den Mieter gedrosselten Heizkörper kann keine Reduktion der Heizkosten gewährt werden.

F. Anrechenbare Nebenkosten
F1 Heizung und Warmwasser

Als Heizungs- und Warmwasserkosten anrechenbar sind insbesondere die Aufwendungen für:
– die Brennstoffe und die Energie, die verbraucht wurden;
– die Elektrizität zum Betrieb von Brennern und Pumpen;
– die Betriebskosten für Alternativenergien;
– die Reinigung der Heizungsanlage und des Kamins, das Auskratzen, Ausbrennen und Einölen des Heizkessels sowie die Abfall- und Schlackenbeseitigung;
– die periodische Revision der Heizungsanlage einschliesslich des Öltanks sowie das Entkalken der Warmwasseranlage, der Boiler und des Leitungsnetzes;
– die Verbrauchserfassung und den Abrechnungsservice für die verbrauchsabhängige Heizkostenabrechnung sowie den Unterhalt der nötigen Apparate;
– die Wartung;
– die Versicherungsprämien, soweit sie sich ausschliesslich auf die Heizungs- und Tankanlagen beziehen;
– die Verwaltungsarbeit (vgl. F3).

303

Kapitel 13: Allgemeine Geschäftsbedingungen

Herausgeber und Copyright
© Schweizerischer Verband der
Immobilienwirtschaft SVIT – www.svit.ch
Allgemeine Bedingungen zum Mietvertrag
für Wohnräume – Version 1/08

F2 Betriebskosten

Allfällige unter dem Titel Betriebskosten separat aufgelisteten Kostenarten werden nach tatsächlichem Aufwand abgerechnet.

F3 Verwaltungsaufwand für Heizungs-, Warmwasser- und Betriebskosten

Der Vermieter darf seinen Aufwand für die Verwaltungsarbeit (z.B. Einkauf, Überwachung, Rechnungsführung, Abrechnung etc.) im Zusammenhang mit Heizungs-, Warmwasser- und Betriebskosten der Nebenkostenabrechnung in Prozenten der Abrechnungssumme im Rahmen der üblichen Ansätze oder nach tatsächlich aufgewendeten Stunden belasten.

G. Nicht anrechenbare Heizungs- und Warmwasserkosten

Nicht als Heizungs- und Warmwasseraufbereitungskosten anrechenbar sind die Aufwendungen für: Reparatur und Erneuerung der Anlagen, Verzinsung und Abschreibung der Anlagen.

14. Kündigung

Der Mietvertrag kann von beiden Parteien in der dafür vorgeschriebenen Form und unter Einhaltung der vereinbarten Kündigungsfrist und -terminen gekündigt werden. Die Kündigung muss eingeschrieben versandt und auf Verlangen begründet werden. Die Kündigungsfrist ist eingehalten, wenn die Kündigung spätestens am letzten Tag vor Beginn der Kündigungsfrist bei der Gegenpartei eintrifft oder bei der Post abholbereit vorliegt.

Ist der Mietvertrag befristet, endet das Mietverhältnis nach Ablauf dieser Vertragsdauer ohne Kündigung. Sollte das Mietverhältnis nach Ablauf der Vertragsdauer stillschweigend weitergeführt werden, gilt der Mietvertrag als auf unbestimmte Zeit fortgesetzt.

A. Besondere Bestimmungen für Familienwohnungen

Wird die Wohnung von einem Ehepaar oder einem in einer registrierten Partnerschaft lebenden Paar bewohnt, muss der Vermieter beiden Ehegatten bzw. Partnern separat – jedem mit dem amtlichen Formular – kündigen. Die Kündigung durch den Mieter muss vom Ehegatten bzw. Partner mitunterzeichnet werden.

B. Ausserterminliche Kündigung

Will der Mieter das Mietverhältnis vorzeitig beenden, ohne Kündigungsfrist und/oder Kündigungstermin einzuhalten bzw. vor Ablauf der vereinbarten Frist, so muss er dem Vermieter einen zumutbaren, zahlungsfähigen Ersatzmieter stellen. Dieser muss der Mieterstruktur der Mietliegenschaft entsprechen und bereit sein, den Mietvertrag zu den bestehenden Bedingungen zu übernehmen. Andernfalls bleibt der Mieter zur Zahlung des Mietzinses längstens bis zu dem Zeitpunkt, auf den das Mietverhältnis gemäss Vertrag beendigt werden kann, verpflichtet. Der Abschluss des Mietvertrages ist ausschliesslich Sache des Vermieters. Steht fest, dass der Mieter keinen Ersatzmieter im Sinne des Gesetzes findet, hat sich auch der Vermieter im Rahmen seiner Schadenminderungspflicht um eine vorzeitige Wiedervermietung zu bemühen. Die Kosten für notwendige zusätzliche Umtriebe des Vermieters (z.B. Insertionskosten) hat der Mieter zu tragen.

Die vorzeitige Rückgabe ist nur auf ein Monatsende möglich. Die Mitteilung an den Vermieter hat schriftlich **spätestens 30 Tage** vor der geplanten Rückgabe zu erfolgen. Der Mieter haftet auch bei vorzeitiger Schlüsselrückgabe für die Erfüllung des Mietvertrags bis zur Weitervermietung (Mietbeginn) des Mietobjektes, längstens bis zum nächstmöglichen Kündigungstermin.

15. Rückgabe des Mietobjektes

Das Mietobjekt ist in gutem Zustand, unter Berücksichtigung der aus der vertragsgemässen Benutzung sich ergebenden Abnützung oder Veränderung sowie des Zustandes bei Mietantritt, zurückzugeben. Die Rückgabe des vollständig geräumten und gereinigten Mietobjektes erfolgt mit allen Schlüsseln nach Ortsgebrauch, jedoch spätestens am Tag nach Beendigung der Miete um 12.00 Uhr. Fällt der Rückgabetermin auf einen Samstag, Sonntag oder gesetzlichen Ruhe- oder Feiertag, hat die Rückgabe am darauf folgenden lokalen Werktag bis spätestens 12.00 Uhr zu geschehen. Die vom Mieter vorzunehmenden Instandstellungs- und Reinigungsarbeiten müssen fachgemäss ausgeführt und bis zum Schluss des Mietverhältnisses beendet werden. Textile Bodenbeläge, die zum Mietobjekt gehören, sind fachmännisch zu reinigen beziehungsweise zu extrahieren.

Mit Ablauf der Mietdauer besitzt der Mieter weder ein Recht des Aufenthaltes in den Räumen noch der Verfügung über dieselben.

Bei der Rückgabe der Mietsache erstellen Mieter und Vermieter ein Rückgabeprotokoll, in welchem der Zustand der Mietsache festgehalten wird. Verweigert der Mieter seine Mitwirkung am oder die Unterzeichnung des Rückgabeprotokolls, so ist der Vermieter berechtigt, auf Kosten des Mieters zur Beweissicherung einen amtlichen Befund aufnehmen zu lassen.

Der Vermieter muss dem Mieter diejenigen Mängel, für welche dieser einzustehen hat, sofort melden. Mängel, welche trotz übungsgemässer Prüfung bei der Rückgabe nicht erkennbar waren, kann der Vermieter auch noch später gegenüber dem Mieter geltend machen. Er hat sie dem Mieter sofort zu melden, wenn er solche entdeckt. Werden nachträglich gemeldete Mängel durch den Mieter innert zehn Tagen seit Erhalt der Mitteilung nicht bestritten, gelten sie als anerkannt.

Kapitel 13: Allgemeine Geschäftsbedingungen

Herausgeber und Copyright
© Schweizerischer Verband der
Immobilienwirtschaft SVIT – www.svit.ch
Allgemeine Bedingungen zum Mietvertrag
für Wohnräume – Version 1/08

16. Hinterlegungsverfahren / Verrechnung

Eine einseitige Herabsetzung des Mietzinses durch den Mieter ist nicht zulässig. Kommt der Vermieter seiner Instandhaltungspflicht gemäss Ziffer 4.A. nicht nach, muss der Mieter ihm dazu schriftlich eine angemessene Frist setzen und kann ihm androhen, dass er bei unbenütztem Ablauf der Frist künftige Mietzinse bzw. Teilbeträge bei der vom Kanton bezeichneten Stelle hinterlegen werde.

Die Durchführung der Hinterlegung ist dem Vermieter ebenfalls schriftlich anzuzeigen.

Hinterlegte Mietzinse fallen dem Vermieter zu, wenn der Mieter seine Ansprüche gegenüber dem Vermieter nicht innert 30 Tagen seit Fälligkeit des ersten hinterlegten Mietzinses bei der Schlichtungsbehörde geltend gemacht hat.

Der Vermieter kann bei der Schlichtungsbehörde die Herausgabe der zu Unrecht hinterlegten Mietzinse verlangen, sobald ihm der Mieter die Hinterlegung angekündigt hat.

17. Nutzungsänderung

Dem Mieter sind ohne schriftliche Zustimmung des Vermieters sowie der zuständigen Behörde die teilweise oder vollumfänglich gewerbliche Nutzung der Wohnung sowie die Erteilung von Musikunterricht in derselben untersagt.

Eine Bewilligung kann aus wichtigen Gründen und nach schriftlicher Abmahnung unter Einhaltung einer Frist von 30 Tagen widerrufen werden.

18. Gefahrtragung / Versicherung

Der Mieter trägt die Gefahr für die Beschädigung oder den Verlust der Fahrhabe aus irgendwelchen Gründen, insbesondere durch Feuer, Wasser, Einbruch oder Diebstahl. Der Abschluss einer Hausratsversicherung wird dem Mieter empfohlen.

Der Mieter ist ab Mietbeginn zum Abschluss einer Privat- bzw. Mieterhaftpflichtversicherung verpflichtet, mit Einschluss von Mieterschäden für die gesamte Mietdauer. Diese Versicherung sollte auch das Bruchrisiko bezüglich sämtlicher Spiegel, Scheiben, Vorrichtungen aus Glas/Keramik/Stein wie Kochflächen, Küchenabdeckungen, Lavabos, Klosetts, Badewannen etc. sowie mieterspezifische spezielle Risiken abdecken.

Für die Sicherheit (Einbruch, Diebstahl etc.) des Mietobjektes ist der Mieter verantwortlich. Für eingebrachte Sachen des Mieters sowie für Mieterausbauten lehnt der Vermieter jede Haftung ab. Der Mieter ist für die entsprechende Versicherung selbst verantwortlich.

19. Zustelladresse

Als Zustelladresse für alle Mieter, für beide Ehegatten oder beide Partner gilt der Ort des Mietobjektes, sofern dem Vermieter nicht schriftlich ein anderer Zustellungsort gemeldet wurde.

20. Änderung im Zivilstand / in der registrierten Partnerschaft: Meldepflicht

Bei Verheiratung, Trennung, Scheidung, Tod des Ehegatten, Aufnahme sowie Auflösung des gemeinsamen Haushaltes der Ehegatten ist der/sind die Mieter verpflichtet, den Vermieter darüber innert 30 Tagen schriftlich zu informieren, unter Angabe der relevanten Namens- und Adressänderungen.

Dasselbe gilt für Änderungen bei registrierten Partnerschaften sowie bei Veränderungen von Wohn- und Lebensgemeinschaften.

Im Unterlassungsfall haften die Mieter für einen allfälligen Schaden und anerkennen, dass der Vermieter diesen mit der Sicherheitsleistung verrechnet.

21. Auskunftsbevollmächtigung

Der Mieter bevollmächtigt den Vermieter, Auskunft über den Zivilstand oder die registrierte Partnerschaft einzuholen. Die zuständigen Ämter werden hiermit ausdrücklich zur Auskunft ermächtigt.

22. Verletzung Mietvertrag / Hausordnung

Falls diese Allgemeinen Bedingungen mit einer Hausordnung ergänzt sind, gilt diese als integrierender Bestandteil. Werden Mietvertrag und/oder Hausordnung schwer und wiederholt verletzt und bleibt die schriftliche Mahnung innerhalb der vom Vermieter angesetzten Frist erfolglos, so kann dies zu einer Kündigung unter Einhaltung einer Frist von 30 Tagen auf Ende eines Monats gemäss Art. 257f Abs. 3 OR führen. Die Geltendmachung von Schadenersatzforderungen bleibt unter derartigen Umständen ausdrücklich vorbehalten.

23. Teilnichtigkeit

Sollte eine oder mehrere der Bestimmungen der Allgemeinen Bedingungen zum Mietvertrag für Wohnräume ganz oder teilweise unzulässig, unwirksam oder sonst aus einem Grund nicht vollstreckbar sein oder werden, so wird dadurch die Gültigkeit der Allgemeinen Bedingungen zum Mietvertrag für Wohnräume im Übrigen nicht berührt. Die Parteien verpflichten sich, in guten Treuen zusammenzuwirken, um eine solche Bestimmung durch eine andere, dem damit gewollten wirtschaftlichen Zweck möglichst nahe kommende Bestimmung, zu ersetzen.

24. Anwendbares Recht / Gerichtsstand

Soweit in diesem Vertrag nichts anderes vereinbart wird, gelten ausschliesslich die Bestimmungen des Schweizerischen Obligationenrechts (Art. 253 ff. OR). Für alle Streitigkeiten aus diesem Vertrag ist der Ort der gemieteten Sache Gerichtsstand.

Kapitel 13: Allgemeine Geschäftsbedingungen

Herausgeber und Copyright
© Schweizerischer Verband der
Immobilienwirtschaft SVIT – www.svit.ch
Allgemeine Bedingungen zum Mietvertrag
für Wohnräume – Version 1/08

homegate.ch   Schulthess §

Hausordnung

Meldungen über Verstösse gegen diese Hausordnung nimmt der Vermieter nur in schriftlicher Form entgegen.

1. Rücksichtnahme

Im Interesse eines guten Verhältnisses unter den Mietern verpflichten sich alle zu gegenseitiger Rücksichtnahme. Der Mieter ist dafür besorgt, dass sich die Mitbewohner der Hausordnung unterziehen.

2. Reinigung

Ausserordentliche Verunreinigungen sind vom Verantwortlichen zu beseitigen.

Sofern kein Hauswart für die Reinigung gemeinsam benützter Gebäudeteile, wie z.B. Treppenhaus, Kellergang, Hausgang, Estrich und die Schneeräumung usw. zuständig ist, ist sie von den Mietern zu besorgen. Ohne anders lautende Abmachungen übernimmt der Mieter die Reinigung des Treppenhauses (inklusive Fenster) im Bereiche seines Mietobjektes. Dem Parterremieter obliegt die Reinigung der Abgänge in die Kellerräumlichkeiten und der entsprechenden Zugänge. Dem Mieter des obersten Geschosses obliegt die Reinigung der Aufgänge zum Dachgeschoss.

Die Schneeräumung ist ohne gegenteilige Vereinbarung Sache aller Mieter, die sich in wöchentlichem Turnus abzuwechseln haben. Die Garagen- und Autoabstellplatzmieter säubern die Garagenvorplätze und Parkplätze und besorgen deren Eis- und Schneeräumung.

3. Gemeinsame Räume

Wo Waschküche, Waschautomat, Trockenraum und Bügelzimmer vorhanden sind, findet die Benützung dieser Räume nach einem vom Vermieter festzulegenden Plan statt, der den berechtigten Interessen der Mieter Rechnung trägt.

Dem jeweiligen Benützer steht das Recht zu, diese Räume während der bestimmten Zeit allein zu benützen. Nach Gebrauch sind die benützten Räume und Apparate zu reinigen und auszutrocknen, die Wasserabläufe freizumachen und im Winter die Fenster zu schliessen.

Wäsche darf nur an den dafür vorgesehenen Orten (Estrich, Trockenraum oder Aufhängeplatz) aufgehängt werden.

4. Zu unterlassen ist:

– das Ausschütten und Ausklopfen von Behältnissen, Decken usw. aus den Fenstern sowie von Terrassen und Balkonen; Teppiche vor 7.00 Uhr und nach 20.00 Uhr und von 12.00 Uhr bis 13.30 Uhr auszuklopfen. An Sonn- und allgemeinen Feiertagen ist diese Arbeit grundsätzlich zu unterlassen.
– das Füttern von Vögeln via Fenster oder Balkon;
– das unbeaufsichtigte Laufen lassen von Hunden, Katzen und anderen grösseren Haustieren (die Haustierhaltung bedingt eine schriftliche Bewilligung durch den Vermieter);
– das Musizieren vor 8.00 Uhr und nach 21.00 Uhr und während der Mittagszeit von 12.00 Uhr bis 13.30 Uhr. Tonwiedergabegeräte wie z.B. Radio, Fernseh-, Musikgeräte und Musikinstrumente etc. müssen so eingestellt bzw. gespielt werden, dass sie Drittpersonen nicht stören oder belästigen (Zimmerlautstärke);
– die Benützung von Waschmaschinen, Tumblern zwischen 22.00 Uhr und 6.00 Uhr und das starke Ein- und Auslaufenlassen von Wasser zwischen 22.00 Uhr und 6.00 Uhr;
– das Aufhängen von Wäsche in der Wohnung (Feuchtigkeitsschäden);
– das Waschen von nicht im eigenen Haushalt anfallender Wäsche;
– harte Gegenstände, Asche, Kehricht- und Kohlenabfälle, hygienische Binden und Wegwerfwindeln, Katzenstreu usw. in das WC zu werfen;
– Kehrichtsäcke im Hausgang stehen zu lassen. Wo Container vorhanden sind, muss der Kehricht in verschlossenen Säcken direkt in dieselben deponiert werden. Abfälle jeglicher Art dürfen nur an den vom Vermieter bestimmten Orten und in zweckmässiger Weise aufbewahrt werden.;
– Gegenstände im Hausflur, in Korridoren und übrigen gemeinsamen Räumen zu deponieren. Zu unterlassen ist es, schwere Gegenstände wie Kisten und dergleichen ohne schützende Unterlagen über Treppen und Böden zu transportieren;
– das Aufstellen von ungesicherten Gegenständen, wie Blumentöpfe etc., auf Fenstersimsen sowie Balkon- und Terrassenbrüstungen;
– das Befahren der Fusswege, des Rasens und der Rabatten mit Motorfahrzeugen, Velos etc.;
– das Parkieren durch Mieter auf Besucherparkplätzen.

Kapitel 13: Allgemeine Geschäftsbedingungen

Herausgeber und Copyright
© Schweizerischer Verband der
Immobilienwirtschaft SVIT – www.svit.ch
Allgemeine Bedingungen zum Mietvertrag
für Wohnräume – Version 1/08

5. Grillieren

Beim Grillieren auf den Balkonen und Gartensitzplätzen ist auf die übrigen Hausbewohner Rücksicht zu nehmen. Allfällige feuerpolizeiliche Vorschriften und Verbote sind zu beachten. Bei berechtigten Reklamationen behält sich der Vermieter vor, das Grillieren generell zu untersagen. Für Dachwohnungen kann der Vermieter eine separate Regelung aufstellen.

6. Sicherheit

Die Haustüre ist während der Nachtzeit zu schliessen.

7. Lift

Die im Lift angeschlagenen Vorschriften sind zu beachten. Betriebsstörungen sind dem Hauswart oder der Verwaltung sofort zu melden. Die Anlage soll mit der nötigen Sorgfalt behandelt werden.

8. Lärm

Es wird auf die Lärmschutzverordnung oder gegebenenfalls auf die lokalen Lärmschutzreglemente sowie auf die Polizeiverordnung verwiesen.

9. Abstellplätze

Velos, Mofas und Kinderwagen sind an den dafür bestimmten Orten abzustellen.

Ist eine Garage mitvermietet, so darf ohne anderweitige Abrede der Vorplatz nicht als Parkplatz benützt werden.

10. Garten und Hof

Für die Benützung der Gartenanlagen und des Hofes sind die Weisungen der Verwaltung oder des Hauswartes zu befolgen. Sofern der Unterhalt und die Reinigung der Umgebung Sache der Mieter ist, wird eine spezielle Gartenordnung aufgestellt.

11. Heizung

Während der Heizperiode darf die Heizung in keinem Raum ganz abgestellt werden. Wohn- und andere Räume sind während der Heizperiode nur kurze Zeit zu lüften. Keller- und Estrichfenster sollen bei Temperaturen unter dem Gefrierpunkt geschlossen werden.

In Wohnungen mit Bodenheizung ist darauf zu achten, dass nur dafür geeignete Teppiche verwendet werden. Der Vermieter kann sonst keine Gewähr für eine angemessene Beheizung übernehmen.

12. Schwere Gegenstände

Unter schwere Möbelstücke sind zweckmässige Unterlagen zum Schutz der Böden anzubringen. Gehört zur Wohnung ein Balkon oder eine Attika-Terrasse, so ist beim Aufstellen schwerer Gegenstände die jeweils zulässige Belastbarkeit der darunterliegenden Deckenkonstruktion zu berücksichtigen.

13. Sonnenstoren

Sonnenstoren und Rollläden sollen bei Wind und Regenwetter nicht ausgestellt bleiben. Ebenso ist das ununterbrochene Ausstellen während längerer Zeit zu vermeiden (Mieterhaftung im Falle von Verwitterungsschäden und Verschmutzung).

Kapitel 13: Allgemeine Geschäftsbedingungen

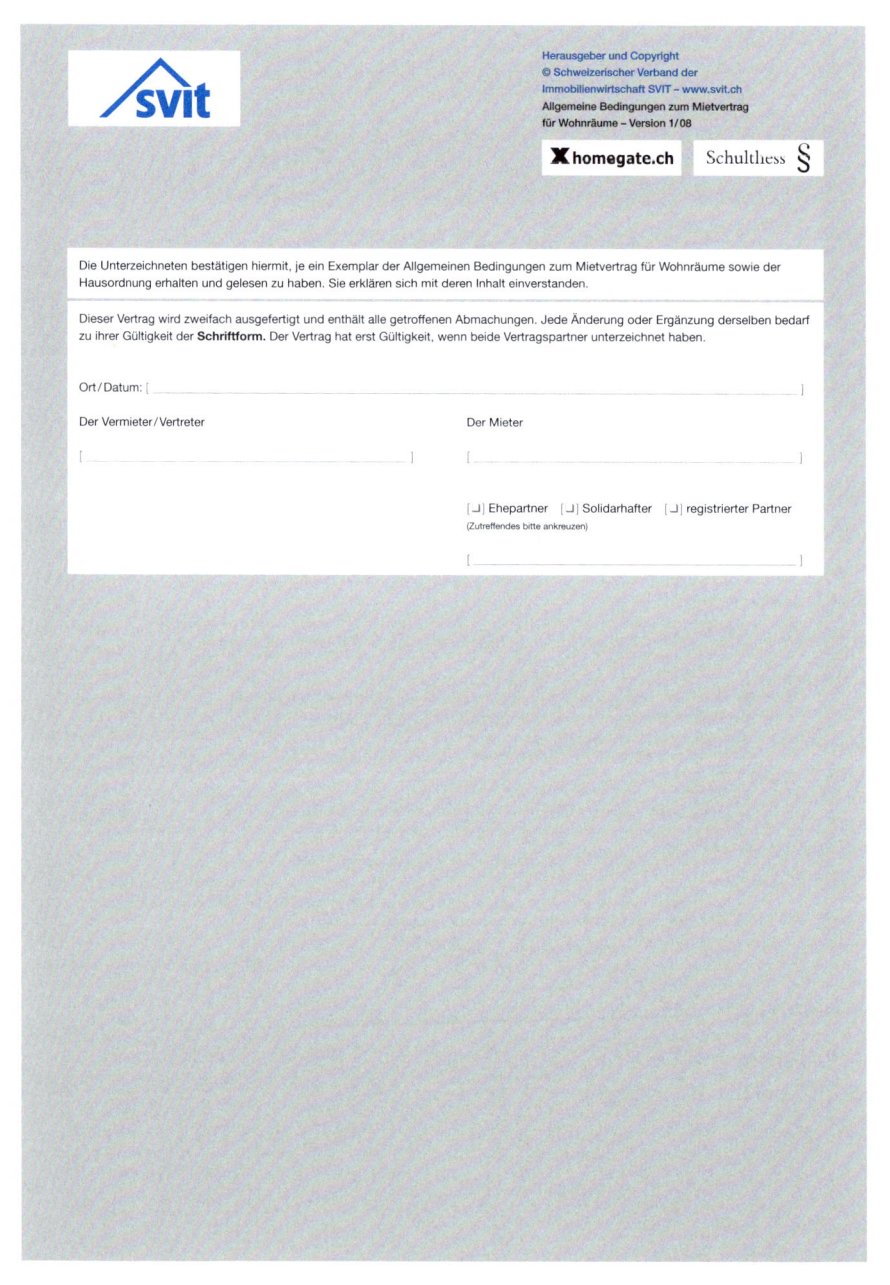

Dies sind die Allgemeinen Bedingungen zum Mietvertrag für Wohnräume inkl. Hausordnung wie sie im Kanton Zürich verwendet werden.

Kapitel 13: Allgemeine Geschäftsbedingungen

Herausgeber und Copyright
© Schweizerischer Verband der
Immobilienwirtschaft SVIT – www.svit.ch
Allgemeine Bedingungen zum Mietvertrag
für Geschäftsräume – Version 1/08

Allgemeine Bedingungen zum Mietvertrag für Geschäftsräume

Einfachheitshalber wird auf die weiblichen Formen «Mieterin, Vermieterin» etc. verzichtet und stattdessen «Mieter, Vermieter» etc. als Oberbegriff verwendet.

1. Übergabe des Mietobjektes

Bei ausgebautem Mietobjekt:

Der Vermieter übergibt dem Mieter das im Vertrag erwähnte Mietobjekt in gebrauchsfähigem und gereinigtem Zustand. Ein Anspruch auf Neuwertigkeit des übernommenen Mietobjekts beziehungsweise Mieteinrichtungen besteht nicht.

Ein Übergabeprotokoll ist zu erstellen und von Vermieter und Mieter zu unterzeichnen. Ist ein solches gemeinsam erstellt worden, so hat der Mieter allfällige, im Protokoll nicht aufgeführte Mängel am Mietobjekt dem Vermieter innert **14 Tagen** nach Mietantritt schriftlich anzuzeigen, ansonsten wird angenommen, die Mietsache sei in protokollgemässem Zustand übergeben worden und dass der Mieter die Mietsache als in einem zu vorauszusetztem Gebrauch tauglichen Zustand übergeben betrachtet.

Soweit die hierfür erforderlichen Instandstellungsarbeiten nicht vor Mietantritt ausgeführt werden konnten, hat der Mieter diese nach rechtzeitiger Voranzeige durch den Vermieter zu dulden, sofern auf die Interessen des Mieters gebührend Rücksicht genommen wird.

2. Schlüsselverzeichnis

Bei der Übergabe des Mietobjektes wird ein Schlüsselverzeichnis erstellt.

Zusätzliche Schlüssel dürfen nur mit schriftlicher Erlaubnis des Vermieters angefertigt werden und sind diesem beim Auszug ohne Entschädigung zu überlassen.

Im Verlauf der Mietdauer abhanden gekommene Schlüssel sind vom Mieter spätestens auf Ende der Mietdauer auf seine Kosten zu ersetzen. Bei einem Schlüsselverlust ist der Vermieter berechtigt, die betreffenden Schlösser und Schlüssel auf Kosten des Mieters ersetzen oder abändern zu lassen. Bei geschütztem Schliessplan kann auch die Schliessanlage des Gebäudes auf Kosten des Mieters ersetzt werden.

3. Bau- und gewerbepolizeiliche Bewilligungen / gesetzliche Vorschriften für industrielle Betriebe sowie Feuer- und Gesundheitspolizei

Alle gegebenenfalls für den Ausbau und die Benützung des Mietobjekts sowie für den Betrieb erforderlichen Bewilligungen sind vom Mieter direkt und auf eigene Kosten einzuholen. Der Mieter verpflichtet sich, die einschlägigen, gesetzlichen Vorschriften und Auflagen (Baugesetzgebung, Umwelt-, Brand-, Lärm- und Arbeitsschutz etc.) einzuhalten.

4. Gebrauch des Mietobjekts

4.1 Sorgfaltspflicht und Rücksichtnahme

Der Mieter hat das Mietobjekt mit Sorgfalt zu gebrauchen und in gutem und sauberem Zustand zu halten. Er darf es nur zum vertraglich vereinbarten Zweck verwenden. Jede Änderung, insbesondere eine Sortimentsänderung im Falle von für den Verkauf vereinbarten Warengruppen, bedarf der schriftlichen Zustimmung des Vermieters. Der Mieter haftet für Schäden, die durch vertragswidrige Benützung entstehen.

Bei der Benützung des Mietobjekts hat der Mieter auf die Mitmieter und Nachbarn Rücksicht zu nehmen. Es ist ihm untersagt, Maschinen, Apparate und Einrichtungen zu gebrauchen oder Gewerbe zu betreiben, welche übermässigen Lärm, Erschütterungen, lästige Dünste oder üble Gerüche verursachen. Der Mieter verpflichtet sich, die Hausordnung des Vermieters einzuhalten.

Bevor schwere Waren und Gegenstände wie Kassenschränke, Maschinen usw. eingebracht werden, hat der Mieter die Tragfähigkeit der Böden beim Vermieter abzuklären; eine allfällige Expertise des Bauingenieurs geht zulasten des Mieters. Unter schwere Möbelstücke sind zum Schutz der Fussböden und allenfalls zur Verhinderung von Schall und Erschütterung zweckmässige Unterlagen oder Isolationen anzubringen.

4.2 Gebrauchspflicht

Den Mieter trifft eine Gebrauchspflicht, sofern es die Werterhaltung der Liegenschaft oder das Mietobjekt erfordert.

Kapitel 13: Allgemeine Geschäftsbedingungen

Herausgeber und Copyright
© Schweizerischer Verband der
Immobilienwirtschaft SVIT – www.svit.ch
Allgemeine Bedingungen zum Mietvertrag
für Geschäftsräume – Version 1/08

4.3 Schutzräume

Schutzräume, die für zivilschutzfremde Zwecke (Lager, Archivräume usw.) verwendet werden, müssen jederzeit innert 24 Stunden bzw. in der von den zuständigen Behörden vorgeschriebenen Frist für den Zivilschutz nutzbar sein. An den in den Schutzräumen vorhandenen Installationen darf nichts verändert werden.

4.4 Feuer-, Nottreppe

Eine allfällig vorhandene Feuer- oder Nottreppe darf nur im Fall eines Brandes oder eines Notfalls, bei welchem das Haupttreppenhaus nicht zugänglich ist, benützt werden. Die Türe zur Nottreppe muss jederzeit freigehalten werden. Lagerungen jeglicher Art auf den Fluchtwegen sind untersagt.

5. Benützung von Hof, Vorplatz, Räumlichkeiten und Einrichtungen ausserhalb des Mietobjekts

5.1. Grundsätzliches

Ohne anderweitige schriftliche Vereinbarung ist es dem Mieter nicht gestattet, ausserhalb des Mietobjekts Gegenstände abzustellen und zu lagern. Insbesondere darf der Zugang zu Gebäuden und Hof, Durchfahrt, Haus und Keller oder sonstigen freien Plätzen und Räumen nicht mit Gegenständen irgendwelcher Art verstellt werden. Gibt der Vermieter hierzu ausnahmsweise die Erlaubnis, haftet der Mieter für jeden aus der Lagerung entstandenen Schaden. Fahrzeuge jeglicher Art des Mieters, seiner Angestellten sowie seiner Kunden dürfen nur auf den im Vertrag bezeichneten Parkplätzen abgestellt werden.

5.2. An- und Auslieferung

Die An- und Auslieferung von Waren hat sorgfältig zu erfolgen und darf nur an den durch den Vermieter bezeichneten Orten durchgeführt werden. Verunreinigungen, resultierend aus der An- und Auslieferung von Waren, hat der Mieter sofort und unaufgefordert zu beseitigen. Entstandene Schäden sind unverzüglich dem Vermieter zu melden, der die Behebung auf Kosten des Mieters veranlasst.

Für die Benützung der Personen- und Warenaufzüge gelten die dort angebrachten Vorschriften.

Insbesondere haben die Benützer die Belastungsvorschriften einzuhalten.

5.3. Abfälle

Abfälle jeglicher Art dürfen nur an den durch den Vermieter bezeichneten Orten und in zweckmässiger Weise deponiert werden. Falls notwendig, ist der Mieter verpflichtet, geeignete Behälter (Container) anzuschaffen und regelmässig zur Leerung bereitzustellen. Die kommunale Abfallverordnung bleibt vorbehalten.

6. Unterhaltspflicht des Vermieters

Der Vermieter ist verpflichtet, das Mietobjekt in gebrauchsfähigem Zustand zu erhalten und Mängel zu beheben. Vorbehalten bleibt die Behebung kleinerer Mängel, die dem Mieter obliegt (siehe unten Ziff. 7.). Vom Vermieter zu behebende Mängel hat der Mieter sofort schriftlich zu melden und dürfen nicht eigenmächtig in Auftrag gegeben werden. Unterlässt der Mieter dies, haftet er für alle dadurch entstehenden Schaden.

Bei dringenden Reparaturen und Massnahmen (Notfällen) ist der Mieter gehalten, die unbedingt notwendigen Vorkehrungen, soweit möglich und zumutbar, selber zu treffen oder treffen zu lassen. Im Unterlassungsfall haftet er für Folgeschäden.

Ein alleiniger Mieter in einer Liegenschaft ist zudem verpflichtet, dem Handwerker für Heizöllieferungen sowie dem Kaminfeger Zutritt zum Objekt zu gewähren und gegebenenfalls für die Türöffnung besorgt zu sein.

Der Vermieter ist berechtigt, im Mietobjekt und an den dazugehörenden Einrichtungen sowie im Treppenhaus, in den allgemein zugänglichen Räumlichkeiten und an der Gebäudehülle unter Einhaltung einer angemessenen Anzeigefrist die erforderlichen Reparaturen ungehindert auszuführen.

Notwendige, für die Sacherhaltung unaufschiebbare Arbeiten, hat der Mieter jederzeit zu dulden. Verweigert er den Handwerkern den Zugang zur Mietsache, kann er für allfällige Mehrkosten und Folgeschäden haftbar gemacht werden.

7. Unterhaltspflicht des Mieters

Dem Mieter obliegen die kleinen, für den gewöhnlichen Gebrauch des Mietobjekts erforderlichen Reinigungen und Ausbesserungen. Die Unterhaltsarbeiten sind fachmännisch auszuführen oder ausführen zu lassen. Dazu gehören insbesondere:

a.) Ersetzen zerbrochener Fensterscheiben, sofern kein Spannungsriss vorliegt.
b.) Instandhalten der Installationen, Armaturen und Apparate. Ersetzen von elektrischen Schaltern, Steckdosen, der zum Mietobjekt gehörenden Lampen und Abdeckungen, Sicherungen, Rollladen- und Sonnenstorengurten, Schnüre und Bänder an Zugjalousien usw.; Ölen und Instandhalten von Tür- und Schrankscharnieren und -schlössern, Entkalken von Boilern, Entrussen von Einzelofenanlagen; Entstopfen von Abwasserleitungen bis zur Hauptleitung.

Kapitel 13: Allgemeine Geschäftsbedingungen

Herausgeber und Copyright
© Schweizerischer Verband der
Immobilienwirtschaft SVIT – www.svit.ch
Allgemeine Bedingungen zum Mietvertrag
für Geschäftsräume – Version 1/08

homegate.ch Schulthess §

c.) Periodisches Reinigen der Fensterläden, Balkone und Terrassen samt Abläufen.

d.) Der Unterhalt der zum Mietobjekt gehörenden Bepflanzungen ist Sache des Mieters. Er hat insbesondere auch übermässigen Pflanzenwuchs zu verhindern.

Zulasten des Mieters gehen alle kleineren Reparaturen am Eigentum des Vermieters innerhalb der gemieteten Räumlichkeiten, welche im Einzelfall 1% des Jahres-Netto-Mietzinses nicht übersteigen.

Ausschliesslich zulasten des Mieters gehen Unterhalt, Erneuerung und Reparatur von Einbauten, Vorrichtungen, Installationen und Anlagen, die der Mieter angebracht hat. Der Vermieter kann vom Mieter die Ausführung der notwendigen Arbeiten verlangen, wenn der Zustand derartiger Einrichtungen das Mietobjekt oder andere Teile der Liegenschaft zu beschädigen drohen. Im Säumnisfall kann der Vermieter die Ausführung von sich aus anordnen und die Kosten dem Mieter belasten. Der Mieter ist verpflichtet, im Deckenhohlraum und im Boden die Führung von Kanälen, Röhren, Kabeln etc. entschädigungslos zu dulden.

8. Bauliche Veränderungen durch den Mieter

Bevor der Mieter die Mietsache auf eigene Kosten ausbaut und verändert, hat er die schriftliche Zustimmung des Vermieters einzuholen. Der Vermieter kann für die Finanzierung des Ausbaus eine Sicherstellung verlangen, welche vor Beginn der Arbeiten zu leisten ist.

Der Mieter hat den auf seine Kosten engagierten Handwerkern, Unternehmern und Lieferanten für deren Forderungen Sicherheit zu leisten. Wird trotzdem ein Bauhandwerkerpfandrecht eingetragen, hat der Mieter dafür zu sorgen, dass die pfandrechtlich gesicherten Forderungen schnellstmöglich befriedigt werden, und die Pfandrechte sofort und auf seine Kosten im Grundbuch gelöscht werden. Im Unterlassungsfall haftet er für den dem Vermieter hieraus entstandenen Schaden. Bei Ausbleiben der Ablösung eines Bauhandwerkerpfandrechtes innert Monatsfrist ist der Vermieter berechtigt, das Mietverhältnis ausserordentlich zu kündigen.

Bei grösseren Investitionen ist der Vermieter berechtigt, zur Abwendung von Bauhandwerkerpfandrechten zu verlangen, dass die voraussichtlichen Kosten auf einem Sperrkonto oder durch eine Bankgarantie sichergestellt werden.

Der Mieter haftet für alle Sach-, Personen- und Vermögensschäden, die aus den von ihm durchgeführten baulichen Veränderungen und Ausbauarbeiten entstehen.

Sofern der Vermieter schriftlich nicht ausdrücklich etwas anderes bestimmt, ist der Mieter verpflichtet, auf den Zeitpunkt der Beendigung des Mietvertrages und auf eigene Kosten den früheren Zustand des Mietobjektes wiederherzustellen (Art. 260a Abs. 2 OR). Im gleichen Umfang wird auch jede Entschädigungspflicht für durch den Mieter bezahlte bzw. geschaffene Mehrwerte (Art 260 a Abs. 3 OR) wegbedungen.

9. Anschriften / Reklame

Nur mit vorgängiger schriftlicher Bewilligung des Vermieters und an den von ihm bezeichneten Stellen dürfen Firmen- und Reklameschilder, Plakate, Schaukästen, Anschläge und dergleichen angebracht werden. Die Kosten (inkl. Installation und Betrieb) gehen zulasten des Mieters. Der Vermieter genehmigt auch Art, Grösse, Farbe, Form und Material, ferner Anordnung und Reihenfolge von Schildern. Bei Instandsetzung oder Änderung der Fassade hat der Mieter auf eigene Kosten die Schilder und Anschriften zu entfernen und wieder anzubringen. Es ist Sache des Mieters, allfällige behördliche Bewilligungen einzuholen.

Am Ende der Mietdauer hat der Mieter die Schilder und Anschriften auf eigene Kosten zu entfernen und den ursprünglichen Zustand wiederherzustellen. Ohne anderweitige schriftliche Vereinbarung sind die Gemein- und Aussenflächen (Fassade, Dach, Treppenhaus, Eingangshalle, Lift, Grundstück etc.) nicht mitvermietet.

10. Besichtigungsrecht / Zutrittsrecht

Der Vermieter oder dessen Vertreter ist unter Einhaltung einer Vorankündigungsfrist von 48 Stunden berechtigt, während den Geschäftszeiten die zur Wahrung der Eigentumsrechte und der Wiedervermietung notwendigen Besichtigungen vorzunehmen. Bei Abwesenheit des Mieters sind die Schlüssel zur Verfügung zu halten. Bei Ortsabwesenheit hat der Mieter dafür zu sorgen, dass in Notfällen (Wasserschäden, Brandgefahr usw.) der Zutritt zum Mietobjekt gewährleistet ist. Er haftet im Unterlassungsfall für entstandene Schäden.

11. Untermiete

Der Mieter darf das Mietobjekt nur mit schriftlicher Zustimmung des Vermieters ganz oder teilweise untervermieten.

Der Vermieter kann die Zustimmung nur verweigern, wenn:
– der Mieter sich weigert, dem Vermieter die Bedingungen der Untermiete bekannt zu geben;
– die Bedingungen der Untermiete im Vergleich zu denjenigen des Hauptmietvertrags missbräuchlich sind;
– dem Vermieter aus der Untermiete wesentliche Nachteile entstehen.

Der Mieter hat dem Vermieter vorgängig die beabsichtigten Vertragskonditionen und die Personalien des Untermieters bekannt zu geben. Dem Vermieter ist nach Zustandekommen des Untermietvertrages eine Kopie zuzustellen. Änderungen dieser Konditionen während der Vertragsdauer sind dem Vermieter unverzüglich mitzuteilen.

Der Mieter haftet dem Vermieter dafür, dass der Untermieter die Sache nicht anders gebraucht, als es ihm selbst gestattet ist. Der Vermieter kann den Untermieter unmittelbar dazu anhalten.

Die unentgeltliche Überlassung des Mietobjektes an einen Dritten bedarf ebenfalls der schriftlichen Zustimmung des Vermieters.

Kapitel 13: Allgemeine Geschäftsbedingungen

Herausgeber und Copyright
© Schweizerischer Verband der
Immobilienwirtschaft SVIT – www.svit.ch
Allgemeine Bedingungen zum Mietvertrag
für Geschäftsräume – Version 1/08

12. Abtretung des Mietvertrages

Die Abtretung des Mietvertrages setzt die schriftliche Zustimmung des Vermieters voraus. Der Mieter teilt dem Vermieter vor Abschluss der Abtretungsvereinbarung mit dem Dritten dessen Personalien und den Tätigkeitsbereich mit. Ferner liefert er dem Vermieter eine detaillierte Aufstellung über die durch den Dritten zu übernehmenden Mietereinbauten, Einrichtungen und Apparate mit den hierfür zu bezahlenden Entschädigungen. Das Gesuch ist mit einem Solvenzausweis einer anerkannten Schweizer Bank zu ergänzen.

Stimmt der Vermieter zu, so tritt der Dritte anstelle des Mieters in das Mietverhältnis ein.

13. Nebenkosten

A. Allgemeines

Nebenkosten sind das Entgelt für öffentliche Abgaben sowie tatsächliche Aufwendungen des Vermieters oder eines Dritten, die mit dem Gebrauch der Mietsache zusammenhängen, wie Heizungs-, Warmwasser- und Betriebskosten.

Nebenkosten, welche dem Mieter direkt von einem Werk, einem Amt oder einem Lieferanten (inkl. Kabelnetze) in Rechnung gestellt worden sind, sind durch den Mieter direkt zu bezahlen, auch wenn solche nicht im Mietvertrag aufgeführt sind. Im Übrigen sind Nebenkosten nur geschuldet, soweit sie ausdrücklich vereinbart wurden, ansonsten sind die diesbezüglichen Aufwendungen im Nettomietzins enthalten.

Werden Nebenkosten separat erhoben, hat der Mieter das Recht, beim Vermieter in die entsprechenden Belege Einsicht zu nehmen (es erfolgt ausdrücklich kein Versand der Belege).

13. Mietzinsanpassungen

13.1. Mietverträge ohne feste Vertragsdauer

Der Vermieter kann den Mietzins auf jeden Kündigungstermin erhöhen. Er muss dem Mieter die Erhöhung **mindestens zehn Tage** vor Beginn der Kündigungsfrist auf dem vom Kanton genehmigten Formular mitteilen und begründen.

13.2. Mietverträge mit fester Vertragsdauer von mindestens 5 Jahren

Der Vermieter kann den Mietzins jederzeit auf den nächstmöglichen Kündigungstermin erhöhen. Er muss dem Mieter die Mietzinserhöhung mindestens 10 Tage vor Beginn der Kündigungsfrist auf einem vom Kanton genehmigten Formular mitteilen und begründen.

Das indexierte Mietverhältnis wird wie folgt angepasst.

$$\frac{\text{Aktueller Index} - \text{Index aus letzter Anpassung}}{\text{Index aus letzter Anpassung}} \times \text{vereinbarte Indexierung} = \text{prozentuale Anpassung}$$

Eine Unterschreitung des bei Vertragsbeginn festgelegten Anfangsnettomietzinses ist ausgeschlossen.

Mietzinserhöhungen aufgrund von Mehrleistungen des Vermieters oder aufgrund von umfassenden Überholungen können auch während der festen Vertragsdauer geltend gemacht werden. Solche Mietzinserhöhungen können dem Mieter unter Einhaltung einer 30-tägigen Anzeigefrist auf ein Monatsende in der gesetzlich dafür vorgeschriebenen Form angezeigt werden.

Bei Bedarf können Akonto- und Pauschalbeiträge für Nebenkosten auch während der festen Vertragsdauer unter Einhaltung einer 30-tägigen Anzeigefrist auf ein Monatsende angepasst werden; die Nebenkostenakonti aufgrund der tatsächlichen Kosten, die Nebenkostenpauschalen entsprechend der tatsächlich anfallenden Kosten oder der Veränderung des Landesindexes der Konsumentenpreise.

14. Umsatzmiete

Wurde eine Umsatzmiete vereinbart, so bemisst sich der massgebende Umsatz wie folgt:

Als Umsatz gelten alle vom Mieter und/oder seinen allfälligen Untermietern, Konzessionären, Franchisenehmern usw. in den Mieträumen für sich und für Dritte getätigten Verkäufe an Waren und Dienstleistungen, unabhängig von der Zahlungsweise des Kunden (Barverkauf, Kreditverkauf, Abzahlung, Nachnahme, usw.) und unabhängig von der Zustellung der Ware an den Kunden (Mitnahme, Post, eigener Zustelldienst, usw.).

Bei Kredit- und Abzahlungsverkäufen ist der genehmigte Verkaufspreis inklusive des vollen Zuschlags für die Kreditierung im Zeitpunkt des Verkaufsabschlusses in den Umsatz einzubeziehen, abzüglich der Debitorenverluste.

Ebenfalls zum Umsatz gehören die in den Mietlokalitäten getätigten Verkäufe und Bestellungen, bei denen die Ware oder Leistung an oder von einem anderen Ort erbracht oder geliefert wird, insbesondere Verkäufe, bei denen die Anlieferung von einem anderen Geschäft oder von einem Zentrallager des Mieters aus erfolgt. Ebenso sind Verkäufe von Waren und/oder Dienstleistungen einzuschliessen, deren Bestellung telefonisch oder schriftlich im Geschäft des Mieters im Mietobjekt eingeht.

Zum massgeblichen Umsatz gehören im Weiteren:
- Die Aufzahlung (Plus-Differenz) bei Warenumtausch;
- Alle Verkäufe zu Nettopreisen, die vom Mieter an bestimmte Kundenkategorien mit Spezialrabatten erfolgen (z.B. eigenes Personal, Personal des Zentrums oder andere bestimmte Kundenkategorien);
- Die gegen Entgelt abgegebenen Geschenk- und Warengutscheine sowie dem Käufer nicht zurückerstattete Anzahlungen;
- Die Mehrwertsteuer und sonstigen Verkaufssteuern. Sollte eine Änderung in den Ansätzen oder im System der indirekten Steuern erfolgen, so ist der Umsatzprozentsatz in der Weise abzuändern, dass diese Änderung der Umsatz- und Verbrauchssteuern bei gleichem Umsatz nicht zu einem höheren oder niedrigeren Umsatzmietzins führt.

Vom Umsatz werden in Abzug gebracht:
- Warenretouren von Kunden gegen bar oder Gutschrift;
- Annullierte Verkäufe oder Dienstleistungen; die bar ausbezahlte Minus-Differenz bei Warenumtausch;
- Der Austausch von Waren zwischen dem Geschäft des Mieters im Zentrum und seinem eigenen Filialgeschäft und Lager, soweit dadurch nicht eine Umgehung der Umsatzerfassung eines in den Mietlokalitäten getätigten Verkaufes zum Nachteil des Vermieters bezweckt wird;
- Warenretouren an Lieferanten und/oder Spediteure.

Nachweis des Umsatzes:
- Der Mieter meldet dem Vermieter monatlich schriftlich und unterschrieben, spätestens bis zum 20. Tag des folgenden Monates, den im Kalendermonat erzielten Umsatz.
- Jährlich bis Ende Februar meldet der Mieter schriftlich den im Kalenderjahr erzielten Umsatz, der gegenüber den Monatsumsätzen um die in der Buchhaltung ausgewiesenen Debitorenverluste abweichen kann.
- Bis spätestens zum 31. März jeden Jahres wird vom Vermieter aufgrund der Umsatzmeldung die vom Mieter geschuldete Umsatzmiete für das vorangehende Kalenderjahr berechnet.
- Der Mieter verpflichtet sich, eine genaue Statistik seiner Umsätze zu führen und die dafür verwendeten Unterlagen (Kassastreifen, etc.) bis zum 31. Dezember des zweiten dem Umsatzmonat folgenden Jahres aufzubewahren. Der Mieter verpflichtet sich, sämtliche Verkäufe über Registrierkassen abzuwickeln, ausser wenn mit dem Vermieter eine andere Regelung getroffen wird.
- Kann sich der Vermieter aus irgendwelchen Gründen mit einer Umsatzmeldung des Mieters nicht einverstanden erklären, so hat er den Mieter innerhalb von 30 Tagen seit deren Eingang schriftlich zu benachrichtigen und um ergänzende Angaben zu ersuchen.
- Die Bücher, Belege und sonstigen Unterlagen des Mieters, die für die Ermittlung des Verkaufsumsatzes von Bedeutung sein können, dürfen vom Vermieter eingesehen werden.
- Dem Vermieter steht das Recht zu, jederzeit eine Revisionsgesellschaft mit der Prüfung der Umsätze zu beauftragen. Der Mieter ist verpflichtet, dieser Revisionsgesellschaft alle verlangten Auskünfte zu erteilen und ihr Einsicht in die Buchhaltung zu gewähren, soweit dies für die Ausübung des Mandats zur Bestimmung des Umsatzes erforderlich ist. Der durch diese allfällige Expertise festgesetzte Umsatz wird vom Vermieter und vom Mieter als richtig, verbindlich und nicht anfechtbar anerkannt. Die Kosten der Expertise gehen zulasten des Mieters, wenn der durch die Expertise festgestellte Umsatz die Umsatzmeldung des Mieters übersteigt; andernfalls gehen sie zulasten des Vermieters.
- Der Vermieter verpflichtet sich zur strikten Geheimhaltung der Umsätze des Mieters und wird die Revisionsstelle zur Beachtung der Geheimhaltungspflicht verpflichten.

15. Nebenkosten

A. Allgemeines

Nebenkosten sind das Entgelt für öffentliche Abgaben sowie tatsächliche Aufwendungen des Vermieters oder eines Dritten, die mit dem Gebrauch der Mietsache zusammenhängen, wie Heizungs-, Warmwasser- und Betriebskosten.

Nebenkosten, welche dem Mieter direkt von einem Werk, einem Amt oder einem Lieferanten (inkl. Kabelnetze) in Rechnung gestellt werden sind durch den Mieter direkt zu bezahlen, auch wenn solche nicht im Mietvertrag aufgeführt sind. Im Übrigen sind Nebenkosten nur geschuldet, soweit sie ausdrücklich vereinbart wurden, ansonsten sind die diesbezüglichen Aufwendungen im Nettomietzins enthalten.

Werden Nebenkosten separat erhoben, hat der Mieter das Recht, beim Vermieter in die entsprechenden Belege Einsicht zu nehmen (es erfolgt ausdrücklich kein Versand der Belege).

B. Pauschalbeträge

Pauschalbeträge für Nebenkosten haben dem mutmasslichen Aufwand zu entsprechen. Dabei muss auf die Durchschnittswerte dreier Jahre abgestellt werden. Eine Abrechnung wird nicht erstellt.

C. Akontobeiträge

Im Voraus wird vom Mieter für die Nebenkosten ein festgelegter Akontobeitrag bezahlt, über welchen nach Ablauf der Rechnungsperiode abgerechnet wird. Nachforderungen und Rückerstattungen sind innert 30 Tagen nach Anerkennung der Abrechnung zu bezahlen.

Kapitel 13: Allgemeine Geschäftsbedingungen

Herausgeber und Copyright
© Schweizerischer Verband der
Immobilienwirtschaft SVIT – www.svit.ch
Allgemeine Bedingungen zum Mietvertrag
für Geschäftsräume – Version 1/08

D. Abrechnung

Die Nebenkosten sind vom Vermieter jeweils per vertraglich festgelegtem Stichtag abzurechnen.

Die Abrechnung über vertraglich vereinbarte Nebenkosten gilt als genehmigt, sofern der Mieter nicht innert 30 Tagen seit Erhalt dagegen schriftlich Einsprache beim Vermieter erhebt. Verlangt der Mieter Einsicht in die Belege, so kann er diese innert den darauf folgenden 30 Tagen einsehen. Die Einsprachefrist von 30 Tagen beginnt in diesem Fall an dem Tag, an welchem er die sachdienlichen Belege eingesehen hat, spätestens aber mit Ablauf der Einsichtsfrist.

Verlässt der Mieter während der Rechnungsperiode das Mietobjekt, so hat er keinen Anspruch auf Erstellung einer Zwischenabrechnung. Er erhält die nach branchenüblichen Usanzen pro rata erstellte Abrechnung nach dem vertraglich vereinbarten Abrechnungsstichtag.

E. Verteilung der Nebenkosten

Die Verteilung der Nebenkosten erfolgt nach einem liegenschaftsspezifischen Verteilschlüssel.

Die Heizungs- und Warmwasserkosten für nicht vermietete Wohn- und Geschäftsräume trägt der Vermieter. Sind keine Geräte zur Erfassung des Wärmeverbrauchs der einzelnen Verbraucher installiert und wurden nicht vermietete Wohn- und Geschäftsräume nachweisbar nur soweit geheizt, als dies zur Verhinderung von Frostschäden notwendig ist, muss der Vermieter nur einen Teil der Heizungskosten übernehmen, die nach dem normalen Verteilschlüssel auf Wohn- und Geschäftsräume entfallen. Dieser Teil beträgt in der Regel ⅓ für Zwei- bis Dreifamilienhäuser, ½ für Vier- bis Achtfamilienhäuser, ⅔ für grössere Gebäude sowie für Büro- und Geschäftshäuser.

Für die durch den Mieter gedrosselten Heizkörper kann keine Reduktion der Heizkosten gewährt werden.

F. Anrechenbare Nebenkosten

F1 Heizung und Warmwasser

Als Heizungs- und Warmwasserkosten anrechenbar sind insbesondere die Aufwendungen für:
– die Brennstoffe und die Energie, die verbraucht wurden;
– die Elektrizität zum Betrieb von Brennern und Pumpen;
– die Betriebskosten für Alternativenergien;
– die Reinigung der Heizungsanlage und des Kamins, das Auskratzen, Ausbrennen und Einölen des Heizkessels sowie die Abfall- und Schlackenbeseitigung;
– die periodische Revision der Heizungsanlage einschliesslich des Öltanks sowie das Entkalken der Warmwasseranlage, der Boiler und des Leitungsnetzes;
– die Verbrauchserfassung und den Abrechnungsservice für die verbrauchsabhängige Heizkostenabrechnung sowie den Unterhalt der nötigen Apparate;
– die Wartung;
– die Versicherungsprämien, soweit sie sich ausschliesslich auf die Heizungs- und Tankanlagen beziehen;
– die Verwaltungsarbeit (vgl. F3).

Bezieht der Vermieter Heizenergie oder Warmwasser aus einer nicht zur Liegenschaft gehörenden Zentrale, kann er die tatsächlich anfallenden Kosten in Rechnung stellen.

Bei Etagenheizungen gehen sämtliche mit dem Betrieb anfallenden Kosten zulasten des Mieters. Die Bedienung der Heizung und Besorgung des Brennstoffeinkaufes ist in diesem Fall Sache des Mieters.

F2 Betriebskosten

Allfällige unter dem Titel «Betriebskosten» separat aufgelisteten Kostenarten werden nach dem tatsächlichen Aufwand abgerechnet.

F3 Verwaltungsaufwand für Heizungs-, Warmwasser- und Betriebskosten

Der Vermieter darf seinen Aufwand für die Verwaltungsarbeit (z.B. Einkauf, Überwachung, Rechnungsführung, Abrechnung etc.) im Zusammenhang mit Heizungs-, Warmwasser- und Betriebskosten der Nebenkostenabrechnung in Prozenten der Abrechnungssumme im Rahmen der üblichen Ansätze oder nach tatsächlich aufgewendeten Stunden belasten.

G. Nicht anrechenbare Heizungs- und Warmwasserkosten

Nicht als Heizungs- und Warmwasseraufbereitungskosten anrechenbar sind die Aufwendungen für: Reparatur und Erneuerung der Anlagen, Verzinsung und Abschreibung der Anlagen.

16. Zahlungsverzug

Bei Zahlungsrückstand des Mieters wird eine Mahnfrist von 30 Tagen angesetzt, innert welcher der Rückstand zu bezahlen ist. Mit der Mahnung kann dem Mieter angedroht werden, dass bei Nichtbeachtung der Zahlungsaufforderung das Mietverhältnis unter Einhaltung einer 30-tägigen Frist (Art. 257d OR) auf das folgende Monatsende gekündigt werden kann. Die Einleitung von zusätzlichen betreibungsrechtlichen Schritten bleibt vorbehalten.

Kapitel 13: Allgemeine Geschäftsbedingungen

Herausgeber und Copyright
© Schweizerischer Verband der
Immobilienwirtschaft SVIT – www.svit.ch
Allgemeine Bedingungen zum Mietvertrag
für Geschäftsräume – Version 1/08

homegate.ch **Schulthess §**

17. Hinterlegungsverfahren

Kommt der Vermieter seiner Unterhaltspflicht gemäss Ziffer 7 nicht nach, muss ihm der Mieter schriftlich eine angemessene Frist setzen, unter Androhung, dass er bei unbenutztem Ablauf der Frist künftige Mietzinse bei der vom Kanton bezeichneten Stelle hinterlegen werde.

Die Durchführung der Hinterlegung ist dem Vermieter ebenfalls schriftlich anzuzeigen.

Hinterlegte Mietzinse fallen dem Vermieter zu, wenn der Mieter seine Ansprüche gegenüber dem Vermieter nicht innert 30 Tagen seit Fälligkeit des ersten hinterlegten Mietzinses bei der Schlichtungsbehörde geltend gemacht hat.

Der Vermieter kann bei der Schlichtungsstelle die Herausgabe der zu Unrecht hinterlegten Mietzinse verlangen, sobald ihm der Mieter die Hinterlegung angekündigt hat.

18. Kündigung

Der Mietvertrag kann in der dafür vorgeschriebenen Form und unter Einhaltung der vereinbarten Kündigungsfrist und -termine gekündigt werden. Die Kündigung muss eingeschrieben auf dem vom Kanton genehmigten Formular versandt und auf Verlangen begründet werden. Die Kündigungsfrist ist eingehalten, wenn die Kündigung spätestens am letzten Tag vor Beginn der Kündigungsfrist bei der Gegenpartei eintrifft oder bei der Post abholbereit vorliegt.

Ist der Mietvertrag befristet, endet das Mietverhältnis nach Ablauf dieser Vertragsdauer ohne Kündigung. Sollte das Mietverhältnis nach Ablauf der Vertragsdauer stillschweigend weitergeführt werden, gilt der Mietvertrag als auf unbestimmte Zeit fortgesetzt.

19. Gefahrtragung / Versicherung

Der Vermieter lehnt jede Haftung aus dem Betrieb der vermieteten Geschäftsräume ab. Der Abschluss der obligatorischen und zweckmässigen Versicherungen (Betriebshaftpflicht / Hausratversicherung) ist Sache des Mieters. Bei speziellen Risiken kann der Vermieter den Abschluss einer geeigneten Versicherung verlangen.

Der Mieter ist ab Mietbeginn zum Abschluss einer Privat- bzw. Mieterhaftpflichtversicherung mit Einschluss von Mieterschäden für die gesamte Mietdauer verpflichtet.

Der Mieter trägt die Gefahr für die Beschädigung oder Verlust seiner Fahrhabe aus irgendwelchen Gründen, insbesondere durch Feuer, Wasser, Einbruch oder Diebstahl. Der Abschluss einer Hausratsversicherung wird dem Mieter empfohlen.

Für die Sicherheit (Einbruch, Diebstahl etc.) des Mietobjektes ist der Mieter verantwortlich. Für eingebrachte Sachen des Mieters sowie für Mieterausbauten lehnt der Vermieter jede Haftung ab. Der Mieter ist für die entsprechende Versicherung selbst verantwortlich.

20. Rückgabe des Mietobjekts

Das Mietobjekt ist in gutem Zustand, unter Berücksichtigung der aus der vertragsgemässen Benutzung sich ergebenden Abnützung oder Veränderung sowie des Zustandes bei Mietantritt zurückzugeben. Die Rückgabe der vollständig geräumten Mietsache erfolgt mit allen Schlüsseln bis spätestens am Tag nach Beendigung der Miete um 12.00 Uhr. Fällt der Rückgabetermin auf einen Samstag, Sonntag oder staatlich anerkannten Ruhe- oder Feiertag, hat die Rückgabe am darauffolgenden lokalen Werktag bis spätestens 12.00 Uhr zu geschehen. Die vom Mieter vorzunehmenden Instandstellungs- und Reinigungsarbeiten müssen fachgemäss ausgeführt und bis zum Schluss des Mietverhältnisses beendet sein. Spannteppiche und textile Bodenbeläge, die zum Mietobjekt gehören, sind fachmännisch zu reinigen bzw. zu extrahieren.

Mit Ablauf der Mietdauer besitzt der Mieter weder ein Recht des Aufenthaltes in den Räumen noch der Verfügung über dieselben. Bei der Rückgabe muss der Vermieter den Zustand der Sache prüfen und Mängel, für die der Mieter einzustehen hat, diesem sofort melden.

Der Vermieter ist berechtigt, bei der Rückgabe des Mietobjektes vom Mieter die Mitwirkung an der Erstellung eines gemeinsamen Rückgabeprotokolls zu verlangen. Wenn der Mieter seine Mitwirkung verweigert, kann der Vermieter auf Kosten des Mieters einen amtlichen Befund aufnehmen lassen.

21. Konkurrenzverbot

Sofern zwischen den Parteien nichts anderes vereinbart wird, besteht in dieser Liegenschaft kein Konkurrenzverbot.

22. Teilnichtigkeit

Sollte eine oder mehrere der Bestimmungen der Allgemeinen Bedingungen zum Mietvertrag für Geschäftsräume ganz oder teilweise unzulässig, unwirksam oder sonst aus irgend einem Grund nicht vollstreckbar sein oder werden, so wird dadurch die Gültigkeit der Allgemeinen Bedingungen zum Mietvertrag für Geschäftsräume im Übrigen nicht berührt. Die Parteien verpflichten sich, in guten Treuen zusammenzuwirken, um eine solche Bestimmung durch eine andere, dem damit gewollten wirtschaftlichen Zweck möglichst nahe kommende Bestimmung zu ersetzen.

Kapitel 13: Allgemeine Geschäftsbedingungen

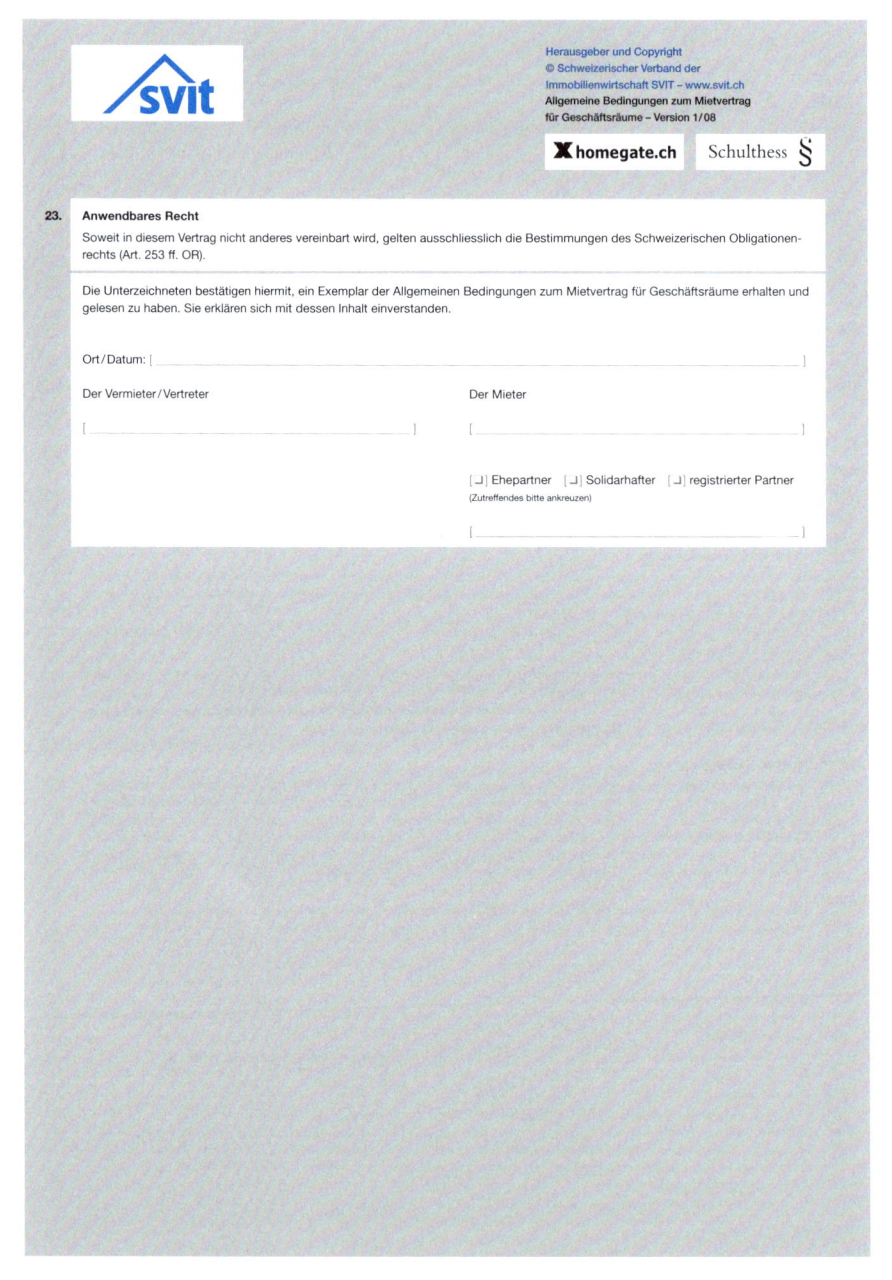

Herausgeber und Copyright
© Schweizerischer Verband der
Immobilienwirtschaft SVIT – www.svit.ch
Allgemeine Bedingungen zum Mietvertrag
für Geschäftsräume – Version 1/08

homegate.ch Schulthess §

23. Anwendbares Recht

Soweit in diesem Vertrag nicht anderes vereinbart wird, gelten ausschliesslich die Bestimmungen des Schweizerischen Obligationenrechts (Art. 253 ff. OR).

Die Unterzeichneten bestätigen hiermit, ein Exemplar der Allgemeinen Bedingungen zum Mietvertrag für Geschäftsräume erhalten und gelesen zu haben. Sie erklären sich mit dessen Inhalt einverstanden.

Ort/Datum: [_____]

Der Vermieter/Vertreter

[_____]

Der Mieter

[_____]

[⌐] Ehepartner [⌐] Solidarhafter [⌐] registrierter Partner
(Zutreffendes bitte ankreuzen)

[_____]

Dies sind die Allgemeinen Bedingungen zum Mietvertrag für Geschäftsräume wie sie im Kanton Zürich verwendet werden.

Kapitel 13: Allgemeine Geschäftsbedingungen

Herausgeber und Copyright
© Schweizerischer Verband der
Immobilienwirtschaft SVIT – www.svit.ch
Allgemeine Bedingungen zum Mietvertrag für
Geschäftsräume Rohbaumiete – Version 1/08

Allgemeine Bedingungen zum Mietvertrag für Geschäftsräume – Rohbaumiete

Einfachheitshalber wird auf die weiblichen Formen «Mieterin, Vermieterin» etc. verzichtet und stattdessen «Mieter, Vermieter» etc. als Oberbegriff verwendet.

1. Übergabe des Mietobjektes

1.1 Übergabe

Die Räumlichkeiten werden im Rohbauzustand vermietet (Rohbaumiete). Bei der Übergabe der Mietobjekte wird ein Protokoll erstellt, in dem der Rohbauzustand und der bei Bezug bestehende Grundriss der Mietobjekte in einem Plan detailliert festgehalten wird. Dieses Protokoll wird von Vermieter und Mieter unterzeichnet.

1.2 Ausbau

Der Mieter orientiert den Vermieter vorgängig über die Bauvorhaben und stattet ihn vor Beginn der Arbeiten mit einem Baubeschrieb und einem Satz Plänen aus. Darauf hin ist es dem Mieter gestattet, seine Mietobjekte gemäss dem Baubeschrieb einzurichten, wobei er auf die Statik und die allfälligen weiteren technischen Gegebenheiten des Hauses Rücksicht zu nehmen hat, insbesondere in Bezug auf die Tragfähigkeit des Bodens. Der Mieter haftet für den Schaden, der im Zusammenhang mit dem Ausbau des Mietobjekts entsteht.

Der Ausbau wird vollständig auf Kosten des Mieters ausgeführt. Der Mieter ist für die Einholung aller notwendigen Bewilligungen selbst verantwortlich und trägt vollumfänglich alle Kosten, die mit den Umbauarbeiten im Zusammenhang stehen (Bewilligungen, Immissionsentschädigungen, Versicherungen, Gebühren etc.).

1.3 Sicherstellung der Baukosten

Für den Ausbau ist durch den Mieter ein Kostenvoranschlag zu erstellen. Die veranschlagten Kosten sind vom Mieter vor Baubeginn durch Bankgarantie einer schweizerischen Bank sicherzustellen. Der Mieter verpflichtet sich, bei Einreichen des Baugesuches eine Erklärung des bauleitenden Architekten vorzulegen, wonach sich dieser verpflichtet, auch den Vermieter unverzüglich auf sich abzeichnende Überschreitungen des Kostenvoranschlages aufmerksam zu machen. Wird erkennbar, dass der Kostenvoranschlag überschritten wird, verpflichtet sich der Mieter, auf erstes Begehren auch diese mutmasslichen Mehrkosten durch Bankgarantie sicherzustellen. Der Vermieter ist berechtigt, die Einstellung der Bauarbeiten zu verlangen, solange die Bankgarantie nicht vorliegt.

2. Schlüsselverzeichnis

Bei der Übergabe des Mietobjektes wird ein Schlüsselverzeichnis erstellt.

Zusätzliche Schlüssel dürfen nur mit schriftlicher Erlaubnis des Vermieters angefertigt werden und sind diesem beim Auszug ohne Entschädigung zu überlassen.

Bei einem Schlüsselverlust ist der Vermieter berechtigt, die betreffenden Schlösser und Schlüssel auf Kosten des Mieters ersetzen oder abändern zu lassen. Bei geschütztem Schliessplan kann auch die Schliessanlage des Gebäudes auf Kosten des Mieters ersetzt werden.

3. Bau- und gewerbepolizeiliche Bewilligungen / gesetzliche Vorschriften für industrielle Betriebe sowie Feuer- und Gesundheitspolizei

Alle gegebenenfalls für den Ausbau und die Benützung des Mietobjektes sowie für den Betrieb erforderlichen Bewilligungen sind vom Mieter direkt und auf eigene Kosten einzuholen. Der Mieter verpflichtet sich, die einschlägigen, gesetzlichen Vorschriften und Auflagen (Baugesetzgebung, Umwelt-, Brand-, Lärm- und Arbeitsschutz etc.) einzuhalten.

4. Gebrauch des Mietobjekts

4.1 Sorgfaltspflicht und Rücksichtnahme

Der Mieter hat das Mietobjekt mit Sorgfalt zu gebrauchen und in gutem und sauberem Zustand zu halten. Er darf es nur zum vertraglich vereinbarten Zweck verwenden. Jede Änderung, insbesondere eine Sortimentsänderung im Falle von für den Verkauf vereinbarten Warengruppen, bedarf der schriftlichen Zustimmung des Vermieters. Der Mieter haftet für Schäden, die durch vertragswidrige Benützung entstehen.

Kapitel 13: Allgemeine Geschäftsbedingungen

Herausgeber und Copyright
© Schweizerischer Verband der
Immobilienwirtschaft SVIT – www.svit.ch
Allgemeine Bedingungen zum Mietvertrag für
Geschäftsräume Rohbaumiete – Version 1/08

Bei der Benützung des Mietobjekts hat der Mieter auf die Mitmieter und Nachbarn Rücksicht zu nehmen. Es ist ihm untersagt, Maschinen, Apparate und Einrichtungen zu gebrauchen oder Gewerbe zu betreiben, welche übermässigen Lärm, Erschütterungen, lästige Dünste oder üble Gerüche verursachen. Der Mieter verpflichtet sich, die Hausordnung des Vermieters einzuhalten. Bevor schwere Waren und Gegenstände wie Kassenschränke, Maschinen usw. eingebracht werden, hat der Mieter die Tragfähigkeit der Böden beim Vermieter abzuklären; eine allfällige Expertise des Bauingenieurs geht zulasten des Mieters. Unter schwere Möbelstücke sind zum Schutz der Fussböden und allenfalls zur Verhinderung von Schall und Erschütterung zweckmässige Unterlagen oder Isolationen anzubringen.

4.2 Gebrauchspflicht
Den Mieter trifft eine Gebrauchspflicht, sofern es die Werterhaltung der Liegenschaft oder des Mietobjekts erfordert.

4.3 Schutzräume
Schutzräume, die für zivilschutzfremde Zwecke (Lager, Archivräume usw.) verwendet werden, müssen jederzeit innert 24 Stunden bzw. in der von den zuständigen Behörden vorgeschriebenen Frist für den Zivilschutz nutzbar sein. An den in den Schutzräumen vorhandenen Installationen darf nichts verändert werden.

4.4 Feuer-, Nottreppe
Eine allfällig vorhandene Feuer- oder Nottreppe darf nur im Fall eines Brandes oder eines Notfalls, bei welchem das Haupttreppenhaus nicht zugänglich ist, benützt werden. Die Türe zur Nottreppe muss jederzeit freigehalten werden. Lagerungen jeglicher Art auf den Fluchtwegen sind untersagt.

5. Benützung von Hof, Vorplatz, Räumlichkeiten und Einrichtungen ausserhalb des Mietobjekts

5.1. Grundsätzliches
Ohne anderweitige schriftliche Vereinbarung ist es dem Mieter nicht gestattet, ausserhalb des Mietobjekts Gegenstände abzustellen und zu lagern. Insbesondere darf der Zugang zu Gebäuden und Hof, Durchfahrt, Haus und Keller oder sonstigen freien Plätzen und Räumen nicht mit Gegenständen irgendwelcher Art verstellt werden. Gibt der Vermieter hierzu ausnahmsweise die Erlaubnis, haftet der Mieter für jeden aus der Lagerung entstandenen Schaden. Fahrzeuge jeglicher Art des Mieters, seiner Angestellten sowie seiner Kunden dürfen nur auf den im Vertrag bezeichneten Parkplätzen abgestellt werden.

5.2. An- und Auslieferung
Die An- und Auslieferung von Waren hat sorgfältig zu erfolgen und darf nur an den durch den Vermieter bezeichneten Orten durchgeführt werden. Verunreinigungen, resultierend aus der An- und Auslieferung von Waren, hat der Mieter sofort und unaufgefordert zu beseitigen. Entstandene Schäden sind unverzüglich dem Vermieter zu melden, der die Behebung auf Kosten des Mieters veranlasst.

Für die Benützung der Personen- und Warenaufzüge gelten die dort angebrachten Vorschriften. Insbesondere haben die Benützer die Belastungsvorschriften einzuhalten.

5.3. Abfälle
Abfälle jeglicher Art dürfen nur an den vom Vermieter bezeichneten Orten und in zweckmässiger Weise deponiert werden. Falls notwendig, ist der Mieter verpflichtet, geeignete Behälter (Container) anzuschaffen und regelmässig zur Leerung bereitzustellen. Die kommunale Abfallverordnung bleibt vorbehalten.

6. Unterhaltspflicht des Vermieters

Der Vermieter ist verpflichtet, das Mietobjekt in gebrauchsfähigem Zustand zu erhalten und Mängel zu beheben. Vorbehalten bleibt die Behebung kleinerer Mängel, die dem Mieter obliegt (siehe unten Ziff. 7.). Vom Vermieter zu behebende Mängel hat der Mieter sofort schriftlich zu melden und dürfen nicht eigenmächtig in Auftrag gegeben werden. Unterlässt der Mieter dies, haftet er für allen dadurch entstehenden Schaden.

Bei dringenden Reparaturen und Massnahmen (Notfällen) ist der Mieter gehalten, die unbedingt notwendigen Vorkehrungen, soweit möglich und zumutbar, selber zu treffen oder treffen zu lassen. Im Unterlassungsfall haftet er für Folgeschäden.

Ein alleiniger Mieter in einer Liegenschaft ist zudem verpflichtet, den Handwerker für Heizöllieferungen sowie dem Kaminfeger Zutritt zum Objekt zu gewähren und gegebenenfalls für die Türöffnung besorgt zu sein.

Der Vermieter ist berechtigt, am Mietobjekt und an den dazugehörenden Einrichtungen sowie im Treppenhaus, in den allgemein zugänglichen Räumlichkeiten und an der Gebäudehülle unter Einhaltung einer angemessenen Anzeigefrist und mit Rücksichtnahme auf die Interessen des Mieters, die erforderlichen Reparaturen ungehindert auszuführen.

Notwendige, für die Sacherhaltung unaufschiebbare Arbeiten, hat der Mieter jederzeit zu dulden. Verweigert er den Handwerkern den Zugang zur Mietsache, kann er für allfällige Mehrkosten und Folgeschäden haftbar gemacht werden.

Kapitel 13: Allgemeine Geschäftsbedingungen

Herausgeber und Copyright
© Schweizerischer Verband der
Immobilienwirtschaft SVIT – www.svit.ch
Allgemeine Bedingungen zum Mietvertrag für
Geschäftsräume Rohbaumiete – Version 1/08

7. Unterhaltspflicht des Mieters

Dem Mieter obliegen die kleinen, für den gewöhnlichen Gebrauch der Mietsache erforderlichen Reinigungen und Ausbesserungen. Die Unterhaltsarbeiten sind fachmännisch auszuführen oder ausführen zu lassen. Dazu gehören insbesondere:

a.) Ersetzen zerbrochener Fensterscheiben, sofern kein Spannungsriss vorliegt.

b.) Instandhalten der Installationen, Armaturen und Apparate. Ersetzen von elektrischen Schaltern, Steckdosen, der zum Mietobjekt gehörenden Lampen und Abdeckungen, Sicherungen, Rollladen- und Sonnenstorengurten, Schnüren und Bändern an Zugjalousien usw.; Ölen und Instandhalten von Tür- und Schrankscharnieren und -schlössern, Entkalken von Boilern, Entrussen von Einzelofenanlagen; Entstopfen von Abwasserleitungen bis zur Hauptleitung.

c.) Periodisches Reinigen der Fensterläden, Balkone und Terrassen samt Abläufen.

d.) Der Unterhalt der zur Mietsache gehörenden Bepflanzungen ist Sache des Mieters. Er hat insbesondere auch übermässigen Pflanzenwuchs zu verhindern.

Zulasten des Mieters gehen alle kleineren Reparaturen am Eigentum des Vermieters innerhalb der gemieteten Räumlichkeiten, welche im **Einzelfall 1% des Jahres-Netto-Mietzinses nicht übersteigen.**

Ausschliesslich zulasten des Mieters gehen Unterhalt, Erneuerung und Reparatur von Einbauten, Vorrichtungen, Installationen und Anlagen, die der Mieter angebracht hat. Der Vermieter kann vom Mieter die Ausführung der notwendigen Arbeiten verlangen, wenn der Zustand derartiger Einrichtungen die Mietsache oder andere Teile der Liegenschaft zu beschädigen drohen. Im Säumnisfall kann der Vermieter die Ausführung von sich aus anordnen und die Kosten dem Mieter belasten. Der Mieter ist verpflichtet, im Deckenhohlraum und im Boden die Führung von Kanälen, Röhren, Kabeln etc. entschädigungslos zu dulden.

8. Bauliche Veränderungen durch den Mieter

Bevor der Mieter die Mietsache auf eigene Kosten ausbaut und verändert, hat er die schriftliche Zustimmung des Vermieters einzuholen. Der Vermieter kann für die Finanzierung des Ausbaus eine Sicherstellung verlangen, welche vor Beginn der Arbeiten zu leisten ist.

Der Mieter hat den auf seine Kosten engagierten Handwerkern, Unternehmern und Lieferanten für deren Forderungen Sicherheit zu leisten. Wird trotzdem ein Bauhandwerkerpfandrecht eingetragen, hat der Mieter dafür zu sorgen, dass die pfandrechtlich gesicherten Forderungen schnellstmöglich befriedigt werden, und die Pfandrechte sofort und auf seine Kosten im Grundbuch gelöscht werden. Im Unterlassungsfall haftet er für den dem Vermieter hieraus entstandenen Schaden. Bei Ausbleiben der Ablösung eines Bauhandwerkerpfandrechtes innert Monatsfrist ist der Vermieter berechtigt, das Mietverhältnis ausserordentlich zu kündigen.

Bei grösseren Investitionen ist der Vermieter berechtigt, zur Abwendung von Bauhandwerkerpfandrechten zu verlangen, dass die voraussichtlichen Kosten auf einem Sperrkonto oder durch eine Bankgarantie sichergestellt werden.

Der Mieter haftet für alle Sach-, Personen- und Vermögensschäden, die aus den von ihm durchgeführten baulichen Veränderungen und Ausbauarbeiten entstehen.

Sofern der Vermieter schriftlich nicht ausdrücklich etwas anderes bestimmt, ist der Mieter verpflichtet, auf den Zeitpunkt der Beendigung des Mietvertrages und auf eigene Kosten den früheren Zustand wiederherzustellen (Art. 260a Abs. 2 OR). Im gleichen Umfang wird auch jede Entschädigungspflicht für durch den Mieter bezahlte bzw. geschaffene Mehrwerte (Art 260 a Abs. 3 OR) wegbedungen.

9. Anschriften / Reklame

Nur mit vorgängiger schriftlicher Bewilligung des Vermieters und an den von ihm bezeichneten Stellen dürfen Firmen- und Reklameschilder, Plakate, Schaukästen, Anschläge und dergleichen angebracht werden. Die Kosten (inkl. Installation und Betrieb) gehen zulasten des Mieters. Der Vermieter genehmigt auch Art, Grösse, Farbe, Form und Material, ferner Anordnung und Reihenfolge von Schildern. Bei Instandsetzung oder Änderung der Fassade hat der Mieter auf eigene Kosten die Schilder und Anschriften zu entfernen und wieder anzubringen. Es ist Sache des Mieters, allfällige behördliche Bewilligungen einzuholen.

Am Ende der Mietzeit hat der Mieter die Schilder und Anschriften auf eigene Kosten zu entfernen und den ursprünglichen Zustand wiederherzustellen. Ohne anderweitige schriftliche Vereinbarung sind die Gemein- und Aussenflächen (Fassade, Dach, Treppenhaus, Eingangshalle, Lift, Grundstück etc.) nicht mitvermietet.

10. Besichtigungsrecht / Zutrittsrecht

Der Vermieter oder dessen Vertreter ist unter Einhaltung einer Vorankündigungsfrist von **48 Stunden** berechtigt, während den Geschäftszeiten die zur Wahrung der Eigentumsrechte und der Wiedervermietung notwendigen Besichtigungen vorzunehmen. Bei Abwesenheit des Mieters sind die Schlüssel zur Verfügung zu halten. Bei Ortsabwesenheit hat der Mieter dafür zu sorgen, dass in Notfällen (Wasserschäden, Brandgefahr usw.) der Zutritt zum Mietobjekt gewährleistet ist. Er haftet im Unterlassungsfall für entstandene Schäden.

Kapitel 13: Allgemeine Geschäftsbedingungen

Herausgeber und Copyright
© Schweizerischer Verband der
Immobilienwirtschaft SVIT – www.svit.ch
Allgemeine Bedingungen zum Mietvertrag für
Geschäftsräume Rohbaumiete – Version 1/08

homegate.ch **Schulthess §**

11. Untermiete

Der Mieter darf die Sache nur mit schriftlicher Zustimmung des Vermieters ganz oder teilweise untervermieten.

Der Vermieter kann die Zustimmung nur verweigern, wenn:
- der Mieter sich weigert, dem Vermieter die Bedingungen der Untermiete bekannt zu geben;
- die Bedingungen der Untermiete im Vergleich zu denjenigen des Hauptmietvertrags missbräuchlich sind;
- dem Vermieter aus der Untermiete wesentliche Nachteile entstehen.

Der Mieter hat dem Vermieter **vorgängig** die beabsichtigten Vertragskonditionen und die Personalien des Untermieters bekannt zu geben. Dem Vermieter ist nach Zustandekommen des Untermietvertrages eine Kopie zuzustellen. Änderungen dieser Konditionen während der Vertragsdauer sind dem Vermieter unverzüglich mitzuteilen.

Der Mieter haftet dem Vermieter dafür, dass der Untermieter die Sache nicht anders gebraucht, als es ihm selbst gestattet ist. Der Vermieter kann den Untermieter unmittelbar dazu anhalten.

Die unentgeltliche Überlassung der Mietsache an einen Dritten bedarf ebenfalls der schriftlichen Zustimmung des Vermieters.

12. Abtretung des Mietvertrages

Die Abtretung des Mietvertrages setzt die schriftliche Zustimmung des Vermieters voraus. Der Mieter teilt dem Vermieter vor Abschluss der Abtretungsvereinbarung mit dem Dritten dessen Personalien und den Tätigkeitsbereich mit. Ferner liefert er dem Vermieter eine detaillierte Aufstellung über die durch den Dritten zu übernehmenden Mietereinbauten, Einrichtungen und Apparate mit den hierfür zu bezahlenden Entschädigungen. Das Gesuch ist mit einem Solvenzausweis einer anerkannten Schweizer Bank zu ergänzen.

Stimmt der Vermieter zu, so tritt der Dritte anstelle des Mieters in das Mietverhältnis ein.

13. Mietzinsanpassungen

13.1. Mietverträge ohne feste Vertragsdauer

Der Vermieter kann den Mietzins auf jeden Kündigungstermin erhöhen. Er muss dem Mieter die Erhöhung mindestens **zehn Tage** vor Beginn der Kündigungsfrist auf dem vom Kanton genehmigten Formular mitteilen und begründen.

13.2. Mietverträge mit fester Vertragsdauer von mindestens 5 Jahren

Die Mietzinsanpassung berechnet sich gemäss folgender Formel:

$$\frac{\text{Aktueller Index} - \text{Index aus letzter Anpassung}}{\text{Index aus letzter Anpassung}} \times \text{vereinbarte Indexierung} = \text{prozentuale Anpassung}$$

Eine Unterschreitung des bei Vertragsbeginn festgelegten Anfangsnettomietzinses ist ausgeschlossen.

Mietzinserhöhungen aufgrund von Mehrleistungen des Vermieters oder aufgrund von umfassenden Überholungen können auch während der festen Vertragsdauer geltend gemacht werden. Solche Mietzinserhöhungen können dem Mieter unter Einhaltung einer **30-tägigen** Anzeigefrist auf ein Monatsende in der gesetzlich dafür vorgeschriebenen Form angezeigt werden.

Bei Bedarf können Akonto- und Pauschalbeiträge für Nebenkosten auch während der festen Vertragsdauer unter Einhaltung einer **30-tägigen** Anzeigefrist auf ein Monatsende angepasst werden, die Nebenkostenakonti aufgrund der tatsächlichen Kosten, die Nebenkostenpauschalen entsprechend der tatsächlich anfallenden Kosten oder der Veränderung des Landesindexes der Konsumentenpreise.

14. Umsatzmiete

Wurde eine Umsatzmiete vereinbart, so bemisst sich der Massgebende Umsatz wie folgt:

Als Umsatz gelten alle vom Mieter und/oder seinen allfälligen Untermietern, Konzessionären, Franchisenehmern usw. in den Mieträumen für sich und für Dritte getätigten Verkäufe an Waren und Dienstleistungen, unabhängig von der Zahlungsweise des Kunden (Barverkauf, Kreditverkauf, Abzahlung, Nachnahme usw.) und unabhängig von der Zustellung der Ware an den Kunden (Mitnahme, Post, eigener Zustelldienst usw.).

Bei Kredit- und Abzahlungsverkäufen ist der genehmigte Verkaufspreis inklusive der volle Zuschlag für die Kreditierung im Zeitpunkt des Verkaufsabschlusses in den Umsatz einzubeziehen, abzüglich Debitorenverluste.

Ebenfalls zum Umsatz gehören die in den Mietlokalitäten getätigten Verkäufe und Bestellungen, bei denen die Ware oder Leistung an oder von einem anderen Ort erbracht oder geliefert wird, insbesondere Verkäufe, bei denen die Anlieferung von einem anderen Geschäft oder von einem Zentrallager des Mieters aus erfolgt. Ebenso sind Verkäufe von Waren und/oder Dienstleistungen einzuschliessen, deren Bestellung telefonisch oder schriftlich im Geschäft des Mieters im Mietobjekt eingeht.

Kapitel 13: Allgemeine Geschäftsbedingungen

Herausgeber und Copyright
© Schweizerischer Verband der
Immobilienwirtschaft SVIT – www.svit.ch
Allgemeine Bedingungen zum Mietvertrag für
Geschäftsräume Rohbaumiete – Version 1/08

Zum massgeblichen Umsatz gehören im Weiteren:
– Die Aufzahlung (Plus-Differenz) bei Warenumtausch;
– Alle Verkäufe zu Nettopreisen, die vom Mieter an bestimmte Kundenkategorien mit Spezialrabatten erfolgen (z.B. eigenes Personal, Personal des Zentrums oder andere bestimmte Kundenkategorien);
– Die gegen Entgelt abgegebenen Geschenk- und Warengutscheine sowie dem Käufer nicht zurückerstattete Anzahlungen;
– Die Mehrwertsteuer und sonstigen Verkaufssteuern. Sollte eine Änderung in den Ansätzen oder im System der indirekten Steuern erfolgen, so ist der Umsatzprozentsatz in der Weise abzuändern, dass diese Änderung der Umsatz- und Verbrauchssteuern bei gleichem Umsatz nicht zu einem höheren oder niedrigeren Umsatzmietzins führt.

Vom Umsatz werden in Abzug gebracht:
– Warenretouren von Kunden gegen bar oder Gutschrift;
– Annullierte Verkäufe oder Dienstleistungen; Die bar auszubezahlte Minus-Differenz bei Warenumtausch;
– Der Austausch von Waren zwischen Geschäft des Mieters im Zentrum und seinem eigenen Filialgeschäft und Lager, soweit dadurch nicht eine Umgehung der Umsatzerfassung eines in den Mietlokalitäten getätigten Verkaufes zum Nachteil der Vermieterin bezweckt wird;
– Warenretouren an Lieferanten und/oder Spediteure.

Nachweis des Umsatzes:
– Der Mieter meldet dem Vermieter monatlich schriftlich und unterschrieben, spätestens bis zum 20. Tag des folgenden Monates, den im Kalendermonat erzielten Umsatz.
– Jährlich bis Ende Februar meldet der Mieter schriftlich den im Kalenderjahr erzielten Umsatz, der gegenüber den Monatsumsätzen um die in der Buchhaltung ausgewiesenen Debitorenverluste abweichen kann.
– Bis spätestens zum 31. März jedes Jahres wird vom Vermieter aufgrund der Umsatzmeldung die vom Mieter geschuldete Umsatzmiete für das vorangehende Kalenderjahr berechnet.
– Der Mieter verpflichtet sich, eine genaue Statistik seiner Umsätze zu führen und die dafür verwendeten Unterlagen (Kassastreifen, etc.) bis zum 31. Dezember des zweiten dem Umsatzmonat folgenden Jahres aufzubewahren. Der Mieter verpflichtet sich, sämtliche Verkäufe über Registrierkassen abzuwickeln, ausser wenn mit dem Vermieter eine andere Regelung getroffen wird.
– Kann sich der Vermieter aus irgendwelchen Gründen mit einer Umsatzmeldung des Mieters nicht einverstanden erklären, so hat er den Mieter innerhalb von 30 Tagen seit deren Eingang schriftlich zu benachrichtigen und um ergänzende Angaben zu ersuchen.
– Die Bücher, Belege und sonstigen Unterlagen des Mieters, die für die Ermittlung des Verkaufsumsatzes von Bedeutung sein können, dürfen vom Vermieter eingesehen werden.
– Dem Vermieter steht das Recht zu, jederzeit eine Revisionsgesellschaft mit der Prüfung der Umsätze zu beauftragen. Der Mieter ist verpflichtet, dieser Revisionsgesellschaft alle verlangten Auskünfte zu erteilen und ihm Einsicht in die Buchhaltung zu gewähren, soweit dies für die Ausübung des Mandats zur Bestimmung des Umsatzes erforderlich ist. Der durch diese allfällige Expertise festgesetzte Umsatz wird vom Vermieter und vom Mieter als richtig, verbindlich und nicht anfechtbar anerkannt. Die Kosten der Expertise gehen zulasten des Mieters, wenn der durch die Expertise festgestellte Umsatz die Umsatzmeldung des Mieters übersteigt; andernfalls gehen sie zulasten des Vermieters.
– Der Vermieter verpflichtet sich zur strikten Geheimhaltung der Umsätze des Mieters und wird die Revisionsstelle zur Beachtung der Geheimhaltungspflicht verpflichten.

15. Nebenkosten

A. Allgemeines

Nebenkosten sind das Entgelt für öffentliche Abgaben sowie tatsächliche Aufwendungen des Vermieters oder eines Dritten, die mit dem Gebrauch der Mietsache zusammenhängen, wie Heizungs-, Warmwasser- und Betriebskosten.

Nebenkosten, welche dem Mieter direkt von einem Werk, einem Amt oder einem Lieferanten (inkl. Kabelnetze) in Rechnung gestellt werden sind durch den Mieter direkt zu bezahlen, auch wenn solche nicht im Mietvertrag aufgeführt sind. Im Übrigen sind Nebenkosten nur geschuldet, soweit sie **ausdrücklich vereinbart** wurden, ansonsten sind die diesbezüglichen Aufwendungen im Nettomietzins enthalten.

Werden Nebenkosten separat erhoben, hat der Mieter das Recht, beim Vermieter in die entsprechenden Belege Einsicht zu nehmen (es erfolgt ausdrücklich kein Versand der Belege).

B. Pauschalbeträge

Pauschalbeträge für Nebenkosten haben dem mutmasslichen Aufwand zu entsprechen. Dabei muss auf die Durchschnittswerte dreier Jahre abgestellt werden. Eine Abrechnung wird nicht erstellt.

C. Akontobeiträge

Im Voraus wird vom Mieter für die Nebenkosten ein festgelegter Akontobeitrag bezahlt, über welchen nach Ablauf der Rechnungsperiode abgerechnet wird. Nachforderungen und Rückerstattungen sind innert 30 Tagen nach Anerkennung der Abrechnung zu bezahlen.

Kapitel 13: Allgemeine Geschäftsbedingungen

Herausgeber und Copyright
© Schweizerischer Verband der
Immobilienwirtschaft SVIT – www.svit.ch
Allgemeine Bedingungen zum Mietvertrag für
Geschäftsräume Rohbaumiete – Version 1/08

D. Abrechnung

Die Nebenkosten sind vom Vermieter jeweils per vertraglich festgelegtem Stichtag abzurechnen.

Die Abrechnung über vertraglich vereinbarte Nebenkosten gilt als genehmigt, sofern der Mieter nicht innert 30 Tagen seit Erhalt dagegen schriftlich Einsprache beim Vermieter erhebt. Verlangt der Mieter Einsicht in die Belege, so kann er diese innert den darauf folgenden 30 Tagen einsehen. Die Einsprachefrist von 30 Tagen beginnt in diesem Fall an dem Tag, an welchem er die sachdienlichen Belege eingesehen hat, spätestens aber mit Ablauf der Einsichtsfrist.

Verlässt der Mieter während der Rechnungsperiode das Mietobjekt, so hat er keinen Anspruch auf Erstellung einer Zwischenabrechnung. Er erhält die nach branchenüblichen Usanzen pro rata erstellte Abrechnung nach dem vertraglich vereinbarten Abrechnungsstichtag.

E. Verteilung der Nebenkosten

Die Verteilung der Nebenkosten erfolgt nach einem liegenschaftsspezifischen Verteilschlüssel.

Die Heizungs- und Warmwasserkosten für nicht vermietete Wohn- und Geschäftsräume trägt der Vermieter. Sind keine Geräte zur Erfassung des Wärmeverbrauchs der einzelnen Verbraucher installiert und wurden nicht vermietete Wohn- und Geschäftsräume nachweisbar nur soweit geheizt, als dies zur Verhinderung von Frostschäden notwendig ist, muss der Vermieter nur einen Teil der Heizungskosten übernehmen, die nach dem normalen Verteilschlüssel auf Wohn- und Geschäftsräume entfallen. Dieser Teil beträgt in der Regel ⅓ für Zwei- bis Dreifamilienhäuser, ½ für Vier- bis Achtfamilienhäuser, ⅔ für grössere Gebäude sowie für Büro- und Geschäftshäuser.

Für die durch den Mieter gedrosselten Heizkörper kann keine Reduktion der Heizkosten gewährt werden.

F. Anrechenbare Nebenkosten

F1 Heizung und Warmwasser

Als Heizungs- und Warmwasserkosten anrechenbar sind insbesondere die Aufwendungen für:
- die Brennstoffe und die Energie, die verbraucht wurden;
- die Elektrizität zum Betrieb von Brennern und Pumpen;
- die Betriebskosten für Alternativenergien;
- die Reinigung der Heizungsanlage und des Kamins, das Auskratzen, Ausbrennen und Einölen des Heizkessels sowie die Abfall- und Schlackenbeseitigung;
- die periodische Revision der Heizungsanlage einschliesslich des Öltanks sowie das Entkalken der Warmwasseranlage, der Boiler und des Leitungsnetzes;
- die Verbrauchserfassung und den Abrechnungsservice für die verbrauchsabhängige Heizkostenabrechnung sowie den Unterhalt der nötigen Apparate;
- die Wartung;
- die Versicherungsprämien, soweit sie sich ausschliesslich auf die Heizungs- und Tankanlagen beziehen;
- die Verwaltungsarbeit (vgl. F3).

Bezieht der Vermieter Heizenergie oder Warmwasser aus einer nicht zur Liegenschaft gehörenden Zentrale, kann er die tatsächlich anfallenden Kosten in Rechnung stellen.

Bei Etagenheizungen gehen sämtliche mit dem Betrieb anfallenden Kosten zulasten des Mieters. Die Bedienung der Heizung und Besorgung des Brennstoffeinkaufes ist in diesem Fall Sache des Mieters.

F2 Betriebskosten

Allfällige unter dem Titel «Betriebskosten» separat aufgelisteten Kostenarten werden nach dem tatsächlichen Aufwand abgerechnet.

F3 Verwaltungsaufwand für Heizungs-, Warmwasser- und Betriebskosten

Der Vermieter darf seinen Aufwand für die Verwaltungsarbeit (z.B. Einkauf, Überwachung, Rechnungsführung, Abrechnung etc.) im Zusammenhang mit Heizungs-, Warmwasser- und Betriebskosten der Nebenkostenabrechnung in Prozenten der Abrechnungssumme im Rahmen der üblichen Ansätze oder nach tatsächlich aufgewendeten Stunden belasten.

G. Nicht anrechenbare Heizungs- und Warmwasserkosten

Nicht als Heizungs- und Warmwasseraufbereitungskosten anrechenbar sind die Aufwendungen für: Reparatur und Erneuerung der Anlagen, Verzinsung und Abschreibung der Anlagen.

16. Zahlungsverzug

Bei Zahlungsrückstand des Mieters wird eine Mahnfrist von 30 Tagen angesetzt, innert welcher der Rückstand zu bezahlen ist. Mit der Mahnung kann dem Mieter angedroht werden, dass bei Nichtbeachtung der Zahlungsaufforderung das Mietverhältnis unter Einhaltung einer 30-tägigen Frist (Art. 257d OR) auf das folgende Monatsende gekündigt werden kann. Die Einleitung von zusätzlichen betreibungsrechtlichen Schritten bleibt vorbehalten.

Kapitel 13: Allgemeine Geschäftsbedingungen

Herausgeber und Copyright
© Schweizerischer Verband der
Immobilienwirtschaft SVIT – www.svit.ch
Allgemeine Bedingungen zum Mietvertrag für
Geschäftsräume Rohbaumiete – Version 1/08

17. Hinterlegungsverfahren

Kommt der Vermieter seiner Unterhaltspflicht gemäss Ziffer 7 nicht nach, muss ihm der Mieter schriftlich eine angemessene Frist setzen, unter Androhung, dass er bei unbenutztem Ablauf der Frist, künftige Mietzinse bei der vom Kanton bezeichneten Stelle hinterlegen werde.

Die Durchführung der Hinterlegung ist dem Vermieter ebenfalls schriftlich anzuzeigen.

Hinterlegte Mietzinse fallen dem Vermieter zu, wenn der Mieter seine Ansprüche gegenüber dem Vermieter nicht innert 30 Tagen seit Fälligkeit des ersten hinterlegten Mietzinses bei der Schlichtungsbehörde geltend gemacht hat.

Der Vermieter kann bei der Schlichtungsstelle die Herausgabe der zu Unrecht hinterlegten Mietzinse verlangen, sobald ihm der Mieter die Hinterlegung angekündigt hat.

18. Kündigung

Der Mietvertrag kann in der dafür vorgeschriebenen Form und unter Einhaltung der vereinbarten Kündigungsfrist und -termine gekündigt werden. Die Kündigung muss eingeschrieben auf dem vom Kanton genehmigten Formular versandt und auf Verlangen begründet werden. Die Kündigungsfrist ist eingehalten, wenn die Kündigung spätestens am letzten Tag vor Beginn der Kündigungsfrist bei der Gegenpartei eintrifft oder bei der Post abholbereit vorliegt.

Ist der Mietvertrag befristet, endet das Mietverhältnis nach Ablauf dieser Vertragsdauer ohne Kündigung. Sollte das Mietverhältnis nach Ablauf der Vertragsdauer stillschweigend weitergeführt werden, gilt der Mietvertrag als auf unbestimmte Zeit fortgesetzt.

19. Gefahrtragung / Versicherung

Der Vermieter lehnt jede Haftung aus dem Betrieb der vermieteten Geschäftsräume ab. Der Abschluss der obligatorischen und zweckmässigen Versicherungen (Betriebshaftpflicht / Hausratversicherung) ist Sache des Mieters. Bei speziellen Risiken kann der Vermieter den Abschluss einer geeigneten Versicherung verlangen.

Der Mieter ist ab Mietbeginn zum Abschluss einer Privat- bzw. Mieterhaftpflichtversicherung mit Einschluss von Mieterschäden für die gesamte Mietdauer verpflichtet.

Der Mieter trägt die Gefahr für die Beschädigung oder Verlust seiner Fahrhabe aus irgendwelchen Gründen, insbesondere durch Feuer, Wasser, Einbruch oder Diebstahl. Der Abschluss einer Hausratversicherung wird dem Mieter empfohlen.

Für die Sicherheit (Einbruch, Diebstahl etc.) des Mietobjektes ist der Mieter verantwortlich. Für eingebrachte Sachen des Mieters sowie für Mieterausbauten lehnt der Vermieter jede Haftung ab. Der Mieter ist für die entsprechende Versicherung selbst verantwortlich.

20. Rückgabe des Mietobjekts

Das Mietobjekt ist in gutem Zustand, unter Berücksichtigung der aus der vertragsgemässen Benutzung sich ergebenden Abnützung oder Veränderung sowie des Zustandes bei Mietantritt zurückzugeben. Die Rückgabe der vollständig geräumten Mietsache erfolgt mit allen Schlüsseln bis spätestens am Tag nach Beendigung der Miete um 12.00 Uhr. Fällt der Rückgabetermin auf einen Samstag, Sonntag oder staatlich anerkannten Ruhe- oder Feiertag, hat die Rückgabe am darauffolgenden lokalen Werktag bis spätestens 12.00 Uhr zu geschehen. Die vom Mieter vorzunehmenden Instandstellungs- und Reinigungsarbeiten müssen fachgemäss ausgeführt und bis zum Schluss des Mietverhältnisses beendet sein. Spannteppiche und textile Bodenbeläge, die zum Mietobjekt gehören, sind fachmännisch zu reinigen bzw. zu extrahieren.

Mit Ablauf der Mietdauer besitzt der Mieter weder ein Recht des Aufenthaltes in den Räumen noch der Verfügung über dieselben. Bei der Rückgabe muss der Vermieter den Zustand der Sache prüfen und Mängel, für die der Mieter einzustehen hat, diesem sofort melden.

Der Vermieter ist berechtigt, bei der Rückgabe des Mietobjektes vom Mieter die Mitwirkung an der Erstellung eines gemeinsamen Rückgabeprotokolls zu verlangen. Wenn der Mieter seine Mitwirkung verweigert, kann der Vermieter auf Kosten des Mieters einen amtlichen Befund aufnehmen lassen.

21. Konkurrenzverbot

Sofern zwischen den Parteien nichts anderes vereinbart wird, besteht in dieser Liegenschaft kein Konkurrenzverbot.

22. Teilnichtigkeit

Sollte eine oder mehrere der Bestimmungen der Allgemeinen Bedingungen zum Mietvertrag für Geschäftsräume ganz oder teilweise unzulässig, unwirksam oder sonst aus irgend einem Grund nicht vollstreckbar sein oder werden, so wird dadurch die Gültigkeit der Allgemeinen Bedingungen zum Mietvertrag für Geschäftsräume im Übrigen nicht berührt. Die Parteien verpflichten sich, in guten Treuen zusammenzuwirken, um eine solche Bestimmung durch eine andere, dem damit gewollten wirtschaftlichen Zweck möglichst nahe kommende Bestimmung zu ersetzen.

Kapitel 13: Allgemeine Geschäftsbedingungen

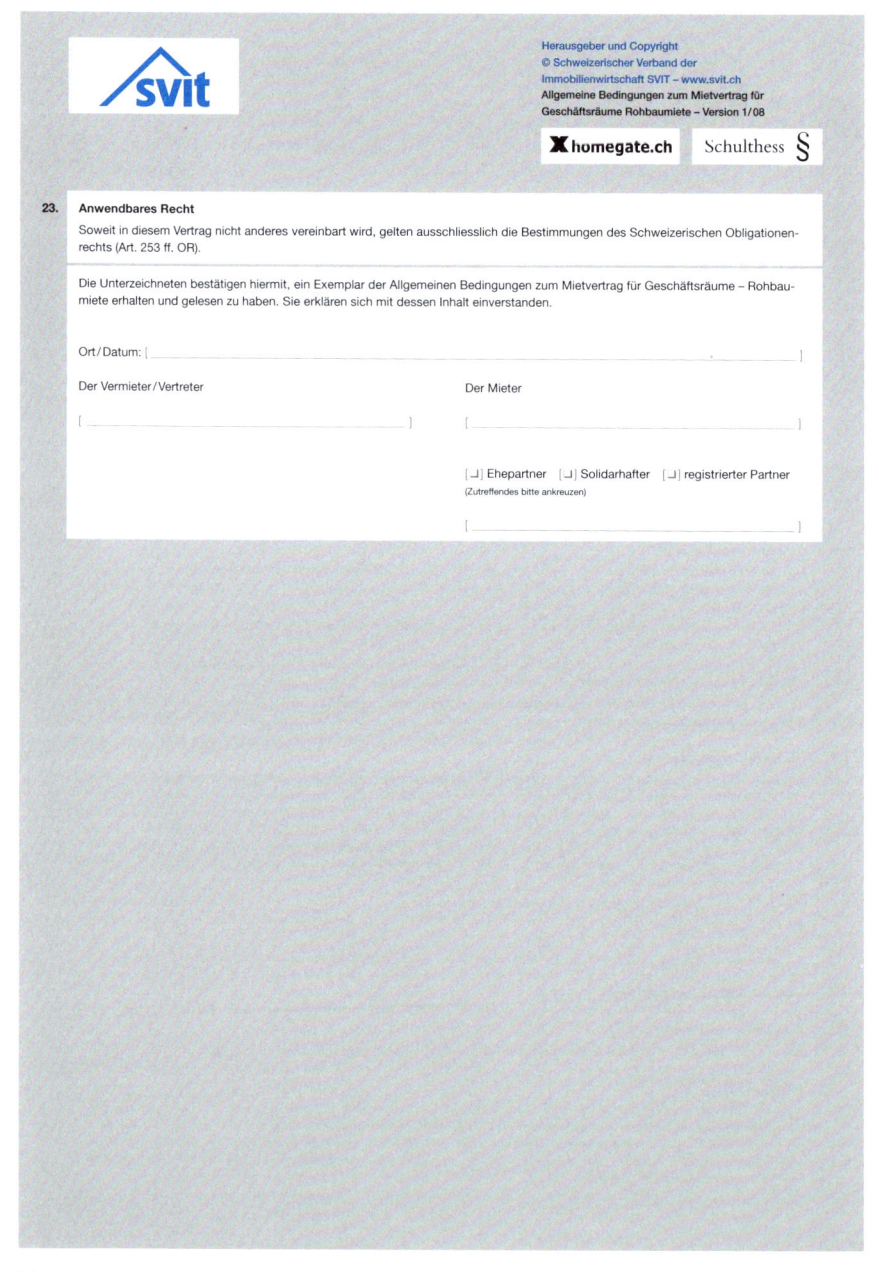

> **Herausgeber und Copyright**
> © Schweizerischer Verband der
> Immobilienwirtschaft SVIT – www.svit.ch
> Allgemeine Bedingungen zum Mietvertrag für
> Geschäftsräume Rohbaumiete – Version 1/08
>
> **homegate.ch** Schulthess §
>
> **23. Anwendbares Recht**
>
> Soweit in diesem Vertrag nicht anderes vereinbart wird, gelten ausschliesslich die Bestimmungen des Schweizerischen Obligationenrechts (Art. 253 ff. OR).
>
> Die Unterzeichneten bestätigen hiermit, ein Exemplar der Allgemeinen Bedingungen zum Mietvertrag für Geschäftsräume – Rohbaumiete erhalten und gelesen zu haben. Sie erklären sich mit dessen Inhalt einverstanden.
>
> Ort/Datum: [_____]
>
> Der Vermieter/Vertreter   Der Mieter
>
> [_____]   [_____]
>
>   [⊔] Ehepartner [⊔] Solidarhafter [⊔] registrierter Partner
>   (Zutreffendes bitte ankreuzen)
>
>   [_____]

Dies sind die Allgemeinen Bedingungen zum Mietvertrag für Geschäftsräume – Rohbaumiete wie sie im Kanton Zürich verwendet werden.

Kapitel 13: Allgemeine Geschäftsbedingungen

Herausgeber und Copyright
© Schweizerischer Verband der
Immobilienwirtschaft SVIT – www.svit.ch
Allgemeine Bedingungen zum Mietvertrag
für Nebenräume – Version 1/08

Allgemeine Bedingungen zum Mietvertrag für Nebenräume

Einfachheitshalber wird auf die weiblichen Formen «Mieterin, Vermieterin» etc. verzichtet und stattdessen «Mieter, Vermieter» etc. als Oberbegriff verwendet.

1. Übergabe

Der Vermieter übergibt dem Mieter das Mietobjekt zum vereinbarten Zeitpunkt in einem zum vorausgesetzten Gebrauch tauglichen und sauberen Zustand. Ein Anspruch auf Neuwertigkeit besteht nicht.

Die Übergabe findet, sofern nichts anderes vereinbart wurde, am Tag des Mietbeginns ab 12.00 Uhr statt. Fällt dieser Termin auf einen Samstag, Sonntag oder gesetzlichen Ruhe- oder Feiertag, verschiebt sich die Übergabe auf den darauf folgenden lokalen Werktag.

Anlässlich der Übergabe wird ein Übergabeprotokoll erstellt. Nachträglich festgestellte Mängel hat der Mieter **innert 14 Tagen** seit der Übergabe dem Vermieter schriftlich anzuzeigen. Unterbleiben entsprechende Anzeigen, wird angenommen, die Mietsache sei in protokolliertem Zustand übergeben worden.

Der Mieter übernimmt die Kosten für die Anfertigung einheitlicher Namensschilder an Sonnerie, Briefkasten, Lift, Wohnungstüre usw. (soweit vorhanden).

Können Instandstellungsarbeiten aus zeitlichen Gründen erst nach Mietantritt ausgeführt werden, so hat der Mieter diese zu dulden. Der Vermieter hat jedoch auf die Interessen des Mieters gebührend Rücksicht zu nehmen.

2. Schlüssel

Bei der Übergabe des Mietobjektes wird ein Schlüsselverzeichnis erstellt.

Zusätzliche Schlüssel dürfen nur mit schriftlicher Erlaubnis des Vermieters angefertigt werden und sind diesem beim Auszug ohne Entschädigung zu überlassen.

Bei einem Schlüsselverlust ist der Vermieter berechtigt, die betreffenden Schlösser und Schlüssel auf Kosten des Mieters ersetzen oder abändern zu lassen. Bei geschütztem Schliessplan kann auch die Schliessanlage des Gebäudes auf Kosten des Mieters ersetzt werden.

3. Gebrauch des Mietobjektes

Der Mieter gebraucht die Mietsache ausschliesslich zum vertraglich vereinbarten Zweck. Jede Änderung, insbesondere die Erhöhung der vertraglich vereinbarten Anzahl erwachsener Personen, bedarf der schriftlichen Zustimmung des Vermieters.

Der Mieter ist verpflichtet, auf die übrigen Hausbewohner Rücksicht zu nehmen, das Mietobjekt mit Sorgfalt zu gebrauchen und vor Schaden zu bewahren. Das Mietobjekt ist regelmässig zu lüften. Während der Heizperiode darf die Heizung in keinem Raum vollständig abgestellt werden. Für Schäden, die auf eine unsorgfältige und vertragswidrige Benutzung zurückzuführen sind, ist der Mieter schadenersatzpflichtig.

4. Unterhalt des Mietobjektes

A. Unterhaltspflicht des Vermieters

Der Vermieter ist verpflichtet, das Mietobjekt in gebrauchsfähigem Zustand zu erhalten und Mängel zu beheben. Vorbehalten bleibt die Behebung kleinerer Mängel, die dem Mieter obliegt (siehe unten Abs. B). Vom Vermieter zu behebende Mängel hat der Mieter sofort schriftlich zu melden und dürfen nicht eigenmächtig in Auftrag gegeben werden. Unterlässt der Mieter dies, haftet er für allen dadurch entstehenden Schaden.

Bei plötzlich auftretenden Mängeln, welche einen Notfall darstellen und keinen Aufschub zulassen, ist der Mieter gehalten, sofort den Hauswart oder den Vermieter bzw. dessen Vertreter zu informieren und bei deren Abwesenheit, soweit möglich und zumutbar, selber die unbedingt notwendigen Vorkehrungen zur Abwendung von Folgeschäden zu treffen oder treffen zu lassen. Im Unterlassungsfall haftet er für Folgeschäden.

Für die Sacherhaltung notwendige Arbeiten hat der Mieter jederzeit zu dulden. Der Vermieter hat dem Mieter die Arbeiten rechtzeitig anzuzeigen und auf die Interessen des Mieters Rücksicht zu nehmen. Verweigert der Mieter den Handwerkern den Zugang zum Mietobjekt, kann er für allfällige Mehrkosten und Folgeschäden haftbar gemacht werden.

Kapitel 13: Allgemeine Geschäftsbedingungen

Herausgeber und Copyright
© Schweizerischer Verband der
Immobilienwirtschaft SVIT – www.svit.ch
Allgemeine Bedingungen zum Mietvertrag
für Nebenräume – Version 1/08

homegate.ch   Schulthess §

B. Unterhaltspflicht des Mieters

Der Mieter ist verpflichtet, das Mietobjekt regelmässig zu reinigen, insbesondere auch Fenster, Fensterrahmen, Rollläden, Storen und Jalousien sowie Balkone, Terrassen etc. bis zu den Abläufen.

Der Mieter ist verpflichtet, zerbrochene Fensterscheiben gleichwertig zu ersetzen, sofern der Bruch nicht nachweisbar von einem Dritten verursacht worden ist oder ein Spannungsriss vorliegt.

Dem Mieter obliegen sodann die kleinen, für den gewöhnlichen Gebrauch der Mietsache erforderlichen Ausbesserungen. Diese kleinen Unterhaltsarbeiten sind fachmännisch auszuführen.

Zum **kleinen Unterhalt** gehören, unabhängig vom allfälligen Rechnungsbetrag, insbesondere

– das Instandhalten der Installationen, Armaturen und Apparate in Küche und Bad (Ersetzen von defekten Kuchenblechen und Rosten, Kühlschrankeinrichtungen, Geschirrspülereinrichtungen, Spiegel, Schlauch und Brause der Dusche, WC-Brille und Deckel, Zahngläser und Seifenschalen, Ablaufverschlüsse von Badewanne und Lavabo, Dichtungen bei Wasserhahnen, Spülkasten etc.);
– das Ersetzen von elektrischen Schaltern, Steckdosen, zur Wohnung gehörenden Sicherungen, Lampen und -abdeckungen;
– das Ersetzen von Rollladengurten bzw. -kurbeln, Schnüren oder Bändern an Zugjalousien usw.;
– das regelmässige Entkalken von Boilern, Entstopfen von Abwasserleitungen bis zur Hauptleitung;
– sowie alle weiteren kleineren Reparaturen und Instandstellungen, welche im Einzelfall 1% des Jahres-Netto-Mietzinses nicht übersteigen.

5. Zahlungsrückstand

Bei Zahlungsrückstand des Mieters wird eine Mahnfrist von 30 Tagen angesetzt, innert welcher der Rückstand zu bezahlen ist. Mit der Mahnung kann dem Mieter angedroht werden, dass bei Nichtbeachtung der Zahlungsaufforderung das Mietverhältnis unter Einhaltung von einer 30-tägigen Frist (Art. 257d OR) auf das folgende Monatsende gekündigt werden kann. Die Einleitung von zusätzlichen betreibungsrechtlichen Schritten bleibt vorbehalten.

6. Erneuerungsarbeiten und bauliche Änderungen durch den Vermieter

Erneuerungen und Änderungen am Mietobjekt sind ohne Zustimmung des Mieters nur zulässig, wenn sie für den Mieter zumutbar sind und das Mietverhältnis nicht gekündigt ist. Solche Arbeiten sind auch während einer Erstreckung ohne Zustimmung des Mieters zulässig. Vorbehalten bleiben die Mietzinsherabsetzungs- und Schadenersatzansprüche des Mieters.

Umbauten, Renovationen und Neuinstallationen, insbesondere erhebliche Eingriffe, welche den Gebrauch des Mietobjektes beeinträchtigen oder eine Vertragsänderung (zum Beispiel Mietzinserhöhung) zur Folge haben, sind dem Mieter rechtzeitig anzukündigen.

Der Mieter hat den Handwerkern und Lieferanten bis zur Vollendung der Bauarbeiten sowie zur Behebung der Garantiemängel den Zutritt zu seinem Mietobjekt zu gewährleisten.

Bei den Arbeiten ist auf die Mieter gebührend Rücksicht zu nehmen. Während Sonn- und Feiertagen, sowie in der Regel zu den üblichen Ruhestunden, dürfen keine Arbeiten durchgeführt werden.

7. Änderungen durch den Mieter

Erneuerungen und Änderungen in und am Mietobjekt bedürfen vorgängig der schriftlichen Zustimmung des Vermieters. Dasselbe gilt für das Anbringen von Einrichtungen und Vorrichtungen ausserhalb des Mietobjektes (z.B. Storen, Aushängeschilder, Plakate, Schaukästen, Antennen, Parabolspiegel u.Ä.) sowie die Änderung bestehender Einrichtungen und Vorrichtungen.

Stellen durch den Vermieter schriftlich genehmigte und vom Mieter veranlasste und bezahlte Erneuerungen und Änderungen am Mietobjekt nach Beendigung des Mietverhältnisses einen erheblichen Mehrwert dar, kann der Vermieter diese durch finanzielle Abgeltung des Mehrwertes übernehmen. Es besteht jedoch grundsätzlich kein Ersatzanspruch gegenüber dem Vermieter. Auf Verlangen des Vermieters muss der ursprüngliche Zustand auf Kosten des Mieters wieder hergestellt werden, sofern dies schriftlich vereinbart wird.

Der Unterhalt und Ersatz aller vom Mieter getätigten Veränderungen liegt während der Mietdauer bei ihm. Durch die Veränderung entstehende Mehrkosten, beispielsweise eine Mehrprämie der Gebäudeversicherung, sind vom Mieter zu tragen.

Bei grösseren Änderungen am Mietobjekt hat der Mieter vor Beginn der Arbeiten einen Betrag sicherzustellen (Sperrkonto, Bankgarantie etc.), welcher den zu erwartenden Gesamtkosten entspricht. Stellt der Mieter die entsprechende Summe nicht sicher und meldet ein Bauhandwerker ein Bauhandwerkerpfandrecht an, so ist der Mieter zur sofortigen Sicherstellung verpflichtet. Bei Ausbleiben der Ablösung eines Bauhandwerkerpfandrechtes innert Monatsfrist ist der Vermieter berechtigt, das Mietverhältnis ausserordentlich zu kündigen.

8. Private Apparate

Die Verwendung von privaten Apparaten mit Wasseranschluss in der Wohnung (Waschmaschinen, Tumbler, Geschirrspüler usw.) ist nur mit schriftlicher Zustimmung des Vermieters gestattet. Die Installation hat ausschliesslich durch konzessionierte Installateure zu erfolgen.

Das Anschliessen von privaten Apparaten (Tiefkühlschränke, Kühltruhen etc.) im Keller- oder Estrichabteil am Allgemeinstrom ist nur mit schriftlicher Zustimmung des Vermieters gestattet. Die Installation hat zudem ausschliesslich durch einen konzessionierten Installateur zu erfolgen.

Der Vermieter ist in diesen Fällen berechtigt, dem Mieter zusätzlich zur vereinbarten Miete eine monatliche Pauschale für Wasser bzw. Strom zu verrechnen.

Kapitel 13: Allgemeine Geschäftsbedingungen

Herausgeber und Copyright
© Schweizerischer Verband der
Immobilienwirtschaft SVIT – www.svit.ch
Allgemeine Bedingungen zum Mietvertrag
für Nebenräume – Version 1/08

9. Besichtigungs- und Zutrittsrecht des Vermieters

Der Vermieter oder dessen Vertreter sind berechtigt, unter **48-stündiger** Voranzeige, Besichtigungen durchzuführen, die zur Wahrung des Eigentumsrechts und zwecks Vornahme der ihnen obliegenden Reparaturen und Renovationen notwendig sind. Diese sind ferner berechtigt, für Verkaufs- oder Vermietungsverhandlungen mit Interessenten die Räumlichkeiten in der Zeit von Montag bis Freitag zwischen 8.00 und 17.00 Uhr und am Samstagvormittag zu besichtigen. Die Besichtigungen sind auf das Notwendige zu beschränken.

Beabsichtigt der Mieter das Mietobjekt für längere Zeit (mehr als 3 Wochen) unbenützt zu lassen, so ist er verpflichtet, eine Person zu bezeichnen, welche die Schlüssel zur Verfügung hält. Bei kurzer Abwesenheit genügt die Hinterlegung des Schlüssels im Hause.

10. Untermiete

Der Mieter darf das Mietobjekt nur mit schriftlicher Zustimmung des Vermieters ganz oder teilweise untervermieten.

Der Vermieter kann die Zustimmung nur verweigern, wenn:
– der Mieter sich weigert, dem Vermieter die Bedingungen der Untermiete bekannt zu geben;
– die Bedingungen der Untermiete im Vergleich zu denjenigen des Hauptmietvertrags missbräuchlich sind;
– dem Vermieter aus der Untermiete wesentliche Nachteile entstehen.

Der Mieter hat dem Vermieter **vorgängig** die beabsichtigten Vertragskonditionen und die Personalien des Untermieters bekannt zu geben. Dem Vermieter ist nach Zustandekommen des Untermietvertrages eine entsprechende Kopie zuzustellen. Änderungen dieser Konditionen während der Vertragsdauer, sind dem Vermieter unverzüglich mitzuteilen.

Der Mieter haftet dem Vermieter dafür, dass der Untermieter das Mietobjekt nicht anders gebraucht, als es ihm selbst gestattet ist. Der Vermieter kann den Untermieter unmittelbar dazu anhalten.

Die unentgeltliche Überlassung des Mietobjekts an einen Dritten bedarf ebenfalls der schriftlichen Zustimmung des Vermieters.

11. Mietzinsanpassungen und andere Vertragsänderungen

A. Unbefristete Verträge

Der Vermieter kann Mietzinsanpassungen und andere einseitige Vertragsänderungen zulasten des Mieters auf jeden Kündigungstermin vornehmen. Er muss dem Mieter die entsprechende Anpassung **mindestens zehn Tage** vor Beginn der Kündigungsfrist in der dafür vorgeschriebenen Form mitteilen.

B. Verträge mit Mindestdauer / Befristete Verträge

Ist der Mietvertrag auf eine Dauer von mindestens fünf Jahren abgeschlossen oder während mindestens fünf Jahren seitens Vermieter unkündbar, gilt der Mietzins als indexiert. Der Mietzins kann demnach einmal jährlich gemäss folgender Formel an den Landesindex der Konsumentenpreise angepasst werden.

$$\text{Mietzinsänderung in \%} = \frac{\text{neuer Index} - \text{alter Index} \times 100}{\text{alter Index}}$$

Mietzinserhöhungen für Mehrleistungen des Vermieters können auch während der festen Vertragsdauer geltend gemacht werden. Dasselbe gilt für die Einführung neuer Nebenkosten sowie für die Anpassung von Nebenkostenpauschalen oder -akontozahlungen.

Anpassungen des Mietzinses oder der Nebenkosten sind dem Mieter unter Einhaltung einer **30-tägigen Frist** auf ein Monatsende in der dafür vorgeschriebenen Form zu eröffnen.

12. Nebenkosten

A. Allgemeines

Nebenkosten sind das Entgelt für öffentliche Abgaben sowie tatsächliche Aufwendungen des Vermieters oder eines Dritten, die mit dem Gebrauch der Mietsache zusammenhängen, wie Heizungs-, Warmwasser- und Betriebskosten.

Nebenkosten, welche dem Mieter direkt von einem Werk, einem Amt oder einem Lieferanten (inkl. Kabelnetze) in Rechnung gestellt worden sind, sind durch den Mieter direkt zu bezahlen, auch wenn solche nicht im Mietvertrag aufgeführt sind. Im Übrigen sind Nebenkosten nur geschuldet, soweit sie **ausdrücklich vereinbart** wurden, ansonsten sind die diesbezüglichen Aufwendungen im Nettomietzins enthalten.

Werden Nebenkosten separat erhoben, hat der Mieter das Recht, beim Vermieter in die entsprechenden Belege Einsicht zu nehmen (es erfolgt ausdrücklich kein Versand der Belege).

B. Pauschalbeträge

Pauschalbeträge für Nebenkosten haben dem mutmasslichen Aufwand zu entsprechen. Dabei muss auf die Durchschnittswerte dreier Jahre abgestellt werden. Eine Abrechnung wird nicht erstellt.

Kapitel 13: Allgemeine Geschäftsbedingungen

Herausgeber und Copyright
© Schweizerischer Verband der
Immobilienwirtschaft SVIT – www.svit.ch
Allgemeine Bedingungen zum Mietvertrag
für Nebenräume – Version 1/08

C. Akontobeiträge

Im Voraus wird vom Mieter für die Nebenkosten ein festgelegter Akontobeitrag bezahlt, über welchen nach Ablauf der Rechnungsperiode abgerechnet wird. Nachforderungen und Rückerstattungen sind innert 30 Tagen nach Anerkennung der Abrechnung zu bezahlen.

D. Abrechnung

Die Nebenkosten sind vom Vermieter jeweils per vertraglich festgelegtem Stichtag abzurechnen.

Die Abrechnung über vertraglich vereinbarte Nebenkosten gilt als genehmigt, sofern der Mieter nicht innert 30 Tagen seit Erhalt dagegen schriftlich Einsprache beim Vermieter erhebt. Verlangt der Mieter Einsicht in die Belege, so kann er diese innert den darauf folgenden 30 Tagen einsehen. Die Einsprachefrist von 30 Tagen beginnt in diesem Fall an dem Tag, an welchem er die sachdienlichen Belege eingesehen hat, spätestens aber mit Ablauf der Einsichtsfrist.

Verlässt der Mieter während der Rechnungsperiode das Mietobjekt, so hat er keinen Anspruch auf Erstellung einer Zwischenabrechnung. Er erhält die nach branchenüblichen Usanzen pro rata erstellte Abrechnung nach dem vertraglich vereinbarten Abrechnungsstichtag.

E. Verteilung der Nebenkosten

Die Verteilung der Nebenkosten erfolgt nach einem liegenschaftsspezifischen Verteilschlüssel.

Die Heizungs- und Warmwasserkosten für nicht vermietete Wohn- und Geschäftsräume trägt der Vermieter. Sind keine Geräte zur Erfassung des Wärmeverbrauchs der einzelnen Verbraucher installiert und wurden nicht vermietete Wohn- und Geschäftsräume nachweisbar nur soweit geheizt, als dies zur Verhinderung von Frostschäden notwendig ist, muss der Vermieter nur einen Teil der Heizungskosten übernehmen, die nach dem normalen Verteilschlüssel auf Wohn- und Geschäftsräume entfallen. Dieser Teil beträgt in der Regel ⅓ für Zwei- bis Dreifamilienhäuser, ½ für Vier- bis Achtfamilienhäuser, ⅔ für grössere Gebäude sowie für Büro- und Geschäftshäuser.

Für die durch den Mieter gedrosselten Heizkörper kann keine Reduktion der Heizkosten gewährt werden.

F. Anrechenbare Nebenkosten

F1 Heizung und Warmwasser

Als Heizungs- und Warmwasserkosten anrechenbar sind insbesondere die Aufwendungen für:
- die Brennstoffe und die Energie, die verbraucht wurden;
- die Elektrizität zum Betrieb von Brennern und Pumpen;
- die Betriebskosten für Alternativenergien;
- die Reinigung der Heizungsanlage und des Kamins, das Auskratzen, Ausbrennen und Einölen des Heizkessels sowie die Abfall- und Schlackenbeseitigung;
- die periodische Revision der Heizungsanlage einschliesslich des Öltanks sowie das Entkalken der Warmwasseranlage, der Boiler und des Leitungsnetzes;
- die Verbrauchserfassung und den Abrechnungsservice für die verbrauchsabhängige Heizkostenabrechnung sowie den Unterhalt der nötigen Apparate;
- die Wartung;
- die Versicherungsprämien, soweit sie sich ausschliesslich auf die Heizungs- und Tankanlagen beziehen;
- die Verwaltungsarbeit (vgl. F3).

Bezieht der Vermieter Heizenergie oder Warmwasser aus einer nicht zur Liegenschaft gehörenden Zentrale, kann er die tatsächlich anfallenden Kosten in Rechnung stellen.

Bei Etagenheizungen gehen sämtliche mit dem Betrieb anfallenden Kosten zulasten des Mieters. Die Bedienung der Heizung und Besorgung des Brennstoffeinkaufes ist in diesem Fall Sache des Mieters.

F2 Betriebskosten

Allfällige unter dem Titel Betriebskosten separat aufgelisteten Kostenarten werden nach tatsächlichem Aufwand abgerechnet.

F3 Verwaltungsaufwand für Heizungs-, Warmwasser- und Betriebskosten

Der Vermieter darf seinen Aufwand für die Verwaltungsarbeit (z.B. Einkauf, Überwachung, Rechnungsführung, Abrechnung etc.) im Zusammenhang mit Heizungs-, Warmwasser- und Betriebskosten der Nebenkostenabrechnung in Prozenten der Abrechnungssumme im Rahmen der üblichen Ansätze oder nach tatsächlich aufgewendeten Stunden belasten.

G. Nicht anrechenbare Heizungs- und Warmwasserkosten

Nicht als Heizungs- und Warmwasseraufbereitungskosten anrechenbar sind die Aufwendungen für: Reparatur und Erneuerung der Anlagen, Verzinsung und Abschreibung der Anlagen.

Kapitel 13: Allgemeine Geschäftsbedingungen

Herausgeber und Copyright
© Schweizerischer Verband der
Immobilienwirtschaft SVIT – www.svit.ch
Allgemeine Bedingungen zum Mietvertrag
für Nebenräume – Version 1/08

13. Kündigung

Der Mietvertrag kann von beiden Parteien in der dafür vorgeschriebenen Form und unter Einhaltung der vereinbarten Kündigungsfrist und -terminen gekündigt werden. Die Kündigung muss eingeschrieben versandt und auf Verlangen begründet werden. Die Kündigungsfrist ist eingehalten, wenn die Kündigung spätestens am letzten Tag vor Beginn der Kündigungsfrist bei der Gegenpartei eintrifft oder bei der Post abholbereit vorliegt.

Ist der Mietvertrag befristet, endet das Mietverhältnis nach Ablauf dieser Vertragsdauer ohne Kündigung. Sollte das Mietverhältnis nach Ablauf der Vertragsdauer stillschweigend weitergeführt werden, gilt der Mietvertrag als auf unbestimmte Zeit fortgesetzt.

A. Ausserterminliche Kündigung

Will der Mieter das Mietverhältnis vorzeitig beenden, ohne Kündigungsfrist und/oder Kündigungstermin einzuhalten bzw. vor Ablauf der vereinbarten Frist, so muss er dem Vermieter einen zumutbaren, zahlungsfähigen Ersatzmieter stellen. Dieser muss der Mieterstruktur der Mietliegenschaft entsprechen und bereit sein, den Mietvertrag zu den bestehenden Bedingungen zu übernehmen. Andernfalls bleibt der Mieter zur Zahlung des Mietzinses längstens bis zu dem Zeitpunkt, auf den das Mietverhältnis gemäss Vertrag beendigt werden kann, verpflichtet. Der Abschluss des Mietvertrages ist ausschliesslich Sache des Vermieters. Steht fest, dass der Mieter keinen Ersatzmieter im Sinne des Gesetzes findet, hat sich auch der Vermieter im Rahmen seiner Schadenminderungspflicht um eine vorzeitige Wiedervermietung zu bemühen. Die Kosten für notwendige zusätzliche Umtriebe des Vermieters (z.B. Insertionskosten) hat der Mieter zu tragen.

Die vorzeitige Rückgabe ist nur auf ein Monatsende möglich. Die Mitteilung an den Vermieter hat schriftlich **spätestens 30 Tage** vor der geplanten Rückgabe zu erfolgen. Der Mieter haftet auch bei vorzeitiger Schlüsselrückgabe für die Erfüllung des Mietvertrags bis zur Weitervermietung (Mietbeginn) des Mietobjektes, längstens bis zum nächstmöglichen Kündigungstermin.

14. Rückgabe des Mietobjektes

Das Mietobjekt ist in gutem Zustand, unter Berücksichtigung der aus der vertragsgemässen Benutzung sich ergebenden Abnützung oder Veränderung sowie des Zustandes bei Mietantritt, zurückzugeben. Die Rückgabe des vollständig geräumten und gereinigten Mietobjektes erfolgt mit allen Schlüsseln nach Ortsgebrauch, jedoch spätestens am Tag nach Beendigung der Miete um 12.00 Uhr. Fällt der Rückgabetermin auf einen Samstag, Sonntag oder gesetzlichen Ruhe- oder Feiertag, hat die Rückgabe am darauf folgenden lokalen Werktag bis spätestens 12.00 Uhr zu geschehen. Die vom Mieter vorzunehmenden Instandstellungs- und Reinigungsarbeiten müssen fachgemäss ausgeführt und bis zum Schluss des Mietverhältnisses beendet werden. Textile Bodenbeläge, die zum Mietobjekt gehören, sind fachmännisch zu reinigen beziehungsweise zu extrahieren.

Mit Ablauf der Mietdauer besitzt der Mieter weder ein Recht des Aufenthaltes in den Räumen noch der Verfügung über dieselben.

Bei der Rückgabe der Mietsache erstellen Mieter und Vermieter ein Rückgabeprotokoll, in welchem der Zustand der Mietsache festgehalten wird. Verweigert der Mieter seine Mitwirkung an der Erstellung oder der Unterzeichnung des Rückgabeprotokolls, so ist der Vermieter berechtigt, auf Kosten des Mieters zur Beweissicherung einen amtlichen Befund aufnehmen zu lassen.

Der Vermieter muss dem Mieter diejenigen Mängel, für welche dieser einzustehen hat, sofort melden. Mängel, welche trotz übungsgemässer Prüfung bei der Rückgabe nicht erkennbar waren, kann der Vermieter auch noch später gegenüber dem Mieter geltend machen. Er hat sie dem Mieter sofort zu melden, wenn er solche entdeckt. Werden nachträglich gemeldete Mängel durch den Mieter innert zehn Tagen seit Erhalt der Mitteilung nicht bestritten, gelten sie als anerkannt.

15. Hinterlegungsverfahren / Verrechnung

Eine einseitige Herabsetzung des Mietzinses durch den Mieter ist nicht zulässig. Kommt der Vermieter seiner Instandhaltungspflicht gemäss Ziffer 4.A. nicht nach, muss der Mieter ihm dazu schriftlich eine angemessene Frist setzen und kann ihm androhen, dass er bei unbenütztem Ablauf der Frist künftige Mietzinse bzw. Teilbeträge bei der vom Kanton bezeichneten Stelle hinterlegen werde.

Die Durchführung der Hinterlegung ist dem Vermieter ebenfalls schriftlich anzuzeigen.

Hinterlegte Mietzinse fallen dem Vermieter zu, wenn der Mieter seine Ansprüche gegenüber dem Vermieter nicht innert 30 Tagen seit Fälligkeit des ersten hinterlegten Mietzinses bei der Schlichtungsbehörde geltend gemacht hat.

Der Vermieter kann bei der Schlichtungsbehörde die Herausgabe der zu Unrecht hinterlegten Mietzinse verlangen, sobald ihm der Mieter die Hinterlegung angekündigt hat.

16. Nutzungsänderung

Dem Mieter sind ohne schriftliche Zustimmung des Vermieters sowie der zuständigen Behörde die teilweise oder vollumfänglich gewerbliche Nutzung der Wohnung sowie die Erteilung von Musikunterricht in derselben untersagt.

Eine Bewilligung kann aus wichtigen Gründen und nach schriftlicher Abmahnung unter Einhaltung einer Frist von 30 Tagen widerrufen werden.

Kapitel 13: Allgemeine Geschäftsbedingungen

Herausgeber und Copyright
© Schweizerischer Verband der
Immobilienwirtschaft SVIT – www.svit.ch
Allgemeine Bedingungen zum Mietvertrag
für Nebenräume – Version 1/08

homegate.ch Schulthess §

17. Gefahrtragung / Versicherung

Der Mieter trägt die Gefahr für die Beschädigung oder den Verlust der Fahrhabe aus irgendwelchen Gründen, insbesondere durch Feuer, Wasser, Einbruch oder Diebstahl. Der Abschluss einer Hausratsversicherung wird dem Mieter empfohlen.

Der Mieter ist ab Mietbeginn zum Abschluss einer Privat- bzw. Mieterhaftpflichtversicherung verpflichtet mit Einschluss von Mieterschäden für die gesamte Mietdauer. Diese Versicherung sollte auch das Bruchrisiko bezüglich sämtlicher Spiegel, Scheiben, Vorrichtungen aus Glas/Keramik/Stein wie Kochflächen, Küchenabdeckungen, Lavabos, Klosetts, Badewannen etc. sowie mieterspezifische spezielle Risiken abdecken.

Für die Sicherheit (Einbruch, Diebstahl etc.) des Mietobjektes ist der Mieter verantwortlich. Für eingebrachte Sachen des Mieters sowie für Mieterausbauten lehnt der Vermieter jede Haftung ab. Der Mieter ist für die entsprechende Versicherung selbst verantwortlich.

18. Zustelladresse

Als Zustelladresse für alle Mieter, für beide Ehegatten oder beide Partner gilt der Ort des Mietobjektes, sofern dem Vermieter nicht schriftlich ein anderer Zustellungsort gemeldet wurde.

19. Verletzung Mietvertrag / Hausordnung

Falls diese Allgemeinen Bedingungen mit einer Hausordnung ergänzt sind, gilt diese als integrierender Bestandteil. Werden Mietvertrag und/oder Hausordnung schwer und wiederholt verletzt und bleibt die schriftliche Mahnung innerhalb der vom Vermieter angesetzten Frist erfolglos, so kann dies zu einer Kündigung unter Einhaltung einer Frist von 30 Tagen auf Ende eines Monats gemäss Art. 257f Abs. 3 OR führen. Die Geltendmachung von Schadenersatzforderungen bleibt unter derartigen Umständen ausdrücklich vorbehalten.

20. Teilnichtigkeit

Sollte eine oder mehrere der Bestimmungen der Allgemeinen Bedingungen zum Mietvertrag für Wohnräume ganz oder teilweise unzulässig, unwirksam oder sonst aus einem Grund nicht vollstreckbar sein oder werden, so wird dadurch die Gültigkeit der Allgemeinen Bedingungen zum Mietvertrag für Wohnräume im Übrigen nicht berührt. Die Parteien verpflichten sich, in guten Treuen zusammenzuwirken, um eine solche Bestimmung durch eine andere, dem damit gewollten wirtschaftlichen Zweck möglichst nahe kommende Bestimmung, zu ersetzen.

21. Anwendbares Recht / Gerichtsstand

Soweit in diesem Vertrag nichts anderes vereinbart wird, gelten ausschliesslich die Bestimmungen des Schweizerischen Obligationenrechts (Art. 253 ff. OR). Für alle Streitigkeiten aus diesem Vertrag ist der Ort der gemieteten Sache Gerichtsstand.

Kapitel 13: Allgemeine Geschäftsbedingungen

Herausgeber und Copyright
© Schweizerischer Verband der
Immobilienwirtschaft SVIT – www.svit.ch
Allgemeine Bedingungen zum Mietvertrag
für Nebenräume – Version 1/08

homegate.ch   Schulthess §

Hausordnung

Meldungen über Verstösse gegen diese Hausordnung nimmt der Vermieter nur in schriftlicher Form entgegen.

1. Rücksichtnahme

Im Interesse eines guten Verhältnisses unter den Mietern verpflichten sich alle zu gegenseitiger Rücksichtnahme. Der Mieter ist dafür besorgt, dass sich die Mitbewohner der Hausordnung unterziehen.

2. Reinigung

Ausserordentliche Verunreinigungen sind vom Verantwortlichen zu beseitigen.

Sofern kein Hauswart für die Reinigung gemeinsam benützter Gebäudeteile, wie z.B. Treppenhaus, Kellergang, Hausgang, Estrich und die Schneeräumung usw. zuständig ist, ist sie von den Mietern zu besorgen. Ohne anderslautende Abmachungen, übernimmt der Mieter die Reinigung des Treppenhauses (inklusive Fenster) im Bereich seines Mietobjektes. Dem Parterremieter obliegt die Reinigung der Abgänge in die Kellerräumlichkeiten und der entsprechenden Zugänge. Dem Mieter des obersten Geschosses obliegt die Reinigung der Aufgänge zum Dachgeschoss.

Die Schneeräumung ist ohne gegenteilige Vereinbarung Sache aller Mieter, die sich in wöchentlichem Turnus abzuwechseln haben. Die Garagen- und Autoabstellplatzmieter säubern die Garagenvorplätze und Parkplätze und besorgen deren Eis- und Schneeräumung.

3. Gemeinsame Räume

Wo Waschküche, Waschautomat, Trockenraum und Bügelzimmer vorhanden sind, findet die Benützung dieser Räume nach einem vom Vermieter festzulegenden Plan statt, der des berechtigten Interessen der Mieter Rechnung trägt.

Dem jeweiligen Benützer steht das Recht zu, diese Räume während der bestimmten Zeit allein zu benützen. Nach Gebrauch sind die benützten Räume und Apparate zu reinigen und auszutrocknen, die Wasserabläufe freizumachen und im Winter die Fenster zu schliessen.

Wäsche darf nur an den dafür vorgesehenen Orten (Estrich, Trockenraum oder Aufhängeplatz) aufgehängt werden.

4. Zu unterlassen ist:

- das Ausschütten und Ausklopfen von Behältnissen, Decken usw. aus den Fenstern sowie von Terrassen und Balkonen;
- Teppiche vor 7.00 Uhr und nach 20.00 Uhr und von 12.00 Uhr bis 13.30 Uhr auszuklopfen. An Sonn- und allgemeinen Feiertagen ist diese Arbeit grundsätzlich zu unterlassen;
- das Füttern von Vögeln via Fenster oder Balkon;
- das unbeaufsichtigte Laufen lassen von Hunden, Katzen und anderen grösseren Haustieren (die Haustierhaltung bedingt einer schriftlichen Bewilligung durch den Vermieter);
- das Musizieren vor 8.00 Uhr und nach 21.00 Uhr und während der Mittagszeit von 12.00 Uhr bis 13.30 Uhr. Tonwiedergabegeräte wie z.B. Radio, Fernseh-, Musikgeräte und Musikinstrumente etc. müssen so eingestellt bzw. gespielt werden, dass sie Drittpersonen nicht stören oder belästigen (Zimmerlautstärke);
- die Benützung von Waschmaschinen, Tumblern zwischen 22.00 Uhr und 6.00 Uhr und das starke Ein- und Auslaufenlassen von Wasser zwischen 22.00 Uhr und 6.00 Uhr;
- das Aufhängen von Wäsche in der Wohnung (Feuchtigkeitsschäden);
- das Waschen von nicht im eigenen Haushalt anfallender Wäsche;
- harte Gegenstände, Asche, Kehricht- und Kohlenabfälle, hygienische Binden und Wegwerfwindeln, Katzenstreu usw. in das WC zu werfen;
- Kehrichtsäcke im Hausgang stehen zu lassen. Wo Container vorhanden sind, muss der Kehricht in verschlossenen Säcken direkt in dieselbe deponiert werden. Abfälle jeglicher Art dürfen nur an den vom Vermieter bestimmten Orten und in zweckmässiger Weise aufbewahrt werden;
- Gegenstände im Hausflur, in Korridoren und übrigen gemeinsamen Räumen zu deponieren. Zu unterlassen ist es, schwere Gegenstände wie Kisten und dergleichen ohne schützende Unterlagen über Treppen und Böden zu transportieren;
- das Aufstellen von ungesicherten Gegenständen, wie Blumentöpfe etc., auf Fenstersimsen sowie Balkon- und Terrassenbrüstungen;
- das Befahren der Fusswege, des Rasens und der Rabatten mit Motorfahrzeugen, Velos etc.;
- das Parkieren durch Mieter auf Besucherparkplätzen.

Kapitel 13: Allgemeine Geschäftsbedingungen

Herausgeber und Copyright
© Schweizerischer Verband der
Immobilienwirtschaft SVIT – www.svit.ch
Allgemeine Bedingungen zum Mietvertrag
für Nebenräume – Version 1/08

5. Grillieren

Beim Grillieren auf den Balkonen und Gartensitzplätzen ist auf die übrigen Hausbewohner Rücksicht zu nehmen. Allfällige feuerpolizeiliche Vorschriften und Verbote sind zu beachten. Bei berechtigten Reklamationen behält sich der Vermieter vor, das Grillieren generell zu untersagen. Für Dachwohnungen kann der Vermieter eine separate Regelung aufstellen.

6. Sicherheit

Die Haustüre ist während der Nachtzeit zu schliessen.

7. Lift

Die im Lift angeschlagenen Vorschriften sind zu beachten. Betriebsstörungen sind dem Hauswart oder der Verwaltung sofort zu melden. Die Anlage soll mit der nötigen Sorgfalt behandelt werden.

8. Lärm

Es wird auf die Lärmschutzverordnung oder gegebenenfalls auf die lokalen Lärmschutzreglemente sowie auf die Polizeiverordnung verwiesen.

9. Abstellplätze

Velos, Mofas und Kinderwagen sind an den dafür bestimmten Orten abzustellen.

Ist eine Garage mitvermietet, so darf ohne anderweitige Abrede der Vorplatz nicht als Parkplatz benützt werden.

10. Garten und Hof

Für die Benützung der Gartenanlagen und des Hofes sind die Weisungen der Verwaltung oder des Hauswartes zu befolgen. Sofern der Unterhalt und die Reinigung der Umgebung Sache des Mieters ist, wird eine spezielle Gartenordnung aufgestellt.

11. Heizung

Während der Heizperiode darf die Heizung in keinem Raum ganz abgestellt werden. Wohn- und andere Räume sind während der Heizperiode nur kurze Zeit zu lüften. Keller- und Estrichfenster sollen bei Temperaturen unter dem Gefrierpunkt geschlossen werden.

In Wohnungen mit Bodenheizung ist darauf zu achten, dass nur dafür geeignete Teppiche verwendet werden. Der Vermieter kann sonst keine Gewähr für eine angemessene Beheizung übernehmen.

12. Schwere Gegenstände

Unter schwere Möbelstücke sind zweckmässige Unterlagen zum Schutz der Böden anzubringen. Gehört zur Wohnung ein Balkon oder eine Attika-Terrasse, so ist beim Aufstellen schwerer Gegenstände die jeweils zulässige Belastbarkeit der darunterliegenden Deckenkonstruktion zu berücksichtigen.

13. Sonnenstoren

Sonnenstoren und Rollläden sollen bei Wind und Regenwetter nicht ausgestellt bleiben. Ebenso ist das ununterbrochene Ausstellen während längerer Zeit zu vermeiden (Mieterhaftung im Falle von Verwitterungsschäden und Verschmutzung).

Kapitel 13: Allgemeine Geschäftsbedingungen

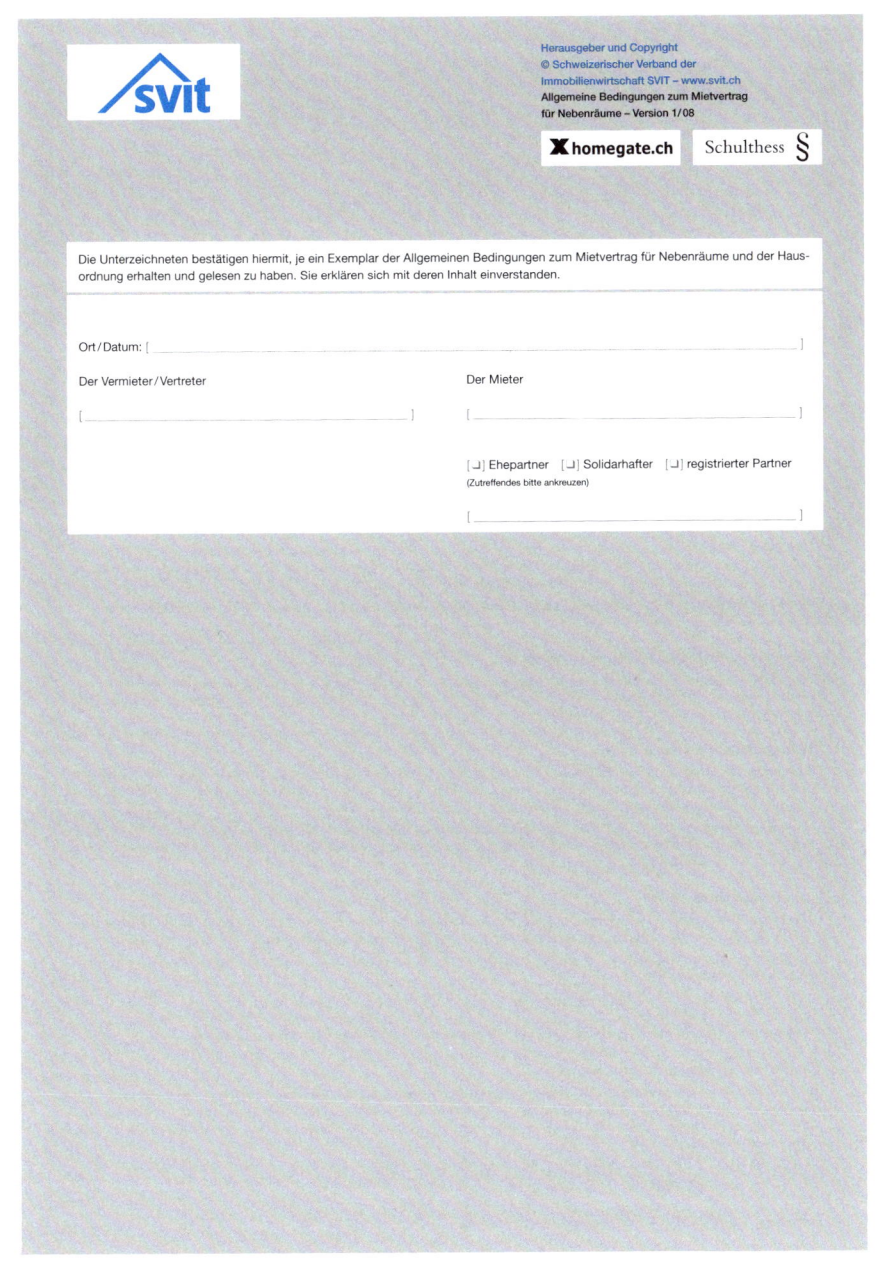

Herausgeber und Copyright
© Schweizerischer Verband der Immobilienwirtschaft SVIT – www.svit.ch
Allgemeine Bedingungen zum Mietvertrag für Nebenräume – Version 1/08

homegate.ch Schulthess §

Die Unterzeichneten bestätigen hiermit, je ein Exemplar der Allgemeinen Bedingungen zum Mietvertrag für Nebenräume und der Hausordnung erhalten und gelesen zu haben. Sie erklären sich mit deren Inhalt einverstanden.

Ort / Datum: [_____]

Der Vermieter / Vertreter

[_____]

Der Mieter

[_____]

[ ] Ehepartner [ ] Solidarhafter [ ] registrierter Partner
(Zutreffendes bitte ankreuzen)

[_____]

Dies sind die Allgemeinen Bedingungen zum Mietvertrag für Nebenräume inkl. Hausordnung wie sie im Kanton Zürich verwendet werden.

Kapitel 13: Allgemeine Geschäftsbedingungen

Herausgeber und Copyright
© Schweizerischer Verband der
Immobilienwirtschaft SVIT – www.svit.ch
Allgemeine Bedingungen zum Mietvertrag
für Garagen und Abstellplätze – Version 1/08

Allgemeine Bedingungen zum Mietvertrag für Garagen und Abstellplätze

Einfachheitshalber wird auf die weiblichen Formen «Mieterin, Vermieterin» etc. verzichtet und stattdessen «Mieter, Vermieter» etc. als Oberbegriff verwendet.

1. Vertragszweck / Benützungsart / Lärmverhütung

Der Mieter darf das Mietobjekt nur als Garage/Autoabstellplatz benützen. Reparaturen und Unterhaltsarbeiten dürfen nicht vorgenommen werden. Das Autowaschen ist nur an den dafür vorgesehenen Plätzen gestattet. Ist ein Waschplatz vorhanden, so steht er allen Mietern unentgeltlich zur Verfügung. Er ist nach Gebrauch zu reinigen. Das Waschen an Sonn- und allgemeinen Feiertagen ist zu unterlassen.

Ohne Zustimmung des Vermieters dürfen am Mietobjekt keinerlei Installationen oder Reklameschilder angebracht und keine baulichen Veränderungen vorgenommen werden.

Der Mieter hat die feuerpolizeilichen Bestimmungen zu beachten, wonach das Lagern von Treibstoffen oder anderen feuer- und explosionsgefährlichen Materialien in der Garage verboten ist. Ebenso ist das Anstecken von Heizkörpern zur Beheizung des Mietobjekts untersagt, wie auch der Anschluss von Apparaten, Maschinen usw.

Der Mieter verpflichtet sich, Lärm nach Möglichkeit zu vermeiden, den Motor nicht unnötig laufen zu lassen und Wagentüren und Garagentore leise zu schliessen. Garagentore sind immer geschlossen zu halten.

2. Übergabe des Mietobjekts / Schlüsselverzeichnis

Der Vermieter übergibt die Garage/den Abstellplatz in gebrauchsfähigem, sauberem Zustand. Soweit der Mieter nicht innert acht Tagen seit der Übergabe allfällige Mängel schriftlich meldet, gilt als festgestellt, dass das Mietobjekt in vertragsgemässem Zustand an ihn übergegangen ist. Das Schlüsselverzeichnis wird bei der Übergabe erstellt.

3. Unterhaltspflicht des Vermieters

Dringende, dem Vermieter obliegende Reparaturen hat der Mieter sofort schriftlich zu verlangen. Im Unterlassungsfalle haftet er für den dadurch entstehenden Schaden; Gleiches gilt für den Vermieter, wenn er in der Vornahme einer Reparatur säumig ist. Im Notfalle soll der Mieter selbst die nötigen Vorkehrungen treffen.

Schäden, welche durch normale Abnützung entstehen, gehen zulasten des Vermieters. Er ist berechtigt, Reparaturen und Änderungen am Mietobjekt, unter Berücksichtigung der rechtzeitigen Anzeige und Rücksichtnahme auf die Interessen des Mieters jederzeit ungehindert durchführen zu lassen.

4. Unterhaltspflicht des Mieters

Der Mieter ist verpflichtet, das Mietobjekt in gutem und sauberem Zustand zu halten. Er ist für Beschädigungen und Verunreinigungen (Öllachen), die nicht Folge ordnungsgemässer Benützung oder höherer Gewalt sind, schadenersatzpflichtig.

Die Reinigung des Abstellplatzes inkl. Schneeräumung ist Sache des Mieters. Zufahrten zu Garagen oder Parkplätzen werden in der Regel vom Hauswart gereinigt.

5. Untermiete und Abtausch

Untervermietung sowie Abtausch des Mietobjekts sind nur mit schriftlicher Zustimmung des Vermieters gestattet.

6. Gefahrtragung, Haftung und Versicherungen

Für den Diebstahl des Fahrzeuges und für die Beschädigungen, welche am abgestellten Fahrzeug durch Drittpersonen verursacht werden, kann der Vermieter nicht haftbar gemacht werden. Der Mieter trägt die Gefahr von Beschädigungen oder des Verlustes seiner Fahrhabe, insbesondere das Risiko von Feuer-, Explosions- und Wasserschäden. Dem Mieter wird der Abschluss entsprechender Sachversicherungen empfohlen.

Kapitel 13: Allgemeine Geschäftsbedingungen

Herausgeber und Copyright
© Schweizerischer Verband der
Immobilienwirtschaft SVIT – www.svit.ch
Allgemeine Bedingungen zum Mietvertrag
für Garagen und Abstellplätze – Version 1/08

7. Besichtigungsrecht des Vermieters

Der Vermieter oder dessen Vertreter ist berechtigt, unter 48-stündiger Voranzeige, die zur Wahrung des Eigentumsrechts und zwecks Vornahme der ihm obliegenden Reparaturen und Renovationen, notwendigen Besichtigungen am Mietobjekt durchzuführen, in dringenden Fällen auch in Abwesenheit des Mieters.

Beabsichtigt der Mieter das Mietobjekt für längere Zeit unbenutzt zu lassen, so ist er verpflichtet, dem Vermieter eine Person im gleichen Haus oder in nächster Umgebung zu bezeichnen, welche die Schlüssel zur Verfügung hält.

Der Vermieter oder dessen Vertreter ist berechtigt, für Verkaufs- oder Vermietungsverhandlungen mit Interessenten das Mietobjekt in der Zeit von Montag bis Freitag zwischen 14.00 Uhr und 17.00 Uhr und am Samstag zwischen 10.00 Uhr und 12.00 Uhr zu besichtigten. Bei Abwesenheit des Mieters sind die Schlüssel dem Vermieter im Hause zur Verfügung zu halten.

8. Zahlungsrückstand

Bei Zahlungsrückstand wird eine Mahnfrist von 10 Tagen angesetzt, innert welcher der Rückstand zu bezahlen ist. Mit der Mahnung kann dem Mieter angedroht werden, dass bei Nichtbeachtung der Zahlungsaufforderung das Mietverhältnis fristlos gekündigt wird.

Ist die Garage oder der Abstellplatz mit einer Wohnung oder Geschäftsräumen mitvermietet worden (vgl. Art. 253a OR), so gelten die für diesen Vertrag geltenden Fristen.

Die Einleitung von zusätzlichen betreibungsrechtlichen Schritten bleibt vorbehalten.

9. Missachtung des Mietvertrags

Werden Mietvertrag und/oder Hausordnung verletzt, und bleibt die schriftliche Mahnung innerhalb der vom Vermieter angesetzten Frist erfolglos, so kann dies zu einer fristlosen Kündigung gemäss Art. 257f Abs. 3 OR führen.

10. Rückgabe des Mietobjekts

Die Rückgabe der Mietsache hat spätestens am Tage nach Beendigung des Mietvertrags um 12.00 Uhr mittags zu erfolgen. Fällt der Rückgabetermin auf einen Samstag, Sonntag oder gesetzlich anerkannten Ruhe- oder Feiertag, hat die Rückgabe am darauf folgenden Werktag bis spätestens 12.00 Uhr zu erfolgen.

Der Mieter hat das Mietobjekt gründlich gereinigt und mit allen Schlüsseln abzugeben. Das Mietobjekt ist bis zur Rückgabe ordnungsgemäss zu unterhalten und vor Schaden zu bewahren.

11. Mietzinsanpassungen und andere Vertragsänderungen

A. Unbefristete Verträge

Der Vermieter kann Mietzinsanpassungen und andere einseitige Vertragsänderungen zulasten des Mieters auf jeden Kündigungstermin vornehmen. Er muss dem Mieter die entsprechende Anpassung **mindestens zehn Tage** vor Beginn der Kündigungsfrist in der dafür vorgeschriebenen Form mitteilen.

B. Verträge mit Mindestdauer/Befristete Verträge

Ist der Mietvertrag auf eine Dauer von mindestens fünf Jahren abgeschlossen oder während mindestens fünf Jahren seitens Vermieter unkündbar, gilt der Mietzins als indexiert. Der Mietzins kann demnach einmal jährlich gemäss folgender Formel an den Landesindex der Konsumentenpreise angepasst werden.

$$\text{Mietzinsänderung in \%} = \frac{\text{neuer Index} - \text{alter Index} \times 100}{\text{alter Index}}$$

Mietzinserhöhungen für Mehrleistungen des Vermieters können auch während der festen Vertragsdauer geltend gemacht werden. Dasselbe gilt für die Einführung neuer Nebenkosten sowie für die Anpassung von Nebenkostenpauschalen oder -akontozahlungen.

Anpassungen des Mietzinses oder der Nebenkosten sind dem Mieter unter Einhaltung einer **30-tägigen Frist** auf ein Monatsende in der dafür vorgeschriebenen Form zu eröffnen.

12. Teilnichtigkeit

Sollte eine oder mehrere der Bestimmungen der Allgemeinen Bedingungen zum Mietvertrag für Garagen und Abstellplätze ganz oder teilweise unzulässig, unwirksam oder sonst aus irgend einem Grund nicht vollstreckbar sein oder werden, so wird dadurch die Gültigkeit der Allgemeinen Bedingungen zum Mietvertrag für Garagen und Abstellplätze im Übrigen nicht berührt. Die Parteien verpflichten sich, in guten Treuen zusammenzuwirken, um eine solche Bestimmung durch eine andere, dem damit gewollten wirtschaftlichen Zweck möglichst nahe kommende Bestimmung zu ersetzen.

13. Anwendbares Recht/Gerichtsstand

Soweit in diesem Vertrag nichts anderes vereinbart wird, gelten ausschliesslich die Bestimmungen des Schweizerischen Obligationenrechts (Art. 253 ff. OR). Für alle Streitigkeiten aus diesem Vertrag ist der Ort der gemieteten Sache Gerichtsstand.

Kapitel 13: Allgemeine Geschäftsbedingungen

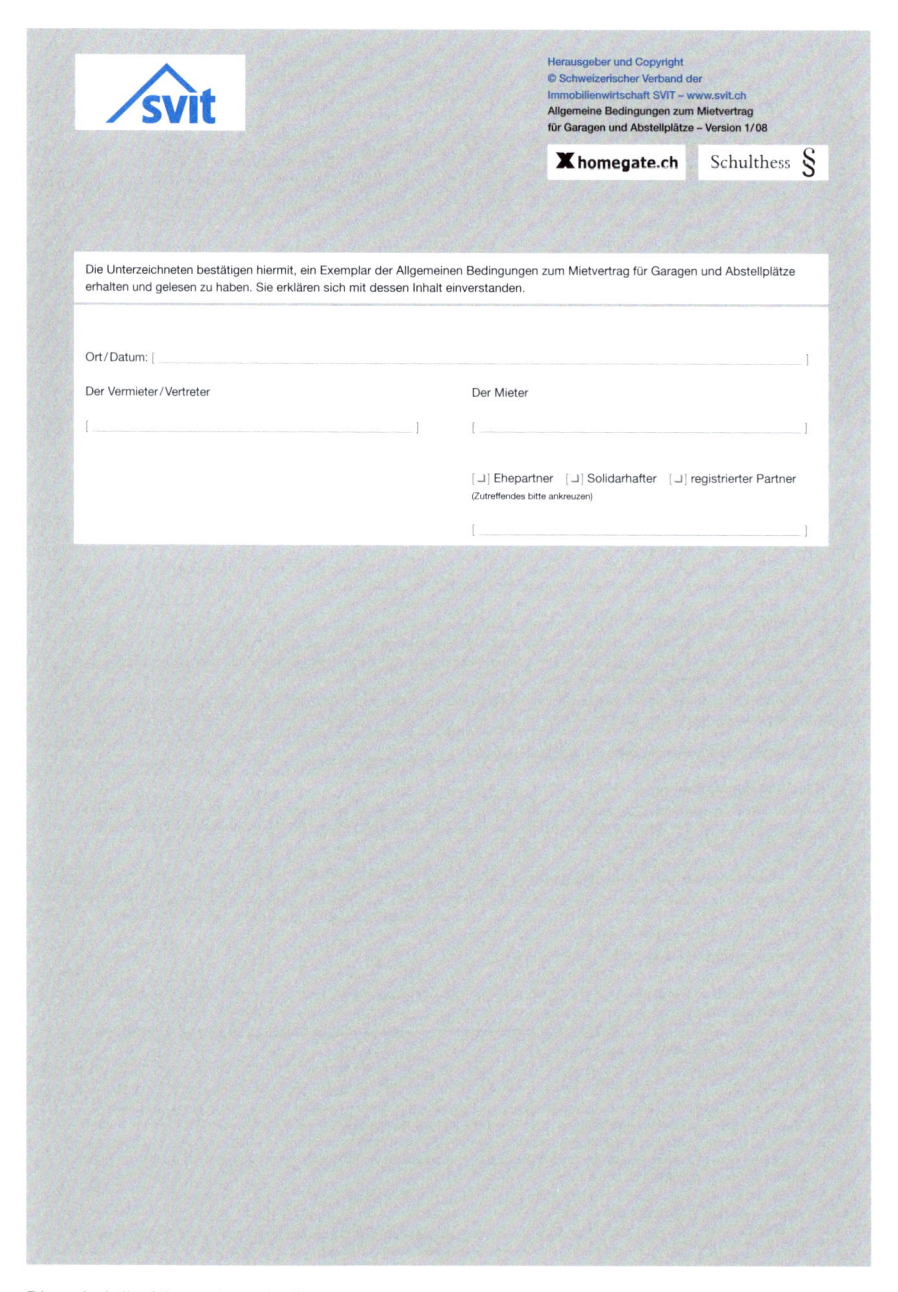

Herausgeber und Copyright
© Schweizerischer Verband der
Immobilienwirtschaft SVIT – www.svit.ch
Allgemeine Bedingungen zum Mietvertrag
für Garagen und Abstellplätze – Version 1/08

homegate.ch Schulthess §

Die Unterzeichneten bestätigen hiermit, ein Exemplar der Allgemeinen Bedingungen zum Mietvertrag für Garagen und Abstellplätze erhalten und gelesen zu haben. Sie erklären sich mit dessen Inhalt einverstanden.

Ort/Datum: [_____]

Der Vermieter/Vertreter

[_____]

Der Mieter

[_____]

[⃞] Ehepartner   [⃞] Solidarhafter   [⃞] registrierter Partner
(Zutreffendes bitte ankreuzen)

[_____]

Dies sind die Allgemeinen Bedingungen zum Mietvertrag für Garagen und Abstellplätze wie sie im Kanton Zürich verwendet werden.